“十三五”国家重点出版物出版规划项目·重大出版工程规划

中国工程院重大咨询项目成果文库

推动能源生产和消费革命战略研究系列丛书

（第二辑）

丛书主编　谢克昌

西部煤炭资源清洁高效利用发展战略研究

彭苏萍 等　编著

科学出版社

北京

内　容　简　介

本书是中国工程院重大咨询项目的课题研究成果。在厘清我国西部内蒙古、新疆、陕西、宁夏、甘肃五省区煤炭能源的战略地位，以及西部煤炭开发利用面临的形势、取得的成就和问题的基础上，从西部绿色煤炭资源、煤炭利用工程科技、新疆煤炭资源开发利用、西部煤炭产业布局与竞争力提升、人才与制度保障等五个方面，系统研究了我国西部五省区煤炭资源清洁高效利用的战略问题，提出了西部煤炭资源清洁高效利用的战略思路、发展目标、重点任务、实施路径及建议措施。研究成果将助力西部建立清洁、高效、经济、可持续的现代化煤炭工业体系，提升西部煤炭行业整体竞争力，实现我国由煤炭开发利用大国向强国的转变。

本书可供从事煤田地质与勘探、煤炭资源开发和利用及能源管理领域的政府公务人员、高等院校师生、科研人员及相关工作者阅读参考。

图书在版编目（CIP）数据

西部煤炭资源清洁高效利用发展战略研究 / 彭苏萍等编著. —北京：科学出版社，2019.2

（推动能源生产和消费革命战略研究系列丛书 / 谢克昌主编. 第二辑）

“十三五”国家重点出版物出版规划项目·重大出版工程规划

中国工程院重大咨询项目成果文库

ISBN 978-7-03-060406-4

Ⅰ. ①西… Ⅱ. ①彭… Ⅲ. ①煤炭资源-发展战略-研究-西北地区 ②煤炭资源-发展战略-研究-西南地区 Ⅳ. ①F426.21

中国版本图书馆 CIP 数据核字（2019）第 009065 号

责任编辑：王丹妮　陶　璇 / 责任校对：赵桂芬

责任印制：霍　兵 / 封面设计：正典设计

科学出版社 出版

北京东黄城根北街 16 号

邮政编码：100717

http://www.sciencep.com

北京画中画印刷有限公司 印刷

科学出版社发行　各地新华书店经销

*

2019 年 2 月第　一　版　开本：720 × 1000　1/16

2019 年 2 月第一次印刷　印张：27 3/4

字数：560 000

定价：198.00 元

（如有印装质量问题，我社负责调换）

推动能源生产和消费革命战略研究系列丛书
（第二辑）
编委会成员名单

西部煤炭资源清洁高效利用发展战略研究
编委会成员名单

组长

彭苏萍　中国矿业大学（北京）　中国工程院院士

副组长

王双明　陕西省地质调查院　中国工程院院士
康红普　中国煤炭科工集团有限公司　中国工程院院士
凌　文　国家能源投资集团有限责任公司　中国工程院院士
顾大钊　国家能源投资集团有限责任公司　中国工程院院士
王　佟　中国煤炭地质总局　教授级高工

顾问

袁　亮　张玉卓　谢和平　李晓红　钱鸣高　周世宁　洪伯潜　王国法

综合组成员

宋　梅　张　博　王　佟　陈佩佩　宁成浩　朱吉茂　李　杨　孙旭东

专题组成员

西部绿色煤炭资源可持续发展战略研究

专题组长：王　佟　王双明
研究成员：王庆伟　江　涛　张晓团

西部煤炭资源清洁高效开发利用工程科技发展战略研究

专题组长：康红普
研究成员：刘见中　陈佩佩　任怀伟　樊金璐　吴立新　任世华

新疆煤炭资源清洁高效开发利用若干重大战略问题研究

专题组长：顾大钊

研究成员：蒋文化　李瑞峰　宁成浩　王明华　唐　庚　朱　超　张　凯
方　杰　李　杨

“一带一路”倡议下西部煤炭产业布局与竞争力提升战略研究

专题组长：凌　文

研究成员：蒋文化　李瑞峰　朱吉茂　王　雷　张　凯

西部煤炭资源清洁高效利用的人才与制度保障战略研究

专题组长：王家臣

研究成员：宋　梅　李　杨　郝旭光　常力月　张康宁

序　一

能源是国家经济社会发展的重要基础，事关我国现代化建设的全局。2014 年以来习近平总书记关于推动能源生产与消费革命的一系列指示和要求，为我国能源发展指明了方向。农村是我国全面建成小康社会任务最艰巨最繁重的地区，农村能源革命直接关系全国能源生产与消费革命的成败，西部地区在我国经济社会发展和能源生产与消费方面处于特殊地位，本身也面临不少突出的矛盾和问题，推动西部地区和农村地区的能源生产与消费革命具有重要意义。

为积极推进我国农村和西部地区能源生产与消费革命，中国工程院在 2013 年启动、2015 年完成“推动能源生产和消费革命战略研究”（一期）重大咨询项目后，及时将农村能源革命与西部能源发展作为第二期重大项目开展后续研究。研究工作紧紧立足我国农村地区和西部地区的发展实际，全面贯彻近几年来关于农村发展、区域发展、“一带一路”能源合作等一系列最新政策，充分利用先期取得的成果和结论，围绕农村和西部地区能源生产与消费革命，认真分析突出的矛盾和问题，从多个方面开展针对性研究，努力化解特殊矛盾，解决各种具体问题，基本形成农村地区和西部地区推进能源生产与消费革命的总体思路，提出一系列重大举措。本丛书是第二期项目研究的最终成果，对指导农村地区和西部地区能源生产与消费革命具有积极意义，可供有关领导和部门参考。

参与第二期项目的各位院士和专家，有不少参与过第一期项目，也有许多是第二期项目研究过程中才加入的，大家高度负责、发挥优势、精诚协作，为完成项目研究任务做出了积极的贡献。

推动能源生产与消费革命任重道远。党的十九大明确开启全面建设社会主义现代化国家新征程，提出我国经济已由高速增长阶段转向高质量发展阶段，这为推动能源生产与消费革命提出了新的要求。中国工程院作为国家高端智库，将在第一期和第二期研究工作的基础上，进一步结合新的形势和要求继续开展相关研究，力争为党中央和政府部门进行科学决策提供强有力的支撑。

徐匡迪

2018 年 11 月 17 日

序　　二

能源是经济社会发展的动力来源，更是人类社会赖以生存的物质基础。当今世界，自18世纪西方的工业革命以来，化石能源一直是人类的主体能源。化石能源的大量使用，带来生态、环境和气候等领域的一系列问题，主动应对挑战，加快能源转型，实现清洁低碳发展已成为世界范围内的自觉行为和基本共识。面对由页岩油气引发的能源供需格局新变化、国际能源发展新趋势，我国必须加快推进能源生产和消费革命，保障国家能源安全。

新时代提出新要求，实施“一带一路”建设、京津冀协同发展战略、长江经济带发展战略，推进新型城镇化，实施乡村振兴战略，建设美丽中国、美丽乡村，为推进能源革命构筑广阔舞台。其中，能源合作是“一带一路”建设的重要支点，而西部地区又是我国能源国际合作的重要战略通道承载地和桥头堡。在确保经济有效和安全的能源转型过程中，不仅在国家之间，而且在富裕和贫困地区之间都应坚持公平和可持续发展的原则，我国要“全面建成小康社会最艰巨最繁重的任务在农村，特别是在贫困地区”[①]。而农村能源作为我国能源的重要组成部分，是实现农村全面小康的物质基础，推进农村能源革命，实现能源供应清洁化、便利化是建设美丽乡村的必然要求，农村能源革命的成败也直接关系到全国能源革命的成败。

为更好地服务“一带一路”建设和推进能源革命战略，必须结合我国能源开发利用总体战略布局，立足我国西部能源资源丰富、种类齐全但开发利用不合理、环境脆弱、经济落后，特别是农村能源结构不合理、消费不科学、人均用量少的实际，以习近平总书记对能源生产和消费革命的系统阐述为基本遵循，以推动农村能源革命和加速西部能源科学开发利用为重点，开展战略咨询研究，这既是破除城乡二元体制全面加速我国城镇化建设的必然要求，也是全面建成小康社会的战略需求。

作为中国工程科学技术界的最高荣誉性、咨询性学术机构，中国工程院为及时通过战略研究支撑国家科学决策，于2013年5月启动了由谢克昌院士负责的“推动能源生产和消费革命战略研究”重大咨询项目系列研究。一期研究提出能源革

① http://sc.people.com.cn/n2/2016/0118/c365889-27568771.html。

命的战略思路、目标重点、技术路线图和政策建议。基于一期研究中发现的能源革命深层次问题，项目组认为要加强"一带一路"能源合作和农村能源革命的研究。因此，中国工程院于 2015 年 10 月又启动了"推动能源生产和消费革命战略研究"项目的二期工作。二期项目由中国工程院徐匡迪主席和时任院长周济院士担任顾问，下设九个课题，分别由能源领域相关专业的院士担任课题组长。来自科研院所、高等院校和大型能源企业共计 300 多名专家、学者参与研究及相关工作，其中院士 36 位。项目组力求通过该项目的研究，以"农村能源革命与西部能源发展"为研究重点，紧紧把握能源生产和消费革命及"一带一路"倡议的重要战略机遇，结合我国能源开发利用总体战略布局，进一步完善国家农村及西部能源战略，为中长期国家西部及农村能源发展规划提供切实可行的政策建议。项目研究按照"服务决策、适度超前"的原则，坚持咨询研究的战略性、时效性、可行性、独立性，历时两年半，经过广泛的专家讨论、现场调研、深入分析、成果交流和征求意见，最终形成一份项目综合报告和七份课题报告并出版成册。

《农村能源革命与西部能源发展战略研究（综合卷）》由中国工程院谢克昌院士领衔，在对八个课题报告进行深入总结、集中凝练和系统提高的基础上，提出新形势下要按照"供需协调、洁煤治霾，扬电引气、优化结构，创新驱动、多能互补，服务支撑、绿色高效，市场运作、政策保障"的总体原则进行农村能源革命。通过控制散煤利用推进农村煤炭消费方式变革、创新发展模式推进农村可再生能源开发利用、构建能源网络推进农村能源向清洁电力和燃气发展、强化节能环保推进农村能源综合服务体系建设，实现我国农村能源革命战略目标：2020 年，基本建成适应农村全面小康社会需要的清洁、便利、安全、有效的能源供需体系；2035 年，初步建成清洁、低碳、安全、高效的新型农村能源体系；2050 年，建成城乡一体化、城乡平等的清洁、低碳、安全、高效的能源体系，实现能源强国的目标。关于我国西部能源和"一带一路"能源合作要遵循"生态优先、清洁高效、科学有序、常非并重、互利共赢"的原则，提出"三步走"发展战略目标，最终实现煤炭清洁高效可持续开发利用、石油稳定发展、天然气倍增发展、清洁能源科学有序发展，将西部地区建成我国重要的煤炭、清洁能源、油气能源基地，同时，西部能源大通道要成为我国东、西部地区能源供需和"一带一路"能源合作的重要纽带，助力西部地区成为我国能源安全的重要保障。

《中国农村能源革命与分布式低碳能源发展战略研究》由杜祥琬院士牵头，主要总结发达国家农村能源发展的经验和教训，深度调研我国农村能源利用的现状、存在的问题，研究我国农村能源发展的方向、分布式低碳能源发展前景等。紧密结合我国新型城镇化和农业现代化建设的要求，提出我国农村能源革命和建设分布式低碳能源网络的政策、措施和建议。

《农村能源技术领域的若干重大问题分析》由倪维斗院士牵头，主要调查我国农村能源技术发展现状、潜力，分析农村能源革命的关键技术及产业化、规模化应用的技术路线图，提出我国农村能源发展应以可持续发展为理念。以解决“三农”问题和实现城乡一体化发展为导向，实施“农村低碳能源替代工程”。尽快全面深化政策、金融等方面的体制、机制改革，从建筑节能、生物质能源利用和多能协同利用等多个方面着手，力争早日构建因地制宜、多能互补的创新型农村能源技术体系。

《农村能源供给绿色化及用能清洁化与便利化》由陈勇院士牵头，结合我国新农村建设和新型城镇化发展，分析我国农村能源供给侧发展现状和终端用能消费现状，预测未来供给能力和消费需求，分析供给绿色化的可行性，明确农村能源未来的发展方向和目标，并提出进一步深入讨论其经济效益、管理模式、关键技术及产业化，为我国农村能源供给利用方法提供宏观决策建议。

《西部油气发展战略研究》由赵文智院士牵头，主要分析我国西部油气资源储量和开发利用现状，从西部地区剩余油气资源潜力与重点勘探方向、西部地区油气开发利用趋势与技术创新支撑体系、新疆成为国家大型油气生产加工与储备基地的可行性、西部地区油气发展战略与路线图四个方面全面分析西部地区油气资源潜力、勘探发现规律与储量增长趋势、开发利用前景。论证西部（新疆）建设国家大型油气基地以及新疆成为国家大型油气生产加工与储备基地的可行性，提出我国西部能源油气资源发展战略及其相应政策建议。

《西部煤炭资源清洁高效利用发展战略研究》由彭苏萍院士牵头，主要研究我国西部内蒙古、陕西、甘肃、宁夏、新疆五省区煤炭清洁高效利用的战略问题，调查我国西部煤炭资源储量和开发利用现状，论证西部（新疆）建设国家煤炭–煤电–煤化工基地的可行性。总结提出西部煤炭资源清洁高效利用的战略思路和发展目标、重点任务与实施路径及措施建议。

《西部清洁能源发展战略研究》由黄其励院士和倪维斗院士牵头，主要研究新疆、青海、西藏、内蒙古和云南等西部地区的风能、太阳能（光伏、光热）、水能、地热能、生物质能等清洁能源储量和开发利用现状。在全面建成小康社会和推进“一带一路”建设背景下，分析国家对西部能源基地的战略需求，总结提出西部清洁能源发展的战略思路和关键技术需求。同时，分析未来 10 年将新疆、青海、甘肃等地建设成为国家重要风能和太阳能发电基地，将西藏、四川和云南等地建设成为国家重要水能发电能源基地，以及将西部地区建设成分布式利用清洁能源示范地区的可行性。

《“一带一路”能源合作与西部能源大通道建设战略研究》由黄维和院士牵头，主要研究“一带一路”能源合作基础、风险和存在的问题，提出“一带一路”未来能源合作战略；研判我国东、西部能源未来供需规模和流向，以及我国未来西部到东部能源流向总体规模。结合西部能源通道现状和存在问题分析我国油气、煤炭和电力等能源不同运输方式的经济性，首次提出我国西部综合能源大通道构建战略旨在实现“横向多能互补，纵向优化配置”的能源互联网架构。最后提出我国未来“一带一路”能源合作与西部能源大通道构建的政策建议。

“推动能源生产和消费革命战略研究系列丛书（第二辑）”是我国能源领域广大院士和专家集体智慧的结晶。一些重要研究成果已经及时上报中央和国家有关部门，并在能源规划政策中被采纳。作为项目负责人，值此丛书出版之际，对参加研究的各位院士和专家的辛勤付出深表谢意！需要说明的是，推动能源生产和消费革命是一项长期战略，目前项目组新老成员已在第一期和第二期研究成果的基础上启动第三期项目研究。希望项目研究团队继续努力，再接再厉，乘胜而为，在“推动能源生产和消费革命战略研究”（三期）中取得新业绩，以科学的咨询支撑国家能源发展的科学决策，助力我国能源经济社会的可持续发展。

中国工程院
“推动能源生产和消费革命战略研究”
系列重大咨询项目负责人

谢克昌

2018 年 11 月

总　论

西部是我国内陆向西开放和建设“一带一路”的关键节点，具有十分重要的地缘战略意义。作为我国未来煤炭的主产区，西部是我国煤炭产业竞争力提升的“主战场”。在国内外能源生产消费格局发生深刻变化的时期，“一带一路”将为我国煤炭生产要素“走出去”拓展更大的发展空间。本书系统研究了我国西部内蒙古、新疆、陕西、甘肃、宁夏五省区煤炭资源清洁高效利用的战略问题，提出了西部煤炭资源清洁高效利用的战略思路、发展目标、重点任务、实施路径及措施建议。研究成果将助力西部建立清洁、高效、经济、可持续的现代化煤炭工业体系，提升西部煤炭行业整体竞争力，实现我国由煤炭开发利用大国向强国的转变。

1. 西部煤炭资源的地位和作用

西部地区拥有丰富的煤炭资源，保有与预测资源量合计为 3.85 万亿吨，占全国的 66.2%，是国家大型煤炭基地集中分布区，在我国能源供应格局中具有重要地位。西部地区也是我国绿色煤炭资源集中分布的地区，全区绿色煤炭资源保有量 9 234.59 亿吨，占全国绿色煤炭资源保有量的 92.45%，占该区煤炭资源保有总量的 88.9%，占全国煤炭资源保有总量的 47.5%；绿色基础储量 473.64 亿吨，占全国绿色基础储量的 54.05%，占西部地区基础储量的 75.66%，占全国基础储量的 17.34%；绿色储量 251.37 亿吨，占全国绿色储量的 54.9%，占西部地区煤炭总储量的 76.5%。煤炭开发方面，特厚煤层大采高综放、8 米以上特大采高综采、煤矿地下水库等一大批安全绿色高效开采技术与装备推广应用，煤矿开采自动化程度、生产效率、生态保护已达到世界领先水平。2016 年，西部五省区煤炭产量 16.4 亿吨，在全国煤炭产量中的占比由 2005 年的 21.6%增加到 47.9%。煤炭利用方面，众多大容量、高参数装机的清洁高效燃煤发电和一批具有世界先进水平的现代煤化工项目落户西部。煤炭开发利用产业已逐步转型为技术、资金密集型产业，引领我国煤炭工业技术发展方向，对推动我国能源结构调整、建设清洁绿色能源体系、保障国家能源安全具有重要作用。

西部煤炭资源的合理开发和清洁高效利用对区域经济社会发展具有重要的引

擎作用。2005~2016 年，西部规模以上煤炭采选企业工业总产值 5.12 万亿元，累计缴税 5 752 亿元。2016 年，西部五省区规模以上煤炭采选业从业人员比 2005 年增加了 15 万人。

2. 西部煤炭开发利用取得的成就与面临的形势和问题

煤炭产业发展挑战与机遇并存。世界能源生产与消费格局正在发生深刻变化，新能源及非常规能源快速发展，煤炭需求急剧放缓。国内经济增速放缓，能源结构调整加速，以“清洁绿色”倒逼煤炭开发、利用、转化过程中的污染物全程近零排放，煤炭产业发展空间受到挑战。

目前，西部煤炭开发利用已取得了一定的成就：西部煤炭地质研究取得重大进展，煤炭资源勘探成果丰硕；探明煤炭资源丰富，已建成和在建一批大型现代化矿井；煤炭行业科技创新步伐加快，助推西部煤炭产业转型升级；新疆煤炭生产结构不断优化，生产技术实现跨越式发展；大型现代煤化工项目在西部建设，宁东能源化工基地成为煤基清洁能源基地的典型代表。

西部煤炭清洁高效利用存在的问题主要表现在以下五个方面：西部绿色煤炭资源勘查程度低；西部主要大型煤炭基地水资源和地表生态问题突出；能源运输通道建设总体滞后；西部煤炭深加工利用水平发展不均衡；煤炭及煤炭深加工高端领域的专业人才短缺。

3. 西部煤炭清洁高效利用发展战略思路与目标

深入贯彻习近平新时代中国特色社会主义思想，认真贯彻落实西部煤炭产业发展的总体要求，充分发挥西部地区的煤炭资源优势，以加快西部地区煤炭产业发展方式转变为主线，着力推进煤炭资源开发利用方式的变革。按照“基地化、规模化、集约化、集群化、循环化”的模式，打造我国最大的煤电化工基地，推动煤炭开发和利用方式的革命，促进煤炭及相关产业协调发展、转型发展、升级发展和平稳健康发展，形成区域内分工合作、各具特色的有序竞争格局，将西部建设成为大型现代化能源化工基地，提升西部煤炭乃至煤炭行业整体竞争力，助力实现煤炭强国目标。

西部煤炭产业发展战略目标见表 1。

表 1 西部煤炭产业发展战略目标

目标	数量指标	2020 年	2035 年	2050 年
绿色煤炭资源勘查	绿色煤炭资源储量占全国储量比重	70%	80%	90%
煤炭开发	煤炭产量/（亿吨/年）	20.2	21.5	20.1
	煤炭绿色产能占比	75%	90%	95%

续表

目标	数量指标	2020 年	2035 年	2050 年
煤炭开发	产量在全国占比	55%	65%	75%
	全员劳动工效/［吨/（人·年）］	3 000	5 000	7 000
	智能化工作面推广应用率	30%	70%	90%
	原煤入选率	80%	应选尽选	应选尽选
煤炭转化利用	煤炭外运量/（亿吨/年）	10.2	9.5	7.1
	煤炭利用量/（亿吨/年）	10	12	13
	煤炭深加工能效较 2015 年提高	10%	15%	20%
	煤炭深加工水耗较 2015 年降低	40%	50%	60%
人力资源建设	原煤生产人员占比	60%	80%	90%
	技能层员工占比	65%	90%	95%
	人均年收入大于 10 万元的人员占比	45%	70%	80%

注：截至 2016 年底，绿色煤炭资源储量占全国绿色储量的比重为 54.9%

4. 西部煤炭资源清洁高效利用的重点任务

（1）加强西部绿色煤炭资源勘查开发力度，提高绿色煤炭资源保障能力。

（2）加大煤炭高效绿色开发技术研发投入，推动煤炭由传统能源向绿色清洁能源转变。

（3）以先进工程科技和人力资源为支撑，全面提升西部煤炭综合竞争力。

（4）合理布局西部综合能源化工基地，促进煤炭全产业链的协调发展。

5. 新疆煤炭资源清洁高效利用的若干重大问题与战略判断

新疆煤炭资源十分丰富，是我国重要的煤炭生产基地和现代化工产业发展基地，是未来西部区域经济可持续发展的重要力量，是“一带一路”向西开放的桥头堡。然而，新疆煤炭及下游产业发展正面临着水资源承载能力低、生态环境制约、煤电化产业产能过剩、煤炭开发利用市场竞争压力大、产业高效协同发展程度不高等若干重大问题。

研究得出以下战略判断：①新疆煤炭资源清洁高效开发利用是支撑与促进新疆跨越式发展和长治久安的客观需要，也是保障国家能源安全的战略举措，具有重要的现实和战略意义。②保护生态环境的同时兼顾水资源承载能力是新疆煤炭资源清洁高效开发利用的必要前提。在水资源条件较好的伊犁地区，可发展高端煤电煤化工产业；在水资源短缺的准东、吐哈地区，可通过跨区域调水工程建设、农业节水、水权置换等措施，满足新型工业发展的用水需求。③准东、吐哈地区煤炭开采条件较好，适于露天开采，具有较好的成本优势，在煤炭外运、煤电直流特高压输送以及煤基能源化工产品方面有一定的市场竞争力，适于建设大型煤炭煤电煤化工基地和商品煤外送基地。④新疆煤炭煤电煤化工供给侧结构性改革、煤炭开发与转化利用相关产业协调发展是新疆煤炭资源清洁高效发展的重要任务，需要通过创新体制机制、发挥科技创新的驱动作用以及制定差异化产业政策和财税优惠政策等措施，更好地促进新疆煤炭资源清洁高效开发利用。

未来要紧紧把握新疆煤炭煤电煤化工基地定位，坚持新疆煤炭开发利用与国家能源发展战略相统筹、坚持煤炭开发与煤电煤化工等下游产业协同发展相统筹、坚持煤炭开发利用与水资源生态环境协同发展相统筹、坚持疆内与疆外两个市场相统筹，依托科技进步，利用新疆资源优势、低成本优势、政策优势，打造煤炭资源清洁高效利用的“中国样本”，更好地推动西部煤炭资源清洁高效开发和利用。新疆煤炭开发利用战略目标见表 2。

表 2 新疆煤炭开发利用战略目标

目标	数量指标	2020 年	2035 年	2050 年
煤炭开发	煤炭产能/（亿吨/年）	3.6	3.6	4.0
煤炭转化利用	煤电装机容量/万千瓦	5 800	6 600	6 600
	煤制烯烃产能/（万吨/年）	128	300	380
	煤制乙二醇/（万吨/年）	85	250	320
	煤制天然气产能/（亿米^3/年）	55	350	450
	煤制油产能/（万吨/年）	100	200	300
能源外输	煤炭外输量/（亿吨/年）	0.20	0.30	0.50
	电力外输能力/万千瓦	1 260	2 060	2 060

6. 政策建议

（1）编制“西部地区煤炭资源清洁高效开发利用专项规划”，加大西部煤炭资源清洁高效开发利用的政策支持。

（2）重点支持西部煤炭工程科技平台与科研计划，加快煤炭清洁高效开发利用前沿技术在西部地区的全面推广应用。

（3）申请国家煤炭资源清洁高效发展试点省区，争取国家科技创新、产业发展、经济激励等配套政策，建设国家级煤炭清洁高效开发利用示范基地。

目　录

第一篇　总　报　告

第二篇 西部绿色煤炭资源可持续发展战略研究

第三篇　西部煤炭资源清洁高效开发利用工程科技发展战略研究

第四篇 新疆煤炭资源清洁高效开发利用若干重大战略问题研究

第五篇 “一带一路”倡议下西部煤炭产业布局与竞争力提升战略研究

第六篇　西部煤炭资源清洁高效利用的人才与制度保障战略研究

第一篇　总　报　告

第1章　西部煤炭资源的地位和作用

1.1　西部在国家战略中的地位

1.1.1　西部地理区划与研究范围的界定

“西部”是我国在“七五”计划中首次提出的概念，几经调整后，现阶段的西部地区，除西南和西北十个省区外，还包括内蒙古、广西、湖南的湘西、湖北的恩施。西部地区地域辽阔，面积约687.3万平方千米，占国土面积的71.4%。西部地区约占全国陆地边境线的91%，地缘战略地位十分重要。

西部六省区具体指内蒙古、陕西、甘肃、宁夏、新疆和青海，位于我国西部地区，地理面积约428.99万平方千米，占我国国土面积的44.53%。西部六省区地处内陆，是典型的大陆性气候，夏季炎热，冬季严寒，降水稀少，终年干旱，除东部个别地区和一些高山年降水量超过400毫米以外，其余地区降水量均低于400毫米，大部分地区不足200毫米，新疆塔克拉玛干地区与青海柴达木地区年降水量均低于50毫米。据国家统计局数据，该区域煤炭储量860.5亿吨，占全国总储量的35.26%；石油储量14.1亿吨，占全国总储量的40.39%；天然气储量27 880.0亿立方米，占全国总储量的53.68%。“十二五”时期，我国新增保有查明资源储量的95.6%在西部，集中分布在内蒙古、陕西、宁夏、新疆等西部省区。从煤炭资源技术剩余可采总储量和人均可采储量的比较均可看出，西部能源资源具有绝对优势，西部煤炭人均可采储量是全国的1.8倍，超过东部地区9倍。我国规划建设的14个大型煤炭基地中，西部地区分布有神东、陕北、黄陇、内蒙古东部、宁东、新疆6大基地，9个千万千瓦级大型煤电基地中覆盖有锡林郭勒盟、鄂尔多斯、陕北、哈密、准东、宁东6大基地。

西部煤炭资源开发前景广阔，但面临着突出的生态环境约束。脆弱的生态环境基底与人类开发造成的环境进一步恶化，制约着西部地区经济、社会的可持续发展，也将成为西部煤炭资源可持续开发利用的瓶颈。随着资源开发利用与生态环境协调发展要求的不断提高，煤炭项目建设与水资源紧缺、水土流失等生态环境问题的矛盾加剧，煤炭开发引起的地下水和地表水系破坏、地表沉陷等对西部六省区生态环境造成较大影响，特别是陕西、宁夏不少老矿区环境治理设施滞后、环保欠账较多，环境恢复与保护长效机制仍有待进一步完善。在西部六省区中，我国煤炭产业重点布局在内蒙古、陕西、甘肃、宁夏、新疆。

青海省境内的三江源地区，不仅是我国长江、黄河、澜沧江的发源地，也是我国淡水资源的重要补给地，哺育了江河中下游六亿多人口，是我国极为重要的生态安全屏障，素有“中华水塔”和“亚洲水塔”之称。2011 年 11 月 16 日，国务院召开常务会议，决定建立青海三江源国家生态保护综合试验区。

因此，本书将重点研究除青海之外的西部五省区煤炭清洁高效利用的战略问题。

1.1.2 西部社会经济概况

西部五省区是指内蒙古自治区、陕西省、甘肃省、宁夏回族自治区、新疆维吾尔自治区，简称内蒙陕甘宁新，面积约 356.9 万平方千米，占国土面积的 37%。西部五省区陆地边境线长达 9 800 千米，约占我国总陆地边境线的 43%，与 8 个国家为邻，地缘战略十分重要。

2015 年，内蒙陕甘宁新地区人口为 1.19 亿，占西部地区人口总数比重为 34%，占全国人口的比重为 9%。其中陕西省人口最多，达到 3 793 万人，除宁夏人口较少外，其余三省区差别不大。西部五省区人口比重见图 1.1.1。从人均地区生产总值来看，内蒙古人均地区生产总值最高，达到了 7.2 万元，最低的甘肃为 2.6 万元，西部五省区贫富差距较为明显。

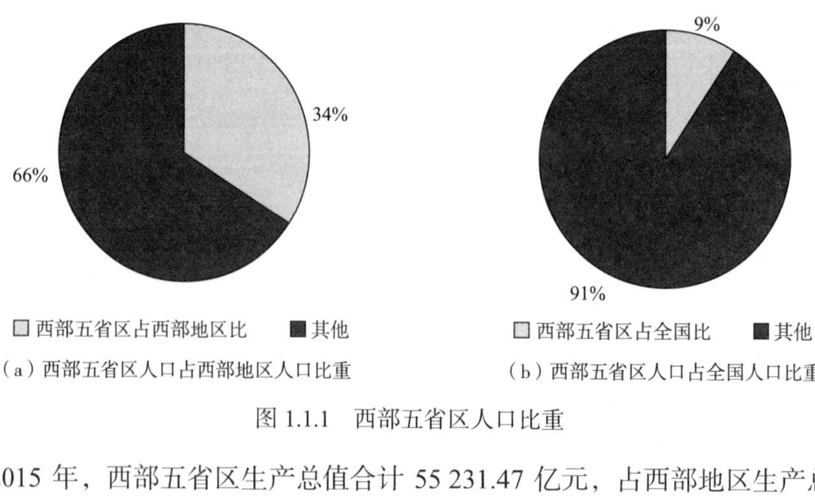

（a）西部五省区人口占西部地区人口比重

（b）西部五省区人口占全国人口比重

图 1.1.1 西部五省区人口比重

2015 年，西部五省区生产总值合计 55 231.47 亿元，占西部地区生产总值比重为 38%，仅占 GDP 的 8%，其中陕西省生产总值最高，达到了 18 171.86 亿元。

西部五省区生产总值占比见图 1.1.2。

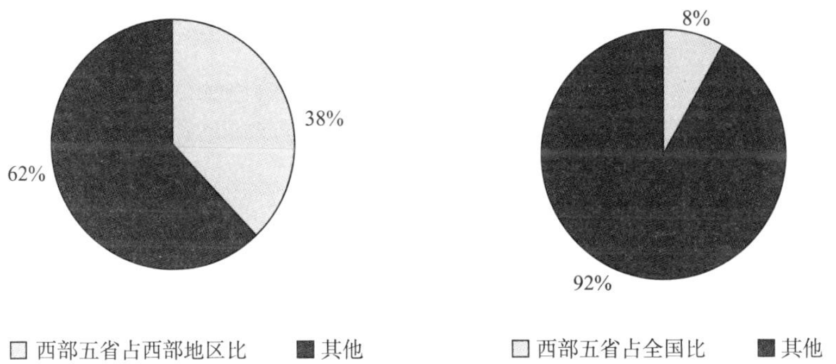

（a）西部五省区生产总值占西部地区生产总值比重　（b）西部五省区生产总值占GDP比重

图 1.1.2　西部五省区生产总值占比

产业结构方面，2015 年西部五省区第一产业总量为 5 968.43 亿元，第二产业为 25 999.70 亿元，第三产业为 23 263.42 亿元。结构为 11∶47∶42，第二产业占比较大，高于全国的 40.5%的水平。西部五省区产业结构情况如图 1.1.3 所示。

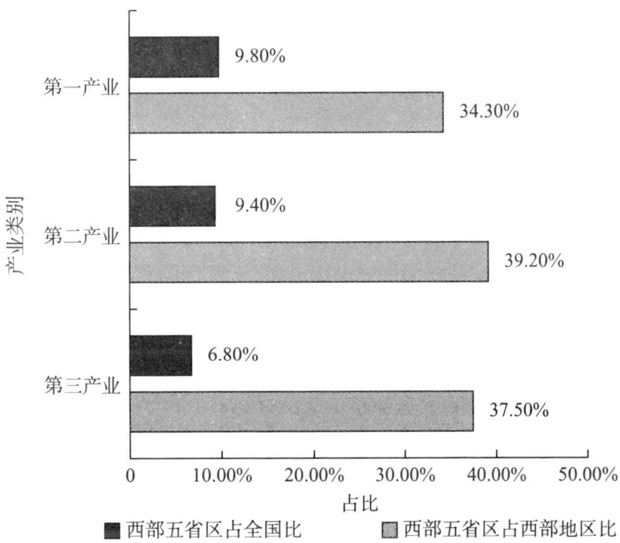

图 1.1.3　西部五省区产业结构情况

图 1.1.4、图 1.1.5 分别为西部五省区固定资产投资情况和西部五省区固定资产投资占比情况。2015 年西部五省完成固定资产投资 56 891.63 亿元。其中陕西最高为 20 177.98 亿元，占西部五省区的 35.47%。西部五省区固定资产投资占整个西部地区的比重为 41%，占全国的比重为 10%。

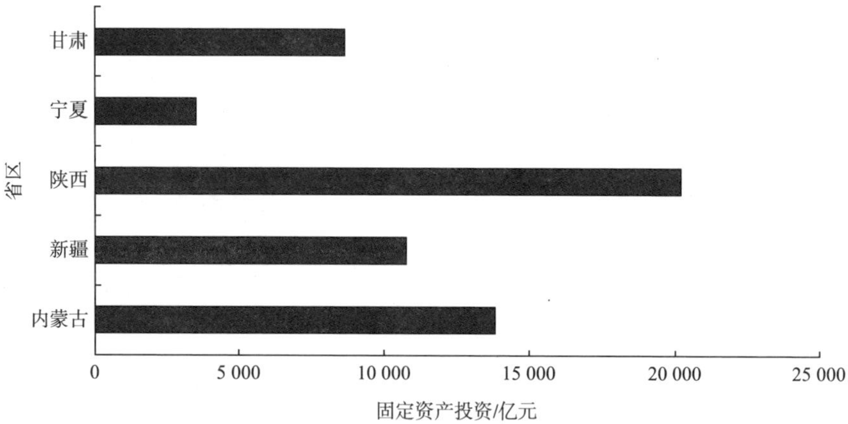

图 1.1.4　西部五省区固定资产投资情况

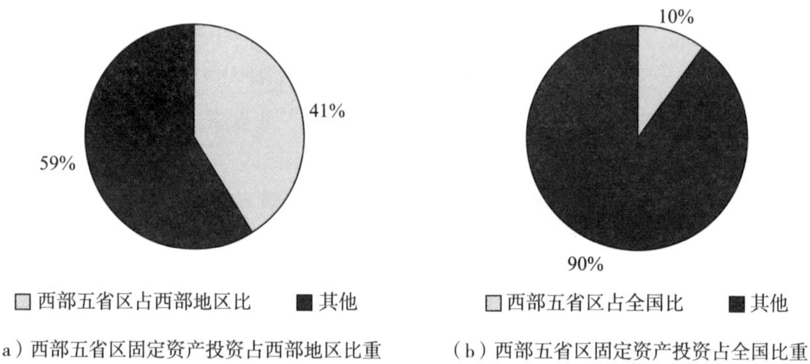

图 1.1.5　西部五省区固定资产投资占比情况

区域社会基础设施方面，西部五省区货运方式主要以铁路和公路为主，民航货运几乎为零，其中铁路货运占全国铁路货运的 35.0%，公路货运占全国公路货运的 13.5%。西部五省区基础设施和货运情况见图 1.1.6。

1.1.3　西部发展对接国家战略需求

西部五省区是我国内陆向西开放和建设“丝绸之路经济带”的关键节点。新疆可以发挥其独特的区位优势和向西开放重要窗口作用，深化与中亚、南亚、西亚等国家的交流合作，形成“丝绸之路经济带”上重要的交通枢纽、商贸物流和文化科教中心，打造“丝绸之路经济带”核心区。发挥陕西、甘肃综合经济文化和宁夏民族人文优势，打造西安内陆型改革开放新高地，加快兰州、西宁开发开放。推进宁夏内陆开放型经济试验区建设，形成面向中亚、南亚、西亚国家的通道、

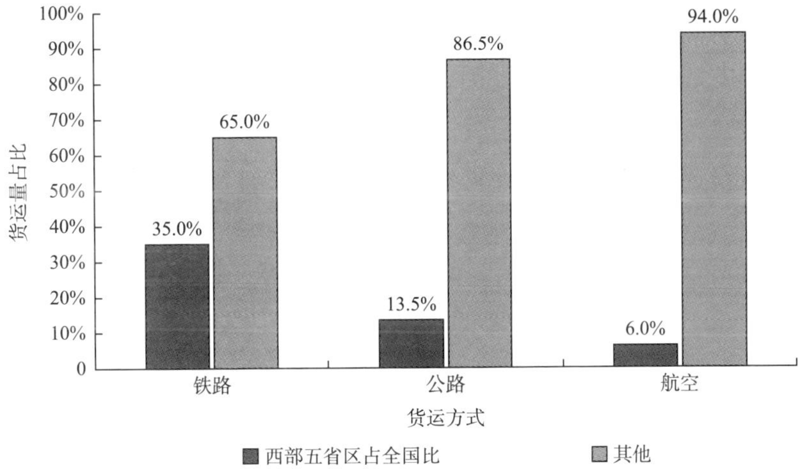

图 1.1.6 西部五省区基础设施和货运情况

商贸物流枢纽、重要产业和人文交流基地。内蒙古可以发挥其连通俄罗斯、蒙古国的区位优势，加强同俄罗斯、蒙古国的经济合作。西部五省区是我国重要的民族聚居区，仅新疆地区就分布有维吾尔族、汉族、哈萨克族、回族、蒙古族、柯尔克孜族等 47 个民族。

我国高度重视西部地区的发展问题，给予了许多特殊政策。为充分开发利用西部丰富的电力资源，早在 1986 年国家就提出了西电东送战略，对发展西部经济和保障东部电力供应发挥了重要作用，2014 年国家提出的 9 个以电力外送为主的千万千瓦级现代化大型煤电基地中，有锡林郭勒盟、鄂尔多斯、陕北、哈密、准东、宁东等 6 个基地位于西部。西部大开发战略带动西部能源产业的发展，国家相关部门一直在持续推动西部五省区能源开发利用综合规划的制定与实施，多项国家级区域经济社会发展的指导性政策或规划已陆续出台。国务院相继出台了一系列进一步加快内蒙古、陕西、甘肃、宁夏、新疆等西部地区经济社会发展的若干意见。

作为我国未来煤炭的主产区，西部五省区是我国煤炭产业竞争力提升的“主战场”。2015 年 3 月 28 日，国家发展和改革委员会、外交部、商务部联合发布了《推动共建丝绸之路经济带和 21 世纪海上丝绸之路的愿景与行动》，文中明确指出，“中国将充分发挥国内各地区比较优势……全面提升开放型经济水平”。2017 年 1 月 11 日《国家发改委关于印发西部大开发“十三五”规划的通知》（发改西部〔2017〕89 号）的发布，标志着指导西部未来五年发展的纲领性文件形成。

“一带一路”倡议的实施，将为我国煤炭生产要素“走出去”拓展更大的发展空间。“一带一路”沿线国家中有不少国家煤炭资源丰富，但它们不同程度存在着资金短缺、技术装备落后、煤炭基础设施条件差、技术力量不足等问题，有潜在的提升需求。21 世纪以来，我国在煤炭生产技术转让、设备出口、工程承包与劳务输出等方面已取得一定成果，抓住“一带一路”发展契机，进一步带动在西部得到应用和发展的先进煤炭开采技术和装备出口，扩大海外煤矿的承包建设、生产、经营等业务。

1.2 西部煤炭资源开发利用在我国能源体系中的地位

1.2.1 西部煤炭资源保障国家能源安全

西部地区拥有丰富的煤炭资源，保有加预测资源量为 3.85 万亿吨，占全国的 66.2%，是国家大型煤炭基地集中分布区，在我国能源供应格局中具有重要地位。西部地区也是我国绿色煤炭资源集中分布的地区，全区绿色煤炭资源保有量 9 234.59 亿吨，占全国绿色煤炭资源保有量的 92.45%，占该区煤炭资源保有总量的 88.9%，占全国煤炭资源保有总量的 47.5%，集中分布在陕西中北部、新疆北部、内蒙古中部、甘肃东部以及宁夏部分地区；绿色储量 251.37 亿吨，占全国绿色储量的 54.9%，占西部地区煤炭总储量的 76.5%。

当前我国华东、华南和东北地区的煤炭生产逐渐萎缩，煤炭生产重心已经转移至西部地区。近三年来，虽然全国煤炭产量有所下降，但西部地区产量在全国煤炭总产量中的比重不断增加。2000~2016 年，西部五省区煤炭产量从 1.86 亿吨增长至 16.4 亿吨，占全国的比例由 14.93%增加至 47.9%。2016 年，西部五省区煤炭净调出 7.8 亿吨，占全国煤炭消费量的 20.3%，有力保障了经济建设对能源的需求。2005~2016 年西部五省区煤炭产量和消耗量及全国占比见图 1.1.7。

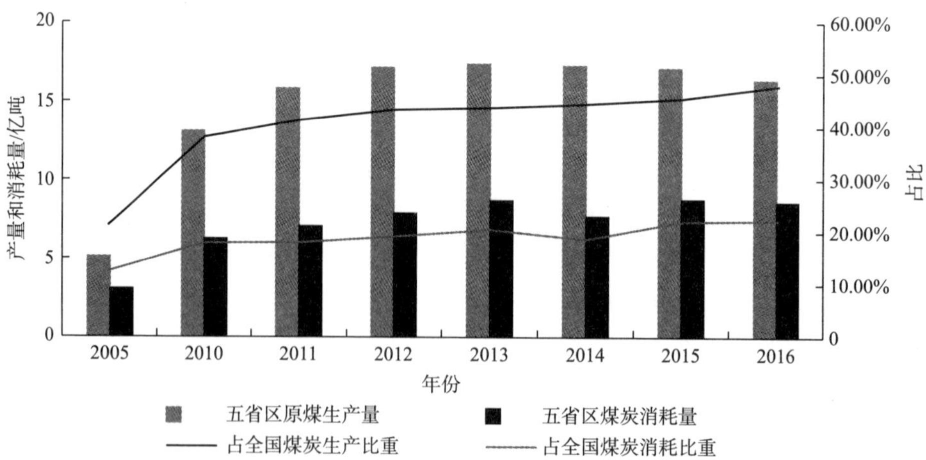

图 1.1.7 2005~2016 年西部五省区煤炭产量和消耗量及全国占比

西部五省区中现有神东、陕北等六大煤炭生产基地，主要服务于华北地区和华东地区，新疆煤炭外运的目标市场在甘肃、宁夏和青海。

1.2.2　西部煤炭工业代表我国煤炭工业先进生产力

西部五省区煤炭产业结构得到显著优化。近年来随着一大批大型、特大型安全高产高效矿井的建成投产，国有重点煤矿采煤机械化和掘进机械化程度达到全国先进水平。例如，内蒙古建成投产千万吨级以上现代化煤矿 15 座，总生产能力 2.96 亿吨/年，占内蒙古总产能的 37%，平均单井产能约 200 万吨，是美国平均水平的 2 倍；陕西建成红柳林、柠条塔等 16 个千万吨级特大型矿井；宁夏建成安全高效矿井 13 个，建成羊场湾、梅花井、枣泉、红柳等矿井无人值守系统；新疆全区已编制和正在编制的矿区总体规划 42 个，共规划井（矿）田 368 个，规划总能力 17.9 亿吨/年，储备了一大批百万吨级、千万吨级的大型、特大型煤矿项目。煤炭转化利用方面，大量百万、千万装机容量的清洁高效燃煤发电和一批具有世界先进水平的现代煤化工项目，进一步提升了区内煤炭工业的竞争力。宁东能源化工基地依托已经成功投入运行的煤制烯烃和煤制二甲醚示范项目，在煤炭先进气化技术、煤制二甲醚技术、煤制烯烃技术和烯烃聚合技术等方面进行了单元技术和集成技术的优化和创新研究，逐步解决了现代煤化工技术产业化应用中存在的重大工程科技问题，优化了资源配置，不断提高技术装备国产化水平。

在产业结构优化升级背后，是高水平科技研发平台的建设、科技攻关项目的设立和大量科技创新资金的投入，随之而来的是大量高新技术与装备的成功研发和应用，如特高压输电、煤直接液化和间接液化等技术已达到世界领先水平。以神华宁夏煤业集团有限责任公司（以下简称宁煤集团）为例，先后建成国家级企业技术中心、博士后工作站和自治区级煤炭开采及煤化工院士工作站，完成科技攻关项目 180 余项（承担国家重大科技专项 6 项、国家部委科技项目 3 项），获省部级以上科技成果 57 项（其中 4 项获国家科技进步二等奖）。西部五省区的煤炭开发利用产业已逐步转型为技术、资金密集型产业，引领我国煤炭工业技术发展方向。

1.3　西部煤炭资源开发利用对区域经济社会发展的引擎作用

煤炭及相关产业在西部五省区国民经济建设与社会发展中具有十分重要的地位，其贡献主要体现在投入产出、产业关联、收入分配等方面。

1.3.1 煤炭投资和生产拉动区域经济增长

随着我国煤炭开发战略西移，西部五省区煤炭采选业固定资产投资大幅增长，2005~2016 年已累计达 1.32 万亿元，复合年均增长 26.8%，占同期全国煤炭采选业固定资产总投资的 30%。

数万亿的煤炭采选业产出强力拉动地区生产总值高速增长，煤炭采选业人均产值大幅增加。2005~2016 年，西部五省区规模以上煤炭采选企业工业总产值合计 5.11 万亿元，占同期西部五省区生产总值的 11.7%。内蒙古和陕西的地区生产总值增速明显高于全国增速，这与煤炭生产开发有着最直接的联系。从人均产值看，煤炭采选业用人少、产值高，人均产值逐年大幅增加，2013 年和 2014 年均已超过 100 万元/人，是同期西部五省区全部就业人员平均产值的 14 倍，经历 2014 年、2015 年低潮期后，2016 年又回到了 2013 年水平。西部五省区煤炭采选业对经济的影响见表 1.1.1。

表 1.1.1 西部五省区煤炭采选业对经济的影响

指标	2005 年	2006 年	2007 年	2008 年	2009 年	2010 年
煤炭采选业固定资产投资/亿元	208	361	530	720	986	1 167
全国煤炭采选业固定资产投资/亿元	1 163	1 459	1 805	2 399	3 057	3 785
五省区生产总值/亿元	12 989.5	15 736.4	19 326.7	24 364.7	27 018.5	33 058.5
从业总人口/万人	5 499.7	5 558.4	5 649.2	5 740.1	5 885.8	5 978.5
规模以上煤炭采选工业总产值/亿元	607.1	830.2	1 251.2	2 208.9	2 864.5	3 961.3
煤炭采选从业人员/万人	43.3	45.4	46.1	50.2	56.4	62.6
煤炭采选占五省区生产总值比重	4.67%	5.28%	6.47%	9.07%	10.60%	11.98%
煤炭采选人均产值/万元	14.0	18.3	27.1	44.0	50.8	63.3
煤炭采选工业产值增长率	—	36.74%	50.72%	76.54%	29.68%	38.29%
煤炭采选对五省区生产总值贡献率	—	8.12%	11.73%	19.01%	24.71%	18.16%
指标	2011 年	2012 年	2013 年	2014 年	2015 年	2016 年
煤炭采选业固定资产投资/亿元	1 463	1 722	1 966	1 852	1 294	936
全国煤炭采选业固定资产投资/亿元	4 907	5 370	5 213	4 684	4 007	3 038
五省区生产总值/亿元	40 605.7	45 879.5	50 487.5	54 353.1	54 909.9	58 032.3
从业总人口/万人	6 101.5	6 212.2	6 419.1	6 565.1	6 627.7	6 721.9
规模以上煤炭采选工业总产值/亿元	5 837.7	6 485.0	7 220.9	6 895.4	6 235.4	6 728.05
煤炭采选从业人员/万人	63.5	67.1	61.3	63.6	61.2	55.9
煤炭采选占五省区生产总值比重	14.38%	14.13%	14.30%	12.69%	11.36%	11.59%

续表

指标	2011 年	2012 年	2013 年	2014 年	2015 年	2016 年
煤炭采选人均产值/万元	92.0	96.6	117.9	108.4	102.0	120.3
煤炭采选工业产值增长率	47.37%	11.09%	11.35%	−4.51%	−9.57%	7.90%
煤炭采选对五省区生产总值贡献率	24.86%	12.27%	15.97%	−8.42%	−118.52%	15.77%

注：表中煤炭采选对五省区生产总值的贡献率指煤炭产业增加值增量与五省区生产总值增量之比

资料来源：国家统计局

同时，煤炭采选业还是地方财政收入的主要来源。2005~2016 年西部五省区规模以上煤炭采选企业累计缴税 5 752 亿元，其中内蒙古、宁夏煤炭税收占全区财政收入的比重最高，2011 年均约为 18%，见图 1.1.8。

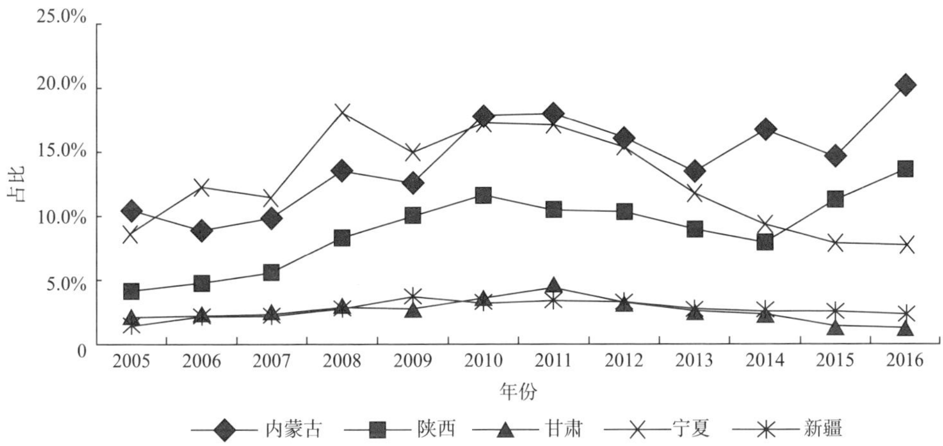

图 1.1.8 2005~2016 年西部五省区规模以上煤炭采选企业纳税总额占财政收入比重

煤炭开发创造了大量就业机会，职工收入、队伍素质也得以大幅提升。西部五省区煤炭开发利用产生大量就业机会，随着产业的高端化，从业人员队伍整体素质与收入也在不断大幅提高。2016 年西部五省区规模以上煤炭采选业从业人员 55.91 万人，占全国的比重超过 10%。以宁煤集团为例，自 2002 年成立以来，宁煤集团以煤炭及煤化工产业为重点，企业得到长足发展的同时，也带动了就业及职工收入的提升；十余年来宁煤集团累计已提供新增就业 3.56 万人，最高时 2005 年就新增就业 6 063 人；职工收入也逐年提升，由 2003 年的平均 1.68 万元，提高到 2014 年的 9.09 万元，年均增加 20.6%，高于全国平均水平。

资源优势转化为经济优势，产生了强大的示范带动作用。鄂尔多斯市曾是内蒙古自治区最为贫穷落后的地区之一，全市 8 个旗区中 5 个是国家级贫困区。自“十五”以来，鄂尔多斯市有效实施资源转换战略，建设一大批煤炭资源开发利用重大项目，形成了以煤为主、多元发展的工业产业发展格局，使资源优势迅速向经济优势转化。从 2002 年到 2016 年，鄂尔多斯市经济总量翻了近 5 番，产业结构实现了以农牧业为主导向以工业为主导的转变，实现了由贫穷到小康的跨越，鄂尔多斯市 2002~2016 年煤炭产量及生产总值增长见图 1.1.9。

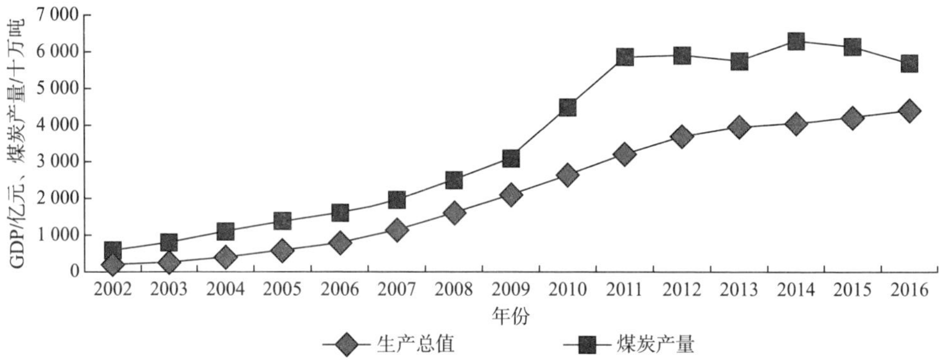

图 1.1.9　鄂尔多斯市 2002~2016 年煤炭产量及生产总值增长

1.3.2　煤炭开发带动区域关联产业快速发展

煤炭开发带动电力、新型煤化工等下游行业固定资产投资大幅增加。我国 5 大综合能源基地中有 3 个位于西部五省区，燃煤发电作为二次能源的重心，“西电东送”工程建设提速，特别是内蒙古、新疆大量投资建设燃煤电厂，截至 2016 年底，两区煤电装机规模已达 11 744 万千瓦，占全国煤电装机的 12.5%。另外，根据国家总体布局，现代煤化工产业在西部五省区得到快速发展，一批煤制油、煤制烯烃、煤制天然气、煤制乙二醇示范项目已建成投运，据不完全统计，仅“十二五”期间煤化工总投资就接近 7 000 亿元。根据国家总体布局，能源“金三角”宁夏宁东、内蒙古鄂尔多斯、陕西榆林是发展现代煤化工的重点区域，新疆、内蒙古东部等地区则可以适度发展煤化工，现代煤化工产业发展必将进一步促进西部五省区经济发展。

巨大的能源外调需求推动西部铁路、输电通道等基础设施建设。西部五省区特别是内蒙古和陕西作为重要的煤炭调出省区，每年出省区煤炭总量已在 10 亿吨左右，为满足运输需求，铁路、公路等建设加快，改变了西部偏远、落后的面貌。以“三西”为例，建设了向南通往华中大通道和北部下海大通道，2016 年初建成内蒙古到河北的新通道，正在建设内蒙古西部至华中煤运通道，实施了朔黄铁路扩能改造工程，建设了准格尔连接大秦铁路通道，形成四条主要煤炭外送通道。另外，优化区内铁路通道，构建区内“七横七纵”铁路运输网络。此外，西部五省区电力设施建设也得到快速发展。以内蒙古西部电网为例，“十二五”期间累计完成固定资产投资 549.6 亿元，2016 年统调装机 5 934.7 万千瓦，网变电容量突破 1 亿千伏安，形成“三横四纵”500 千伏主干网架，向北开辟了蒙古国、向南开辟了陕西榆林地区的送电通道，有力支撑了内蒙古西部的电力产业发展；宁夏宁东—山东青岛、哈密南—郑州、宁夏宁东—浙江绍兴、新疆准东—安徽皖南等特高压项目都对促进西部能源基地开发、保障我国东部地区电力可靠供应具有十分重要的意义。

煤炭开发有力地促进了西部产业结构升级，推动了技术进步。近年来随着一大批大型、特大型安全高产高效矿井的建成投产，西部五省区的煤炭产业结构得到了有效改善；大量百万、千万装机的清洁高效燃煤发电和一批具有世界先进水平的现代煤化工项目也进一步提升了西部五省区的工业竞争力。在产业结构优化升级背后，是高水平科技研发平台的建设、科技攻关项目的设立和大量科技创新资金的投入，大量高新技术与装备的研发在西部得到成功应用。西部五省区的煤炭开发利用产业已经逐渐成为技术、资金密集型产业。

第 2 章　西部煤炭资源开发利用面临的形势、取得的成就和问题

2.1　西部煤炭资源发展的国内外形势分析

2.1.1　国际形势

国际能源供需格局总体呈现生产西移，消费东移，能源结构转变，煤炭需求急剧放缓的态势。世界能源需求重心持续向中国、印度等一批新兴经济体转移。非常规油气勘探开发技术在北美率先取得突破，美国的页岩油气、墨西哥湾的深海油气、加拿大的油砂、委内瑞拉的重油，以及巴西的深海油气成为油气储量及产量新增长点，西半球的美洲国家正逐步成为全球油气勘探开发的新兴热点区域，世界油气生产“西移”趋势明显，已逐步形成中东、中亚、非洲、美洲多极供应格局。新一轮的能源技术革命孕育兴起，新的能源科技成果不断涌现，正在并将持续改变世界能源格局。《BP 世界能源展望 2016》认为未来二十年间，全球能源需求将继续增长，但能源结构会发生转变，为世界经济提供动力的主导能源仍将是化石能源。预计 2035 年，全球能源供应总量的 80%和能源增量的 60%仍将由化石能源提供。

当今全球正处于新一轮能源革命的起步期，能源技术创新高度活跃，新兴能源技术正以前所未有的速度加快迭代，对世界能源格局和经济发展将产生重大而深远的影响。为积极应对能源、环境和气候的挑战，世界主要国家特别是发达国家均把能源技术视为新一轮科技革命和产业革命的突破口，不同程度地加快了替代能源和可再生能源的发展步伐，制定各种政策措施抢占发展制高点，增强国家竞争力和保持领先地位。绿色低碳发展是应对全球气候变化、实现可持续发展目标的重要途径。作为能源技术创新的主要方向，绿色低碳发展集中在传统化石能源清洁高效利用、新能源大规模开发利用、核能安全利用、能源互联网和大规模储能，以及先进能源装备和关键材料等重点领域。

煤炭产业发展机遇与挑战并存。一方面，传统化石能源清洁高效利用技术，特别是新型煤化工技术的开发，进一步加快了煤炭可持续发展之路；能源互联网和大规模储能技术的突破能够扩大二次能源的利用范围和利用总量，有利于发挥煤炭转化为电能的相对经济优势，在污染物和碳排放允许的情况下，可进一步扩大煤炭的利用空间。另一方面，可再生能源、非常规油气等技术开始规模化应用，分布式能源、第四代核电技术等进入市场导入期，新能源材料等技术有望取得重大突破，煤炭替代品的来源范围在扩大、供应能力在增强，煤炭的应用市场受到严峻挑战。未来能源供应趋向清洁、低碳化发展，倒逼煤炭产业向清洁开发和低碳利用方向转变，以“清洁绿色”倒逼煤炭开发、利用、转化过程中的污染物全程近零排放，以“高效智能”倒逼煤炭开发、利用、转化过程中的装备信息化、智能化、无人化，以“可持续性”倒逼环境友好、近零伤亡、低碳利用。

2.1.2 国内形势

国内经济增速放缓，能源消费结构调整加速。经过多年的高速发展，随着改革红利、人口红利和全球化红利的逐步消退，我国经济进入结构性调整阶段。受产业结构调整的影响，第三产业在经济结构中的比例持续上升，经济增长对能源依赖程度降低，能源需求增长将进一步放缓；单位 GDP 能源消费强度不断下降，能源消费结构调整加速，清洁能源在能源消费结构中的比例不断增加。预计“十三五”经济增速仍将在 6%~6.5%，2020 年前能源需求年均增长 3.3%左右，是前 10 年的一半，2030 年前下降到 1.5%~2.4%。煤炭、炼油、冶金和电石等传统能源生产及主要耗能行业产能过剩十分突出，决定了未来我国将进一步对这些行业采取控制总量、优化结构的调控措施，核能和可再生能源的快速发展对煤炭的替代和挤压效应越来越明显。

煤炭生产开发布局西移，西部煤炭将填补东部减量空间。我国东部地区资源趋于枯竭，河北、山东、黑龙江等省现有矿区深部和外围还有一些零星资源，但埋藏深度大都超过 1 000 米、自然灾害严重，2015~2030 年东部超过 1/4 的煤矿即将报废，由于后期无新矿可供建设，东部煤炭供给缺口加大。中部地区开发时间长、强度大，目前面临严峻的生态环境问题，我国煤炭开发布局势必西移。国务院正式批准《呼包银榆经济区发展规划（2012-2020 年）》，提出打造以煤炭基地、油气基地、电源基地和煤化工基地四大基地为主的国家综合能源基地[①]。《能源发展“十二五”规划》（国发〔2013〕2 号）明确提出，加快建设山

① 《呼包银榆经济发展规划（2012-2020 年）》正式出台. http://www.yl.gov.cn/site/1/html/zwgk/0/110/116/126/3663.htm，2012-12-20。

西、鄂尔多斯盆地、内蒙古东部地区、西南地区、新疆五大国家综合能源基地。国家规划建设的 14 个大型煤炭基地中，西部省区的蒙陕甘宁能源“金三角”地区分布有神东、陕北、黄陇、宁东四大基地，上述基地均为《煤炭工业发展“十二五”规划》所确定的重点建设煤炭调出区。《国务院办公厅关于印发能源发展战略行动计划（2014-2020 年）的通知》（国办发〔2014〕31 号）提出，重点建设神东、陕北、黄陇、宁东……等 14 个亿吨级大型煤炭基地。重点建设锡林郭勒、鄂尔多斯、晋北……等 9 个千万千瓦级大型煤电基地。2014 年《国家能源局关于调控煤炭总量优化产业布局的指导意见》明确提出，今后一段时期，东部地区原则上不再新建煤矿项目；中部地区（含东北）保持合理开发强度，按照“退一建一”模式，适度建设资源枯竭煤矿生产接续项目；西部地区加大资源开发与生态环境保护统筹协调力度，重点围绕以电力外送为主的千万级大型煤电和现代煤化工项目用煤需要，在充分利用现有煤矿生产能力的前提下，新建配套煤矿项目。在 2016 年 12 月国家发展和改革委员会、国家能源局联合发布的《煤炭工业发展“十三五”规划》中，进一步明确了“压缩东部、限制中部和东北、优化西部”的全国煤炭开发总体布局，统筹协调“资源开发和生态环境保护”，西部煤炭开发将逐步填补东部减量空间。随着我国煤炭布局的西移，西部五省区煤炭主产区的地位将进一步增强。

新疆作为我国重要的能源战略基地和西部地区经济增长的重要支点，在国发〔2007〕32 号《关于进一步促进新疆经济社会发展的若干意见》中进一步明确了新疆发展在全国的定位。

“一带一路”为西部煤炭产业拓展了发展空间。我国煤炭开发建设的高峰期已过，煤炭产能严重过剩，一方面煤炭生产要素总量富余，另一方面煤炭生产要素能力显著提高，急需找到新的市场，“走出去”愿望比较强烈。而“一带一路”沿线有不少国家煤炭资源丰富，然而这些国家煤炭产业不同程度地存在资金短缺、技术装备落后、煤炭基础设施条件差、技术力量不足等问题，有潜在的提升需求。西部五省区煤炭资源总量较为丰富，但已探明的采储不高，且部分煤种相对短缺，“一带一路”倡议的实施，有利于加强国际煤炭资源配置，丰富能源供应渠道。此外，还可进一步带动先进煤炭开采技术和装备出口，扩大海外煤矿的承包建设、生产、经营业务，特别是西部五省区在煤炭开采及转化利用方面的先进技术及装备。例如，交直流特高压输电，以及目前仅在西部有示范工程或运营项目的煤制气、煤制油等，都可借力“一带一路”开展对外合作，对于实现我国煤炭工业国际布局具有重要意义。

国家将煤炭清洁高效开发利用作为能源转型发展的立足点和首要任务，为煤炭行业转变发展方式、实现清洁高效发展创造了有利条件。西部地区作为煤炭资源的富集区，在开发方面技术最为先进、产量最高，煤炭利用方面也走在全国前列，理应在煤炭的转型发展过程中发挥引领作用。实现煤炭资源清洁高效开发及利用的重点在西部，因此，应大力加强煤炭科技的攻关、推广力度，发挥技术、资源、人力、政策等综合优势，尽快将西部打造成煤炭资源转型升级的示范区，推动行业向清洁、绿色、高效发展转变。

2.2 西部煤炭资源勘探开发利用取得的成就

2.2.1 西部煤炭地质研究取得重大进展

1. 根据构造空间形态与规模进行了构造分区与类型划分，建立了典型的赋煤构造样式

构造作用是控制煤系和煤层形成、形变和赋存的首要地质因素，构造类型及特征对煤炭资源展布和扩大找煤范围具有重要意义，以往的研究只是着重于区域构造格架与矿区或井田构造特征的研究，缺乏不同构造样式对煤炭资源开发利用的影响。西北地区赋存大量的侏罗系煤炭资源，且大多为厚煤层，根据其资源禀赋特点，选取合理的开采方法是实现安全高效开采的必由之路。本书立足于不同构造样式和层序地层格架相互作用下的控煤、控气、控水作用，从盆地尺度、井田尺度和工作面尺度对比了含煤盆地的构造特征，总结概括出挤压、伸展、剪切、反转 4 大类，以及叠瓦式、推覆式、褶皱式、张性断裂、走向滑动、断裂反转 6 亚类 18 种类型控煤构造样式，总结了不同构造样式对煤炭资源开发方面的影响。

研究发现，在新疆主要赋煤盆地的边缘地带，推覆式滑脱构造具有一定的普遍性，在准南煤田的乌鲁木齐煤矿井田范围内，经对勘探、生产资料的对比研究发现，所谓逆冲断层的叠瓦状组合实为推覆式滑脱构造，纠正了对井田断裂构造发育规律的认识，更好地服务于煤炭资源的安全高效开采。乌鲁木齐煤矿推覆式滑脱构造的认识过程见图 1.2.1。

2. 煤系气综合研究与共采

研究了煤炭资源与煤层气、页岩气、天然气水合物多种非常规天然气资源的相互成因联系，建立了煤盆地内相互有成生关系的多能源资源成藏模式。阐述了煤层气、页岩气及天然气水合物与聚煤作用和煤化作用关联紧密，提出了煤盆地煤系气概念。

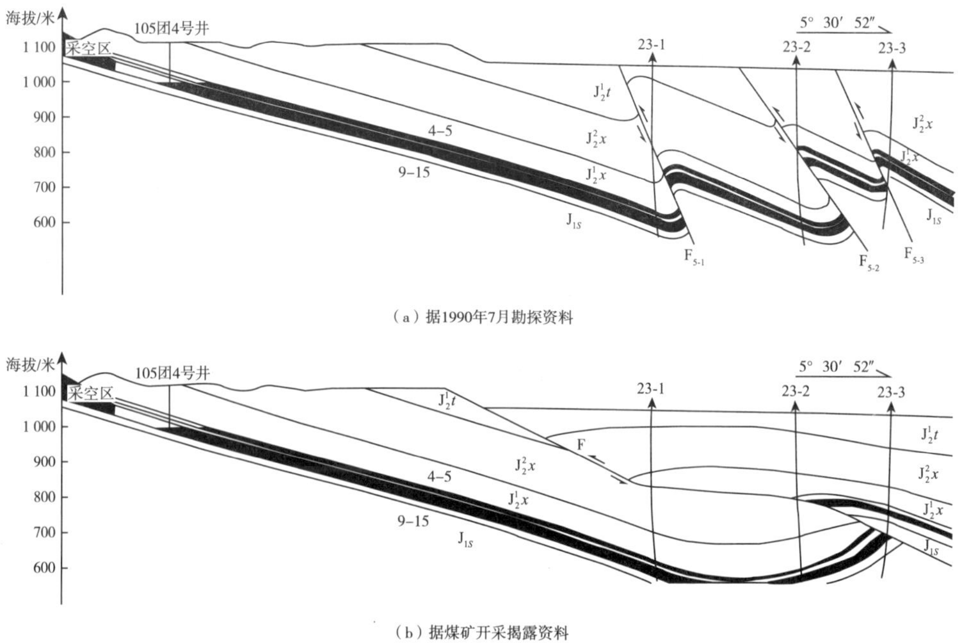

图 1.2.1　乌鲁木齐煤矿推覆式滑脱构造的认识过程

煤系气是由整个煤系中的烃源岩母质在生物化学及物理化学/煤化作用过程中演化生成的、仍保存在煤系中的天然气，包括煤层气、页岩气、致密砂岩气，在青藏高原冻土地区还包括天然气水合物。将煤系中的非常规天然气作为一个系统进行整体研究，其显著特点是通过地质作用过程的研究将各地质要素联系成一个有机整体，揭示煤化作用–构造作用–地质环境条件之间的时空耦合关系，探讨区域地质背景与演化对煤系中气体形成的控制作用，形成特有的煤系气研究与资源评价路线。

3. 构建了西北地区陆相含煤盆地煤炭、煤层气、页岩气、水资源四位一体的协同勘查技术体系

多能源矿产协同勘查理论的核心是由煤与其共伴生多能源矿产控制因素的识别、聚煤规律研究、成因机制分析、矿产组合类型与聚集单元划分、资源评价、生态环境保护等内容构成。协同勘查实践由多能源矿产快速精细整装勘查、勘查技术与方法优化、技术与经济综合评价、生态环境保护及可持续开发资源保障等组成。含煤盆地煤、煤系非常规天然气及水资源呈共伴生产出，在探煤的同时，实现了煤层气、页岩气、水资源的系统评价与多能源矿产协同勘探开发，避免了单矿种勘查造成的重复工作和部分资源被遗漏。

煤炭地质勘查理论与综合勘查技术研究取得了长足进步。在系统分析中国煤

炭资源赋存规律和煤炭资源勘查工作特点的基础上，将传统的以资源勘查为核心的“煤田地质勘探”，发展为涵盖煤炭资源调查、勘查、矿井建设、安全生产、环境保护勘查，以及以煤为主、煤层气和与之有一定成生关系的洁净能源及共伴生矿产资源勘查与评价的“煤炭资源综合勘查”，形成了以中国煤炭地质理论新进展为支撑，由煤炭资源遥感技术、高精度地球物理勘查技术、快速精准地质钻探技术、煤炭资源勘查信息化技术、煤矿区环境遥感监测与治理技术及煤质测试化验技术等关键技术构成的立体的、信息化的煤炭地质综合勘查理论与技术体系。

2.2.2　西部煤炭资源丰富，已建成和在建一批大型特大型矿井

1. 西部具有丰富的煤炭资源

西部地区（内蒙古西部、陕西、甘肃、宁夏、新疆）煤炭资源丰富，且相对集中，是国家大型煤炭基地集中分布区。保有和预测资源总量达 3.85 万亿吨，占全国的 66.2%，其中保有资源量 10 392.45 亿吨，占全国的 53.4%；1 000 米以浅预测量达 10 241.24 亿吨，占全国 1 000 米以浅预测总量的 71.2%；基础储量 626 亿吨，占全国的 22.9%；可采储量 328.68 亿吨，占全国的 22.1%。西部煤炭资源现状见表 1.2.1。

表 1.2.1　西部煤炭资源现状　　单位：亿吨

地区	累计探明资源量	保有资源量	1 000~2 000 米预测量	1 000 米以浅预测量	可采储量	基础储量
内蒙古西部	5 805.30	5 767.40	5 077.49	987.19	108.11	180.19
陕西	1 814.43	1 794.15	2 092.99	166.28	125.85	209.75
宁夏	383.89	376.92	1 339.36	131.65	18.13	42.12
甘肃	167.45	158.66	1 502.69	154.11	23.57	45.91
新疆	2 311.73	2 295.32	7 879.84	8 802.01	53.02	148.03
总计	10 482.80	10 392.45	17 892.37	10 241.24	328.68	626.00

西北地区绿色煤炭资源集中分布在内蒙古西部、陕西中北部、新疆北部、甘肃东部以及宁夏部分地区。经评价得出，绿色煤炭资源保有量 9 234.59 亿吨，占全国绿色保有量的 92.45%，占研究区保有量的 88.9%，占全国保有量的 47.5%；绿色基础储量 473.64 亿吨，占全国绿色基础储量的 54.05%，占西部地区基础储量的 75.66%，占全国基础储量的 17.34%；绿色储量 251.37 亿吨，占全国绿色储量

的 54.9%，占西部地区煤炭总储量的 76.5%，占全国储量的 16.89%。绿色煤炭资源勘查开发现状见表 1.2.2。

表 1.2.2 绿色煤炭资源勘查开发现状 单位：亿吨

地区	保有量	保有尚未利用量					可采储量	基础储量
		合计	勘探	详查	普查	预查		
陕西	1 451.11	1 291.52	206.81	195.84	339.50	549.37	97.81	163.02
内蒙古西部	5 318.43	5 215.10	561.52	409.25	1 288.77	2 955.56	93.93	156.55
新疆	2 085.19	1 453.14	275.87	176.42	1 000.85		32.94	105.02
陇东	124.59	112.51	11.30	26.40	72.32	2.49	14.50	28.46
宁夏	255.27	141.52	78.29	24.15	15.58	23.50	12.19	20.59
合计	9 234.59	8 213.79	1 133.79	832.06	2 717.02	3 530.92	251.37	473.64

注：宁夏包括宁东煤田的灵武、鸳鸯湖、马家滩、积家井、萌城 5 个侏罗纪矿区

2. 煤层结构简单，煤质优良

研究区以中厚–厚煤层为主，大多数煤层赋存稳定，结构简单，倾角缓。主要矿区煤层多为浅埋深，顶板一般为具有稳定或坚硬顶板的特点，多为低瓦斯矿井。

西部地区含煤地层有石炭–二叠纪、晚三叠世、早–中侏罗世、早白垩世各地质时代含煤地层，以早–中侏罗世为主。石炭–二叠纪煤层多为气煤，次为肥煤、焦煤、瘦煤，还有少量贫煤和无烟煤。早–中侏罗世煤层在新疆灰分中等偏低，为 5.14%~30.81%，以中灰煤为主。以小于 1%的低硫、特低硫煤为主，中硫煤次之，中高硫煤极少。煤类以长焰煤、不黏煤等低变质烟煤为主，还有少量弱黏煤、气煤和肥煤。

鄂尔多斯盆地东缘由南而北的韩城、吴堡、府谷、准格尔矿区，煤变质程度趋浅，依次为无烟煤与贫煤、焦煤、肥煤、气肥煤、气煤和长焰煤。西及西北缘的横城、韦州、马连滩、石嘴山、乌海，煤的变质情况比较复杂，无烟煤、贫煤、瘦煤、焦煤均有分布，分带不明显。

为贯彻落实国务院《大气污染防治行动计划》和《商品煤质量管理暂行办法》，要求京津冀及周边地区、长三角、珠三角限制销售和使用灰分（A_d）≥16%、硫分（$S_{t,d}$）≥1%的散煤。未来几十年，提高煤炭质量、提高优质煤炭使用比重是大势所趋，优质煤炭使用范围将逐步扩大，从西部调出更多优质环保煤炭对改善全国大气环境意义重大，西部煤炭具有广阔的市场前景。

3. 煤炭产量年均增幅超过 10%，全国占比持续提升

2000~2016 年，西部五省区煤炭产量从 1.86 亿吨增长至 16.35 亿吨，占全国

的比例由 14.93%增加至 47.9%。最近三年来，虽然全国煤炭产量有所下降，但西部地区煤炭产量在全国煤炭总产量中的比重不断增加。当前全国煤炭生产重心已经转移至西部地区，华东、华南和东北的煤炭生产逐渐萎缩。西部五省区无论在煤炭资源量、探明储量，还是产量、产能等各个方面都具有绝对优势，我国煤炭工业的持续发展主要是西部地区煤炭开发利用水平的快速提升。

4. 煤炭产能规模持续增加，机械化、自动化和安全生产水平不断提高

西部五省区煤炭资源丰富，且相对集中，是国家大型煤炭基地集中分布区。根据“十三五”规划，2020 年 14 个大型煤炭基地产量 37.4 亿吨，占全国煤炭产量的 95%以上，其中有 6 个分布在西部五省区。目前我国已建成的特大型现代化矿井和高产高效工作面多数都在西部地区。内蒙古已建成投产千万吨级以上现代化煤矿 15 座，总生产能力 2.96 亿吨/年，平均单井产能约 200 万吨，是美国平均水平的 2 倍；陕西已建成红柳林、柠条塔等 16 个千万吨级特大型矿井；新疆已编制完成或正在编制的矿区总体规划 42 个，储备了一大批百万吨级、千万吨级的大型、特大型煤矿项目。

1）内蒙古

2016 年煤炭产量 8.38 亿吨，与 2010 年的 7.86 亿吨相比，增长 6.6%，入选率约 50%，较 2010 年提高了 20 个百分点；区内煤炭消费量 3.67 亿吨，煤炭转化率达 43.8%，外运 4.79 亿吨，是我国煤炭第一大生产和调出区，为保障全国煤炭供给贡献突出。内蒙古自治区主要煤矿地质探明储量及煤种分布见表 1.2.3。

表 1.2.3 内蒙古自治区主要煤矿地质探明储量及煤种分布

煤田分类	地质探明储量及煤种
胜利煤田	探明地质储量 214 亿吨，煤种为褐煤
桌子山煤田	探明地质储量 29 亿吨，煤种为肥煤和焦煤
东胜煤田	探明地质储量 2 236 亿吨，煤种为不黏煤
准格尔煤田	探明地质储量 253 亿吨，煤种为长焰煤
白音华煤田	探明地质储量 140 亿吨，煤种为褐煤
伊敏煤田	探明地质储量 48 亿吨，煤种为褐煤
大雁煤田	探明地质储量 36 亿吨，煤种为褐煤
宝日希勒煤田	探明地质储量 41 亿吨，煤种为褐煤
扎赉诺尔煤田	探明地质储量 83 亿吨，煤种为褐煤
霍林河煤田	探明地质储量 131 亿吨，煤种为褐煤

内蒙古已建成投产千万吨级以上现代化煤矿 15 座，总生产能力 2.96 亿吨/年，占总产能的 37%。区内煤炭企业采煤机械化程度 100%，掘进机械化程度 90%，全员效率 20 吨/工，采区回采率 82%。国内最大放顶煤液压支架在布尔台煤矿投入使用，世界最大载重煤矿井下运输车在大柳塔煤矿投入运行，智能综采机械化得到应用，露天煤矿数字化矿山建设成就显著，煤矿技术装备水平、生产效率等与美国处于同一水平。煤矿全部安装安全监控系统并实现区域联网，2010~2016 年全区煤矿百万吨死亡率均在 0.1 以下，安全生产处于全国领先水平。

2）陕西

陕西省主要煤田地质探明储量及煤种分布见表 1.2.4。2016 年原煤产量 5.16 亿吨，同比增长 4.5%，占全国总产量的 15.1%左右，仅次于山西、内蒙古，继续居全国第三位，与 2010 年 3.61 亿吨相比，产量增长 42.9%，年均增长率 6.1%。2016 年省内消费煤炭 2 亿吨，煤炭就地转化率 38.8%，净调出量为 3.1 亿吨。

表 1.2.4　陕西省主要煤田地质探明储量及煤种分布

煤田分类	地质探明储量及煤种
陕北侏罗纪煤田	保有储量 1 357 亿吨，煤种长焰煤、不黏煤
陕北三叠纪煤田	探明地质储量 20 亿吨，煤种为气煤
黄陇侏罗纪煤田	探明地质储量 140 亿吨，煤种为长焰煤、弱黏煤
陕北石炭-二叠纪煤田	探明地质储量 54 亿吨，煤种为气煤、焦煤
渭北石炭-二叠纪煤田	探明地质储量 62 亿吨，煤种为瘦煤、贫瘦煤、贫煤、焦煤

2010 年以来陕西省淘汰落后产能 1 000 万吨，已建成红柳林、柠条塔等 16 个千万吨级特大型矿井。新建大型矿井单井平均产能达到 520 万吨/年，其中建成千万吨级特大型矿井 10 处。2016 年百万吨死亡率 0.083，只有全国平均水平的 50%。

一批制约煤炭安全高效生产和建设的技术难题得到破解，陕西煤业化工集团有限责任公司神府矿区煤炭开采水资源动态及保水技术研究、韩城极薄煤层上保护层瓦斯抽采及安全高效开采技术研究、柠条塔浅埋深 1.6 米煤层日产万吨综采工作面成套装备技术研究、浅埋煤层风积砂似膏体机械化充填采煤技术及应用等 7 项科研成果达到国际领先水平，黄陵一号煤矿国产综采装备智能化无人开采技术研究与应用，填补了我国煤矿综采工作面智能化无人开采的空白。

3）甘肃

甘肃省主要煤田地质探明储量及煤种分布见表 1.2.5。2016 年全省煤炭产量 4 254 万吨，比 2010 年减少了 246 万吨。煤炭产量达到 1 000 万吨以上的市为平凉、白银，产量共 3 675 万吨，占全省的 80.3%。华亭煤业集团有限责任公司、靖远煤业集团有限责任公司、窑街煤电集团有限公司等甘肃省三大煤业集团核定生产能力 4 380 万吨/年，占全省的 70%。

表 1.2.5 甘肃省主要煤田地质探明储量及煤种分布

煤田分类	地质探明储量及煤种
公婆泉煤田	位于酒泉市肃北县，初步勘查地质储量 3.67 亿吨，主要煤种为中灰、中硫的褐煤
靖远煤田	位于甘肃省中部白银市，成煤时代为中侏罗纪早期，保有储量 11 亿吨。主要煤种为不黏、弱黏、不黏–弱黏煤
庆阳煤田	庆阳市煤炭预测储量 2 360 亿吨，占甘肃全省的 94%，煤种以低灰、中硫、中高热值的长焰煤为主，平均发热量 5 300 大卡/千克，属优质动力煤
山丹煤田	位于甘肃省张掖市，保有储量 2.2 亿吨，主要煤种为肥煤、焦煤，少量气煤
窑街煤田	位于兰州市西部，成煤时代为中侏罗纪，保有储量 9 亿吨，主要煤种为褐煤、长焰煤、不黏煤、弱黏煤及气煤
华亭煤田	位于甘肃省东部平凉市，分布在陕甘宁盆地边缘，成煤时代为中侏罗纪，保有储量 34 亿吨，主要煤种为长焰煤

注：1 大卡≈4.19 千焦

现有 30 万吨以上的大中型煤矿 32 处，总生产能力占全省总能力的 79.4%，其中，120 万吨及以上大型煤矿 19 处，生产规模 4 320 万吨/年，占全省总能力的 66%；30 万吨以上 120 万吨以下中型煤矿 13 处，能力 810 万吨/年，占全省总能力的 13.4%。由于小煤矿数量多，安全生产水平差，尽管煤矿百万吨死亡率由 2010 年的 0.770 下降到 2016 年的 0.353，下降较快，但仍是全国平均水平的 2.3 倍。

4）宁夏

宁夏回族自治区主要煤田地质探明储量及煤种分布见表 1.2.6。2016 年全区煤炭产量 7 000 万吨，减幅 12%。2014 年原煤入选率达到 90.6%，高于全国平均水平 30.4 个百分点。2015 年，全区电力工业用煤占 50%，化学工业用煤 11%。煤炭调入主要来自内蒙古西部。

表 1.2.6 宁夏回族自治区主要煤田地质探明储量及煤种分布

煤田分类	地质探明储量及煤种
贺兰山煤田	保有资源储量 23.33 亿吨，煤种为烟煤、焦煤、气煤、肥煤
香山煤田	保有资源储量 0.643 3 亿吨，煤种为无烟煤
宁东煤田	探明资源储量 292 亿吨，煤种为不黏煤、长焰煤、气煤
宁南煤田	探明资源储量 12.48 亿吨，煤种为长焰煤、不黏煤

全区煤矿企业 54 家，其中宁煤集团的产量占到全区的 84.4%，国有重点煤矿采煤机械化和掘进机械化程度分别达到 98%和 92%，居全国先进水平。共建成安

全高效矿井 13 个，在羊场湾、梅花井、枣泉、红柳等矿井建成无人值守系统。

5）新疆

新疆维吾尔自治区主要煤田地质探明储量见表 1.2.7，以低变质烟煤为主。据相关统计数据分析，截至 2016 年底，新疆年产 120 万吨以上煤矿达 40 余处，产能 2.5 亿吨，产能占比达 2/3 以上。2016 年全区煤炭产量 1.61 亿吨，年均增长率 9%，高于全国 5 个百分点。2016 年全区煤炭消费量 1.46 亿吨，同比增加 12%，高于全国平均增幅。2016 年新疆煤炭外运量 1 090 万吨，甘肃嘉峪关、金昌、酒泉等兰州以西地区是疆煤外运的主要地区。

表 1.2.7　新疆维吾尔自治区主要煤田地质探明储量

煤田分类	地质探明储量
伊犁煤田	探明储量 124 亿吨
库拜煤田	探明储量 30 亿吨
准东煤田	探明储量 615 亿吨
吐哈煤田	探明储量 448 亿吨

截至 2015 年底，全区已编制完成或正在编制的矿区总体规划 42 个，共规划井（矿）田 359 个，规划总能力 17.6 亿吨/年。其中，22 个已获得国家批复，规划矿井 193 处，规划能力 9.14 亿吨/年；10 个已上报国家待审批，规划矿井 88 处，规划能力 3.54 亿吨/年；7 个已完成初审正在修改完善中，规划矿井 51 处，规划能力 3.51 亿吨/年；正在编制的 3 个，规划矿井 27 处，规划能力 1.38 亿吨/年。通过编制矿区总体规划，储备了一大批千万吨级煤矿项目，对促进煤炭资源合理有序开发具有积极意义。

2.2.3　煤炭行业科技创新步伐加快，助推西部煤炭产业转型升级

1. 西部高效开发先进工程科技

1）6~8 米厚煤层一次采全高大功率自动化技术装备

包括 6.0~6.3 米系列大采高电液控制强力液压支架、大功率电牵引采煤机和 SGZ1000 系列工作面刮板输送机等配套设备的生产能力达到 2 000~3 000 吨/小时，成套设备总功率达 5 000 千瓦以上，大修周期 2 000 万吨以上；太原矿机机械集团公司研制的 MG1000/2500-WD 型大采高电牵引采煤机，装机功率 2 500 千瓦；SGZ1200/3×1000 重型刮板输送机及转载设备，刮板机运量达到 3 750 吨/小时，

设计长度 300 米，实现重载软起动及多机驱动功率平衡；破碎机破碎能力 4 000 吨/小时；转载机装机功率达到 525 千瓦、生产能力 4 000 吨/小时；自移机尾适合于 1.6 米的带式输送机。在陕西煤业化工集团有限责任公司红柳林煤矿采用 ZY18800/32/72D 型支架，实现围岩耦合控制和自动序列化操作，以及在顺槽和地面的远程控制，移架速度 8 秒/架；采煤机总装功率为 2 590 千瓦；SGZ1400/4500 型刮板输送机，装机功率为 4 500 千瓦；输送能力 4 500 吨/小时。兖矿金鸡滩煤矿在 2016 年采用国内外最高的 ZY21000/38/82D 型超大采高液压支架，实现了 8.2 米大采高工作面一次采全高，采煤机截割功率 1 100 千瓦，总装机功率 2 950 千瓦，刮板输送机 SGZ1400/3 × 1600 输送能力 4 500 吨/小时，年生产能力 1 500 万吨以上。

2）15~20 米特厚煤层大采高综放装备

我国的综放开采技术居于国际领先水平，综放开采已经成为西部五省区特厚煤层矿区实现高产高效的主要途径。“十一五”期间研发了 5.2 米大采高放顶煤液压支架及成套装备，使工作面一次可采厚度最高达到 20 米，工作面生产能力突破 1 000 万吨/年。大同煤矿集团大唐塔山矿 3~5#层 8105 大采高放顶煤工作面，平均采高 4.5 米。采用 ZF15000/25/38 型放顶煤液压支架、MG750/1915-GWD 采煤机和 SGZ1200/2 × 1000 刮板输送机配套，工作面生产能力为 1 000 万吨/年。中煤平朔集团有限公司安家岭二号矿综放队在煤层厚度 13 米条件下，产煤 1 039.1 万吨，刷新综放工作面年产世界纪录。

3）自动化、智能化综采工作面成套装备技术

随着开采强度的增大和围岩复杂程度的提高，工人进入设备作业环境近距离操作越来越困难。实现煤矿生产的自动化、智能化和无人化是保障煤矿安全、高效生产的根本途径，是所有井下或危险环境矿山开采的发展方向。能源“金三角”地区的神华锦界煤矿、神南柠条塔煤矿等在自动化及数字化矿山技术的应用方面取得了明显成效，开发应用了多达 90 多个子系统的矿井综合信息化系统。黄陵一矿智能化综采成套技术装备研发及示范工程取得新进展，实现常态化远程监控，工作面内无人操作的全自动化安全高效生产。该项目针对 1.4~2.5 米较薄煤层研制了智能化综采成套装备及控制系统，建立单机自动控制及基于感知系统反馈的动态决策机制，创新液压支架、采煤机、运输设备间多信息融合智能化协调控制技术和工作面视频图像拼接全景实时呈现地面控制采煤技术，建立了智能化综采生产管理规范体系。

2. 绿色开发工程科技

随着西部地区煤炭开采强度的增加，对环境的破坏力逐渐增加，地表荒漠化、采空区沉陷等问题日益严重，与该区域相对薄弱的环境状况形成突出的矛盾。资

源开采和经济发展不应以破坏环境为代价，不能走不可持续发展之路。因此，西部大力研究和发展绿色开采先进技术与装备，实现煤炭开采和资源环境保护的协调发展。

1）“地下水库”新技术

为了适应我国西部浅埋深、薄基岩特点的煤炭资源保水开采需要，神华神东煤炭集团有限责任公司提出了“地下水库”新技术，创新性研究和开发了更加实用的保水开采技术及措施，实现水资源保护由“堵截”向“导储用”的转变，其中“导储用”是指“疏导含水层的地下水”“储存疏导的地下水与适当的地下空间”“利用储于地下空间的矿井水”。

煤炭开采后，在不同开采水平形成了大量的采空区，随着开采对上覆岩层扰动的结束，采空区趋于稳定，形成了较大的空隙空间，为矿井水存储提供条件。煤矿地下水库是对开采形成的采空区加以改造形成的地下储水空间，将同一水平、不同水平，甚至矿区的多个煤矿地下储水空间通过人工通道连通，根据采煤生产接续计划，对矿井水进行分时分地储存，形成分布式的地下储水空间，即煤矿分布式地下水库。

煤矿分布式地下水库的作用是使煤炭开采过程中产生的矿井水，按其自身的运移规律或在人工干预下汇集和储存，并根据需要调出至地面使用，从而实现矿井水不外排，达到保护地下水资源和地表生态环境的目的。

2）水资源综合利用技术

煤矿开采（井工和露天）会对地下水资源形成破坏，西部在煤炭开发利用时应用了先进的水资源综合利用技术。神华新疆能源有限责任公司（以下简称神华新疆公司）各矿井根据特殊的地理位置和生产特点，提出矿山排水、供水、生态环境保护三位一体的优化管理，采用“三级处理”技术，即以井下磁分离净化系统、污水处理厂、矿井水深度处理厂为三级处理系统，污水实现了分质分类处理与利用，提高了废水资源利用率，节约了净水资源。

神华新疆公司已建成屯宝、乌东煤矿 2 座矿井水深度处理厂，总设计处理能力 6 600 米^3/天，均采用超滤+反渗透工艺。矿井废水经过深度处理后，一部分用于矿区职工洗浴、冲厕等生活杂用，一部分用于井下生产、绿化等。

3）地表生态修复技术

在西部人口聚居区仍要采取地表生态修复措施，防止沙漠化趋势蔓延。生态修复技术主要包括植生卷铺盖法、挂三维网植草、液压喷播、生态多孔混凝土绿化、浆砌空心砖培土种草与喷混植草、喷混植草、高陡岩石边坡绿化等。对于平原地区，采后地表形成塌陷区，根据塌陷区是否积水、塌陷区所在位置、当地生态环境现状以及区域经济发展情况等综合因素，制定合适的生态恢复方向，并结合环境学、生态学等学科理论，提出平原塌陷区不同的生态恢复方案。对于西部多山地区，采后地表不会形成明显的塌陷盆地，治理方向以生态环境修复及预防地质灾害为主，主要包括：①山区稳定生态环境构建技术。针对西部多山地区地表受损特点，通过植被物种选择、微生物菌根应用及合适的工程技术手段，恢复山区生态环境，并构建稳定的生态系统。②矸石山生态修复技术。在生态恢复中，根据矸石带来的 pH 变化以及可能自燃等特点，选择抗酸碱度及抗高温的植物物种，对自燃较严重的矸石山，还要做注浆防灭火处理。

西北草原地区，由于煤层埋藏浅、采厚大，采后地表塌陷较严重。又由于这一地区缺乏充填材料，塌陷区无法充填。主要根据塌陷后地面高差情况，因地制宜地采用工程手段，进行人工造坡，将塌陷区修整为缓坡，并选取适宜的草种搭配，在缓坡种草，减少草原水土流失。

3. 煤炭清洁高效利用先进工程科技

1）西部燃煤发电先进工程科技

燃煤发电是西部煤炭消费的主要方向。在西部煤炭消费结构中，发电和供热消耗 5.2 亿吨，约占西部煤炭消费总量的 74.13%。西部地区煤电装机占全国约 20%，新建项目主要集中在西部地区。从技术上来说，西部地区燃煤发电技术较为先进，全球首台百万千瓦级超超临界空冷机组、全国单机容量最大机组、世界首台 600 万千瓦超超临界循环流化床机组等先进机组均在西部。目前我国正在研发更高参数（700℃）的机组，另外，针对新疆准东高碱煤，也在开发适用于高碱煤的锅炉。

2）西部现代煤化工先进工程科技

煤炭化工转化是我国煤炭利用重点方向，西部是目前我国煤炭化工转化发展的主要地区。据《中国统计年鉴（2016 年）》，西部煤化工用煤 1.41 亿吨，占西部煤炭消费的 20.03%。现代煤化工产业在西部得到快速发展，一批煤制油、煤制烯烃、煤制天然气、煤制乙二醇示范项目已建成投运，据不完全统计，“十二五”时期煤化工总投资接近 7 000 亿元；西部吸引了神华集团①、中国中煤能源集团有限公司（以下简称中煤集团）、兖矿集团有限公司（以下简称兖矿集团）、内蒙古伊泰集团有限公司（以下简称伊泰集团）等一大批资金实力雄厚、技术力量突出的大型能源企业进驻，全国成功实现商业化稳定运行的新型煤化工项目主要集中在该区域，如神华上湾 108 万吨煤直接液化、神华宁煤 400 万吨间接液化、中煤榆林 60 万吨煤制烯烃、伊泰准格尔 16 万吨间接液化、新疆伊犁庆华 13.8 亿立方米煤制气等，技术指标先进，引领了煤化工产业发展方向，西部地区已经具备了建

① 2017 年 8 月 28 日，中国国电集团公司与神华集团有限责任公司（以下简称神华集团）合并重组为国家能源投资集团有限责任公司（以下简称国家能源集团）。

设世界一流现代煤化工基地的各种条件。

2.2.4 代表世界先进水平的大型现代煤化工项目在西部建设

西部的榆林国家级能源化工基地、鄂尔多斯能源与重化工产业基地、宁东能源化工基地以及陇东能源基地的规划与建设相继获得国家相关部门的批复与政策支持。表1.2.8~表1.2.11为截至2017年5月我国规划建设的各类现代煤化工项目，大部分都分布在我国西部地区。综合考虑绿色煤炭资源、水资源、生态环境、输煤（铁路）、输电（电网）、输油气（油气管网）等6大约束，在普通技术水平条件下，西部不宜发展煤制烯烃项目、燃煤发电规模减半，煤炭开发规模限制在17.5亿吨/年；在先进技术水平条件下，西部煤制烯烃项目规模减半，煤炭开发规模限制在22.5亿吨/年。

表1.2.8 截至2017年5月煤炭液化项目统计

建设地	建设公司	投产产能/（万吨/年）	产能/（万吨/年）	进度
内蒙古鄂尔多斯	神华集团	108	392	先期108万吨/年投产
内蒙古鄂尔多斯	神华集团	18	18	投产
内蒙古鄂尔多斯	伊泰集团	16	16	投产
山西长治	山西潞安	21	21	投产
陕西榆林	兖矿集团	100	100	投产
宁夏宁东	宁煤集团	400	400	投产
山西长治	山西潞安		100	在建
新疆伊犁	伊泰集团		100	前期工作
内蒙古鄂尔多斯	伊泰集团		200	前期工作
贵州毕节	渝富集团		200	前期工作
合计		663	1 547	

表1.2.9 截至2017年5月煤制天然气项目统计

建设地	建设公司	投产产能/（亿米^3/年）	产能/（亿米^3/年）	进度
内蒙古克什克腾旗	大唐集团、北京燃气集团、新天域资本	13.3	40	核准，一期投产
辽宁阜新	大唐集团		40	核准，在建

续表

建设地	建设公司	投产产能/（亿米^3/年）	产能/（亿米^3/年）	进度
新疆伊犁	庆华集团	13.8	55	
内蒙古鄂尔多斯	内蒙古汇能集团	4	16	核准，一期投产
新疆伊犁	新天煤化工	20	40	在建
新疆伊犁	中电投		60	前期工作
新疆伊犁	苏新能源		40	前期工作
新疆准东	华能集团		40	前期工作
新疆准东	新疆龙宇		40	前期工作
新疆准东	中石化		80	前期工作
新疆准东	浙能集团		60	前期工作
新疆准东	新疆广汇		40	前期工作
新疆准东	新疆生产建设兵团天然气有限公司		40	前期工作
内蒙古鄂尔多斯	中海油		40	前期工作
内蒙古鄂尔多斯	北京控股		40	前期工作
内蒙古鄂尔多斯	河北建设		40	前期工作
内蒙古鄂尔多斯	新蒙能源		40	前期工作
内蒙古鄂尔多斯	华星能源		40	前期工作
内蒙古兴安盟	国电集团		40	前期工作
山西大同	中海油、同煤集团		40	前期工作
安徽淮南	安徽省能源集团、国投新集		22	前期工作
合计		51.1	893	

表 1.2.10　截至 2017 年 5 月煤制烯烃项目统计

建设地	建设公司	投产产能/（万吨/年）	产能/（万吨/年）	进度
内蒙古包头市	神华集团	60	60	投产
宁夏宁东	宁煤集团	50	50	投产
内蒙古多伦县	大唐国际	50	50	投产
渭南市蒲城	陕煤化蒲城	68	68	投产
陕西榆林	中煤陕西榆林能源化工有限公司	60	60	投产

续表

建设地	建设公司	投产产能/（万吨/年）	产能/（万吨/年）	进度
陕西榆林	陕西延长中煤榆林能源化工有限公司	70	70	投产
宁东	宝丰能源	60	60	投产
青海格尔木	青海盐湖	33	33	投产
内蒙古鄂尔多斯	中天合创	35	130	一期投产
新疆乌鲁木齐	神华新疆	68	68	投产
安徽淮南	中安联合		65	在建
陕西榆林	神华集团		130	在建
甘肃平凉	平凉华泓汇金煤化有限公司		70	前期工作
黑龙江双鸭山	黑龙江龙泰煤化工公司		60	前期工作
陕西榆林	中煤能源		60	前期工作
河南	中石化-河南煤化		65	前期工作
贵州毕节	中石化		60	前期工作
内蒙古鄂尔多斯	中电投		80	前期工作
内蒙古呼伦贝尔	神华集团		68	前期工作
青海格尔木	青海矿业		60	前期工作
内蒙古包头	神华集团		65	规划
陕西蒲城	陕煤化蒲城		120	规划
陕西榆林	延长石油		60	规划
甘肃玉门	中汇洋集团有限公司		136	规划
合作		554	1 748	

表 1.2.11 截至 2017 年 5 月煤制乙二醇项目统计

建设地	建设公司	投产产能/（万吨/年）	产能/（万吨/年）	进度
内蒙古通辽	通辽金煤	20	20	投产
河南濮阳	河南煤化工集团、通辽金煤	20	20	投产
河南安阳	河南煤化工集团、通辽金煤	20	20	投产
河南永城	河南煤化工集团、通辽金煤	20	20	投产
河南新乡	河南煤化工集团、通辽金煤	20	20	投产

续表

建设地	建设公司	投产产能/（万吨/年）	产能/（万吨/年）	进度
河南洛阳	河南煤化工集团、通辽金煤	20	20	投产
湖北枝江	中石化	20	20	投产
内蒙古鄂尔多斯	新杭能源	30	30	投产
河南鹤壁	鹤壁宝马科技集团	25	25	投产
山西寿阳	阳煤集团	20	40	一期投产
河北深州	阳煤集团	20	20	投产
新疆	新疆天智辰业		15	在建
贵州黔西	黔希煤化工投资有限责任公司		30	在建
山西长治	山西襄矿泓通煤化工有限公司		30	在建
山西平定	阳煤集团		40	在建
贵州兴仁	贵州京宇能源投资有限公司		60	在建
黑龙江鹤岗	鸿点控股		40	在建
内蒙古鄂尔多斯	易高煤化科技		24	在建
内蒙古锡林郭勒	内蒙古苏尼特碱业有限公司		20	规划
安徽淮南	中安联合煤业化工有限公司		60	规划
安徽合肥	中盐安徽红四方股份有限公司		30	规划
黑龙江双鸭山	国电盛世公司		40	规划
内蒙古鄂尔多斯	内蒙古开滦化工有限公司		40	规划
内蒙古鄂尔多斯	久泰能源化工有限公司		50	规划
内蒙古鄂尔多斯	北京昊华		60	规划
内蒙古呼伦贝尔	呼伦贝尔慧力能源		20	规划
内蒙古锡林郭勒	阳煤集团		20	规划
内蒙古通辽	内蒙古康乃尔化学工业有限公司		90	规划
新疆阿拉尔	新疆生产建设兵团天盈石油化工股份有限公司		30	规划
新疆塔城	新疆新瑞祥和矿业有限公司		30	规划
陕西咸阳	陕煤化彬长		30	规划
贵州省毕节	贵州海通能化		30	规划
陕西榆林	神华集团		40	规划

续表

建设地	建设公司	投产产能/（万吨/年）	产能/（万吨/年）	进度
内蒙古鄂尔多斯	兖州煤业		40	规划
内蒙古巴林右旗	内蒙古安捷新能源科技有限公司		70	规划
山西长治	山西一丁煤化工科技有限公司		30	规划
合计		235	1 224	

2.2.5 宁东能源化工基地成为我国煤基清洁能源基地的典型代表

宁东能源化工基地是国家重点开发建设的大型煤炭基地、煤化工产业基地和西电东送火电基地。宁东煤田探明地质储量 303.5 亿吨，是全国 13 个大型煤炭基地之一。总体上以特低灰、特低硫、低-特低磷、较高发热量的低变质不黏结煤为主，有少量的长焰煤，是良好的动力和气化、液化等煤化工用煤。依托丰富且优质的煤炭资源，宁东能源化工基地重点发展清洁高效发电和煤炭清洁转化，利用管道、高等级电网、铁路等输送清洁油品、燃气、电力等煤基清洁能源产品到消费地区，减轻城市群人口密度大、环境容量小造成的环境压力。预计到 2020 年，每年可实现清洁电力外送 800 亿千瓦时，生产煤化工产品 2 000 万吨以上（其中煤制清洁油品 400 万吨）。

宁东能源化工基地以“煤-电-化工”为核心，按照“资源—产品—再生资源”经济发展模式，将基地建设成为生态循环健康协调、资源高效利用、符合国家循环经济发展规范的循环经济示范区。同时把优势产业和配套产业纳入循环经济系统，形成了包括煤炭—电力—建材产业链、煤炭—煤化工（甲醇、二甲醚、汽柴油等）—建材产业链、煤炭—焦化—化工—建材产业链、煤—煤气—冶镁—材料产业链、精细化工产业链在内的五大循环经济产业链。同时，开展“三废”处理和综合利用以及生态环境综合治理，基本实现废弃物再利用和无害化处理，矿井回采率达到 85%以上，工业固体废物综合利用率达到 95%以上，矿井水综合利用率达到 100%，工业废水利用率达到 95%以上，实现可持续发展。

经过十余年的发展，宁东能源化工基地已经形成了煤化工集成创新技术。例如，依托已经成功投入运行的煤制烯烃和煤制二甲醚示范项目，在煤炭先进气化技术、煤制二甲醚技术、煤制烯烃技术和烯烃聚合等方面进行了单元技术和集成技术的优化及创新研究，逐步解决了现代煤化工技术产业化应用中存在的重大工程科技问题，优化资源配置，不断提高技术装备本地化水平，降低工程造价，提升了规模化应用水平。

形成了煤-电-化产业集群。截至 2014 年底，火电装机达到 891 万千瓦，新能源装机容量达到 307 万千瓦，煤化工产能达到 1 357 万吨，其中，烯烃产能达到 160 万吨，成为全国最大的煤基烯烃生产基地，构建了煤炭—发电—化工转化—碳材料—综合利用循环经济产业链。通过±660 千伏电压等级直流输电工程，宁东直流外送电（向山东供电）突破 1 000 亿千瓦时，为受电地区减少排放二氧化碳 7 870 万吨、二氧化硫 22 万吨、氮氧化合物 19.3 万吨，经济和环保效益明显。

2.3 西部煤炭资源清洁高效利用需要解决的重大问题

2.3.1 西部绿色煤炭资源勘查程度低

我国西部煤炭资源总量达 3.85 万亿吨，占全国的 66.2%。综合考虑煤田地质条件、水资源、生态环境等因素，中国煤炭地质总局评价得出，西部绿色煤炭资源保有量 9 234.59 亿吨，占西部五省区保有总量的 88.9%；绿色基础储量 473.64 亿吨，占全国绿色基础储量的 54.05%，占西部地区基础储量的 75.66%；绿色储量 251.37 亿吨，占全国绿色储量的 54.9%，占西部地区总储量的 76.5%；还有远景绿色储量 7 494.2 亿吨。

绿色煤炭资源勘查程度方面，勘查程度高的资源量（保有已利用+保有尚未利用中的勘探级别）占比为 23.3%，勘查程度较高（详查）的资源量占比为 9.0%，勘查程度较低（普查）的资源量占比为 29.4%，勘查程度低（预查）的资源量占比为 38.3%；而绿色煤炭资源的开发程度仅为 11.6%，绿色煤炭资源的勘查开发仍处于较低水平。

从西部五省区绿色煤炭资源保有量和绿色储量占全国的比例来看，西部五省区绿色保有量 9 234.59 亿吨，占全国绿色保有总量的 92.45%；绿色储量 251.37 亿吨，却仅占全国绿色储量的 54.9%，可见西部五省区绿色储量偏低，除因勘查程度不足外，显然也与相当大一部分高勘查级别的保有量尚未开展经济技术可行性评估、尚未转化为可直接用于开发的储量有关。

2.3.2 西部主要大型煤炭基地水资源和地表生态问题突出

西部地区属于典型的干旱或半干旱严重缺水地区，生态环境脆弱。西部五省区水资源总量仅为 2 160.04 亿立方米，占全国水资源的 8.96%。根据水资源紧缺程度指标，在我国西部富煤地区，宁夏、甘肃属于极度缺水地区，陕西属于重度缺水地区，内蒙古属于轻度缺水地区。目前，中国荒漠化土地面积已达到 262.2 万平方千米，占国土面积的 27%以上，基本集中在西部地区，而且每年以 300 多平方千米的速度继续扩展。西部地区平均年降水量仅 235 毫米左右，蒸发量却高达 1 000~2 600 毫米，干燥程度相当严重。

在全国范围内，西部五省区煤炭资源开发强度最大，与之相矛盾的是生态环境最恶劣。煤炭开采将影响煤系地层和地表及地下水资源。如果在煤炭开采过程中不对水资源加以有效保护和利用，将进一步加剧水资源短缺问题。随着资源开发利用与生态环境协调发展要求不断提高，煤炭项目建设与水资源紧缺、水土流失等生态环境矛盾加剧，煤炭开发引起的地下和地表水系破坏、地表沉陷等对西部五省区生态环境构成较大影响，特别是陕西、宁夏不少老矿区环境治理设施滞后、环保欠账较多，环境恢复与保护长效机制仍有待进一步完善。

新疆煤炭富集区的水资源问题也相当突出。除伊犁煤田外，哈密和昌吉等地水资源严重短缺。昌吉地表水资源量和地下水资源量分别为 40.29 亿立方米和 28.10 亿立方米，2016 年昌吉地表水和地下水用量分别为 22.74 亿立方米和 21.56 亿立方米，地表水资源和地下水资源利用率分别为 56.4%和 76.7%，已接近或超过 60%的警戒线。综合来看，新疆主要产煤地区的水资源极度紧张，如果不合理高效地采取节水、水权置换、调水等措施，未来煤电化工业发展将严重受限。

2.3.3 能源输送通道建设总体滞后

长期以来，铁路凭借其运力大、速度快、成本低、能耗小等优势，一直是煤炭的主要运输方式。同时，结合我国海运特点，将铁路与海运结合，形成了目前“西煤下海，路港结合，联合转运”的煤炭长距离输送方式。我国铁路煤炭运量一直占全国煤炭运输总量的 60%以上，煤炭运输量占铁路货运总量的 40%以上。

2015 年，西部净调出煤炭 9.2 亿吨，主要调往华中、华东、华南和东北，西部是保障全国煤炭供应的中坚力量。针对产能过剩，特别是西南、华中和东北等落后产能集中地区，加大落后产能淘汰力度，虽然消费量也在下降，但下降速度低于产量下降速度，需要调入的煤炭还在增加。根据相关规划，西部作为煤炭产能的接续区，未来将成为保障国家能源安全的主要区域，现有的铁路、公路尚不足以支撑未来全国的能源需求，特别是新疆地区，作为我国资源最丰富的地区，由于运输通道及运输的经济性问题，不少煤矿处于停产状态，产能难以得到有效的利用。

另外，西部地区煤炭深加工产业持续发展，煤制油、煤制气等现代煤化工产品管道运输的归属和使用问题，也成为西部煤炭清洁高效利用的制约。

2.3.4 西部煤炭转化利用水平发展不均衡

近年来，西部五省区煤炭深加工及利用水平有了大幅度提高，特别是现代煤化工产业发展迅速，一大批新型煤化工项目陆续建成投产，内蒙古已形成 106 万吨/年煤制烯烃、124 万吨/年煤制油、40 万吨/年煤制乙二醇、17.3 亿米^3/年煤制气、817 万吨/年煤制甲醇、612 万吨/年合成氨、450 万吨/年聚氯乙烯的生产能力，神华宁煤 400 万吨/年煤炭间接液化和宁煤煤泥综合利用项目已于 2016 年投料试车，宝丰、庆华的煤制烯烃、焦化、煤焦气化综合利用项目也将陆续投产。

然而，西部五省区内部煤炭加工利用发展不均衡，相当一部分煤炭企业产品结构单一，煤炭加工转化产业链条短，资源综合利用率低，行业抵御风险能力弱。例如，甘肃煤炭资源综合利用产业化程较低，绝大部分煤炭生产企业停留在原煤采掘上。

2.3.5 煤炭及煤炭深加工领域的高素质专业人才短缺

受国内外经济环境和国内产业结构、能源结构调整等因素的影响，我国煤炭行业正由资源劳动力密集型产业向人才、资金密集型产业转型。目前行业从业人员整体文化水平较低，据相关研究，西部煤炭行业中初中及以下文化程度的从业人员占行业人员总数的 59.8%，大专以上占比仅为 7%左右；从总体分布看，西部地区具有中高级技术职称的专业技术人员数量增幅较东部低，且各层次人才总量明显偏少。初级技术职称人员占比普遍较高，中级职称人员严重不足。技能型员工中，中级工占比基本满足要求，高级技师、技师、高级工的缺口基本在 10%以下。未来西部煤炭清洁高效利用发展亟须提高中级职称人员数量和占比。

西部煤炭转化方面的高素质专业技术人才极为缺乏。除煤基甲醇、煤基烯烃、煤基合成油及延伸产品等方面的技术开发人才和复合肥、活性炭、碳纤维等生产线操作技术工人缺乏外，新型环保类人才更加匮乏。现有的一些煤化工项目就受困于人才的流失、专业人才严重不足。全国专门从事煤化工方面的人员本身就较少，加之近几年国内煤化工的项目频频上马，增加了西部煤化工企业人才需求。西部地区一些煤化工项目多在环境十分艰苦的地方，很难引进和留住高级专业人才，这也是我国西部煤炭发展面临的重要问题之一。

此外，西部煤炭资源开发利用还存在整体煤炭开发的安全高效水平有待加强、行业职业健康水平不足、煤炭开发引起的地表生态问题、区域煤炭产业同质竞争与产能过剩、先进燃煤发电技术应用推广亟待加强等问题。

2.4 西部实现煤炭资源清洁高效利用的综合判断

西部煤炭资源丰富，是我国未来煤炭开发转化的主战场，工程科技发展和人才是保障西部煤炭及相关产业持续发展的基础，西部煤炭清洁高效利用面临着多重挑战。综合上述分析得出以下判断。

（1）西部煤炭产能过剩，未来 20 年需求约束下的煤炭产量增幅有限。

《能源发展“十三五”规划》提出，2020 年煤炭消费比重降低到 58%以下。而作为我国煤炭生产的主产区，西部煤炭产业发展空间受抑。我国已进入工业化发展的中后期，能源利用技术在不断突破，经济增长对能源的依赖程度逐步降低，能源需求增速进一步放缓；单位 GDP 能耗不断下降，国内能源需求增长明显放缓，清洁能源在能源消费结构中的比例不断增加，煤炭产业发展空间受到挑战。传统能源生产及主要耗能行业产能过剩严重，国家将继续对这些行业采取控制总量、优化存量的调控措施，核能和可再生能源的快速发展对煤炭的替代和挤压效应愈发明显。新疆存在着实际产能严重过剩，而合法产能不足的局面。以 2014 年为例，新疆焦炭的产量为 2 235.24 万吨，为疆内焦炭消费量 1 073.73 万吨的一倍以上，产能严重过剩。未来 20 年间，预计全球煤炭需求仅以不到过去 20 年均速 1/5 的速度增长。煤炭到 2035 年在一次能源中的比重将会降到有史以来的最低点。

（2）西部煤炭开发利用的主要约束是水资源、生态环境容量，工程科技发展可以保障煤炭资源的清洁高效开发利用，全面提升煤炭清洁高效开发利用水平。

西部煤炭资源开发前景广阔，但面临着突出的生态环境约束。随着资源开发利用与生态环境协调发展要求的不断提高，煤炭项目建设与水资源紧缺、水土流失等生态环境问题的矛盾加剧，脆弱的生态环境基底制约着西部地区经济、社会的可持续发展，也将成为西部煤炭资源可持续开发利用的瓶颈。新疆地处我国荒漠绿洲生态系统集中分布区域，生态环境极为脆弱。沙化面积不断扩大，次生盐碱化不断加剧，河流湖泊水面缩小，水质趋于恶化，绿洲生态环境恶化的趋势尚未得到有效遏制。

工程科技发展可以保障煤炭资源的清洁高效开发利用，全面提升煤炭清洁高效开发利用水平。实现西部煤炭清洁高效利用，需着力解决的关键工程科技问题包括煤炭提质加工技术、煤炭清洁高效发电技术、煤炭清洁高效转化技术、煤炭利用污染物控制技术等。绿色煤炭资源评价、煤炭资源精准开采、煤炭资源精细探测、智能矿山等煤炭资源开发技术的发展将极大地提升煤炭供应能力和智能化开发水平，显著拓展煤炭资源安全高效开发与多种资源综合协调开发的空间。煤炭清洁高效转化与利用是能源转型发展的立足点和首要任务，电能替代将是未来 10~15 年煤炭清洁高效利用的最有效模式，也是平衡煤炭供应成本与气候环境压力后的必然选择，支撑实现近零排放的多元煤炭利用。

（3）未来 20 年西部煤炭发展的空间在于煤电化工基地建设，应严格区分不同区域发展定位。

丰富的煤炭资源优势、优越的开采条件、良好的发展基础、便捷的能源外运通道决定了西部在我国能源格局中的不可替代性，未来较长一段时间内，西部将成为我国最重要的煤电化基地。

（4）"一带一路"为中国煤炭工业向全球拓展提供了机遇与挑战。

"一带一路"倡议的实施为我国煤炭生产要素"走出去"拓展了更大的发展空间。"一带一路"沿线国家中有不少国家煤炭资源丰富，但它们不同程度地存在着资金短缺、技术装备落后、煤炭基础设施条件差、技术力量不足等问题，有潜在的提升需求。21 世纪以来，我国在煤炭生产技术转让、设备出口、工程承包与劳务输出等方面已取得一定成果，"一带一路"倡议，可进一步带动在西部得到应用和发展的先进煤炭开采技术和装备出口，扩大海外煤矿的承包建设、生产、经营等业务。"一带一路"沿线国家大多自然资源与能源充裕，目前我国绝大部分的进口原油和几乎全部的进口天然气都来自"一带一路"沿线国家。近年来，我国与俄罗斯、哈萨克斯坦、乌克兰、土库曼斯坦等国家的能源合作迅速升温，通过能源采购、修筑管道、参股、并购等形式，成功获取了大量外部油气资源。"一带一路"油气合作虽然不会从根本上颠覆煤炭作为我国主体能源的地位，但在世界经济复苏进程缓慢、油气需求疲软、国际油价持续低迷的背景下，安全、充足的油气供应，特别是天然气供应，既对煤炭有最直接的减量替代，又直接影响着新型煤化工产业的快速发展，进而影响我国西部煤炭行业整体转型升级步伐。

（5）新疆煤炭煤电煤化工产业发展具有独特的区位优势、资源优势和后发优势，但也面临着其他西部省区的竞争，需要国家出台差异化政策予以支持发展。

新疆远离东部煤炭消费中心，距华东地区 3 000 千米以上。与山西、陕西、内蒙古、宁夏煤炭基地项目比，新疆煤炭基地到我国东部能源消费中心的能源运输距离在 2 000 千米以上，能源运输成本明显处于竞争劣势。现代煤化工、煤制油和煤制烯烃等产品将面临国内和国外产品的同时竞争。为此，新疆煤炭开发利用应与国家能源发展战略相统筹、坚持煤炭与上下游产业协同发展相统筹、坚持煤炭开发利用与生态环境协同发展相统筹、坚持疆内与疆外两个市场相统筹，依托科技进步，利用新疆资源优势、低成本优势、政策优势，建设新疆煤炭煤电煤化工基地，实现煤炭资源的清洁高效开发和利用。

（6）科技含量高、人才知识密集、职业地位优越感强是煤炭工业发展的必由之路。

煤炭大国依靠资源和劳动力，而煤炭强国则依靠人才、技术和资金。"煤炭黄金十年”期间，虽然各类煤炭企业大幅盈利，但它们并没有充分提升煤炭科技水平，也没有做好资源型城市转型的人才、技术准备。由于人才严重不足，人们对煤炭开采利用的环境容量无法准确预测，由此带来煤炭发展的经济风险，以及对市场经济缺乏足够了解。煤炭开采造成的环境破坏、煤炭清洁利用以及安全等问题没有彻底解决，这些负外部性因素导致社会对煤炭行业有严重的偏见，重创了煤炭行业对国家经济高速发展做出的贡献。这意味着我国煤炭工业要想实现从大到强的转变，必须研究煤炭利用的环境容量，研究煤炭市场、行业发展的客观规律，必须破除偏见，尽量减少负外部性影响，才能获得社会的尊重。煤炭行业经济、管理水平应与从业人员素质、待遇及行业地位相辅相成。煤炭行业应该是经济与管理水平高，科技能力强，从业人员素质、待遇和地位高的行业。煤炭强国需要的是既懂煤炭开采和利用，又懂科技、经济、管理和法律等知识的综合型人才。

第 3 章　西部煤炭资源清洁高效利用发展战略思路与目标

3.1　指导思想

深入贯彻习近平新时代中国特色社会主义思想，认真落实西部煤炭产业发展的总体要求，充分发挥西部地区的煤炭资源优势，以加快西部地区煤炭产业发展方式转变为主线，着力推进煤炭资源开发利用方式的变革。按照“基地化、规模化、集约化、集群化、循环化”的模式打造我国最大的煤电化工基地，推动煤炭开发和利用方式革命，促进煤炭及相关产业协调发展、转型发展、升级发展和平稳健康发展，形成区域内分工合作、各具特色的有序竞争格局，将西部建设成为大型现代化能源化工基地，提升西部煤炭乃至煤炭行业整体竞争力。

3.2　战略定位

丰富的煤炭资源优势、优越的开采条件、良好的发展基础、便捷的能源外运通道决定了西部在我国能源格局中的不可替代性，未来较长一段时间内，西部作为我国最重要能源化工基地的战略地位更加巩固，是保障我国能源持续、稳定、安全、经济性供应的基石。

（1）我国能源安全的基石。西部是我国煤炭资源富集区，以厚煤层为主，开采条件好，十分有利于综合机械化规模化开采，煤炭产品具备中高发热量、低灰、低硫特征，适合打造为我国最重要的清洁煤炭、清洁电力供应基地，成为保障我国能源安全的基石。

（2）世界一流的现代煤化工核心区。西部聚集了国家能源集团、中煤集团、兖矿集团、伊泰集团、庆华集团等一大批资金实力雄厚、技术力量突出的大型能源企业，全国成功实现商业化稳定运行的新型煤化工项目主要集中在该区域，如神华上湾 108 万吨煤直接液化、神华宁煤 400 万吨间接液化、中煤榆林 60 万吨煤制烯烃、伊泰准格尔 16 万吨间接液化、新疆伊犁庆华 13.8 亿立方米煤制气等项目，技术指标先进，引领了煤化工产业发展方向，西部地区已经具备了发展世界一流现代煤化工的各种条件。

（3）中国煤炭工业升级发展的主战场。未来一段时间，东部煤炭资源接近枯竭、中部生态环境压力增大，决定了煤炭开发布局将加速西移。西部煤炭资源条件好，具备建设大型、特大型安全高效绿色矿井的条件。随着先进煤炭开发转化利用技术在西部地区的广泛应用，西部煤炭工业快速发展，2016 年我国西部五省区煤炭产量已占全国煤炭总产量的 48%。“一带一路”倡议的持续推进还将进一步带动西部煤炭产业的国际化进程，不断提升我国煤炭工业整体竞争力。

3.3 发展目标

通过煤炭资源安全绿色开采和清洁高效利用，把西部建设成为我国清洁煤炭生产基地、转化基地、调出基地，形成能源化工产业核心区、重要的能源供应和承接能源密集型产业战略转移的聚集区，进一步增强国家能源安全保障能力，打造煤炭工业升级版，促进区域经济社会又好又快发展。西部煤炭资源清洁高效开发利用战略目标见表 1.3.1。

表 1.3.1 西部煤炭资源清洁高效开发利用战略目标

目标	数量指标	2020 年	2035 年	2050 年
绿色煤炭资源勘查	绿色储量占全国绿色储量比重	70%	80%	90%
煤炭开发	煤炭产量/（亿吨/年）	20.2	21.5	20.1
	煤炭绿色产能占比	75%	90%	95%
	产量在全国占比	53.2%	63.2%	69.3%
	全员劳动工效/［吨/（人·年）］	3 000	5 000	7 000
	智能化工作面推广应用率	30%	70%	90%
	原煤入选率	80%	应选尽选	应选尽选
煤炭转化利用	煤炭外运量/（亿吨/年）	10.2	9.5	7.1
	煤炭利用量/（亿吨/年）	10.0	12	13
	煤炭深加工能效较 2015 年提高	10%	15%	20%
	煤炭深加工水耗较 2015 年降低	40%	50%	60%
人力资源建设	原煤生产人员占比	60%	80%	90%
	技能层员工占比	65%	90%	95%
	人均年收入大于 10 万元的人员占比	45%	70%	80%

至 2020 年，西部地区绿色煤炭资源储量占全国绿色煤炭资源储量的比重提高到 70%左右，安全绿色矿井产能占全部总产能的 75%以上，绿色煤炭资源开发利用比重提升至 35%以上。西部煤炭产量 20.2 亿吨，其中，区内消费量 10.0 亿吨，调出 10.2 亿吨。初步建成西部煤炭安全绿色高效开采体系，智能化工作面推广应用率 30%，全员劳动工效达到 3 000 吨/（人・年）以上。原煤入选率提高到 80%以上；煤炭燃烧全部实现超低排放，达到超低排放水平的先进工业锅炉技术占 80%左右；煤炭清洁高效转化完成升级示范，能效较 2015 年提高 10%以上，水耗降低 40%以上。原煤生产人员占比达 60%，其中，生产一线人员占 90%，技能层人员占比达 65%。

至 2035 年，西部地区绿色煤炭资源储量占全国绿色煤炭资源储量的比重提高到 80%左右，安全绿色矿井产能占全部总产能的 90%以上，绿色煤炭资源开发利用的比重提升至 50%以上。西部煤炭产量 21.5 亿吨，其中，区内消费量 12 亿吨，调出 9.5 亿吨。智能化工作面推广应用率 70%，全员劳动工效达到 5 000 吨/（人・年）以上。煤炭燃烧全部实现常规污染物近零排放，燃煤工业锅炉全部实现超低排放；煤炭清洁高效转化能效较 2015 年提高 15%以上，水耗降低 50%以上。原煤生产人员占比达到 80%，其中，生产一线人员占 95%，技能层人员进一步达到 90%。

至 2050 年，西部地区绿色煤炭资源储量占全国绿色储量的比重将达到 90%。西部煤炭产量 20.1 亿吨，其中，区内消费量 13 亿吨，调出 7.1 亿吨。西部地区煤电化生产基地全面建成，基本实现由供应煤炭向输出清洁能源化工产品模式转变，成为我国最大的清洁能源生产中心。全面建成西部煤炭安全绿色高效开采体系，智能化工作面推广应用率 90%，全员劳动工效达到 7 000 吨/（人・年）以上。煤炭燃烧全部实现包括二氧化碳在内的近零排放；煤炭清洁高效转化能效较 2015 年提高 20%以上，水耗降低 60%以上。原煤生产人员占比达到 90%，其中，生产一线人员占 97%，技能层人员占比 95%。

根据对西部五省区煤炭产业和经济社会发展的总体判断，综合考虑资源、环境、技术、经济等因素，提出西部煤炭资源清洁高效开发利用战略路线图，如图 1.3.1 所示。

2020~2035 年，在煤炭高效开发及清洁利用两个方面开展工程科技的攻关和应用升级，形成机械化—自动化—智能探测与控制的高效开发技术演进路线和超低污染及生态保护—近零排放—废弃物无害化处理的清洁绿色利用技术演进路线。

2035~2050 年，开展煤炭高效开发及清洁利用颠覆性技术研究及工程应用，形成物理化学联合开采−无人开采和 CCUS[①]−生态环境重建的开发利用一体化方式，最终实现煤炭开采利用的清洁、高效、绿色。

① carbon capture，utilization and storage，即碳捕获，利用与封存。

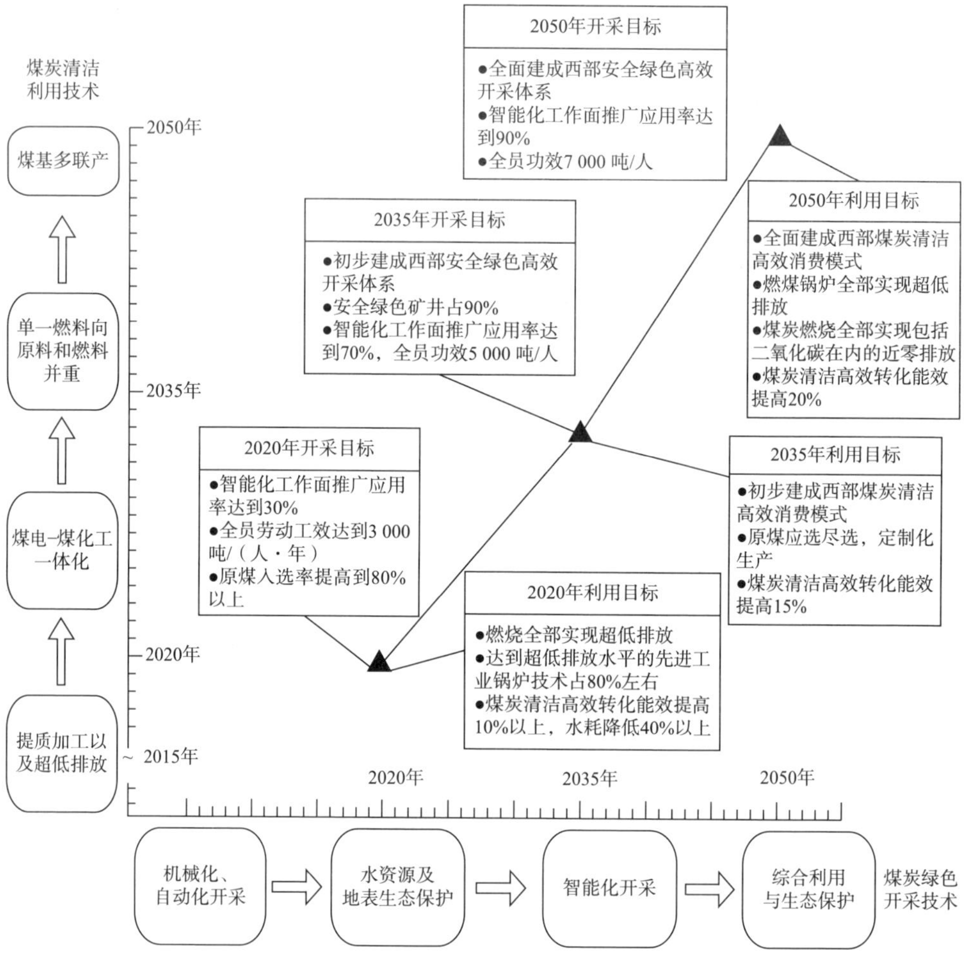

图 1.3.1 西部煤炭资源清洁高效开发利用战略路线图

3.4 西部煤炭产业战略布局

1. 煤炭需求

根据全国市场空间，充分考虑煤炭进出口，以及各省区煤炭生产、消费、外运现状和发展趋势，对西部煤炭生产进行布局。相对于“十二五”“十三五”西部煤炭产量快速增长，“十四五”及之后增速预计将明显放缓，受资源约束，宁夏增长空间不大，受市场约束，甘肃增长有限，内蒙古、陕西、新疆是增长主力。2020年超过 20 亿吨后，西部产量将进入缓慢增长期。西部煤炭生产、消费、调出表见表 1.3.2。

表 1.3.2 西部煤炭生产、消费、调出表 单位：万吨

省区	2016 年			2020 年			2035 年			2050 年		
	生产	消费	调出	生产	消费	调出	生产	消费	调出	生产	消费	调出
内蒙古	84 559	36 675	47 884	107 000	41 000	66 000	107 000	47 000	60 000	100 000	49 000	51 000
陕西	51 566	19 671	31 895	60 000	24 000	36 000	60 000	24 000	36 000	50 000	28 000	22 000
甘肃	4 254	6 378	−2 123	6 000	7 000	−1 000	7 000	8 000	−1 000	7 000	8 000	−1 000
宁夏	7 069	8 665	−1 596	9 000	10 000	−1 000	8 000	11 500	−3 500	5 000	11 500	−6 500
新疆	16 073	14 600	1 473	20 000	18 000	2 000	33 000	30 000	3 000	39 000	34 000	5 000
合计	163 521	85 989	77 533	202 000	100 000	102 000	215 000	120 500	94 500	201 000	130 500	70 500

2. 淘汰落后产能

2016 年 2 月，《国务院关于煤炭行业化解过剩产能实现脱困发展的意见》（国发〔2016〕7 号）提出，从 2016 年开始，用 3 至 5 年的时间，再退出产能 5 亿吨左右、减量重组 5 亿吨左右，较大幅度压缩煤炭产能，适度减少煤矿数量，煤炭行业过剩产能得到有效化解，市场供需基本平衡，产业结构得到优化，转型升级取得实质性进展。根据《煤炭工业发展“十三五”规划》，“十三五”期间淘汰落后产能 8.4 亿吨/年，西部五省区的目标是 1.5 亿吨/年，占 17.9%，只有 2015 年西部煤炭产量占全国比重 70.3%的 1/4，说明中东部是淘汰重点区域。

从淘汰落后产能目标与现有小煤矿能力数据上看，除新疆外，其他四省区“十三五”化解过剩产能远超过小煤矿范围，部分煤质差、成本高、安全生产压力大的大中型煤矿也将被淘汰。新疆地域广阔，特别是南疆大部分地区经济落后、资源条件差，为满足当地用煤需求，全部关闭小煤矿还需要一定时间。

2021~2035 年迎来报废高峰期，西部五省区共淘汰 3.4 亿吨。内蒙古现有 110 处 300 万吨以下小型露天矿、能力 0.8 亿吨，开采的是浅部资源，服务年限短，加上其他报废煤矿，共报废 1.2 亿吨；陕西韩城、澄合、蒲白、铜川四大老矿区 90 万吨以下煤矿 4 000 万吨，由于资源条件复杂、成本高企，预计将全部淘汰，加上其他地区，估算淘汰 0.5 亿吨；甘肃、宁夏、新疆煤矿基数较小，预计分别淘汰 1 600 万吨、1 900 万吨、3 500 万吨。西部小煤矿及淘汰目标见表 1.3.3。

表 1.3.3 西部小煤矿及淘汰目标 单位：万吨/年

五省区	现有小煤矿能力	“十三五”化解过剩产能目标	2021~2035 年报废	累计淘汰报废
合计	10 200	14 700	19 400	34 100

3. 煤矿建设

根据国家能源局资料，截至2015年底，西部五省区现有生产煤矿13.6亿吨/年，试运转煤矿、在建煤矿总产能20.6亿吨/年，投产小部分未批先建煤矿，就能够满足西部2025年煤炭需求；考虑未批先建煤矿全部投产，减去淘汰的3.4亿吨/年，在不考虑新建煤矿的条件下，总产能22.4亿吨/年，能够满足西部2035年产量需求。

煤炭“黄金十年”高回报率刺激各行各业巨额资金投入煤炭开发，西部未批先建煤矿高达5.2亿吨/年，这些煤矿地处资源条件好、开采成本低的西部，竞争力强，国家宜根据淘汰落后产能需要，适当把握核准节奏，有序转正这批煤矿。因此，总体上看，2025年前西部不需要再安排新建煤矿，从违规煤矿中适当补充即可，新建空间只能是产能置换；若新疆煤炭消费和外运量能够到达预计的规模，2035年前新疆存在1亿吨建设空间，但存在较大不确定性。

4. 煤炭消费

2015年，西部五省区煤炭消费量7.8亿吨，内蒙古为3.3亿吨排第一，其次是陕西和新疆，宁夏、甘肃消费量较低。2020年消费量主要依据在建煤电、煤化工项目投产情况进行预测，内蒙古、新疆消费增长很快，五省区增长2.4亿吨，而全国消费基本稳定，说明煤炭消费在快速向西部转移。2025年西部消费量还有一定增长，增速明显放缓。

5. 煤炭外运

2015年和2016年西部净调出煤炭分别为9亿吨和7.8亿吨，主要调往华中、华东、华南和东北，西部是保障全国煤炭供应的中坚力量。面对产能过剩，特别是西南、华中和东北等落后产能集中地区加大落后产能淘汰力度，西部以外其他区域煤炭产量快速下降，虽然消费量也在下降，但下降速度低于产量下降速度，需要调入的煤炭还要增加。2035年前西部净调出煤炭稳定在10亿吨左右，2050年将下降到7亿吨左右。

第 4 章　西部煤炭资源清洁高效利用的重点战略任务与实施路径

4.1　加强西部绿色煤炭资源勘查力度，提高绿色煤炭资源保障能力

勘查评价绿色整装煤炭基地，同时加强绿色整装煤田快速精细勘查技术的攻关和推广应用。在大区评价非绿色区适度开展对于煤炭资源禀赋优良靶区的优选工作，进一步发现新的绿色资源并开展精细评价，为开发产能就近聚拢转移提供便利条件。另外，西部绿色煤炭资源的开发在注重资源自身禀赋条件的同时，要侧重考虑经济因素和环保因素，经济因素则要考虑交通与用水，环保因素则要考虑西部戈壁沙漠无人区的特性（发掘这一特性的优势），即开发绿色煤炭资源要综合考虑经济与环境的综合成本。

加强煤炭资源、煤盆地及煤系共伴生三稀矿产资源、煤系非常规天然气和水资源四位一体的协同勘查，拓宽煤炭地质研究的范畴。既要研究煤炭资源赋存规律、煤质变化、开采技术条件等，还要重视开展煤盆地、煤系地层中的能源矿产和其他矿产资源的形成条件、成藏规律的研究。强化煤化作用-构造作用-地质环境条件之间的时空耦合关系研究，建立煤与煤系中的煤层气，页岩气或天然气水合物，煤中的镓、铀、铝土矿等矿产和水资源四位一体的成藏模式，为煤盆地多能源、多矿产协同勘查提供支撑。

4.2　大力研发煤炭高效绿色开发技术，推动煤炭资源由传统能源向绿色清洁能源转变

（1）加强煤炭开采智能化、信息化技术的研究和应用，实现不同程度的工作面少人化或无人化开采作业，建设基于“互联网+”的多信息融合数字化矿山。主要包括研究复杂煤层自适应割煤技术（调高、导航），支护自适应、行走调直、自

纠偏技术，自动化超前支护技术等；推广基于分布式决策的工作面智能控制平台，井上井下全煤流监控无人值守技术，采矿“物联网+”的数字化矿山技术；实现矿井主要功能地面遥控，少部分顺槽控制；实现回采工作面无人化，掘进工作面少人化的目标。充分利用互联网、大数据、云计算等技术加强信息获取和融合处理；建立与生产装备信息融合的高精度时态（四维）地理信息系统及数字化矿山模型。

（2）采区开拓方式变革与智能化快速掘进。目前，采区开拓在向着大型化、集中化发展，一矿一水平一面的少煤柱开采方式逐步推广。在现有技术条件下，掘进工作面较生产工作面效率低、推进速度慢，存在采掘接续的矛盾。因此，解决该问题成为煤矿开采的重要技术方向。N00 工法、沿空留巷等不掘巷道、少掘巷道的工艺开始被研究并得以发展；同时，提升掘进系统智能化及协同作业能力也是提升掘进效率的重要方面，研发掘、支、锚、运、探一体化快速掘进装备，突破智能截割、快速支护及锚固、快速运输、智能通风及安全保障等关键技术。在西部矿区建设中，应在实现采区开拓、智能化快速掘进两个方面继续研发，尽快提升巷道掘进效率，解决采掘接替矛盾。

（3）加大绿色开发技术及装备的研发和投入。绿色开采主要包括三个方面的内容：一是矿井水资源的综合利用。建立煤矿与电厂或煤炭转化企业之间的矿井水联合供给和利用系统，研发低成本的矿井水处理技术和装置。针对西部许多矿区存在的高矿化度矿井水，借鉴在海水淡化中使用的低温多效脱盐技术，从蒸汽成本、燃料成本、材料消耗量及等级、资源化利用方面进行攻关，研发高矿化度矿井水处理技术。二是充填、地下水库等低生态损害的煤炭绿色开发及资源综合利用技术。包括充填采煤对地表沉降控制能力与策略、新型充填材料研制及配套输送系统、充填装备的选型与设计等。地下水库是煤矿开采中对水资源进行保护和利用的综合性技术，按水资源自身的运移规律或在人工干预下汇集和储存，达到保护地下水资源和地表生态环境的目的。三是对已经产生的生态环境破坏进行修复。重点探讨不同开采条件和环境下生态环境的影响机理和土地及生态演变规律，建立矿区生态环境灾害预报预警、生态保护与恢复决策支持系统。研究减轻地表生态环境损伤的开采设计、酸性废石堆的治理、生态工程复垦、生物微生物生态环境恢复、地表生态环境治理的装备与材料的研发及产业化、水土保持等关键技术，逐步恢复采空区被破坏的地表形态和植被。

4.3　以先进工程科技和人力资源为支撑，全面提升西部煤炭综合竞争力

实现西部煤炭清洁高效利用，需着力解决的关键工程科技问题包括煤炭提质

加工技术、煤炭清洁高效发电技术、煤炭清洁高效转化技术、煤炭利用污染物控制技术等。在煤粉燃烧发电方面，超700℃超超临界机组投运，660兆瓦富氧燃烧超超临界机组投运；在循环流化床锅炉（circulating fluidized bed boiler，CFB）燃烧方面，1 000兆瓦超超临界机组投运；在IGCC（integrated gasification combined cycle，整体煤气化联合循环）发电系统方面，带有二氧化碳减排的500兆瓦电站投运。根据我国煤炭资源分布，富油低阶煤主要分布在我国的新疆、陕西等地区，考虑水资源、生态环境等条件发展低变质烟煤分质利用，重点研发富油低阶煤分级转化等煤炭清洁高效转化技术，注重发展优质燃料油、柴油、汽油，以及高附加值的酚油、苯等化工产品，实现分级分质利用，煤制油、煤制天然气、煤制烯烃等煤炭清洁高效转化是我国煤炭清洁高效利用的新方向。实现煤炭向燃料和原料并重转换。掌握污染物控制与二氧化碳减排关键技术，全面实现煤炭利用中的污染物控制。常规污染物在现有水平上减排80%以上。加压富氧燃烧、化学链燃烧技术等进行工业示范，达到100兆瓦级以上。

重视人才队伍建设，为西部能源化工基地建设提供智力支持。以优惠政策引进人才，在东北和中南部地区亏损煤炭企业和煤化工企业中不断吸引和留住专业人才，给予引进人才科研启动资金、安家补贴等相关优惠，提供贷款贴息和资金担保等，提升西部人才队伍素质。在企业建立优质培训基地，建立一批具有一定规模、功能齐全、师资水平高、培训设施和手段先进的职业技术教育培训综合基地，逐步形成高、中、初三级职业技能培训网络。

抓住“一带一路”机遇，提高企业适应市场能力，全面提升煤炭产业竞争力。鼓励国内煤炭企业通过购买、风险勘探、投资建矿等方式获取煤炭资源，加强与澳大利亚、印度尼西亚等资源优势突出国家在煤炭领域的合作力度，发展煤-电、煤-焦炭-钢铁、煤-合成氨等煤炭加工利用产业，通过下游产业带动上游煤炭开发，增加发电、输配电装备出口。以资本、先进设备和技术输出为重点，逐步拓展以印度、巴基斯坦、孟加拉国为代表的潜在煤炭需求增长国市场。随着欧亚、东亚跨国铁路建设的进一步开发，通过参与煤炭贸易物流，逐步主导构建亚太煤炭贸易走廊。

4.4 合理布局西部大型能源化工基地，促进煤炭全产业链的协调发展

（1）全面规划西部大型煤炭基地，因地制宜地进行生态保护和恢复。

生态恢复必须遵循待恢复区域自然规律和经济规律，制定区域总体发展规划，做到统筹兼顾、协调发展。注重生态恢复工程的整体性与综合性，合理进行平面、

空间及时序上的统筹与配置，使其达到最佳的恢复效果和效益。不同类型煤炭基地，除自然条件的地域性差异之外，社会经济、生产技术条件与矿区开发的历史等都不尽相同。生态恢复规划要根据当地的现实基础，从实际出发，因地制宜，合理制定规划目标和技术措施，达到社会效益、经济效益和生态效益的统一，促进区域的可持续发展。

（2）建设西部大型煤炭开发利用基地。

西部大型煤炭基地建设，对保障国家能源安全、优化煤炭工业结构、促进资源地区经济和社会发展具有重要意义。建设原则应该是：规范开发秩序，推进制度创新，优化生产结构，促进产业融合，支持煤电、煤化、煤路等一体化建设；发展循环经济和加强环境保护；加强配套建设和规划衔接，做好各矿区铁路与运煤通道的衔接和配套。最终形成稳定可靠的煤炭调出基地、电力供应基地、煤化工基地和资源综合利用基地。

（3）煤基多产品联产和最佳耦合，实现物质闭环循环、能量多级利用。

坚持基地化、园区化、循环化发展，延伸拓展煤化工、石油化工深加工产业链，推进绿色循环发展，提升产品竞争力。以煤炭气化和煤炭热解为基础，可进一步与其他能源资源耦合，如与石化行业形成碳氢（C/H）互补，煤与生物质、风能、太阳能等协同利用，形成共享资源和互换副产品的产业共生组合。

第 5 章　新疆煤炭资源清洁高效利用的若干重大问题与战略判断

5.1　新疆煤炭资源清洁高效利用的若干重大问题

新疆具有丰富的煤炭资源，是我国第 14 个大型煤炭基地和国家综合能源基地之一，是承接我国煤炭产业西移的重要地区。截至 2016 年底，新疆煤炭保有查明资源储量 3 915 亿吨，占全国的 24.5%，仅次于内蒙古。根据全国煤炭资源潜力评价成果，新疆煤炭资源总量 1.9 万亿吨，约占全国资源总量的 32.6%，是我国煤炭资源最丰富的地区。煤质多为中低变质的长焰煤、不黏结煤和弱黏结煤，是良好的动力用煤和化工用煤。作为未来我国煤炭的重要产区，新疆煤炭资源开发潜力巨大。

随着西部大开发战略的持续推进，新疆煤炭及相关产业得到快速发展，对区域经济社会发展起到了积极的带动作用。2016 年，新疆煤炭和电力的产业增加值分别约为 260 亿元和 580 亿元，占同期新疆工业增加值的 11%和 24%。但新疆煤炭及相关产业发展仍面临着水资源承载能力低、生态环境制约、煤电化产业产能过剩、煤炭开发利用市场竞争压力大、产业高效协同发展程度不高等若干重大问题。

1）水资源承载能力低

新疆主要产煤地区的水资源供应紧张。2016 年，新疆总用水量 565 亿立方米，已经远远超过 2020 年红线（66 亿立方米）。2016 年，新疆人均用水量 2 377 立方米，是全国人均用水量的 5.6 倍。万元地区生产总值水耗 586 立方米，是宁夏、内蒙古、甘肃、陕西的 2~10 倍，用水效率较低。从用水结构上看，农业用水近乎占到了总用水量的 95%，而工业用水量不足总用水量的 3%。在水资源供应上，昌吉和哈密地区的地表水及地下水都已经严重超采。

2）生态环境制约

新疆绿洲面积不大、气候干旱、水资源时空分布不均、土壤质量差且沙化、盐碱危害严重，这些自然生态特征决定了新疆自然生态环境的脆弱性。在煤炭煤电煤化工项目建设及运营过程中，一旦对当地生态环境造成破坏或污染，将产生难以恢复的严重后果。此外，虽然新疆土地面积约占全国的 1/6，环境容量极大，但是全国环境排放指标并未根据实际地区环境容量进行分配，新疆的环境排放指标有限，也影响了新疆煤炭开发利用产业的发展。

3）煤电化产业产能严重过剩

目前，新疆煤炭生产能力已经达到 3.6 亿吨/年，可满足 2020 年前的煤炭需求。第一，新疆存在着实际产能严重过剩，而合法产能不足的问题。一些大型煤化工项目也进入前期开发阶段，新增的配套煤矿项目将进一步加剧新疆煤炭产能过剩问题。第二，火电“十二五”期间超规划部分的装机达到了 1 286 万千瓦，加剧了火电产能过剩的情况。第三，新疆传统煤化工产能呈现明显过剩趋势，2016 年新疆焦炭的产量为 1 574 万吨，为疆内焦炭消费量的一倍以上，产能严重过剩，煤化工产品结构亟待调整。

4）煤炭开发利用市场竞争压力大

新疆远离东部煤炭消费中心，距华东地区 3 000 千米以上。与山西、陕西、内蒙古、宁夏煤炭基地项目比，新疆煤炭基地到我国东部能源消费中心的能源运输距离要远 2 000 千米以上，能源运输成本明显处于竞争劣势。

对于现代煤化工，煤制油和煤制烯烃等产品将面临国内和国外产品的同时竞争。在未来几年内，世界油气市场供应宽松，这意味着石油油气价格不会急剧上升。据初步预测，只有当石油原油价格回升到 60 美元/桶、华东天然气到岸价提高到 2.5 元/米^{3}以上时，新疆的煤制油和煤制天然气等产品才可能盈利。

5）产业高效协同发展程度不高

新疆地区煤炭开发利用产业发展总体缺乏宏观统筹，产业定位、功能不清，致使产业布局和资源配置不尽合理，产业发展不够高效，区内缺乏整体协调互动。主要体现在：一是煤炭生产技术水平参差不齐。二是产业体系不完善，各地多以资源开发和一次能源生产为主，下游产业或配套产业发展滞后。三是煤炭开发利用路线趋同，以煤炭开发为主，延伸煤电、煤化工产业链，是各煤炭富集区所在地（州、市）的共同特征，产业同质化将导致对水资源、运输通道等基础设施资源的激烈争夺。

5.2 新疆煤炭供需形势与市场潜力分析

1. 电力工业新增煤炭需求预测

新疆未来的发展速度将高于全国平均水平，新疆电力需求增长也将高于全国平均水平。根据新疆“十三五”电力发展专项规划，在满足疆内国民经济快速发展用电需求的基础上，加上与西北主网双通道、哈密—郑州直流通道满负荷运行，以及准东—皖南等通道外送电量，预计到 2020 年，需新增煤电装机约 1 514 万千瓦。其中，“十三五”期间区内用电新增 854 万千瓦，外送新增 660 万千瓦。综合考虑现有机组技术改造，新疆电力工业需新增用煤 0.33 亿吨。2021~2030 年，考虑新增输电能力 800 万千瓦，新增用煤 0.16 亿吨；“十六五”期间，由于可再生电力成本下降和碳排放约束的制约，新疆煤电装机规模保持不变；“十六五”以后，新疆煤电将稳中有降。根据以上分析，到 2020 年、2035 年和 2050 年，基准情景下新疆电煤需求分别为 1.1 亿吨、1.3 亿吨和 1.3 亿吨。考虑到新疆经济增长速度、特高压电力外输规模和新疆可再生电力装机等多因素影响，按高中低三种情景预测新疆电煤需求装机变化。

2. 煤化工新增用煤预测

传统煤化工主要产品包括合成氨、电石、甲醇和焦炭。新疆化肥需求量有限，化肥用煤需求增长空间很小。电石产业是高能耗产业，“十二五”以来在新疆呈快速增长态势，但由于全国 PVC（polyvinyl chloride，聚氯乙烯）产能严重过剩，电石产业发展受到限制，以后新疆的电石生产也会保持稳定。新疆地区甲醇市场较小，生产的甲醇以后主要转化为烯烃等深加工产品，单纯的煤制甲醇项目将很难生存，焦炉煤气和热解煤气今后将是甲醇生产的主要途径。对于焦炭生产，由于钢铁行业产能已达峰值，新疆的钢铁生产与我国沿海地区大型钢企业相比，无论生产成本还是技术能力方面均处于劣势，新疆钢铁行业将呈稳中有降态势，未来焦炭需求也将缓慢下降。总之，在今后 15 年内，新疆传统煤化工的煤炭消费将呈稳中有降趋势。现代煤化工是新疆煤炭需求增长最主要领域之一。新疆是国家煤制气的主战场，根据新疆煤化工项目发展现状及前期工作情况，预计到 2020 年，准东、伊犁等地煤制天然气项目投产 55 亿米^3/年，伊犁等地煤制油项目投产规模达 100 万吨/年，准东、吐鲁番等地煤制烯烃项目投产规模达 128 万吨/年，石河子等地煤制乙二醇项目投产规模达 85 万吨/年，还有哈密、昌吉、伊犁等地多个煤炭分级分质利用项目也将陆续投产。经测算，上述煤化工项目到 2020 年新增用煤 0.26 亿吨。

“十四五”期间，新疆将进一步发展煤炭深加工和煤炭分级分质利用项目，预计新增煤制天然气 100 亿立方米、煤制油 100 万吨，煤制烯烃（或芳烃）120 万吨、煤炭分级分质利用 800 万吨，煤炭深加工和煤炭分级分质利用项目新增煤炭需求 0.46 亿吨。“十五五”期间，为了从根本上解决东中部地区大气污染问题，到 2030 年，天然气占我国一次能源消费比重的 15%以上，我国天然气需求增长迅速，新疆煤制气可以发挥更大作用。同时，由于电力汽车的快速普及，“十五五”期间燃油市场受到重大冲击，新疆煤制油市场空间有限。假定“十五五”期间新疆煤制气新增 100 亿立方米、煤炭分级分质利用 800 万吨，煤炭深加工和煤炭分级分质利用项目新增煤炭需求 0.41 亿吨。“十六五”及以后，新疆现代煤化工产业发展将进入相对稳定阶段，产业规模保持小幅增长态势。

考虑到“十三五”期间现代煤化工仍处于升级示范阶段，增长速度变化范围较小；“十四五”以后现代煤化工技术均已成熟，油气价格也会上升，尤其是天然气需求将快速增长。根据以上分析，到 2020 年、2035 年和 2050 年，基准情景下新疆煤化工用煤需求分别为 0.36 亿吨、1.52 亿吨和 1.90 亿吨。

3. 煤炭外运市场预测

1）周边市场

受煤炭市场竞争格局变化的影响，新疆煤炭周边市场主要包括甘肃中西部、宁夏西部和青海省。在今后较长时期内，以上三省区煤炭消费量将呈较快速度增长，预计到 2020 年、2035 年和 2050 年，三省区煤炭消费总量分别达到 19 400 万吨、22 500 万吨和 23 000 万吨。在这三个省区中，甘肃的酒泉地区风电大规模发展，风电装机规模已达到 1 000 万千瓦，但“弃风”问题比较严重。为保证风电“打捆外送”，需要配套建设大型煤电项目，哈密煤炭在当地具有较强的竞争优势，预计有每年 1 000 万吨的市场空间。甘肃东部拥有陇东煤电，煤炭资源丰富，煤炭生产能充分满足甘肃东部地区的煤炭需求。兰州及以西地区可以就近使用哈密煤炭；宁夏拥有年产 1 亿吨煤炭能力的宁东煤田，煤炭供需基本平衡，新疆煤炭将主要销往宁夏西部地区，根据铁路建设规模，甘肃武威—宁夏中卫的运煤铁路预计在“十三五”期间建成，从而为新疆煤炭进入宁夏西部煤炭市场创造条件。青海煤炭需求也不断增长，其煤炭供应将主要由准东煤田供应。

2）华中及西南地区市场

在华中及西南地区，哈密煤炭主要竞争对手包括鄂尔多斯中西部、榆林市中南部、宁东和黄陇地区的煤炭。

鄂尔多斯中西部地区、榆林中南部地区煤炭资源丰富，产能逐年扩张，煤炭生产成本相对较低，在煤炭运输方面比哈密煤炭拥有 180 元/吨左右的竞争优势。随着蒙华铁路建成投运，煤炭运输成本优势将进一步扩大，对哈密煤炭进入华中煤炭市场产生较大影响。宁东能源化工基地目前煤炭外运规模为 2 000 万吨/年，随着大型煤化工项目和宁东—浙江特高压直流输电项目配套电源的建设，宁东煤炭基地生产的煤炭主要用于就地转化，煤炭外运规模将显著减少。黄陇地区的黄陵矿区和彬长矿区煤炭主要运往华东市场，只有少量运往华中销售；陇东矿区煤炭资源丰富，但开发条件差，生产成本高达 350 元/吨，没有明显的竞争优势。以上煤炭产区对新疆煤炭华中及西南市场没有直接影响。西南地区拥有云贵煤炭基地，煤炭总生产能力达到 3 亿吨/年，云南和贵州省煤炭产量均大于需求量。对于新疆煤炭而言，西南地区煤炭目标市场主要为川渝地区。到 2020 年、2035 年和 2050 年，四川煤炭供应缺口分别为 3 500 万吨、4 700 万吨和 5 500 万吨；重庆煤炭供应缺口分别为 3 500 万吨、4 300 万吨和 5 000 万吨。

根据以上分析和趋势判断，预计到 2020 年、2035 年和 2050 年，新疆商品煤外运规模分别 2 000 万吨、3 000 万吨和 5 000 万吨。

4. 煤炭需求预测结论

根据以上分析，在基准情景下，到 2020 年、2035 年和 2050 年，新疆煤炭需求量分别为 2.04 亿吨、3.30 亿吨和 3.89 亿吨，煤化工是新疆煤炭需求增长的重点领域。新疆煤炭需求情景分析见表 1.5.1，考虑高中低三个情景的情况下，到 2020 年、2035 年和 2050 年，新疆煤炭需求分别为 1.92 亿~2.21 亿吨、2.95 亿~4.08 亿吨和 3.34 亿~4.79 亿吨。

表 1.5.1 新疆煤炭需求情景分析 单位：亿吨

分行业	情景	2015 年	2020 年	2035 年	2050 年
电力工业	高	0.78	1.14	1.47	1.45
	中	0.78	1.11	1.27	1.25
	低	0.78	1.08	1.13	1.10
煤化工	高	0.10	0.40	1.90	2.40
	中	0.10	0.36	1.52	1.90
	低	0.10	0.32	1.41	1.70
其他行业		0.42	0.37	0.21	0.24
煤炭外运	高	0.10	0.30	0.50	0.70
	中	0.10	0.20	0.30	0.50
	低	0.10	0.15	0.20	0.30
煤炭需求合计	高	1.40	2.21	4.08	4.79
	中	1.40	2.04	3.30	3.89
	低	1.40	1.92	2.95	3.34

2015 年，新疆地区煤炭产能合计为 3.6 亿吨，完全可以满足 2035 年的煤炭需求。“十三五”期间新疆煤炭产业以优化结构为重点，着力淘汰落后产能，优

化煤炭生产结构，提高产业集中度，新增煤矿产能原则上与煤炭转化项目配套建设。

5.3 新疆实现煤炭资源清洁高效利用的战略判断

新疆煤炭资源十分丰富，资源保障程度高，截至 2015 年底，全区已编制完成或正在编制的矿区总体规划 42 个，共规划井（矿）田 359 个，规划总能力 17.6 亿吨/年。影响新疆煤炭开发规模的主要因素包括水资源和市场需求，新疆煤炭需求主要由内部需求和煤炭外运规模确定。本书采用定性定量分析相结合的方法，对新疆煤电化产业进行系统分析，得出以下判断。

1. 目标市场的煤炭价格是决定疆煤外运经济合理半径的主要因素，经济合理半径随着目标市场价格的增长而扩大

经济合理半径是指在该销售半径内，煤炭的销售利润率应不低于 10%。新疆外运煤炭主要是动力煤，本书重点分析新疆动力煤外运的经济合理半径。从 2012 年底以来，受煤炭产能严重过剩的影响，我国电煤价格呈持续下降趋势。从 2014 年初到 2016 年 6 月，我国电煤价格持续处于低迷状态，2016 年 6 月以后，随着国家煤炭去产能政策的严格执行，电煤价格快速反弹，2016 年 12 月达到阶段性峰值。考虑到电煤价格的合理回归，本书选择 2016 年 10 月的电煤价格分析疆煤外运的经济合理半径。

为简化计算，在计算运输距离时，以到目标市场中心城市的距离为计算终点，运输距离起点设为新疆哈密，准东煤田煤炭外运的经济合理半径则可通过吐哈煤田煤炭外运的经济合理半径减 400 千米获得。新疆煤炭井口价平均为 130 元/吨，根据 2015 年国家发展和改革委员会发布的中国煤炭铁路运价标准，煤炭运输成本分别按基价 18.6 元/吨和运输基价 0.155 1 元/（吨·千米）计算。结果表明，按照 2016 年 10 月各地区电煤实际价格，新疆煤炭的最远销售半径可抵达河南，运输距离为 2 342 千米，新疆煤炭主要外输目的地为甘肃和青海，其次为河南和四川。然而在煤炭主产区的银川、陕西、山西和内蒙古西部等地，新疆煤炭均为亏损状态。

疆煤外运经济合理半径是动态的，煤炭运输距离相对固定，煤炭生产成本变化也不大，决定经济合理半径的主要因素是目标市场的煤炭价格，经济合理半径随着目标市场价格的增长而扩大。

2. 新疆煤炭的主要竞争对手是陕西榆林、内蒙古鄂尔多斯、宁东和陇东地区生产的煤炭，疆煤外运的近期目标市场以满足甘肃、宁夏、青海等临近省区为主，中远期目标市场将向四川和重庆等地拓展

我国现有 14 大煤炭生产基地中，服务华北地区和华东地区的煤炭基地最多，而且生产规模大，包括神东、陕北、晋北等 7 大煤炭生产基地，是新疆主要的煤炭市场竞争对手。

在运输距离方面，新疆东大门哈密到华北市场的运输距离比榆林和鄂尔多斯分别多 1 800 千米和 2 070 千米。对于华中市场，榆林和鄂尔多斯比新疆煤炭拥有 1 000 千米以上的运输距离优势，且随着蒙华铁路建成投运，“三西地区”煤炭供应成本将进一步降低，而新疆煤炭因运输距离较远而缺乏竞争力。对于西南市场，云南和贵州煤炭市场主要由云贵煤炭基地供应，煤炭调入地区主要是四川和重庆。哈密到重庆和成都的运输距离分别为 2 300 千米和 2 100 千米，而陕西煤炭主产区榆林离重庆和成都仅分别 1 400 千米和 1 250 千米，比新疆煤炭拥有约 900 千米的运输优势。

以新疆哈密生产的煤炭为例，选取兰州和西安为目标市场进行分析，根据 2015 年国家发展和改革委员会发布的中国煤炭铁路运价标准计算，新疆煤炭外运竞争力分析见表 1.5.2。

表 1.5.2 新疆煤炭外运竞争力分析

主产地	原煤平均生产成本/（元/吨）	兰州市场		西安市场	
		距离/千米	供应成本/（元/吨）	距离/千米	供应成本/（元/吨）
陕西榆林	190	680	314	560	295
内蒙古鄂尔多斯	151	820	297	740	284
宁夏宁东	220	430	305	630	336
甘肃陇东	290	320	358	290	354
新疆哈密	130	1 320	353	1 900	443

根据表 1.5.2 分析结果，在兰州市场，新疆煤炭供应成本仅略低于陇东煤炭，而比鄂尔多斯和宁东煤炭高 40~60 元/吨，考虑到煤炭流向原则，新疆煤炭在兰州市场具有一定的竞争力。在西安市场，哈密煤炭供应成本高于所有竞争对手，煤炭供应成本高 89~159 元/吨，表明新疆煤炭目前在西安以东和以南市场上均无法与竞争对手抗衡。

综上，如果仅考虑市场因素，在山西、陕西、内蒙古、宁夏地区煤炭产量明显下降之前，新疆煤炭很难进入华北、华东、华中和西南地区，目标市场主要集

中在甘肃、宁夏和青海。而从长远来看，随着其他煤炭基地产量的下降，以及国家对疆煤外运的政策扶持，新疆煤炭外运目标市场将向四川、重庆拓展。

3. 新疆煤电交流外送不具备成本优势，通过直流输电外送至华中、华东地区具有较为明显的竞争优势

我国西部各煤炭基地的地理位置、送电需求、送电距离、送电沿途路径等情况各不相同，根据各电源点的实际情况可以选择不同的输电方式和输电电压等级进行煤电的外送。目前，常用的输电方式有交流输电和直流输电两种，它们具有截然不同的技术特点。交流输电具有网络功能，可以灵活地汇集、输送和分配电力，需要各电压等级协调配合，并且其有着较为严格的安全输送距离；直流输电是一种点对点的高效送电方式,其需要依据送电容量和距离合理地选择电压等级。

根据经济输电范围计算模型，通过比较新疆煤电以及能源“金三角”地区煤电外送至三华地区的单位用电成本，分析疆电外送的竞争力。

1）竞争力分析模型

煤电的竞争力比较的核心是煤电度电的比较，煤电的受端侧单位用电成本由两块成本构成，它们分别是煤电的发电成本以及煤电的输电成本。因此，本书提供的竞争力分析模型给出了这两块成本的计算方法。

煤电的发电成本由总投资费用的折旧成本 C_{d} 、燃料成本 C_{f} ，以及维护成本 C_{m} 三部分组成，火电厂发电成本 C_{Σ} 的简化公式为

$$C_{\Sigma}=C_{\mathrm{d}}+C_{\mathrm{f}}+C_{\mathrm{m}}=\gamma\left[\frac{i_{\mathrm{SIC}}}{\tau t}+\frac{3.6C_{f1}}{\eta}\right]$$

其中，γ 为发电成本的运行维护系数，一般取值在 1.13~1.18，本书取 1.15；i_{SIC} 为电站净功率折算的动态投资费用，单位为元/千瓦，本书以 600 兆瓦超临界火电机组为基准，分析资料可知，600 兆瓦超临界火电机组的 i_{SIC} 为 4 000 元/千瓦；τ 为机组的年利用小时数，以 2015 年全国火电年利用小时数为准，取 4 364 小时；t 为电站的服役期，我国取 t 为 20~30 年，本书采用 25 年；C_{f1} 为煤炭开采成本，单位为元/兆焦耳；η 为机组每年的平均效率，600 兆瓦的超临界火电机组的平均效率为 40%。依据上述计算条件，西部各地煤电发电成本（含税）如表 1.5.3 所示。

表 1.5.3 西部各地煤电发电成本（含税） 单位：元/千瓦时

项目	新疆哈密	宁夏宁东	甘肃华亭	陕西榆林	内蒙古鄂尔多斯
发电成本	0.082~0.092	0.151~0.161	0.139~0.148	0.114~0.123	0.110~0.114

目前，远距离输电的方式有直流输电和交流输电两种，采用的输电方式不同，

将直接导致度电成本不同，本书采用现金流折现模型，分别对采用交流输电方式的煤电输电成本以及采用直流输电方式的煤电输电成本进行计算。

2）输送至华北电网地区竞争力比较

华北电网主要由北京电网、天津电网、河北电网、山西电网以及山东电网构成。其中，山西电网为送端电网，不予考虑。由新疆哈密、宁夏宁东、甘肃华亭、陕西榆林以及内蒙古鄂尔多斯通过交流和直流输送至华北各区电网的单位电力成本如表 1.5.4 所示。

表 1.5.4 电源点至华北各区电网的单位电力成本 单位：元/千瓦时

送端	受端							
	北京		天津		石家庄		济南	
	交流	直流	交流	直流	交流	直流	交流	直流
新疆哈密	0.20~0.21	0.16~0.17	0.21~0.22	0.16~0.17	0.20~0.21	0.16~0.17	0.22~0.23	0.16~0.17
宁夏宁东	0.19~0.20	0.21~0.22	0.20~0.21	0.21~0.22	0.19~0.20	0.21~0.22	0.20~0.21	0.21~0.22
甘肃华亭	0.19~0.20	0.20~0.21	0.19~0.20	0.20~0.21	0.18~0.19	0.20~0.21	0.19~0.20	0.20~0.21
陕西榆林	0.14~0.15	0.17~0.18	0.14~0.15	0.17~0.18	0.14~0.15	0.16~0.17	0.15~0.16	0.17~0.18
内蒙古鄂尔多斯	0.13~0.14	0.16~0.17	0.13~0.14	0.16~0.17	0.13~0.14	0.16~0.17	0.14~0.15	0.16~0.17

从上述单位用电成本的比较结果可知，如果西部煤电输送至华北电网的各个受端省市，在经济性上，最佳的输电方式是采用交流输电的方式。送端的选择上，首选为内蒙古的鄂尔多斯，第二位为陕西的榆林。新疆煤电交流输送不具备任何竞争优势，其直流输送的输送成本较低，但是竞争力相较于鄂尔多斯和榆林地区也不显著。

3）输送至华东电网地区竞争力比较

华东电网主要由上海电网、江苏电网、浙江电网、安徽电网以及福建电网构成。其中，上海、江苏和浙江三个电网为受端电网。由新疆哈密、宁夏宁东、甘肃华亭、陕西榆林以及内蒙古鄂尔多斯通过交流和直流输送至华东各区电网的单位电力成本如表 1.5.5 所示。

表 1.5.5 电源点至华东各区电网的单位电力成本 单位：元/千瓦时

送端	受端					
	上海		南京		杭州	
	交流	直流	交流	直流	交流	直流
新疆哈密	0.31~0.32	0.17~0.18	0.27~0.28	0.17~0.18	0.30~0.31	0.17~0.18
宁夏宁东	0.24~0.26	0.22~0.24	0.22~0.23	0.22~0.23	0.24~0.25	0.22~0.23
甘肃华亭	0.22~0.23	0.21~0.22	0.20~0.21	0.20~0.21	0.22~0.23	0.21~0.22

续表

送端	受端					
	上海		南京		杭州	
	交流	直流	交流	直流	交流	直流
陕西榆林	0.18~0.19	0.18~0.19	0.17~0.18	0.18~0.19	0.18~0.19	0.18~0.19
内蒙古鄂尔多斯	0.18~0.19	0.18~0.19	0.16~0.17	0.17~0.18	0.18~0.19	0.18~0.19

比较上述单位用电成本可知，将西部地区的煤电输送至华东地区，交流输电方式和直流输电方式最优单位用电成本差别不大。疆煤在直流输电上拥有较好的竞争力，其单位用电成本与内蒙古鄂尔多斯地区的煤电成本近乎相同。

4）输送至华中电网地区竞争力比较

华中地区主要由湖北电网、河南电网、湖南电网、江西电网、四川电网和重庆电网构成。其中，湖北、河南电网是送端电网，不予考虑向其输送电力。新疆哈密、宁夏宁东、甘肃华亭、陕西榆林以及内蒙古鄂尔多斯地区的煤电，通过交流和直流输送至华中各区电网的单位电力成本如表 1.5.6 所示。

表 1.5.6　电源点至华中各区电网的单位电力成本　单位：元/千瓦时

送端	受端							
	湘潭		吉安		成都		重庆	
	交流	直流	交流	直流	交流	直流	交流	直流
新疆哈密	0.26~0.27	0.17~0.18	0.28~0.29	0.17~0.18	0.18~0.19	0.15~0.16	0.20~0.21	0.16~0.17
宁夏宁东	0.22~0.23	0.22~0.23	0.23~0.24	0.22~0.23	0.19~0.20	0.21~0.22	0.20~0.21	0.21~0.22
甘肃华亭	0.19~0.20	0.20~0.21	0.20~0.21	0.21~0.22	0.17~0.18	0.19~0.20	0.17~0.18	0.20~0.21
陕西榆林	0.17~0.18	0.18~0.19	0.19~0.20	0.18~0.19	0.16~0.17	0.18~0.19	0.16~0.17	0.18~0.19
内蒙古鄂尔多斯	0.18~0.19	0.18~0.19	0.19~0.20	0.18~0.19	0.17~0.18	0.17~0.18	0.18~0.19	0.18~0.19

分析上述结果可知，将西部地区的煤电输送至华中地区，均宜采用直流输电。其中，疆煤电外送在直流输电上拥有较为明显的竞争力。

4. 新疆现代煤化工具有一定的成本优势和发展基础，但仍需政策支持

新疆位于我国西部地区的最西端，与其他西部地区（内蒙古、陕西等）现代煤化工产业相比，距离需求量较大的华东市场运输成本较高，但其煤炭成本低，

具有一定的成本优势。新疆建设现代煤化工项目的成本竞争力，主要体现在煤炭生产成本、固定资产折旧和运输费用等主要因素上，因此，本书重点以煤制气、煤制油和煤制烯烃为主要对象，进行成本竞争力分析。煤化工产品成本竞争力测算依据见表 1.5.7。假设职工薪酬、维修费、水费、环保费用及其他费用相同；项目消耗的电力折算到燃料煤；不同地区原煤成本按照发热量与新疆地区进行统一折算；新疆地区建设项目的固定资产投资为其他地区的 1.2 倍；煤制天然气管道运输费用为 0.116 元/（千米^3·千米）；油品和化学品以铁路方式输送，油品运输费用为 0.20 元/（吨·千米），化学品运输费用为 0.17 元/（吨·千米）。不同工艺的技术指标如表 1.5.8 所示。

表 1.5.7 煤化工产品成本竞争力测算依据

项目	新疆准东	宁夏宁东	甘肃华亭	陕西榆林	内蒙古鄂尔多斯	内蒙古包头
成本煤价/（元/吨）	80~100	210~230	210~230	160~180	150~160	160~180
发热量（收到基低位发热量）/（千卡/千克）	5 000	4 800	5 400	5 500	5 500	5 500

表 1.5.8 不同工艺的技术指标

项目	煤直接液化	煤间接液化	煤制天然气	煤制烯烃
单位产品原料煤耗	3.23 吨标准煤/吨	3.52 吨标准煤/吨	1.85 吨/千米^3	5.12 吨标准煤/吨
单位产品燃动能耗	0.86 吨标准煤/吨	0.75 吨标准煤/吨	0.40 吨/千米^3	1.74 吨标准煤/吨

注：单位产品燃动能耗是指项目燃料、动力、电力的消耗量，不包括作为原料用煤量

1）新疆煤制气成本竞争力分析

以规模为 40 亿米^3/年的煤制天然气项目为例，新疆准东与其他地区煤制气成本竞争力分析如表 1.5.9 所示。

表 1.5.9 新疆准东与其他地区煤制气成本竞争力分析

项目	宁夏宁东	甘肃华亭	陕西榆林	内蒙古鄂尔多斯	内蒙古包头
单位成本差/（元/米^3）	0.210~0.302	0.155~0.242	0.045~0.131	0.025~0.090	0.045~0.131
运输距离差/千米	1 811~2 603	1 339~2 086	389~1 129	213~777	389~1 129

从表 1.5.9 可以看出，在假设条件下，新疆准东煤制气与宁夏宁东和甘肃华亭相比，具有一定的成本竞争力；当准东地区原煤成本为 80 元/吨，而榆林、包头原煤成本为 180 元/吨时，新疆煤制气具有一定的成本竞争力；当准东地区原煤成本为 80 元/吨，而鄂尔多斯原煤成本为 160 元/吨时，新疆煤制气仅可输送至兰州地区，其成本竞争力较弱。当准东地区原煤成本为 100 元/吨，而榆林、包头、鄂尔多斯分别为 160 元/吨、160 元/吨、150 元/吨时，新疆准东地区煤制气没有成本

竞争力。

2）新疆煤制油成本竞争力分析

以规模为 100 万吨/年的间接液化项目为例，采用中石化原油 60 美元/桶价格体系，新疆准东与其他地区煤间接液化成本竞争力分析如表 1.5.10 所示。

表 1.5.10 新疆准东与其他地区煤间接液化成本竞争力分析

项目	宁夏宁东	甘肃华亭	陕西榆林	内蒙古鄂尔多斯	内蒙古包头
单位成本差/（元/吨）	376~550	272~436	63~226	24~148	63~226
运输距离差/千米	1 879~2 750	1 360~2 182	314~1 129	120~741	314~1 129

由表 1.5.10 可知，在假设条件下，新疆准东煤间接液化与宁夏宁东和甘肃华亭相比，具有一定的成本竞争力；当准东地区原煤成本为 80 元/吨，而榆林、包头原煤成本为 180 元/吨时，新疆煤间接液化输送至西安仍具有一定的成本竞争力；当准东地区原煤成本为 80 元/吨，而鄂尔多斯原煤成本为 160 元/吨时，新疆煤间接液化仅输送至兰州地区才具有较弱的成本竞争力。当准东地区原煤成本为 100 元/吨，而榆林、包头、鄂尔多斯分别为 160 元/吨、160 元/吨、150 元/吨时，新疆准东地区煤间接液化没有成本竞争力，只能疆内消化。

3）新疆煤制烯烃成本竞争力分析

以 68 万吨/年煤制烯烃项目为例，新疆准东与其他地区煤制烯烃成本竞争力分析如表 1.5.11 所示。

表 1.5.11 新疆准东与其他地区煤制烯烃成本竞争力分析

项目	宁夏宁东	甘肃华亭	陕西榆林	内蒙古鄂尔多斯	内蒙古包头
单位成本差/（元/吨）	572~852	405~670	69~331	7~207	69~331
运输距离差/千米	3 365~5 013	2 385~3 939	408~1 949	41~1 215	408~1 949

由表 1.5.11 可知，在假设条件下，新疆准东煤制烯烃与宁夏宁东和甘肃华亭相比，具有一定的成本竞争力；当准东地区原煤成本为 80 元/吨，而榆林、包头原煤成本为 180 元/吨时，新疆煤制烯烃具有较为明显的成本竞争力；当准东地区原煤成本为 80 元/吨，而鄂尔多斯原煤成本为 160 元/吨时，新疆煤制烯烃输送至西安地区仍具有成本竞争力。当准东地区原煤成本为 100 元/吨，而榆林、包头、鄂尔多斯分别为 160 元/吨、160 元/吨、150 元/吨时，新疆准东地区制烯烃没有成本竞争力，只能疆内消化。

4）小结

在新疆建设煤制油、煤制气、煤化工品项目，尽管远离产品消费市场，但其煤炭价格低，具有一定的成本优势。

与甘肃华亭、宁夏宁东等地区相比，新疆发展现代煤化工具有较明显的成本竞争力；与陕西榆林、内蒙古鄂尔多斯和内蒙古包头相比，在煤炭成本差距较大（100 元/吨）的情况下，新疆煤制烯烃成本竞争力相对明显，煤制气与煤间接液化竞争力相当，但不明显。与陕西榆林、内蒙古鄂尔多斯和内蒙古包头相比，在煤炭成本差距较大（60 元/吨）的情况下，新疆现代煤化工项目不具有成本竞争力。

由此可见，在新疆发展煤制气、煤制油和煤制烯烃具有一定的成本竞争力，具备发展的基础，但是要拓展市场，还需要政策的扶持，增强其竞争力。

5.4 新疆煤炭资源清洁高效利用的战略定位与重要战略举措

1. 指导思想

坚持新疆煤炭开发利用与国家能源发展战略相统筹、坚持煤炭与上下游产业协同发展相统筹、坚持煤炭开发利用与生态环境协同发展相统筹、坚持疆内与疆外两个市场相统筹，依托科技进步，利用新疆资源优势、低成本优势、政策优势，建设新疆煤炭煤电煤化工基地，实现煤炭资源的清洁高效开发和利用。

2. 战略定位

煤炭煤电煤化工基地。以保障国家能源安全、满足国家能源需求为目标，稳步扩大新疆煤炭和电力外供，合理布局现代煤化工产业，将新疆打造成为国家级煤炭基地、煤电基地和煤化工基地，成为西部煤炭清洁高效利用的典范。

区域经济可持续发展的引擎。长期驱动区域经济的持续发展，促进区域整体产业向生态环境友好转型。基于资源优势，通过煤基清洁能源产业的投资、多元化发展和大型产业园区建设，带动相关产业及区域内其他产业良性发展，推进教育、科技、社会、服务等科技民生的发展，形成结构合理、优势突出、生态环境友好的新格局，实现区域经济社会可持续发展。

向西开放的桥头堡。在“一带一路”倡议引领下，新疆将以国家大型煤炭基地、大型煤电基地、大型煤化工基地以及连接疆内外的能源输送大通道建设为契机，着力打造“丝绸之路经济带”煤基能源核心区，进一步加快新疆煤炭开发利用技术、产业、人才对外开放步伐，成为向西开放的桥头堡。

3. 发展目标

新疆煤电化产业的总体发展目标是充分发挥煤炭资源优势，通过20年的努力，将新疆建设成为清洁、绿色、高效、集约、安全的国内先进煤电化产业基地，成为世界煤炭资源清洁高效利用的“中国样本”。新疆煤炭开发利用战略目标见表1.5.12。

表 1.5.12　新疆煤炭开发利用战略目标

目标	数量指标	2015年	2020年	2035年	2050年
煤炭开发	煤炭产能/（亿吨/年）	3.6	3.6	3.6	4.0
煤炭转化利用	煤电装机容量/万千瓦	4 238	5 800	6 600	6 600
	煤制烯烃产能/（万吨/年）	0	128	300	380
	煤制乙二醇/（万吨/年）	25	85	250	320
	煤制天然气产能/（亿米^3/年）	13.75	55	350	450
	煤制油产能/（万吨/年）	0	100	200	300
能源外输	煤炭外输量/（亿吨/年）	0.10	0.20	0.30	0.50
	电力外输能力/万千瓦	660	1 260	2 060	2 060

4. 重要战略举措

1）缓解水资源短缺和生态环境约束

新疆地区煤炭开发利用产业发展主要受水资源和生态环境制约。在水资源方面，应采取“开源节流”策略，重点解决水资源短缺问题。一是通过水权置换和跨流域引水工程建设等措施增加能源产业可用水量，二是大力推广水资源循环利用等先进节水技术，提升新疆地区水资源整体利用水平。

伊犁地区。新疆伊犁地区正在加大水资源开发力度，增加供水总量，以满足“十三五”工业用水增加需求。

准东地区。准东地区发展工业所需水资源主要依靠“引额济乌”工程。“引额济乌”工程分三期建设。一期工程于2001年正式投入运行。它从“635”水利枢纽引额尔齐斯河，年引水量8.4亿立方米，主要解决克拉玛依油田和城市用水，同时兼顾发电、改善生态和库区的农牧业生产。二期工程建设两步走。二期一步工程由水源工程（“635”水利枢纽）、输水工程（已建134千米总干渠，新建420千米渠道）和尾部“500”调节水库三部分组成，已于2005年投入使用。引水量为每年5.6亿立方米，除解决济乌工程南干渠生态防护林用水及北疆彩南油田等用水外，还有每年4.2亿立方米水供乌鲁木齐经济区用，其中部分水由东延工程送至500水库到准东。目前这部分水还有一定余量，通过准东地区现有企业项目用水指标的配置调整，可基本满足准东地区“十三五”现代煤化工项目的用水需求。二期二步工程将在“635”水利枢纽工程上游再建设喀腊塑克水利枢纽工程，扩大供水能力，建成后每年可向沿线及乌鲁木齐引水 9.6 亿立方米，部分工程已在建设。新疆自治区在“引额济乌”及东延工程 2020 年的供水量中已经为准东基地留了 4 亿立方米，可全部解决准东地区现代煤化工发展用水问题。三期工程将在额尔齐斯河下游支流布尔津河上修建布尔津山口水利枢纽，实现年引水量 25 亿立方米。新疆作为国家“十三五”能源基地和“一带一路”对接核心区，将得到快速发展，国家应尽快建成“引额济克”二期二步工程，以促进当地能源产业的发展。

吐哈及其他地区。新疆地区的农业节水潜力巨大。面对“十三五“期间用水需求的增加，还可通过采取高效节水改造等措施，大幅压减农业用水量，保障新增工业用水需求。

在生态环境治理方面，要加快推进清洁高效煤炭开发利用技术的推广应用，实现煤炭开发利用与环境的协调发展。并进一步通过市场和经济手段，加大生态环境保护和建设的投入力度，鼓励地表修复、塌陷区治理、地下水库、保水开采等技术的研发和应用，使新疆煤炭开发利用和经济发展朝着环境友好的方向转变。

2）统筹规划煤炭开发利用基地布局

在水资源和生态环境容量允许范围内，根据资源赋存条件、市场需求、区域发展条件和区位特点等进行合理布局，形成各具特色、分工明确的煤炭开发利用区域。

准东地区。以发展大型煤电、示范性现代煤化工为主，优化大型工业园区布局，参与“疆煤外运”。重点开发五彩湾、大井、西黑山、喀木斯特矿区，适度输出煤炭。建设大型煤电输出基地，面向华东、华中、西南地区输出煤电。重点发展煤制油、煤制天然气和煤制烯烃，建设大型现代化煤化工基地。

吐哈地区。由于距离外部市场较近，以“疆煤外运”为主，适度发展煤电参与“疆电外送”。重点开发三塘湖、淖毛湖、大南湖西区、克（布）尔碱、库姆塔格矿区。吐哈基地可定位为新疆的煤炭输出基地，近期面向甘肃中西部、青海和宁夏西部输出煤炭，可拓展华中和西南煤炭市场。充分利用吐哈基地淖毛湖、黑山富油煤资源发展煤炭分级分质利用，实现煤基多联产和煤炭高端化利用。建设哈密煤电基地，采用与风电、光伏打捆模式对外输电，电力外输目标主要面向华中地区。哈密基地是严重缺水地区，应严格控制现代煤化工发展。

伊犁地区。以发展现代煤化工示范项目为主，适度发展煤电，实施煤炭就地转化，重点开发伊宁矿区。和丰-克拉玛依基地以发展示范性现代煤化工项目为主，适度发展煤电，重点开发塔城白杨河、和什托洛盖矿区。伊犁地区水和煤炭资源比较丰富，煤制天然气应作为伊犁基地煤化工发展重点。

3）着力推进煤炭绿色智能开发

全面推行煤炭绿色智能开发，建立基于先进产能的煤炭开发标准体系，规范和约束煤炭生产与供应，严格控制煤炭开发总量。建立先进产能的综合评价指标体系和评价标准，引导煤矿向智能、绿色、安全方向发展。按照“以水定产”、“以环境承载力定产”和“以需定产”，科学控制煤炭开发总量。建立安全、智能、绿色的现代化煤炭开发体系，以煤炭先进产能和科学开采来支撑区域煤炭开发基地建设。加大安全、智能和绿色开发资金投入，持续加大水资源开发投入和生态环境治理力度，鼓励发展大型安全高效矿井，重点发展保水开采、充填开采、地表沉降区治理等绿色开采技术与装备，全面推广煤炭先进产能。

4）有序发展煤炭清洁高效利用产业

科学、合理规划煤电和现代煤化工产业布局，优化产品结构和产品规模，积极推动煤炭清洁高效转化产业大型化、规模化、集约化、基地化，推动新疆地区煤炭清洁高效转化产业有序发展。根据新疆地区不同基地的煤种、煤质特征和目标市场，因地制宜地选择相应的煤炭清洁转化技术路线。以煤定化、以水定化、以需定化，适度有序发展现代新型煤化工和煤化工多联产；积极发展劣质煤发电、矸石发电，加大超（超）临界燃煤机组比重，配合疆电东送工程合理配置调峰机组，确保高参数发电机组高效运行。

5）优化能源外输通道建设

新疆地区要以服务全国、保障国内能源安全为目标，坚持输电输煤输气并举，统筹区域煤炭、电力、天然气、油品、化学品调运布局，提高区域煤基产品外送能力。首先，有序建设运煤铁路。新疆地区煤炭外输要坚持“低质煤本地转化、优质煤外输”原则，保障西部、华中和西南煤炭的需求。2035 年以前主要依托现有中线兰新铁路，2035 年以后，随着新疆煤炭外送规模的扩大，需要建设新疆南线通道，目标市场为西南地区。其次，加快输电通道建设。随着新疆地区火电基地的建设，要加强区域电力外送输电工程的规划建设。再次，加快建设煤制天然气输送管道。近期煤制天然气主要通过现有的西气东输管道输送，随着新疆煤制天然气生产规模的持续增长，到 2035 年建成第二条新疆煤制天然气外输管道，煤制天然气总输送能力达到 350 亿米^3/年。

6）推进煤炭转化技术创新示范和集成

新疆地区是我国重要的煤电基地，也是煤炭清洁高效转化利用关键技术产业集成创新和示范基地。重点围绕燃煤发电、现代煤化工、煤基多联产等领域，通过国家重点实验室、大学、科研院所、企业和区外的相关单位协同创新，积极开展关键技术、关键设备和核心工程示范，为煤炭清洁高效转化技术产业化提供支撑。在燃煤发电领域，新疆地区要重点发展高参数超超临界发电技术和先进节水发电技术。力争到 2035 年前完成超超临界煤粉炉发电技术和先进节水发电工程示范。在现代煤化工领域，到 2035 年前，进一步做好现有示范工程的优化集成，建设煤炭转化产业链协同多联产创新示范工程，加强环境治理、废弃物资源化循环再利用技术的开发与示范，开展煤基气化多联产、煤炭热解多联产等示范工程，并具备产业化条件。

第 6 章　保障措施与政策建议

6.1　保障措施

（1）提高西部煤系矿产资源协同勘查水平，向绿色煤炭资源勘查开发战略转型。

制定包括地勘基金在内的中央财政基金向西部地区绿色煤炭资源勘查倾斜的政策。

今后我国煤炭资源开发应以绿色煤炭资源开发为主，逐步实现向晋陕（北）内蒙古西部和北疆绿色矿区的资源开发上转移集中。勘查工作要有意识地从非绿色矿区收缩退出，逐步转移至绿色矿区，重点勘查评价绿色煤炭资源，提高绿色煤炭资源勘查精度与储量规模。兼顾煤系地层中煤系气资源，与煤伴生、共生的稀有元素铀、镓等，以及铝土矿等非煤矿产的协同勘查。以绿色开发、清洁高效转化、生态环境友好、低碳、循环可持续发展为目标，依靠技术创新推动，引领燃煤发电、液体燃料、化工品等煤炭绿色转化技术和产业集聚发展趋势，在全国率先全面实现煤炭科学绿色开发和清洁高效利用。

（2）以“一带一路”为契机，加快西部煤炭产业“走出去”，推动煤炭清洁高效开发利用技术装备走向国际市场。

抓住国际煤炭巨头深陷经营困局的时机，立足两种资源、两个市场，到澳大利亚、蒙古国等国积极争取优质资源，包括优质炼焦煤和优质动力煤。利用我国煤矿装备性价比优势，瞄准乌兹别克斯坦、哈萨克斯坦、越南、印度尼西亚、印度、孟加拉煤炭产业正在转型升级、煤电等下游产业快速发展的机会，输出我国煤炭、煤电技术装备，提升中国煤炭装备在全球市场上的占有率。力争在亚太煤炭市场中逐步建立主导权，用好我国东南沿海的煤炭进口市场，在印度尼西亚、澳大利亚开发优质煤炭部分替代外国企业进口，国内积极争取降低煤炭生产成本和物流成本，逐步恢复我国在日本、韩国等的煤炭市场。

（3）优化人才培养体系，设立煤炭紧缺人才定向奖励基金，着力解决行业人才结构性紧缺矛盾。

未来煤炭行业是经济管理水平高、科技能力强，以及从业人员素质、待遇和地位高的行业，需要的是既懂煤炭开采和利用，又懂科技、经济、管理和法律知识的高素质综合性人才。西部煤炭行业人才结构性紧缺的矛盾亟待破解。优化行业高校人才培养的课程体系和培养模式，培养行业所需的综合性人才。增加西部专科院校对西部各省区的对口单招比例，鼓励具备该专业优势的西部高校培养技能型人才。建立东西部高校联合办学机制，培养符合国家战略需要的、人才市场紧缺的合格人才。设立煤炭紧缺人才定向奖励基金，吸引有专业技能的人才投身到西部煤炭发展中，全面提升西部煤炭行业人才队伍素质。建立优质培训基地，建立一批具有一定规模、功能齐全、师资水平高、培训设施和手段先进的职业技术教育培训综合基地，逐步形成高、中、初三级职业技能培训网络。

6.2 政策建议

（1）编制“西部地区煤炭资源清洁高效开发利用专项规划”，加大西部煤炭清洁高效开发利用的政策支持。

煤炭资源清洁高效利用与新能源发展同等重要，西部煤炭发展是我国煤炭乃至能源发展的重要支撑点，在顶层设计上，应突出西部煤炭清洁高效开发利用的战略地位。整合目前分散碎片化的研发团队，组建国家级煤炭清洁高效开发利用研究机构，重点研究煤基能源的永续发展问题。编制“西部地区煤炭资源清洁高效开发利用专项规划”，优化布局煤炭资源开发，强化煤系多矿产科学开发的时空次序，引导西部煤炭产业有序发展。合理规划煤炭产能、煤炭转化规模和多元化结构，提高煤炭开发和利用技术经济性能，力争实现煤炭开发、转化和发电三方面的绿色高效集约性和上下游产业一体化融合发展，将煤炭资源优势转化为产业经济优势，实现产业与生态同步发展，推进我国能源生产和消费革命的顺利实施，保障我国能源安全。

（2）重点支持西部煤炭工程科技平台与科研计划，加快煤炭清洁高效开发利用前沿技术在西部地区的全面推广应用。

强化煤炭开发利用项目的能效、污染物排放等运行指标的实时监测和信息公开，严格煤炭项目水资源论证和取水管理，实行煤炭生产和转化用水总量控制和用水定额、水价改革，促进煤炭清洁高效开发利用技术的推广应用，发布“西部煤炭高效清洁开发利用先进技术目录”，落实相关财政、税收优惠政策，集中建设煤炭清洁高效开发利用国家级示范基地。

组建国家实验室，加快组织实施重大科技国家攻关工程，对西部煤炭开发利用过程中的重大技术方向和关键科技问题开展科技攻关和技术创新，支持煤炭开发智能化、信息化和低损害绿色开采技术及装备的研发和投入。整合优势科技资源，加强自主创新平台建设，积极组建国家重点实验室、国家科技研发中心、产业技术创新战略联盟等创新平台。将西部煤炭高效清洁开发利用纳入国家重大科技计划，以提高煤炭发电效率、实现煤炭发电近零排放、推动煤气化发电多联产产业化为目标，集中攻关IGCC/IGFC①先进燃煤发电技术。

（3）出台差异化政策，重点支持新疆建设国家级煤炭煤电煤化工基地，加快区域经济与社会发展。

在国家中长期能源战略及相关规划中，进一步强化新疆保障国家能源安全的重要地位，统筹其他地区能源发展步伐，为新疆能源，特别是煤炭发展拓展空间。新疆要积极发挥特殊区位优势、煤炭资源优势、政策支持优势和产业后发优势，积极申请国家煤炭资源清洁高效开发利用试点，争取国家科技创新、产业发展、经济激励等配套政策，建设国家级煤炭清洁高效开发利用示范基地。同时，要积极落实国务院对新疆经济发展的相关指示，争取国家发展和改革委员会、国家能源局等部委对新疆煤炭资源清洁高效发展的支持，尤其是差别化产业政策、节能减排指标分配、环保容量、土地利用等方面的政策支持。

针对准东、吐哈地区煤炭资源清洁高效发展面临的水资源保障问题，建议加强水资源保障能力论证，同时在准东、吐哈地区开展农业节水及水权置换工作，优化区域内用水结构，实施“引额济乌”跨区域调水工程二期项目，满足准东地区和哈密地区煤电煤化工用水需求。

对新疆煤电化产业发展实行积极的税收优惠政策，将新疆煤电化产业的增值税由17%恢复为13%，取消铁路建设基金等行政性和社会性收费，进一步提升新疆煤炭、煤电、煤化工产品综合竞争力。加大新疆煤炭清洁高效开发利用技术创新与人才引进力度，使新疆成为我国煤基能源创新发展的战略高地。

① 整体煤气化燃料电池联合循环（integrated coal gasification fuel-cell combined cycle，IGFC）。

第二篇　西部绿色煤炭资源可持续发展战略研究

第 1 章　西部煤炭资源特征

中国西部煤炭资源主要分布在新疆、甘肃东部、内蒙古西部、宁夏东部、陕西北部地区，青海和甘肃中西部也有分布但量较少，因青海煤炭资源保有量仅 63.40 亿吨，且 2011 年国务院常务会议已决定建立青海三江源国家生态保护综合试验区，其资源勘查开发工作要逐步退出，因此，本书暂不涉及青海资源论述。

1.1　煤炭资源分布特征

1.1.1　宁夏煤炭资源分布

宁夏煤炭资源极为丰富，遍及全区 12 个县市，境内含煤面积 9 598.16 平方千米，占全区土地面积的 14.5%。勘查面积 2 460.67 平方千米，占含煤面积的 25.6%。全区探获煤炭资源量 383.9 亿吨，保有资源量 376.92 亿吨（表 2.1.1）。煤炭资源主要集中分布在贺兰山、宁东、香山、宁南四大煤田。宁夏煤炭资源不仅探明资源量大、煤类齐全、煤质优良，而且埋藏条件好，潜在资源量大，具有广阔的开发利用前景。

表 2.1.1　宁夏回族自治区煤炭资源数量统计表　　单位：万吨

煤田	累计探获资源量	保有资源量	尚未利用资源量				
			合计	勘探	详查	普查	预查
贺兰山煤田	291 633	236 477	135 986	98 313	31 907	5 766	
宁东煤田	3 084 394	3 070 991	1 797 284	807 242	588 808	166 234	235 000
香山煤田	59 053	58 866	37 230	24 730		12 500	
宁南煤田	403 821	402 844	359 770	34 712	83 339	241 719	
合计	3 838 901	3 769 178	2 330 270	964 997	704 054	426 219	235 000

1）贺兰山煤田

位于宁夏北部，贺兰山之北中段，呈 NNE 向条带状展布，长 100 千米，宽 20~30 千米，含煤面积约 635.5 平方千米，其中勘探面积 169.61 平方千米。累计探获资源量 291 663 万吨，保有资源量 236 477 万吨，尚未利用资源量 135 986 万吨。

2）宁东煤田

位于宁夏东部，属灵武、盐池、同心三县管辖。煤田北起横城，以内蒙古自治区省界为界，东南至萌城与甘肃省相邻，西南以固原市和吴忠市的地市界线为界，西以青铜峡-固原大断裂为界，东侧分别以陕西省、甘肃省省界为界，南北长 104~200 千米，东西宽 80~105 千米，含煤面积约 7 482.52 平方千米，其中勘查面积为 1 866.53 平方千米。累计探获资源量 3 084 394 万吨，保有资源量 3 070 991 万吨，尚未利用资源量 1 797 284 万吨。

3）香山煤田

位于宁夏西部，北起营盘水至碱沟山矿区北缘，以内蒙古自治区省界为界，南以西华山-六盘山断裂为界，东界为固原-青铜峡大断裂，西至宁夏与甘肃省交界处，跨青铜峡、中宁、同心、海原等地，东西长 95~167 千米，南北宽 110 千米，含煤面积约 709.32 平方千米，其中勘探面积 144.81 平方千米。累计探获资源量 59 053 万吨，保有资源量 58 866 万吨，尚未利用资源量 37 230 万吨。

4）宁南煤田

位于宁夏东南部，属原州区、彭阳县两地区管辖。煤田南北长 92 千米，东西宽 20 千米，含煤面积约 770.82 平方千米，其中勘探面积 279.72 平方千米。累计探获资源量 403 821 万吨，保有资源量 402 844 万吨，尚未利用资源量 359 770 万吨。

1.1.2 陕西煤炭资源分布

陕西省煤炭资源丰富，但主要分布在秦岭以北地区，有陕北石炭-二叠纪煤田、渭北石炭-二叠纪煤田、陕北三叠纪煤田、陕北侏罗纪煤田及黄陇侏罗纪煤田。陕西省煤炭资源量分布统计表见表 2.1.2。

表 2.1.2 陕西省煤炭资源量分布统计表 单位：万吨

煤田	累计探获量	保有资源量	尚未利用资源量				
			合计	勘探	详查	普查	预查
陕北石炭-二叠纪煤田	1 216 130.2	1 214 068.8	1 087 804.2	162 719.0	358 723.2	566 362.0	
渭北石炭-二叠纪煤田	1 187 654.5	1 129 614.7	898 080.9	144 963.0	148 102.1	308 344.1	296 671.7

续表

煤田	累计探获量	保有资源量	尚未利用资源量				
			合计	勘探	详查	普查	预查
陕北三叠纪煤田	198 013.8	196 446.7	184 615.2	10 814.0		81 085.0	92 716.2
陕北侏罗纪煤田	13 800 363.6	13 706 601.7	11 642 754.9	1 894 512.4	1 599 726.3	2 747 519.9	5 400 996.3
黄陇侏罗纪煤田	1 742 178.6	1 694 799.2	795 905.2	308 992.0	258 914.0	227 999.2	
合计	18 144 340.7	17 941 531.1	14 609 160.4	2 522 000.4	2 365 465.6	3 931 310.2	5 790 384.2

1）陕北石炭–二叠纪煤田

陕北石炭–二叠纪煤田处于河东褶曲带的西缘。由吕梁台背斜形成，位于背斜西部的陕北石炭–二叠纪煤田以东地区长期抬升，背斜的核部是由古老基底岩系组成，呈 NE 向展布，上覆盖层则呈 SN 向展布，两翼古生代至中生代的一整套地层形成向 W 缓倾的单斜构造，主要受成煤后期构造影响。基本构造形态为一个走向 NNE-近 SN、倾向 W 的平缓单斜，倾角一般为 1°~5°，构造简单。陕北石炭–二叠纪煤田查明含煤面积 526.12 平方千米，累计探获资源量 1 216 130.2 万吨，保有资源量 1 214 068.8 万吨，已利用资源量 128 326 万吨，尚未利用资源量 1 087 804.2 万吨。

2）渭北石炭–二叠纪煤田

渭北石炭–二叠纪煤田地处鄂尔多斯凹陷盆地渭北断隆区铜川—韩城褶断带，区内含煤地层总体走向为 NEE 及 NE 向、倾向 N 及 NW、倾角 5°~15°的南翘北倾的单斜构造，煤田南部和东部隆起，含煤地层剥蚀并埋藏变浅，同时产生一系列 EW 向、NE 向和 NNE 向排列的断裂，将含煤岩系切割成一系列 EW 向、NE 向的条块，构成煤田现今的南界和东南界，并使煤田南界以南未被剥蚀的含煤地层断陷并深埋地下；煤田西北部逐渐沉降，含煤地层得以保存，埋深向西北变深，构造变动也趋于微弱。渭北石炭–二叠纪煤田查明含煤面积 2 240.62 平方千米，累计探获资源量 1 187 654.5 万吨，保有资源量 1 129 614.7 万吨，已利用资源量 289 573.6 万吨，尚未利用资源量 898 080.9 万吨。

3）陕北三叠纪煤田

陕北三叠纪煤田位于伊陕斜坡区的延安斜坡，基本为一平缓的倾向 W 的单斜构造，地层倾角平缓，一般为 1°~5°。沿走向和倾向发育有宽缓的波状起伏及短轴背向斜，以及落差甚小的断层，本区构造简单，对含煤地层影响甚微。陕北三叠纪煤田查明含煤面积 8 920.20 平方千米，累计探获资源量 198 013.8 万吨，保有资源量 196 446.7 万吨，已利用资源量 13 398.6 万吨，尚未利用资源量 184 615.2 万吨。

4）陕北侏罗纪煤田

陕北侏罗纪煤田位于伊陕斜坡区的东胜—靖边斜坡南部，构造运动相对稳定，其构造运动形式为整体差异升降运动。本区总体为走向 NE、倾向 NW、倾角 1°左右的单斜构造。陕北侏罗纪煤田查明含煤面积 17 508.82 平方千米，累计探获资源量 13 800 363.6 万吨，保有资源量 13 706 601.7 万吨，已利用资源量 2 157 608.7 万吨，尚未利用资源量 11 642 754.9 万吨。

5）黄陇侏罗纪煤田

黄陇侏罗纪煤田主要位于鄂尔多斯凹陷盆地渭北断隆区的彬县—黄陵坳褶带，煤田西部呈 NW 向、中部 EW 向，东部以 NE 向构造为主，大致成一倾向 NW、向 ES 凸出的平缓单斜构造，地层倾角一般在 10°以下，黄陇侏罗纪煤田查明含煤面积 3 690.87 平方千米，累计探获资源量 1 742 178.6 万吨，保有资源量 1 694 799.2 万吨，已利用资源量 946 273.4 万吨，尚未利用资源量 795 905.2 万吨。

1.1.3 甘肃煤炭资源分布

甘肃煤炭资源大部分集中于陇东地区。甘肃省累计探获的煤炭资源量为 167 亿吨（表 2.1.3），保有量为 159 亿吨，已利用资源量 31.84 亿吨，尚未利用资源量为 127 亿吨，甘肃省煤炭资源的空间分布极不均衡。

表 2.1.3 甘肃煤炭资源数量统计 单位：万吨

累计探获量	保有资源量	尚未利用资源量				
		合计	勘探	详查	普查	预查
1 674 436.04	1 586 592.29	1 268 250	152 296	307 839	747 278	60 837

甘肃省东部的陇东煤田（包括庆阳市和平凉市的大部）是全省主要煤炭资源蕴藏区，探获煤炭资源 127.77 亿吨，占全省探获煤炭资源量的 76.31%；中部的白银市和兰州市（主要煤田为靖远煤田、天祝–景泰煤田、窑天煤田和阿干煤田），探获煤炭资源占全省探获煤炭资源量的 12.77%；西部的酒泉市、张掖市、金昌市和武威市等四个市（主要煤田为肃北煤田、肃南煤田、山丹–永昌煤田和潮水煤田），探获煤炭资源占全省探获煤炭资源量的 10.78%；东南部的天水市、甘南藏族自治州和陇南市，探获煤炭资源仅占全省探获煤炭资源的 0.14%。

1.1.4 新疆煤炭资源分布

新疆煤炭资源丰富，煤炭资源总量约为 1.9 万亿吨，其中，累计探获资源量

2 311.74 亿吨，保有资源量 2 295.29 亿吨，尚未利用资源量 1 612.08 亿吨，预测总资源量 1.67 万亿吨（表 2.1.4），但分布不均衡。煤炭资源在区域上主要分布在准噶尔含煤盆地和天山山间等含煤盆地内，塔里木盆地北缘也有部分分布，其他地区很少或零星分布。在空间上主要分布在侏罗纪中下统，占到 99%以上，其他时代的煤层很少。

表 2.1.4　新疆煤炭资源数量统计表　　单位：亿吨

矿区（煤田）	累计探获资源量	保有资源量	尚未利用资源储量				
			合计	勘探	详查	普查	预查
托里-和什托洛盖煤田	93.31	92.55	6.86	0.30	4.61	1.95	
青河煤矿点	0.68	0.65					
卡姆斯特煤田	0.06	0.06	0.06		0.06		
准南煤田	347.07	338.95	42.75	15.70	26.04	1.01	
准东煤田	1 052.53	1 052.27	1 011.33	154.92	121.69	734.72	
巴里坤煤田	9.71	9.58	4.08	1.26	2.82		
淖毛湖煤田	27.23	27.21	26.31	20.57	0.34	5.40	
伊宁煤田	195.42	194.28	57.96	40.59	17.25	0.12	
尼勒克煤田	5.32	5.13	1.37	0.72	0.25	0.40	
昭苏-特克斯煤田	0.31	0.24	0.17		0.17		
后峡煤田	30.85	30.66	7.63	3.79	1.14	2.70	
达坂城煤田	0.91	0.90	0.32	0.32			
艾维尔沟煤产地	5.47	5.18					
托克逊煤田	25.05	24.15	3.90	3.84	0.06		
鄯善煤田	0.57	0.51					
哈密煤田	16.22	15.07	10.46	1.83		8.63	
吐鲁番煤田	31.76	31.76	31.76			31.76	
沙尔湖煤田	268.70	268.70	250.10	35.54		214.56	
温宿煤田	1.38	1.28	0.36			0.36	
库拜煤田	35.94	34.62	7.47	6.53	0.94		
阳霞煤田	1.39	1.30	0.35		0.23	0.12	
焉耆煤田	11.06	10.66	2.47		2.47		
乌恰煤田	0.48	0.39	0.03		0.02	0.01	

续表

矿区（煤田）	累计探获资源量	保有资源量	尚未利用资源储量				
			合计	勘探	详查	普查	预查
阿克陶煤田	0.11	0.10	0.02			0.02	
莎车-叶城煤田	0.33	0.26	0.02			0.02	
布雅煤产地	2.22	1.65	0.53	0.52		0.01	
库米什煤产地	0.11	0.08					
其他	147.55	147.10	145.77	44.97	0.74	100.06	
合计	2 311.74	2 295.29	1 612.08	331.40	178.83	1 101.85	

新疆是国家的能源基地，随着西部大开发步伐的加快，国家加大了对新疆的勘查投入，2009 年新疆“358”项目在伊拉湖-艾丁湖煤田、库木塔格-沙尔湖煤田、大南湖-野马泉煤田、三塘湖煤田、淖毛湖煤田等进行了煤炭勘查，仅在三塘湖 1 000 米以浅探明煤炭资源 514 亿吨，在和静县巴音布鲁克煤田，以及南疆的喀什、和田、阿克苏三地州进行了勘查投入。

1.1.5 内蒙古西部煤炭资源分布

内蒙古西部地区主要包括呼和浩特市以西的广大地区，就赋煤带分布来说，包括阴山赋煤带、鄂尔多斯盆地北缘赋煤带、宁东南赋煤带、桌子山-贺兰山赋煤带北山潮水赋煤带和香山赋煤带。内蒙古西部的煤炭资源丰富，主要集中于鄂尔多斯盆地北缘地带。内蒙古西部地区累积探获资源量 5 805.30 亿吨，保有资源量 5 767.40 亿吨，尚未利用资源量 5 447.06 亿吨（表 2.1.5）。

表 2.1.5 内蒙古西部煤炭资源数量统计表 单位：万吨

赋煤带	矿区	累积探获量	保有资源量	尚未利用量				
				合计	勘探	详查	普查	预查
阴山	集宁矿区	73 171	73 123	73 123	11 323	18 762	43 038	
	苏勒图煤产地	676	676	676			676	
	流通壕煤产地	1 286	1 193	1 193		1 193		
	大青山矿区	97 989	70 152	38 132	13 280		24 645	207
	固阳煤产地	12 276	11 841	11 841	11 841			
	营盘湾矿区	8 084	4 847	2 642			2 642	

续表

赋煤带	矿区	累积探获量	保有资源量	尚未利用量				
				合计	勘探	详查	普查	预查
阴山	昂根煤产地	2 244	1 374	54				54
	巴音胡都格矿区	9 893	9 786	2 108	157	1 951		
	供济堂煤产地	20 363	20 363	20 363		20 363		
	新民村煤产地	9 029	9 029	9 029				9 029
鄂尔多斯盆地北缘	乌兰格尔矿区	289 769	289 769	265 434			265 434	
	准格尔矿区	3 436 032	3 352 751	2 170 388	2 148 152	22 236		
	清水河矿区	14 312	10 481	8 752			8 752	
	东胜国家规划矿区	13 981 185	13 836 401	12 333 370	2 217 470	2 111 895	7 875 329	128 676
	东胜深部矿区	37 381 816	37 381 816	37 381 816	1 258 341	1 958 405	4 738 211	29 426 859
宁东南	上海庙矿区	1 720 051	1 719 921	1 673 884	656 449	41 016	682 026	294 393
桌子山–贺兰山	二道岭矿区	81 365	72 167	37 146	12 290	24 856		
	呼鲁斯太矿区	54 205	45 911	3 488	2 278	1 210		
	乌达矿区	57 563	28 838	3 398	713	2 685		
	桌子山矿区	530 028	468 536	176 300	104 719	64 164	7 417	
北山潮水	希热哈达煤产地	845	439	306		306		
	北山煤产地	8 750	8 750	8 750	8 750			
	潮水矿区	58 484	53 778	47 337	2 638	3 013	7 240	34 446
香山	黑山矿区	189 316	188 459	187 749		869		186 880
	喇嘛敖包矿区	14 257	13 630	13 321	15	12 742	564	
合计		58 052 989	57 674 031	54 470 600	6 448 416	4 285 666	13 655 974	30 080 544

1.2　煤类、煤质特点

1.2.1　煤类特点

1. 宁夏煤类分布

宁夏煤炭资源不仅煤质优良、埋藏条件好、开发潜力大，煤类也较为齐全，除 1/2 中黏煤、贫瘦煤和弱黏煤外，无烟煤、贫煤、瘦煤、焦煤、1/3 焦煤、肥煤、气肥煤、气煤、不黏煤、长焰煤、褐煤均有赋存。

宁夏煤炭资源以较低变质程度的不黏煤和弱黏煤分布较为广泛。不黏煤、弱黏煤主要分布于宁东南赋煤带，其中不黏煤成片分布于马家滩以东、盐池以西的广大地区以及草庙东部地区，弱黏煤基本呈 SN 条带状分布于马家滩地区。在贺兰山赋煤带石嘴山地区分布较高变质程度的焦煤和无烟煤，香山赋煤带甘塘西部地区和宁东南赋煤带北部分布部分气煤，尤其需要指出的是，在大罗山以东地区存在一个变质程度从低到高，由肥煤、1/3 焦煤、焦煤、瘦煤、贫瘦煤、贫煤、无烟煤等组成的同心环状变质晕，是宁夏煤类分布最齐全，最集中的地区。

2. 陕西煤类分布

1）陕北石炭–二叠纪煤田

府谷矿区浅部勘查区可采煤层煤类以长焰煤为主，不黏煤、弱黏煤次之，气煤少量。古城子勘查区可采煤层煤类以气煤为主。

吴堡矿区主要可采煤层煤类以焦煤为主，瘦煤次之，肥煤少量。其中山西组 S_1 煤层以焦煤为主，占 87.13%；肥煤少量，占 12.87%。太原组 T_1 煤层以焦煤为主，占 66.88%；次为瘦煤占 33.12%。

2）渭北石炭–二叠纪煤田

焦煤一般分布在浅部，瘦煤分布在中深部，贫瘦煤、贫煤及无烟煤分布在深部。垂向上各煤层变质程度自上而下逐渐增高，挥发分逐渐降低，黏结指数也逐渐降低，构成了“希尔特定律”的典型特征。

3）黄陇侏罗纪煤田

永陇矿区为长焰煤和不黏煤；彬长矿区、旬耀矿区和焦坪矿区均为长焰煤、不黏煤和弱黏煤；黄陵矿区为弱黏煤、1/2 中黏煤，其北部地区还出现少量气煤。

4）陕北侏罗纪煤田

陕北侏罗纪煤田平面变化由东北向西南煤类分布依次是：神府矿区以长焰煤和不黏煤为主；榆神矿区以长焰煤和不黏煤为主，有少量弱黏煤；榆横矿区以不黏煤和弱黏煤为主，次为长焰煤。垂向上煤层变化为：神府矿区 2^{-2}、3^{-1} 煤层以长焰煤为主，次为不黏煤；5^{-2} 煤层以不黏煤为主，局部出现少量长焰煤。榆神矿区 2^{-2}、3^{-1} 煤层以长焰煤为主，部分为不黏煤；5^{-3} 煤层以不黏煤为主，次为长焰煤，弱黏煤零星分布于西北部。榆横矿区上部Ⅲ（2^{-2}）号煤层东北及东南以长焰煤为主，北部局部为弱黏煤；中部Ⅳ（3^{-1}）号煤层主要以不黏煤为主，次为长焰煤；下部Ⅸ（5^{-3}）号煤层煤类主要为不黏煤，长焰煤少量，弱黏煤主要分布于西南部。

3. 甘肃煤类分布

甘肃陇西地区煤炭资源较少，但煤类较为齐全，各煤类基本没有集中分布，呈零星点状广泛分布于西部地区，总体沿甘肃北部与内蒙古交界地区分布。

肃北煤田。含煤地层主要为老树窝群和沙婆泉群。老树窝群煤主要为褐煤；沙婆泉群煤为长焰煤或肥煤、气煤、焦煤和瘦煤。

肃南煤田。含煤地层主要为中间沟组和羊虎沟组。中间沟组煤主要为低中-中灰、特低硫、中高-特高热值不黏煤，祁连褶带腹部为瘦煤或贫瘦煤；羊虎沟组煤主要为低中-中高灰、中-高硫、高-特高热值贫煤、瘦煤，甚至无烟煤。

山丹-永昌煤田。含煤地层既有中间沟组，又有山西组和太原组。中间沟组煤为无烟煤；山西组煤为气煤；太原组煤为肥煤。

潮水煤田。含煤地层主要为青土井群，煤类主要为长焰煤或褐煤。

天祝-景泰煤田。含煤地层有太原组和南营儿群。煤类主要为肥煤至焦煤。

靖远煤田。含煤地层有羊虎沟组和龙凤山组。羊虎沟组为气肥煤或气煤；龙凤山组为不黏煤。

窑天煤田。含煤地层为窑街组，煤类为不黏煤或气煤。

阿干煤田。含煤地层为窑街组，煤类为不黏煤或长焰煤。

陇东煤田。陇东煤田内煤种较简单。根据现有勘查区的勘查成果和煤变质规律，侏罗系煤层煤质有随着埋藏深度的增大，变质程度增高的规律。埋深在 1 000 米以浅，煤变质程度属第Ⅰ阶段，煤类为不黏煤或长焰煤。煤层埋藏深度 1 000~1 500 米，煤变质阶段属第Ⅱ阶段，煤类为弱黏煤。煤层埋藏深度 1 500~2 000 米，煤变质阶段属第Ⅲ阶段，从马岭地区（岭 41 井）获得的煤反射率为 0.8%~0.9%。华亭、安口、新窑、沙井子多为长焰煤，宁县南部为不黏煤，宁县中部为弱黏煤。

4. 新疆煤类分布

新疆主要分布晚古生代和侏罗纪两套煤系，晚古生代煤以高变质烟煤为主，由于分布少、勘查程度低，暂不作详细研究；侏罗纪煤系分布广泛、煤质优良、资源量丰富，勘查程度较高，且低、中、高三个煤阶的煤类均有分布，以低阶烟煤的长焰煤、不黏煤、弱黏煤为主，其次是中、高阶烟煤，无烟煤和低煤阶褐煤仅有零星分布。

5. 内蒙古西部煤类分布

内蒙古西部地区主要包括石炭-二叠纪煤和侏罗纪煤，石炭-二叠纪煤以中变质炼焦煤为主，还有长焰煤和无烟煤，主要分布在华北赋煤区的贺兰山-桌子山赋煤带、鄂尔多斯北缘赋煤带，零星分布在阴山赋煤带；侏罗纪煤以低变质烟煤为主，有少量的焦煤和无烟煤。该区分布长焰煤、不黏煤、弱黏煤、贫煤和无烟煤，其中长焰煤主要分布于阿拉善右旗和梧桐沟地区；不黏煤和弱黏煤呈点状分布，分布范围极为有限，不黏煤零星分布于北山–潮水赋煤带的道噶诺古尔东南部地区；弱黏煤零星分布于香山赋煤带蒙古境内东部边界；贫煤分布于香山赋煤带腾格里额里斯西部地区；无烟煤分布于香山赋煤带腾格里额里斯东部地区。

1.2.2 煤质特点

西部五省区主要煤系均为早–中侏罗世煤系，因此重点论述五省区侏罗纪煤田的煤质特征。

1. 宁夏侏罗纪主要煤田煤质特征

宁夏的煤类齐全，在14大类型中，除缺少1/2中黏煤、瘦贫煤和弱黏煤外，其他11个煤类均有赋存。主要包括贺兰山煤田、宁东煤田、宁南煤田三大煤田。汝箕沟矿区延安组主要煤层显微煤岩特征表和汝箕沟矿区各煤层煤质主要指标统计表分别见表2.1.6、表2.1.7。

表 2.1.6　汝箕沟矿区延安组主要煤层显微煤岩特征表

井田及煤层	显微组分（去矿物基）			显微组分（含矿物基）				矿物					
	镜质组	惰质组	壳质组	镜质组	惰质组	壳质组	合计	黏土类	硫化物	碳酸盐	氧化硅	其他	合计
二1	54.8%	44.6%	0.6%	50.6%	41.2%	0.6%	92.4%	2.5%	2.2%	2.3%	0.2%	0.4%	7.6%
白芨沟二2	49.3%	50.7%		47.0%	48.4%		95.4%	3.8%	0.2%	0.6%			4.6%
汝箕沟二2	50.5%	49.5%		47.7%	46.8%		94.5%	2.3%		3.1%	0.1%		5.5%
白芨沟二3	61.4%	38.6%		59.6%	37.4%		97.0%	2.0%		1.0%			3.0%
三	56.3%	43.5%	0.2%	54.6%	42.2%	0.2%	97.0%	1.4%	1.2%	0.4%			3.0%
四	54.4%	45.6%		52.1%	43.7%		95.8%	2.8%	0.2%	1.0%	0.2%		4.2%
五	63.6%	36.2%	0.2%	59.8%	34.2%		94.0%	5.4%		0.6%			6.0%

表 2.1.7　汝箕沟矿区各煤层煤质主要指标统计表

煤层编号	煤矿	灰分 A_d	挥发分 V_{daf}	硫 $S_{t,d}$	发热量 $Q_{gr,d}$/（兆焦/千克）
2	大风矿	$\frac{5.91\%\sim8.97\%}{7.11\%}$	$\frac{5.12\%\sim6.92\%}{6.22\%}$	$\frac{0.21\%\sim0.41\%}{0.17\%}$	31.27
	汝箕沟矿	$\frac{4.40\%\sim12.97\%}{7.96\%}$	$\frac{4.54\%\sim6.49\%}{5.31\%}$	$\frac{0.11\%\sim0.41\%}{0.19\%}$	31.95
	白芨沟矿	$\frac{4.20\%\sim15.13\%}{8.19\%}$	$\frac{5.43\%\sim8.89\%}{7.40\%}$	$\frac{0.12\%\sim0.85\%}{0.29\%}$	32.72

续表

煤层编号	煤矿	灰分 A_d	挥发分 V_{daf}	硫 $S_{t,d}$	发热量 $Q_{gr,d}$/（兆焦/千克）
3	大风矿	4.85%~12.21% 8.50%	5.34%~6.44% 6.20%	0.22%~0.61% 0.36%	31.70
	汝箕沟矿	5.14%~16.11% 8.84%	4.53%~6.27% 5.07%	0.22%~0.35% 0.25%	31.80
	白芨沟矿	6.12%~30.97% 13.93%	5.25%~9.27% 7.06%	0.24%~0.64% 0.36%	29.60
4	大风矿	5.01%~16.08% 12.91%	4.90%~6.21% 5.49%	0.31%	29.78
	汝箕沟矿	3.19%~9.69% 6.86%	4.33%~5.23% 4.78%	0.24%~0.25% 0.25%	35.27
	白芨沟矿	5.00%~30.86% 12.21%	7.47%~9.11% 7.87%	0.41%~0.42% 0.42%	33.32
5	大风矿	7.35%~13.32% 9.47%	5.11%~6.01% 5.53%	0.28%~0.43% 0.31%	31.44
	汝箕沟矿	7.03%~12.11% 9.64%	4.36%~6.08% 5.24%	0.28%~0.38% 0.33%	31.86
	白芨沟矿	6.35%~10.00% 7.75%	5.96%~6.85% 6.29%	0.32%~0.72% 0.48%	31.21
7	大风矿	5.30%~25.29% 11.83%	4.61%~8.99% 5.24%	0.22%~0.63% 0.43%	30.76
	汝箕沟矿	10.66%~14.00% 12.67%	4.42%~5.28% 4.97%		
	白芨沟矿	5.36%~18.47% 13.47%	6.68%~8.12% 7.58%	0.17%~0.44% 0.35%	30.31

2. 陕北主要煤田煤质特征

1）陕北石炭-二叠纪煤田

府谷矿区。矿区内主要可采煤层以长焰煤为主，不黏煤和气煤均少量分布。灰分综合平均值为 17.74%~27.91%，硫分为 0.52%~2.09%，水分为 4.78%~5.24%，煤的软化温度为 1 421~1 479℃，煤的黏结指数 0.1~80.8，煤对二氧化碳反应性温度在 900~950℃时为 19.5%~42.9%、1 000℃时为 58.6%~65.7%，煤的挥发分 38.82%~42.03%，热稳定性均大于 80%。从以上指标看，除了煤对二氧化碳反应性指标较低外，其余各项指标均达到沸腾层发生炉用煤要求。

吴堡矿区。矿区内主要为中变质的肥煤、焦煤、瘦煤，属主炼焦煤。煤质指标中，浮煤灰分综合平均值为 8.58%~8.95%，硫分为 0.44%~1.04%，全水分为 0.68%~0.81%，磷分为 0.024%~0.025%，挥发分为 21.13%~26.07%，黏结指数为 67~82。

2）渭北石炭-二叠纪煤田

渭北石炭-二叠纪煤田主要可采煤层原煤水分含量普遍较低，除铜川矿区 5 号煤层原煤水分平均值为 1.54%外，其余煤层原煤水分平均值均小于 1.0%。山西组 3 号煤层原煤灰分值在 7.41%~39.17%，平均值为 19.42%。太原组 5 号煤层原煤灰分在 5.53%~39.67%，综合平均值在 18.76%~23.62%，属低中灰-中灰煤。山西组 3 号煤层原煤挥发分变化在 7.58%~23.43%，平均值为 15.30%，属低等挥发分煤。太原组 5 号煤层原煤挥发分变化在 11.03%~30.16%，综合平均值在 15.58%~19.99%，属低等挥发分煤。

3）陕北三叠纪煤田

区内主要可采煤层以气煤为主。煤的灰分综合平均值为 18.97%~19.29%，硫分为 0.52%~0.57%，水分为 1.40%~2.11%，煤灰软化温度为 1 173~1 400℃，煤的黏结指数为 81~85。

4）陕北侏罗纪煤田

区内各煤层灰分平均值在 8%以下，硫分在 0.7%以下，挥发分为 37%左右，发热量为 26~28 兆焦/千克。

3. 甘肃侏罗纪主要煤田煤质特征

甘肃省具有开采价值的主要含煤地层包括太原组（P_1t）、山西组（P_1s）、延安组（J_2y）及与其相当的龙凤山组（J_2l）、窑街组（J_2y）、青土井组（J_2q）、沙婆泉群（J_2sh）等。甘肃省主要煤层煤质简表见表 2.1.8。

4. 新疆侏罗纪主要煤田煤质特征

新疆煤质分为晚古生代煤层和中生代侏罗纪煤层两种类型。晚古生代煤层以高变质的烟煤为主，分布少、资源量有限、地质勘查程度低。故重点叙述侏罗纪煤层煤质。

新疆侏罗纪煤田的煤层除了变质程度低外，又一最大特点是在宏观煤岩组分中暗煤和丝炭含量较高，有机显微煤岩组分中惰质组含量较高，有时甚至超过镜质组的含量而成为主要组分，这一点在准噶尔聚煤区的中侏罗统西山窑组所含主要煤层中表现尤为突出，在这一聚煤区内被当地群众俗称的“无烟煤”煤层，其实质就是惰质组含量较高的微镜惰煤，并且这类“无烟煤”煤层都是各煤田中的特厚煤层和主要可采煤层。而壳质组分含量甚微，在塔里木盆地多个煤田中的煤层甚至不存在含壳质组分。较低的变质程度和较低的壳质组分及较高的惰质组分含量，决定了新疆侏罗纪煤层的基本物理特性，一般条痕色多为棕黑色，光泽暗淡，多为土状光泽到弱玻璃光泽，硬度和脆度较小，裂隙不发育，多为均一状、线里状和细条带状结构，以块状构造居多，其次为层状构造。宏观煤岩组分以暗煤、丝炭为主，其次是亮煤，宏观煤岩类型依次为暗淡煤、半暗煤、半亮煤，光亮煤较少。

表 2.1.8　甘肃省主要煤层煤质简表

煤田	矿区或勘探区	含煤地层	原煤				煤类指标				煤类
			水分 M_{ad}	灰分 A_d	全硫 $S_{t,d}$	发热量 $Q_{gr.d}$/（兆焦/千克）	挥发分 V_{daf}	黏结指数 GR.I	胶质层厚度 Ym.m/毫米	其他指标	
肃北	吐鲁-驮马滩	老树窝群	6.50%~14.91% 10.07%	18.10%~39.57% 32.91%	0.50%~1.81% 1.08%	15.70~29.37 19.08	41.10%~58.32% 41.76%	0	0	PM：30%~50%	HM
	通畅口	沙婆泉群	0.20%~3.60% 1.05%	4.33%~9.76% 18.00%	0.10%~3.28% 0.80%		43.10%~52.68% 48.00%		8.1~7.5 12.0		FM
	芨芨台子	沙婆泉群	0.80%~0.96% 0.82%	20.10%~35.50% 28.61%	2.60%~3.70% 3.06%	21.30~27.66 24.38	33.80%~34.30% 34.03%				FM
	沙婆泉	沙婆泉群	0.50%~3.44% 2.93%	6.50%~31.84% 14.41%	0.30%~2.81% 1.33%	32.40~34.67 33.98	0.20%~21.16% 11.87%				PM-WY
	金庙沟	沙婆泉群	5.20%~7.62% 6.52%	4.10%~7.61% 5.72%	0.40%~1.31% 0.71%	30.90~32.45 31.80	46.10%~53.47% 50.79%	0			CY
	北山煤窑	沙婆泉群	0.50%~1.02% 0.80%	9.00%~24.08% 18.94%	0.50%~1.67% 1.27%	26.50~29.24 28.11	25.90%~26.84% 26.77%				CY
	西山煤窑	沙婆泉群	10.35%	11.83%	1.24%	24.00	45.56%		0		CY
	紫山子	沙婆泉群	4.40%~12.39% 6.57%	14.60%~42.60% 28.67%	1.20%~3.05% 2.05%	16.00~29.79 25.37	28.60%~48.14% 35.85%				CY
	旱峡	中间沟组	0.30%~0.41% 0.38%	11.40%~16.43% 13.65%	0.20%~0.75% 0.42%	28.50~30.24 29.64	16.80%~18.22% 17.52%				PS
肃南	西芨芨沟	中间沟组	1.00%~7.76% 3.43%	20.00%~31.79% 25.71%	0.30%~0.41% 0.38%	22.60~24.92 23.80	20.40%~25.15% 22.69%	1.0~36.0 17.1	0~13 6		SM
	西大口	中间沟组		3.75%			30.33%				BN
		羊虎沟组		9.72%			40.68%				QM
	梨园河	中间沟组		24.85%	6.07%	34.71	30.81%				FM
		羊虎沟组		20.70%	2.17%	34.07	9.89%				WY

续表

煤田	矿区或勘探区	含煤地层	原煤				煤类指标				煤类
			水分 M_{ad}	灰分 A_d	全硫 $S_{t,d}$	发热量 $Q_{gr.d}$/（兆焦/千克）	挥发分 V_{daf}	黏结指数 GR.I	胶质层厚度 Ym.m/毫米	其他指标	
肃南	康龙寺	羊虎沟组	0.70%~0.96% 0.91%	31.90%~50.66% 39.12%	0.40%~2.47% 1.53%	15.40~23.42 20.12	8.10%~20.53% 15.00%				PM
	大野口	羊虎沟组		22.59%	1.71%	26.56	14.87%				SM
	药草洼	羊虎沟组	0.40%~1.44% 0.91%	10.00%~48.11% 21.56%	1.30%~7.09% 3.84%	15.40~32.26 26.97	25.60%~34.79% 31.98%		20~40 32		FM
	满山	羊虎沟组	0.40%~0.81% 0.64%	16.90%~21.52% 19.24%	1.20%~1.85% 1.57%	27.20~28.24 27.75	19.20%~19.80% 19.54%				SM
山丹–永昌	平坡	太原组	0.30%~7.52% 1.09%	8.10%~40.95% 26.15%	0.40%~6.84% 2.06%	16.20~31.87 25.64	21.80%~41.16% 29.84%				FM
	东水泉	山西组	1.00%~3.79% 1.31%	9.00%~39.75% 25.99%	0.20%~3.45% 1.33%	14.30~31.05 24.59	31.20%~46.58% 35.97%		10.0~34.0 14.58		QM
	长山子	中间沟组	1.00%~2.19% 1.51%	9.30%~25.18% 16.35%	0.10%~0.76% 0.38%	22.20~31.15 27.26	18.00%~29.18% 21.24%	1	0		BN
	九条岭	中间沟组	0.50%~9.31% 0.65%	7.70%~37.20% 14.79%	0.10%~5.85% 0.29%	17.80~32.66 30.52	6.10%~21.51% 9.42%			Hdaf 3.84	WY
潮水	绿泉山	青土井群		8.42%	0.36%	23.80	22.69%				CY
	平山湖	青土井群	6.40%~13.34% 10.37%	10.40%~31.18% 18.48%	0.20%~0.93% 0.41%	20.70~29.66 24.33	37.10%~49.70% 42.04%	0			CY
	西大窑	青土井群	4.50%~20.35% 12.37%	4.80%~39.15% 21.24%	0.20%~0.93% 0.71%	9.10~24.11 22.23	23.50%~61.20% 41.86%				HM
	红沙岗	青土井群	4.30%~7.75% 5.58%	11.30%~37.72% 20.21%	0.80%~11.58% 2.30%	20.20~27.72 27.21	42.20%~50.14% 45.00%				CY
	张家坑	青土井群		23.79%	0.80%	22.00	35.30%				CY
天祝–景泰	古山墩	太原组		26.71%	6.75%		17.17%				JM
	西大滩	南营儿群	10.38%		0.98%	31.46	22.76%		19.9		JM

续表

煤田	矿区或勘探区	含煤地层	原煤				煤类指标				煤类
			水分 M_{ad}	灰分 A_d	全硫 $S_{t,d}$	发热量 $Q_{gr.d}$/（兆焦/千克）	挥发分 V_{daf}	黏结指数 GR.I	胶质层厚度 Ym.m/毫米	其他指标	
天祝–景泰	苦水	太原组	0.50%~3.87% 0.95%	12.00%~41.60% 23.18%	1.50%~11.23% 4.75%	13.60~31.16 27.24	8.10%~12.06% 10.62%		0	Hdaf3.81	WY-PM
	冰草湾	太原组	0.30%~3.06% 0.83%	2.20%~39.08% 15.09%	0.90%~12.73% 3.14%	16.30~37.41 29.33	24.00%~39.43% 27.80%		13.0~35.0 22.97	Hdaf5.06	JM
	大泉水	太原组	0.60%~2.73% 1.03%	9.70%~35.19% 19.95%	1.70%~8.14% 3.30%	21.40~31.97 31.72	15.80%~18.84% 17.35%				FM
靖远	磁窑	羊虎沟组	0.60%~1.54% 1.03%	4.30%~2.28% 17.28%	3.20%~8.28% 6.82%	27.00~33.52 29.61	11.10%~45.09% 42.62%		0.40~35 25	FCdaf57.67	QF
	井儿川	羊虎沟组	1.10%~6.30% 2.12%	4.30%~18.15% 16.42%	0.80%~10.52% 4.07%	17.60~31.15 27.30	35.80%~51.81% 46.45%		14.0~32.04 21.1	Fcdaf53.55	QM
	王家山	龙凤山组	2.20%~12.20% 3.61%	4.30%~35.79% 10.60%	0.10%~1.52% 0.58%	24.00~29.87 28.55	25.50%~48.52% 33.54%				BN
	宝积山	龙凤山组	0.40%~2.65% 1.82%	7.60%~38.11% 18.93%	0~2.36% 0.81%	20.20~31.06 30.33	8.00%~39.57% 30.81%				RN
	红会	龙凤山组	1.70%~15.54% 3.01%	6.40%~18.04% 13.50%	0.30%~1.50% 0.57%	23.30~30.97 28.67	29.20%~38.24% 31.28%				BN
窑天	炭山岭	窑街组	1.10%~7.40% 3.21%	4.10%~24.94% 9.84%	0.40%~2.97% 0.87%	16.30~31.21 30.06	36.50%~52.45% 42.62%		0~18 6.65		QN
	大滩	窑街组	13.70%~28.09% 20.48%	11.40%~33.20% 17.13%	1.10%~4.04% 2.30%	15.60~24.36 21.35	42.60%~53.10% 44.63%				HM
	大有	窑街组	8.50%~14.13% 10.73%	12.40%~29.30% 16.00%	1.10%~3.82% 2.66%	23.00~26.01 24.92	40.00%~45.20% 44.45%				HN
	窑街	窑街组	0.90%~8.19% 3.15%	5.70%~31.82% 18.82%	0.20%~10.33% 0.42%	15.00~31.43 26.55	12.60%~53.10% 33.92%		0		BN
阿干	阿干	窑街组	1.70%~4.31% 3.17%	3.20%~9.61% 6.23%	0.30%~0.68% 0.43%	29.50~31.01 30.51	27.60%~38.63% 31.56%				BN
	水岔沟	窑街组	1.40%~4.37% 3.01%	10.10%~34.23% 23.39%	0.20%~1.91% 0.52%	17.80~31.25 24.82	31.00%~51.43% 42.43%		0~8.95 3.26		CY

续表

煤田	矿区或勘探区	含煤地层	原煤				煤类指标				煤类
			水分 M_{ad}	灰分 A_d	全硫 $S_{t,d}$	发热量 $Q_{gr.d}$/（兆焦/千克）	挥发分 V_{daf}	黏结指数 GR.I	胶质层厚度 Ym.m/毫米	其他指标	
陇东	甜水堡–沙井子	延安组	1.30%~20.58% 1.50%	4.40%~39.72% 17.50%	0~3.90% 0.91%	17.70~30.81 19.42	29.50%~50.43% 39.32%				CY
	峡门	山西组	0.50%~1.62% 1.05%	11.70%~38.35% 32.89%	0.10%~0.53% 0.49%	11.20~23.14 19.42	38.40%~43.73% 40.53%	54.0~89.1 74.5	12.0~15.5 14.0		QM
	华亭	延安组	1.40%~13.00% 8.63%	3.80%~30.70% 16.66%	0.10%~2.91% 1.22%	18.50~27.86 25.90	19.20%~52.60% 42.03%		0		CY
	安口新窑	延安组	1.90%~19.52% 7.76%	3.10%~35.57% 14.72%	0~3.01% 0.68%	13.40~28.10 27.11	14.90%~52.69% 37.34%				BN
	宁县中	延安组	1.00%~5.40% 2.45%	11.40%~26.23% 15.38%	0.10%~4.41% 0.72%	23.50~30.08 28.79	22.00%~39.18% 33.09%	0~65 10	0		BN
	宁县南	延安组	0.80%~2.83% 2.15%	9.90%~16.15% 13.38%	0.40%~2.07% 0.74%	28.00~30.42 29.81	30.60%~37.10% 33.32%	0~59 10	0		BN
	正宁勘探区	延安组	1.30%~3.93% 2.20%	7.60%~21.70% 13.22%	0.10%~2.62% 0.69%	25.20~30.91 29.19	29.50%~37.34% 33.36%	0~13 3	0		BN

依据已有资料统计，侏罗纪煤层显微组分含量较高，平均值在 78.00%~97.95%，并以镜质组和惰质组为主，镜质组含量 8.00%~93.27%，惰质组含量 1.13%~91.10%，壳质组含量均低于 4.30%。矿物质含量较低，为 0.60%~30.40%，成分以黏土类为主，碳酸盐类、硫化物类和氧化物类含量较低。根据国际显微煤岩类型分类，在新疆侏罗纪煤层中，显微煤岩类型没有单组分类型，也因壳质组分含量低于 5%，不参与分类，所以三组分的微三合类型的煤层也没有，均为双组分的微镜惰煤，且早侏罗世形成的煤层以微镜惰煤为主，中侏罗世早期形成的煤层以微惰质镜惰煤为主，微惰质镜惰煤多为各煤田中的厚煤层和巨厚煤层。

从侏罗纪煤层形成的先后顺序讲，早侏罗世早期聚煤作用所形成的煤层，一般镜质组的含量高于中侏罗世早期所形成的煤层，而惰质组分的含量则恰好相反。在早侏罗世早期（八道湾组）聚煤作用所形成的煤层中，准南煤田东部的阜康矿区、伊宁煤田北部诸矿区、库–拜煤田同期塔里奇克组所含煤层的镜质组含量，要高于其他煤田同期形成的煤层，且煤层镜质组含量越高的煤田、含煤性要好于其他镜质组含量较低的煤田或矿区和矿点。中侏罗世早期聚煤作用所形成的煤层，以惰质组含量高为特征，尤其在准东煤田、准南煤田、吐哈煤田、伊宁煤田中的一些特厚煤层中表现最为突出。

不同赋煤区，煤层的显微组分构成是有一定差异的。总体来讲，早侏罗世形成的煤层，虽有差异但规律性不强，中侏罗世形成的煤层，准噶尔赋煤区煤层的惰质组分所占比例，要明显高于塔里木赋煤区和其他赋煤区，这也是准噶尔赋煤区西山窑组煤层多为不黏煤的因素之一。

经统计全疆侏罗纪煤层镜质组最大反射率（Romax，Ro 为镜质组反射率）在 0.32%~2.11%，多数煤田的煤层在 0.45%~0.65%，反射率在 0.35%以下的煤田主要有淖毛湖煤田、喀姆斯特煤田、伊宁煤田、艾丁湖煤田、沙尔湖煤田、大南湖煤田等。镜质组最大反射率最高的煤田有温宿煤田、乌恰煤田和阿克陶煤田，反射率在 1.58%~2.11%。

早、中侏罗世形成的煤层，煤种齐全、煤质优良、发热量高，有着独特的化学性质、工艺性能和广阔的利用前景及经济效益。侏罗纪煤炭资源煤质的几个突出指标上主要表现为以下特征。

水分：煤层水分含量低，原煤干基全水分含量平均在 1.98%~13.42%，多数为特低水分煤层，其次为低水分煤层，中等水分的煤仅在个别煤田分布，高水分煤层没有。水分含量与煤层变质程度高低关系明显，变质程度较低的淖毛湖煤田和沙尔湖煤田，煤的水分含量也较高，属于中等水分煤层。

灰分产率：煤层的灰分产率低，根据已有资料，原煤干基灰分产率平均值较低，但在同一煤田内灰分产率都有一定的变化，多数煤田的煤层为低灰–中低灰煤，其中有不少井田的主采煤层为特低灰煤，只有极个别煤田的煤层为中高灰–高灰煤。就塔里木和准噶尔两个主要赋煤区而言，塔里木赋煤区中的煤层灰分产率高于准噶尔赋煤区中的煤层，在塔里木赋煤区以中低灰–中灰煤为主，高灰煤多见，而准噶尔赋煤区以低灰–中低灰煤为主，其次是中灰煤，高灰煤不多，在不少井田中有特低灰煤分布，其中的淖毛湖、吐哈盆地西部的艾维尔沟煤产地、托克逊等煤田灰分产率相对较高，后峡煤田煤层灰分产率普遍较低，平均值小于 8.50%。

挥发分产率：煤层挥发分产率高，因为煤的变质程度普遍较低，所以煤的挥发分产率普遍较高。煤层干燥无灰基挥发分产率最低的煤田是有无烟煤分布的乌恰煤田的托云矿区和阿克陶煤田的赛斯特盖矿区，其挥发分产率分别为 7.52%~10.82%和 5.31%~10.66%，属特低挥发分煤层。其次是以贫煤为主的温宿煤田，挥发分产率在 9.45%~16.10%，为低挥发分煤层。但这三个煤田资源量有限。其余煤田的干燥无灰基挥发分产率在 23.35%~56.50%，多属中高和高挥发分煤，特高挥发分煤层主要分布于淖毛湖、沙尔湖和大南湖等煤层变质程度相对较低的煤田中。

有害成分：煤层中有害成分中的全硫含量较低，含量在 0.04%~4.46%。准噶尔赋煤区在 0.04%~2.45%，绝大多数煤田的煤层为特低硫和低硫煤，艾丁湖、淖毛湖、三唐湖、巴里坤煤田全硫含量相对较高，平均值在 0.16%~1.55%。塔里木赋煤区中煤层全硫含量较准噶尔赋煤区中的煤层普遍要高，含量在 0.12%~4.46%，在温宿的苛岗煤产地、乌恰煤田的沙里拜矿区和皮山杜瓦煤产地有高硫煤分布；所有煤层以特低磷煤为主，仅在塔里木盆地西南缘的诸煤矿点中有少量的中磷煤分布。

灰成分：煤的灰成分以 SiO_2、Al_2O_3、CaO 和 Fe_2O_3 为主，煤灰熔融点低，绝大多数为中等熔融灰分。

工艺性能：工艺性能主要表现为燃点低、发热量高，易自燃。全疆侏罗纪各煤田的煤层干基高位发热量在 18.84~35.79 兆焦/千克，以高和特高热值煤为主。在准噶尔赋煤区除淖毛湖煤田、吐哈煤田的七克台矿区、三道岭矿区、艾维尔沟煤产地为中等发热量煤，沙尔湖煤田为低发热量煤外，其余煤田的煤层均以高和特高热值煤为主。塔里木含煤区以中、高和特高发热量煤为主。

各煤田煤层自燃现象严重，煤层自燃形成的烧变岩已成为新疆境内侏罗纪煤层分布区的重要标志。绝大多数煤层属于易自燃煤层，地面堆放发火期一般不超过 6 个月，在井下，煤层自燃现象也十分普遍。

全疆侏罗纪煤层以不黏结性煤为主，其次是弱黏结性煤，中黏结到特强黏结性的煤层仅有少量。除巴里坤煤田石炭窑矿区、准南煤田中东部的阜康矿区、后峡煤田的后峡矿区、吐哈煤田艾维尔沟煤产地、尼勒克煤田克尔克、塘坝矿区，塔里木赋煤区的塔北库–拜煤田、乌恰煤田有中黏结、强黏结和特强黏结性煤外，其余煤田均为不黏结、弱黏结和中黏结性煤。

煤的综合利用途径：根据全疆侏罗纪煤层的化学性质和工艺性能，除少部分中阶到高阶烟煤可作为炼焦用煤外，绝大部分属动力燃料用煤，亦可作为气化和液化的优质原料。

5. 内蒙古西部煤质特征

侏罗纪煤系在内蒙古地区分布广泛，东起大兴安岭中南部赋煤带，西止阿拉善盟的北山和潮水赋煤带。资源量最大、质量最佳的属鄂尔多斯盆地（东胜煤田和上海庙矿区）。该期煤的煤质变化较大，其中属于西部地区的侏罗纪煤质一般特征表见表 2.1.9。石炭–二叠纪煤系分布相对局限，主要分布于鄂尔多斯北缘地区，石炭–二叠纪煤系煤质特征见表 2.1.10。

表 2.1.9　侏罗纪煤质一般特征表

煤田矿区	煤层	洗选情况	工业分析			全硫 $S_{t,d}$	发热量 $Q_{gr,d}$/（兆焦/千克）	煤类
			水分 M_{ad}	灰分 A_d	挥发分 V_{daf}			
希热哈达	1	原	5.88%	10.30%	30.80%	0.58%	27.83	RN
		浮	3.44%	3.69%	32.83%	0.28%	33.41	
潮水	8	原	11.82%	18.91%	39.38%	0.51%	26.90	CY
		浮	9.18%	8.10%	41.81%	0.23%	26.14	
二道岭	二$_1$	原	1.00%~1.18%	6.80%~12.93%	4.40%~6.73%	0.10%~0.57%	30.10~34.39	WY3
		浮						
千里沟		原	13.14%	11.63%	33.70%	0.57%	24.17	RN
		浮						
上海庙矿区	二	原	10.73%	13.20%	35.36%	1.73%	26.05	BN
		浮	7.94%	7.15%	34.51%	1.12%	28.27	
	四	原	10.48%	13.34%	33.82%	1.10%	25.91	BN
		浮	7.97%	6.97%	33.70%	2.94%	28.28	
	八	原	10.26%	12.69%	34.90%	1.24%	26.28	BN
		浮	7.28%	6.49%	34.71%	0.61%	28.49	
东胜煤田	2	原	9.58%	8.91%	33.76%	0.74%	25.63	BN
		浮	8.51%	4.08%	34.36%	0.24%	27.48	
	1	原	10.84%	9.08%	36.56%	0.80%	25.15	BN
		浮	10.00%	4.55%	36.41%	0.23%	26.77	
	1	原	9.27%	8.54%	35.63%	0.54%	26.12	BN
		浮	8.53%	4.22%	35.80%	0.20%	27.44	

续表

煤田矿区	煤层	洗选情况	工业分析			全硫 $S_{t,d}$	发热量 $Q_{gr,d}$/（兆焦/千克）	煤类
			水分 M_{ad}	灰分 A_d	挥发分 V_{daf}			
昂根	3	原	2.76%	20.82%	29.04%	0.25%	26.06	RN
		浮	0.42%	6.53%	26.77%	0.11%		
	5	原	2.15%	11.10%	32.18%	0.39%	30.72	RN
		浮	1.14%	5.04%	30.63%	0.34%		
营盘湾	3	原	5.30%	15.50%	37.27%	0.31%	32.00	BN
		浮	4.42%	7.66%	36.35%	0.24%		
	12	原	6.31%	12.88%	38.43%	0.20%	31.70	BN
		浮	5.60%	6.57%	37.81%			
大青山	B	原	1.42%	22.80%	37.44%	0.46%	22.14	QM
		浮						
	J	原	0.97%	21.07%	28.48%	0.40%	30.44	FM
		浮	0.68%	8.95%	25.81%	0.57%	34.78	
	L	原	1.06%	12.44%	22.94%	0.26%	29.87	RN、JM
		浮	0.71%	6.19%	19.73%	0.46%	33.79	

表 2.1.10 石炭–二叠纪煤系煤质特征

煤田矿区	煤层	洗选情况	工业分析			全硫 $S_{t,d}$	发热量 $Q_{gr,d}$/（兆焦/千克）	煤类
			水分 M_{ad}	灰分 A_d	挥发分 V_{daf}			
喇嘛敖包	3	原	6.93%	26.59%	6.63%	5.05%	21.52	WY1
		浮	6.18%	6.78%	2.40%	0.83%	29.33	
炭井子沟	8	原	1.80%	22.24%	6.19%	1.41%	26.03	WY1
		浮		5.00%	2.91%	1.17%		
雀儿沟	24	原	0.88%	9.21%	33.86%	2.65%	32.06	FM36
		浮	0.96%	8.28%	33.26%	1.91%	32.82	
黑山	16	原	2.00%	21.96%	20.81%	3.48%	29.71	JM
		浮		8.57%	19.92%	1.80%	34.30	
蚕特拉	3	原	0.69%	28.83%	22.29%	1.11%	30.21	JM
		浮	0.68%	11.26%	24.92%	0.51%	35.63	
	7	原	0.65%	14.88%	19.64%	2.30%	31.30	SM
		浮	0.61%	5.43%	17.01%	1.55%	36.01	

续表

煤田矿区	煤层	洗选情况	工业分析			全硫 $S_{t,d}$	发热量 $Q_{gr,d}$/（兆焦/千克）	煤类
			水分 M_{ad}	灰分 A_d	挥发分 V_{daf}			
呼鲁斯太	3	原	0.88%	26.18%	23.26%	0.52%	35.51	JM
		浮	0.85%	10.80%	27.77%	0.54%	35.21	
	7	原	0.74%	11.78%	19.72%	2.34%	35.21	SM
		浮	0.76%	5.32%	22.62%	1.55%	35.90	
	15	原	0.78%	19.12%	21.51%	2.08%	32.85	FM
		浮	0.77%	9.84%	24.60%	1.36%	35.20	
察赫勒	M2	原	0.72%	9.24%	8.98%	0.88%	32.24	WY3
		浮	0.17%	3.84%	6.49%	0.76%	35.62	
邦特勒	M2	原	1.17%	22.06%	32.23%	2.45%	23.49	FM
		浮	1.14%	9.36%	32.45%	1.58%	29.54	
乌达矿区	9	原	0.54%	8.89%	15.27%	2.15%	34.92	JM、QM、FM
		浮	0.79%	3.80%	13.59%	2.02%	33.85	
	16	原	0.91%	23.90%	29.20%	2.50%	25.71	
		浮						
桌子山矿区	9	原	1.16%	28.52%	32.95%	0.99%	23.38	FM、JM、1/3JM
		浮	1.68%	15.38%	31.77%	1.25%	28.64	
	16	原	0.87%	26.54%	31.28%	1.88%	25.00	
		浮	0.90%	15.63%	29.68%	1.66%	29.56	
上海庙矿区	5	原	1.78%	27.13%	38.17%	1.16%	23.45	QM
		浮	1.80%	12.11%	37.44%	0.88%	29.74	
	9	原	1.61%	18.62%	40.39%	2.49%	27.13	QM、QF
		浮	1.63%	8.25%	39.73%	1.87%	30.61	
乌兰格尔	6	原	6.06%	20.27%	37.59%	0.50%	24.83	CY
		浮	6.33%	7.81%	38.53%	0.61%	28.64	
清水河	5	原	5.92%	17.98%	35.23%	0.73%	25.37	CY
		浮	5.33%	6.81%	36.09%	0.70%	28.91	
准格尔	5	原	4.30%	25.13%	39.64%	0.74%	23.34	CY
		浮	4.77%	9.37%	40.38%	0.61%	28.96	
	6	原	4.57%	22.06%	38.61%	0.86%	24.27	CY
		浮	4.99%	8.18%	39.19%	1.21%	29.66	

续表

煤田矿区	煤层	洗选情况	工业分析			全硫 $S_{t,d}$	发热量 $Q_{gr,d}$/（兆焦/千克）	煤类
			水分 M_{ad}	灰分 A_d	挥发分 V_{daf}			
准格尔	9	原	4.06%	24.60%	38.91%	1.14%	23.81	CY
		浮	4.53%	8.74%	39.25%	0.84%	28.96	
大青山	Cu_2	原	0.81%	27.97%	31.14%	0.65%	28.42	JM 为主，有 SM
		浮	0.89%	9.82%	25.03%	0.84%	33.89	

1.3 控煤构造与控煤作用

1.3.1 控煤构造

1. 主要盆地构造演化

西部地区处于特提斯构造域和环西伯利亚构造域中、新生代复合造山作用区，形成了复杂的盆-山结构，盆地镶嵌于昆仑造山带、祁连造山带、天山-兴蒙造山带、阿尔泰造山带和阿尔金断裂带之间或内部，造山带（或断裂带）对盆地构造发育和演化具有区域控制作用，各分区盆地类型和构造变形特征存在差异。据此可将西北区域分为准噶尔-吐哈、塔里木、北山-阿拉善-祁连和柴达木四个构造区。

准噶尔-吐哈构造区属于哈萨克斯坦-准噶尔板块群构造发育区，NW 向、NE-NNE 向、近 E-W 向三组构造控制了准噶尔盆地和吐哈盆地的发育演化，经历了晚古生代、中生代和新生代盆地演化阶段，NW 向和近 E-W 向构造是该区的特征构造线。塔里木盆地受周缘天山造山带、阿尔金断裂带和西昆仑造山带发育演化控制，NW 向、NE-NNE 向、近 E-W 向构造控制盆地的结构和构造特征，经历了古生代大型海相盆地、中生代以山前带为沉积中心的陆内或海陆交互相盆地，以及新生代挤压挠曲盆地三大演化阶段。构造变形的纵向分层和横向分区特征体现了盆地多旋回演化和受多个动力学环境控制的特点。北山-阿拉善-祁连构造区的显著特征是在古造山带和地块基础上发育了中、新生代中小盆地群，经历了 NW-近 EW 向构造控制的早-中侏罗世断陷盆地、NE 向构造控制的早白垩世断陷盆地以及 NW 向构造控制的新生代挤压挠曲盆地三大盆地演化阶段，盆地叠合使该区构造特征复杂化，形成了不同于其他地区的下白垩统烃源岩系。柴达木盆地受阿尔金断裂带、东昆仑造山带和祁连造山带构造活动控制，经历了中生代、古近纪和新近纪等不同的盆地演化阶段，形成了不同于其他构造区的古近系和新近系地层。

上述四大构造区的盆地演化阶段和特征，形成的烃源岩系等各具特征，其特征差异受到天山-兴蒙造山带、阿尔金断裂带和祁连造山带等重要构造区划线控制。西北区域四大构造区的盆地构造特征受邻区造山带和断裂带控制，由于盆地多类型、多期叠合发育，盆地构造变形具有成带性、纵向分层和横向分区特征。成带性，表现在盆地在造山带前的构造变形成排成带，一般具有三排断裂-褶皱带。纵向分层的变形特征可归纳为两种类型：一种是盆地内存在塑性层，对盆地的构造变形具有调节作用，如塔里木盆地库车、塔西南地区的古近系膏岩层的存在对其上、下岩层的构造变形具有重要调节作用；另一种是构造旋回使得上下构造变形具有差异性，准噶尔二叠纪-三叠纪盆地以 NE 向构造为特征，中生代-新生代盆地以 NW 向和近 EW 向构造为特征。塔里木早古生代盆地形成的盆内构造和中、新生代盆地山前构造在纵向上形成对比，柴达木古近纪盆地近 EW 向构造和新近纪盆地的 NW 向为主的构造形成鲜明对比。酒泉早白垩世盆地 NE 向构造和新生代盆地 NW 向构造在纵向上形成差异。

天山-兴蒙造山带以北的准噶尔盆地周缘受北天山造山带、西准噶尔造山带、克拉美丽造山带、博格达造山带围限。盆地主要发育 NE-NNE 向、NW 向和近 EW 向的构造，NE-NNE 向构造主要控制二叠纪-三叠纪盆地的形成演化，二叠纪盆地的结构主要表现为自西向东排列呈 NE 向展布的隆坳格局。准噶尔西北缘冲断带和盆地内的 NE-NNE 向冲断带的形成为油气聚集提供了良好圈闭条件，并被侏罗纪-白垩纪盆地叠合覆盖。侏罗纪沉积除主要受 NW 向和近 E-W 向构造控制外，也受三叠纪末形成的古隆坳格局控制，但侏罗纪末的构造运动形成了该区不同于二叠纪-三叠纪的另一套构造系统，其与二叠纪-三叠纪构造系统在垂向、横向上的叠加和复合为油气的运移、聚集提供了条件并对早期构造进行叠合改造。白垩纪-第四纪时准噶尔盆地为向北天山山前倾伏坳陷，盆地内的隆坳格局消失，新生代盆地南北造山带复活，在准噶尔南缘、北部山前带、博格达山山前发育了逆冲断裂、褶皱带，准噶尔南缘形成了西向北天山造山带收敛、东向盆地撒开、变形逐渐变弱的三排断裂-褶皱带，后期构造变形和盆地改造使得侏罗纪煤系埋深变浅、易于开发。

吐哈盆地和准噶尔盆地具有类似的形成和演化特征，后期的 NW 向和近 E-W 向构造和早期的 NE-NNE 向构造叠加构成盆地的主要构造特征。盆地具有南北分带和东西分块的构造特征。东西分块主要表现在两个方面：一是盆地内 NE、NNE 向构造控制的隆坳格局和坳陷内断裂褶皱带形成的东西分块特征；二是盆地内发育的调整构造，主要表现为 NNE-NE 向的陡倾断裂构造，在盖层内的表现特征多样，断裂断面可近直立或倾斜或弯曲，一般多为高角度，在盆地沉积盖层内成群成带发育，发育规模虽有差异但其规律性显示调整构造存在。另一种表现特征是对盖层的一些断裂、褶皱构造的走向限制或表现为盆地边缘山界的平错和两侧的盆山结构关系不同。盆地构造的南北分带表现为博格达山山前和觉罗塔格山山前发育的近 E-W 向断裂–褶皱构造带成排成带发育。

塔里木盆地是西北最大、经历多期后期改造的复杂叠加–复合型盆地，垂向构造差异和横向构造分区构成盆地的总体构造特征。塔里木盆地地层垂向构造变形差异的因素有两种：一是由于大型叠加、复合盆地的多期成盆和多期改造，早古生代末的盆地改造在盆地周缘形成向 NE 方向突出的月牙形隆起，盆地内部形成由东向西倾伏的塔中低凸起，NW-NWW 向和 NE-NEE 向断裂构造发育，控制了隆坳构造格局的形成并被后期盆地叠合覆盖；二是中、新生代时盆地受天山造山带和西昆仑造山带的控制作用逐渐加强并在山前加里东构造改造期产生的隆起剥蚀区基础上形成最大坳陷，盆地内的塔中、塔北古隆起消失，形成巴楚断隆。盆地沉积的塑性地层主要为寒武系和古近系–新近系的膏岩和三叠系–侏罗系煤系，这些地层在盆地后期改造过程中使得上下构造变形存在较大差异，上下构造组合不同。塔里木盆地的横向变形特征表现为塔里木盆地的南北分带和东西分块特征。南北分带主要显示为塔西南坳陷、中央隆起、北部坳陷、塔北隆起和库车坳陷，实际是盆地构造格局的综合表现。中央隆起带的塔中低凸起和塔北隆起是前中新生代古隆起，而中央隆起带的巴楚断隆、塔西南坳陷和库车坳陷则主要表现为中新生代的隆起和坳陷。断裂构造对盆地分带、分区也具有重要控制作用，存在近 E-W 向、NW 向和 NE 向三组，三组断裂交织构成盆地的分区、分带特征。近 E-W 向、NW 向断裂对盆地南北分带的形成具有重要作用，主要发育在隆起和坳陷区。NE、NW 向断裂使得隆起和坳陷结构在走向上表现为分段的复杂特征，塔西南坳陷、中央隆起带、塔北隆起、库车坳陷走向上的结构变化是分区构造控制的结果。

北山–阿拉善–河西走廊–祁连山地区早古生代主要表现为地块裂离和聚合，盆地构造特征难以识别，晚古生代–三叠纪在阿拉善–河西走廊–祁连山地区主要为陆内坳陷盆地，盆地构造相对简单，三叠纪末的强烈隆升和剥蚀以及侏罗纪中小盆地群的形成使该区的构造复杂化。目前易于识别的盆地结构、构造以中、新生代为主，并具有 NWW-近 EW 向、NE 向和 NWW-近 EW 向构造三次立交桥式纵向叠合过程。侏罗纪盆地构造主要受 NWW-近 EW 向构造控制，在北山和祁连山地区的控盆构造主要沿古造山带展布，而阿拉善和中祁连地块上的侏罗纪盆地将地块解体，在稳定地块和山前接合部位形成的盆地亦受到古构造的控制，因此盆地的形成具有成带、成群发育特征。早白垩世盆地受 NE 向断裂构造控制，是海拉尔–二连–银额–酒泉白垩纪裂陷带在本区的表现，形成了一系列 NE 向展布的断陷湖盆群，可划分为北山–银额–酒泉和潮水–雅布赖–巴彦浩特两大构造区。新生代祁连造山带活化，形成 NW 向的挤压盆地，叠加在早期的侏罗纪、早白垩世盆地之上。

柴达木盆地是赋存在稳定地块上的中、新生代盆地，盆地构造变形在纵向上划分为四个构造变形层：深层、中层、中浅层和浅层。四个构造变形层发育的断裂构造在纵向上既有交叉性又各具特征。深层构造变形层发育于侏罗系-白垩系，以 NW 向、近 EW 向构造为特征，在盆地北部形成多个沉积、沉降中心。中层构造变形层主要是指古近系，具有多个近 EW 向展布的沉积中心，受近 EW 向构造控制，盆地内发育的陡倾逆冲断裂构造大多断至上干柴沟组，褶皱变形较弱。中浅层构造变形层主要发育于古近系上部和新近系，表现为 NW 向展布的褶皱和断裂构造，盆地北缘和盆地西南地区还发育滑脱褶皱和滑脱断裂构造。浅层构造变形层发育于盆地表层，以褶皱构造核部斜列展布的小正断层为特征，这组构造展布在盆地南部和盆地北部存在差异，以小梁山—大风山北—里沟—里坪—伊克雅乌汝—北陵丘一线为界，北侧背斜核部主要发育 NW 向或近 SN 向断层，南侧背斜核部主要发育 NE 向断层。柴达木盆地经历了 NW-近 EW 向、近 EW 向和 NW 向构造三次立交桥式纵向叠合过程，盆地形成具有规律性特征：古近纪盆地坳陷首先在阿尔金山前形成，然后向东部扩展，坳陷受正断裂控制；新近纪阿尔金山前隆起，坳陷向东迁移，受逆断裂控制，指示出阿尔金断裂带的活动方式控制了盆地构造特征。

西北区域能源盆地发育是众多地块（板块）和造山带演化及其相互作用的结果，存在地块裂离-聚合和海相盆地构造演化以及地块拼合后的陆内盆地构造演化两大阶段。盆地类型和演化阶段及其能源地质意义在准噶尔-吐哈、塔里木、北山-阿拉善-祁连和柴达木四个构造区存在明显差异。

（1）地块裂离-聚合及海相盆地构造演化阶段。该阶段显著特点是赋存在稳定地块上的陆表海盆地和地块之间的有限洋广泛相连形成非汇水盆地，经历了中、新元古代-早古生代和晚古生代两大旋回演化过程。震旦纪-早中奥陶世是西北地块裂离断陷盆地和克拉通内坳陷盆地形成演化阶段。

石炭纪-早二叠世开始新的构造旋回，海盆与地块并存。准噶尔-吐哈、塔里木、北山-阿拉善-祁连和柴达木四个构造区的盆地演化有共性也存在差异。准噶尔地块与吐哈地块的裂离形成断陷盆地，盆地内发育的玄武岩证实了伸展断陷盆地存在。石炭纪是塔里木陆表海盆地重要发育期，形成了重要的碎屑岩、碳酸盐岩建造。早二叠世塔里木盆地基性玄武岩发育则证实了伸展断陷盆地形成。鄂尔多斯、阿拉善、祁连地块在石炭纪-早二叠世连为一体，形成华北克拉通盆地，与柴达木盆地以裂陷相隔，以阿尔金断隆的形式与塔里木相望，稳定的构造环境和潮湿的海陆交互环境使在该区形成了重要的含煤岩系。

石炭纪-早二叠世，柴达木地块南、北存在差异，北缘为海陆交互相和浅海相含煤岩系，南缘则为以碳酸盐岩系为主的建造。早二叠世末的构造运动在该区沉积盆地的形成和演化历史中具有划时代意义，结束了西北区域非汇水海相沉积盆地演化史，西北区域的稳定地块（板块）被其周缘变形的海盆沉积物拼接统一，从此进入陆内盆地形成演化阶段。

（2）陆内盆地构造演化阶段。从晚二叠世到第四纪，是西北区域陆内盆地演化阶段，准噶尔–吐哈、塔里木、北山–阿拉善–祁连和柴达木四个构造区在各阶段的盆地类型和演化特征及其对能源盆地形成的地质贡献各具特色。

晚二叠世–三叠纪，四大构造区的构造背景有所差异，盆地构造类型及其演化亦不相同，北疆地区的准噶尔盆地为陆内走滑拉分断陷盆地演化阶段。三叠纪末的挤压构造运动使盆地发生反转变形。一般认为晚二叠世–三叠纪塔里木盆地形成于挤压构造背景。晚二叠世盆地主体在塔西南地区，而三叠纪盆地的生油岩系则主要在北部的南天山山前的库车地区，生油岩系的发育整体具有由南向北迁移特征。

北山–阿拉善–祁连地区在晚二叠世–三叠纪处于陆内克拉通背景，形成坳陷盆地，为河流、湖泊相沉积建造，早期的潮湿环境形成了有工业价值的煤层。南部为与海盆相连的海陆过渡相盆地，海水逐渐向南迁移。柴达木地块主体部位至今没有发现三叠系存在，一般认为该时期主体为隆升剥蚀期，其东部是西秦岭有限洋的西延部分，为以碎屑岩为主的建造。

从侏罗纪开始，西北区域盆地的形成演化处于统一的构造背景，经历了多阶段多盆地类型的演化，早–中侏罗世是西北区域断陷盆地普遍发育阶段，也是西北侏罗系生油岩系和工业煤层的重要形成期：北疆地区形成了准噶尔、吐哈、三塘湖等重要能源盆地；塔里木周缘山前形成了一系列断陷盆地；阿尔金断裂带以东地区众多的中小断陷盆地在该时期普遍发育。晚侏罗世挤压构造背景结束了该时期盆地旋回演化。

早白垩世，是西北区域新的断陷盆地演化阶段，塔西南地区、中祁连、河西走廊、阿拉善、北山等地区都形成了重要的断陷盆地，并分别位于阿尔金断裂带的左侧南端点和右侧北端点，可能与阿尔金断裂带的活动方式相关。准噶尔盆地和塔里木库车地区可能为坳陷盆地发育区。晚白垩世，塔里木西南部为海相盆地，准噶尔盆地继承了早期盆地的演化特点，其他地区盆地消亡，柴达木、塔里木的库车、中祁连、河西走廊、阿拉善、北山等大部分地区均处于隆升剥蚀状态。

古近纪西北区域处于弱伸展构造背景，塔里木、准噶尔、柴达木等盆地表现出断陷盆地性质。新近纪以来，受印度板块向欧亚大陆俯冲、碰撞作用的影响，西北区域的各造山带复活，在稳定地块内形成了大型沉积盆地并经历了南造山带向盆地的挤压改造过程。

综上所述，西北区域虽然都经历了海相盆地和陆内盆地两大演化阶段，但能源盆地的形成演化既有统一的地球动力学背景也受到各构造区的区域构造环境控制，各构造区的盆地演化阶段和主要盆地发育期存在明显差异。塔里木盆地的早古生代、准噶尔盆地的晚古生代、河西走廊地区的晚中生代，以及柴达术盆地的中、新生代等是西北区域能源盆地重要的发展演化时期。

2. 主要盆地构造变形

西部地区盆山构造，除宏观上造山带与盆地显示出的相间分布外，盆地内部的构造变形特征也反映出隆坳相间的构造格局。在造山带山前形成的前陆盆地紧邻造山带，后期变形较强，断裂和背斜成带展布，各前陆盆地的山前带至少发育2~3排断裂–背斜构造带。这些构造带的重要特点是，由造山带向盆地内部构造变形逐渐变弱，褶皱构造逐渐变得完整。

1）盆地横向变形的分区性

西部区域盆地在山前带普遍存在一组与造山带、盆地走向近于垂直的断裂构造，这组构造在盆地的形成演化或后期构造变形中具有重要调节作用，称为调整断裂。调整断裂可划分为两类：一类为前陆冲断期，由于构造活动的差异而形成，发育普遍；另一类形成时间早，具有古构造、多期活动特点。两类构造对盆地演化、油气分布都进行制约，如塔西南前陆盆地、库车前陆盆地、吐哈盆地、柴达木盆地北缘、鄂尔多斯盆地西缘等发育的调整断裂对油气和煤层分布具有明显的控制作用。

2）盆地纵向变形的分层性

西北区域盆地构造变形在纵向上具有上、下不同特点，这种构造变形的差异可归纳为两种类型：一种类型是盆地内存在塑性层，对盆地的构造变形具有调节作用；另一种类型是构造旋回使得上下构造变形具有差异性。两种类型造成的上下构造差异对盆地的油气勘探均具有重要意义。

1.3.2　控煤构造样式

西部赋煤区主要受周缘造山带及各地块控制，都会在盆地构造样式上留下丰富的构造行迹。本书立足于煤田勘探开发，在典型矿区的构造特征分析、构造成因分析、构造演化史分析的基础上，主要针对挤压构造样式、走滑（扭动）构造样式、反转构造样式，研究其几何学和运动学特征、时空展布规律及其构造变形机制。采用构造控煤样式概念，选取典型区开展深入研究，划分构造控煤样式分类系统，建立西部不同赋煤构造单元的构造控煤模式，为煤炭资源勘查提供构造依据。

1. 挤压构造样式

侧向水平挤压条件下所产生的压缩构造变形组合包含以逆冲断裂为主、逆冲断裂与褶皱并重、以褶皱为主三种，三者呈过渡形式。因此，根据逆冲（或褶皱）构造平面展布及其组合特征，可将挤压构造样式划分为以下基本类型。

1）逆冲叠瓦构造

由产状相近或近乎平行排列的一系列由浅至深、断面由陡变缓的分支逆冲断层夹冲断片组成，向深部收敛于一条主干滑脱面。逆冲断层间的断夹片则往往发育断弯褶皱，并沿应力传播方向由紧闭褶皱渐变为开阔褶皱。沿逆冲断层上盘，煤系抬升变浅，有利于勘探开发，但构造较为复杂，断层往往构成矿区或井田的自然边界。

2）逆冲前锋型构造

煤系地层位于逆冲断层下盘前锋带，在区域压应力场作用下，断层前锋带应力集中，局部应力值较高，地层（尤其是位于逆冲断层下盘靠近主断面的地层）受高应力挤压作用，产状急剧变化，倾角增大，直立甚至倒转，但煤系赋存较为局限，呈与逆冲断层走向平行的狭窄条带状产出，煤层因流变可形成局部厚煤带，断层对煤系赋存影响较大。这类控煤构造样式多发生于构造应力值较高的逆冲断裂带前锋地区，煤系被断层挤压抬升，出露至地表，有利于开采，但分布较局限，多呈与断层走向平行的条带状分布。

3）冲起构造

倾向相背的两组逆断层共有上升盘所组成的构造，这类构造多发育于构造对冲的复杂部位（如柴达木盆地北缘地区），在两侧对冲挤压作用下，形成倾向相反的两组逆冲断层，其共同上升盘煤系抬升变浅，有利于煤炭资源勘探开发。

4）对冲构造

倾向相背的两组逆断层共有下降盘所组成的构造，反映了两侧造山带向盆地的挤压冲断。例如，柴达木盆地北缘新高泉煤矿，煤层夹持于南、北对冲的逆断层之间，作为对冲断层共同下盘被断层围限、切割，煤系赋存于断层三角带向斜构造之中。

5）挤压断块构造

煤系地层为夹持于逆断层之间的断夹块，不同之处在于，断夹块的变形程度较低，基本保持单斜形态，褶皱不发育，断裂对煤系赋存影响不大，多构成矿区或井田的自然边界。

6）褶皱断裂构造

夹持于逆冲断层之间的地层，在区域压应力场作用下，应力应变相对较弱，多发生褶皱变形，以向、背斜形态产出。随后期应力作用加剧，内部发育逆冲断层，先期形成的褶皱被不同程度地切割、破坏，形成褶-断组合形态。两者间存在主次关系：以褶皱形态为主、断层形态为辅。在这种构造背景之下，煤系赋存较为稳定，可大面积分布，局部地区受断层切割破坏，但对矿区整体开采影响不大，多构成矿区或井田的自然边界。

7）逆冲褶皱构造

在区域压构造应力场作用下，夹持于逆断层之间的断夹块，由于边界逆冲断层的挤压和逆冲牵引作用，发生褶皱变形，褶皱轴向与边界逆冲断层走向平行。褶皱与断裂之间的相关关系表明，两者之间存在一定的主次关系：以断裂形态为主、褶皱形态为辅。断裂控制着其间褶皱的形成与发育。两者可能同时形成，在形成断裂的同时形成褶皱，也可能褶皱形成时代较晚，先期形成的断层围限、控制晚期形成的褶皱。由此可见，构造对煤系赋存控制明显，断裂和褶皱对煤系赋存均有较大影响，导致煤系赋存极不稳定，不利于煤田开采。

8）纵弯褶皱构造

岩层受顺层挤压作用而形成褶皱，地壳水平运动是造成这种作用的地质条件。地壳中大多数褶皱是纵弯褶皱作用形成的，岩层间的力学性质差异在褶皱形成中起主导作用，若岩系中各层力学性质不一致，则在顺层挤压作用下，强硬层就会失稳而发生正弦曲线状弯曲，形成等厚褶皱；相对软弱层作为介质，在均匀压扁的同时被动地调整和适应由强硬层引起的弯曲形态；进一步挤压，强硬层的褶皱变得越紧闭。若岩系中各层力学性质差异较小且平均韧性较大，则强和弱的岩层在褶皱的同时共同受到总体的压扁。由于煤系地层软弱互层的特征。因此，纵弯褶皱在煤田构造中普遍存在。

2. 伸展构造样式

在水平拉张作用下形成的伸展构造，多以正断层及张性断夹块组合为主要特征，是煤田内常见的一种构造样式，根据伸展构造平面展布及组合特征，可划分以下两种类型。

1）掀斜构造

在水平拉张应力作用下，正断层不均匀运动引起断块旋转，一端倾斜，另一端掀起断裂/断块组合形式，断层面倾向与断夹块地层倾向相反。断层一般呈上陡下缓的铲状形态，有利于掀斜构造的发生。这是我国东部煤田构造中较为常见的一种构造样式，其赋煤单元多呈单斜状。它同挤压体制下形成的单斜断块区别在于：①边界断裂为正断层；②断块内部次一级构造以正断层为主。掀起端煤系抬升变浅，有利于勘探开发。

2）堑垒构造

堑垒构造由平行或近平行排列、相向倾斜或相背倾斜正断层及其所夹持的地层组合而成。相向正断层之间的含煤块段为共同下降盘，构成地堑；相背倾斜正断层之间的含煤块段为共同上升盘，构成地垒。断夹块抬升部位，煤系埋深变浅且构造简单，有利于勘探开发，两侧断层多构成井田自然边界。形成的一系列断陷盆地（如赛南凹陷、鱼卡凹陷等），表明研究区早期伸展构造的性质。

3. 剪切和旋转构造样式

剪切构造在煤田构造中也大量存在，且对煤层空间展布影响极大。在许多煤田构造样式中，都有剪切构造的参与，是不可缺少的构造形迹。走滑断层可以在平面上延伸很长呈直线形，也可以形成斜列形。因此，根据剪切和旋转构造的平面展布及组合特征，可将其划分为平面“S”形和反“S”形构造。当区域地层受到左、右扭动力偶作用时，便会在平面上呈现反“S”形和“S”形构造形态。例如，太行山东麓地区，断层组合多具“入”字形和斜列式，其东侧断裂构造线向北东撒开，向南西收敛；而其西侧恰好相反，向南西撒开，向北东收敛。断裂总体走向呈“S”形展布。

4. 反转构造样式

中国地壳在多次“开”“合”交替的构造环境中，各时代的煤盆地都经过了或强或弱的构造反转。因此，根据伸展构造和挤压构造发生的先后次序及其组合特征，可将反转构造样式划分为正反转构造和负反转构造两个基本类型。

第 2 章　煤系共伴生矿产资源

在我国与煤共生、伴生的矿产种类多、分布广、资源相对丰富。已知与煤共生、伴生的矿产以及在煤中赋存的有工业价值的稀有分散元素（锗、铀等）、煤层气和富油煤等，都具有很高的经济价值。此外，在含煤岩系中，还有高岭土、耐火黏土、铝土矿、膨润土、硅藻土、石墨、硫铁矿、油页岩、陶粒页岩、赤铁矿、菱铁矿、褐铁矿等 10 多种矿产，其中一些矿产有用成分高、质地优良，具有重要的工业价值。我国西部地区煤炭资源丰富，在煤炭勘查开发过程中，发现铀、锗、镓、高岭岩（土）等多种煤系共伴生矿产。

2.1　铀赋存特征与资源前景

铀矿资源是保证国防安全和核燃料不受制于他人的重要战略资源。20 世纪 90 年代以来，中国铀矿找矿的重点转到北方广大的中、新生代盆地中的可地浸砂岩型铀矿，并已取得实际成果。该类型铀矿开采成本低、资源量大、有利于环境保护，已成为我国主攻的铀矿类型，其中不少与煤层、含煤岩系有关。

2.1.1　伊犁盆地南缘地浸砂岩型铀矿

伊犁盆地是一个中、新生代陆相盆地，我国境内为其东部，面积约 10 000 平方千米。盆地周边主要是石炭纪及二叠纪火山岩、花岗岩及沉积岩。这些火山岩和花岗岩的铀含量较高，据夏毓亮等（2002）报道，其平均含量为 10 微克/克。盆地内有中、上三叠统小泉沟群陆相碎屑岩建造，下、中侏罗统水西沟群陆相含煤建造，白垩系红色陆相碎屑岩建造和古近系、第四系红色磨拉石建造。产铀层位于下、中侏罗统含煤建造内。目前，伊犁盆地南缘已形成长达近百千米的地浸型铀矿带，已成为中国第一个万吨级以上的大型铀资源基地，据王保群（2002）研究，其有利的成矿地质条件和主要控矿因素为以下几点。

（1）稳定的构造单斜带：盆地南缘中、新生代地层呈向北缓倾的单斜产出，其西段单斜带较稳定，仅有平缓的隆起和凹陷，隆起带往往是铀矿有利的部位。

燕山运动之后，下、中侏罗统水西沟群抬升遭受强烈风化剥蚀，与上覆地层间形成广泛的微角度不整合。

（2）含煤建造具有较好的泥—砂—泥的隔水层与透水层互层的结构：下、中侏罗统含煤建造可分为 8 个沉积旋回。主要含铀矿位于第 5 旋回扇三角洲席状砂体中，厚度为 15~20 米，分布广且稳定，顶底板均有稳定的泥岩隔水层。第 1~4 旋回以近源冲积扇沉积为主，第 7 旋回以辫状河沉积为主，都有泥—砂（砾）—泥结构，也都有含铀矿层。

（3）丰富的有机质是铀后生富集的还原剂：砂体中富含炭化植物碎片，胶结构物中有机质含量为 0.5%~1.0%，有机质在后生的层间氧化作用中形成较高反差的还原障，使铀矿还原沉淀富集成矿。

（4）有完整的地下水补给—径流—排泄水动力机制：晚侏罗世以来，古气候由潮湿变为干旱，盆地南部察布尔山体抬升，使海西期花岗岩及石炭纪、二叠纪中酸性火山岩中的铀元素在含氧水作用下氧化淋滤，不断地被地下水沿着含煤建造与上覆地层的不整合面带入盆地的疏松砂岩层中，在氧化-还原过渡带沉淀富集。含煤建造发育多层承压含水层，透水性好。

（5）各沉积旋回均发育层间氧化带：氧化带宽 1 千~4 千米，其锋线距蚀源区 2 千~10 千米，可分为氧化带、过渡带及原生带。铀及硒、钼、铼等元素往往在过渡带还原沉淀富集。

（6）铀矿体呈复杂卷状及板状，矿体埋深 150~300 米不等。铀主要以显微状沥青铀矿形式存在，其次为吸附态存在于砂岩的胶结构中。铀成矿年龄为 1 百万~7 百万年。另据夏毓亮等（2002）研究，该类型铀矿具有多期成矿的特点，成矿年龄从 3.5 百万~84.2 百万年，可分 5 期，主要成矿期在中、上新世。

2.1.2 吐哈盆地地浸砂岩型铀矿床

新疆吐哈盆地是一个著名的煤田和煤成油产地，盆地西南缘也是一个潜在的大型地浸砂岩型铀矿床。吐哈盆地的含煤岩系是下、中侏罗统水西沟群，盆地西南缘的十红滩地区位于艾丁湖斜坡带，含煤地层呈缓倾斜的单斜层，地层倾角小于 15°；盆地南缘蚀源区的海西期花岗岩和晚古生代火山岩、火山碎屑岩的铀含量为 2.9~5.9 微克/克，含煤地层铀含量较高，平均达 7.34 微克/克；中侏罗统西山窑组以辫状河相沉积为主，砂岩层厚度大，结构疏松，成熟度低，富含有机质、炭屑及黄铁矿微晶等还原介质，且上下均有稳定的隔水层；由蚀源区觉罗塔格山经斜坡带到艾丁湖组成完整的地下水补给-径流-排泄-水文地质系统；该地区在早、中侏罗世沉积之后，受燕山运动影响整体抬升，含煤地层长期遭受风化侵蚀，喜马拉雅运动进一步使下、中侏罗统局部形成宽缓褶皱，从中侏罗世至今，长期处在干旱–半干旱气候环境。这些有利的铀成矿地质条件与新疆伊犁盆地铀矿床十分相似，20 世纪 90 年代中后期以来的勘查工作，已初步落实南、北两条铀矿带，矿化具有多层性，工业铀矿体主要产于辫状河相砂体和三角洲相砂体中，在层间氧化带前锋线附近，主要成矿期为 24 百万年，属外生后成层间氧化带型砂岩型铀矿床，已控制近万吨铀资源量。

蔡周荣等（2015）根据法国 Gironde 的 Coutras 砂岩型铀矿床、中国新疆伊犁盆地铀矿床等世界上层间氧化带型砂岩铀矿床中，都存在各地球化学分带中铀的含量与岩石有机碳含量呈正相关的现象，设计了实验研究方案，以吐哈盆地十红滩地区层间氧化带的 4 个分带中 10 个岩石样品为研究对象，探求不同有机质对铀富集的作用。分别利用氯仿抽提岩石中可溶有机质，利用 CSN-甲基-2 吡咯烷酮溶剂抽提了岩石中与铀主要以吸附态和络合态存在的有机质，利用碱等抽提了岩石中的腐殖质，并将其进一步分为黄腐酸、腐殖酸和腐黑物 3 个部分。对这些有机质抽提物及分离物分别测定了其有机碳含量和铀含量（表 2.2.1）。由表 2.2.1 可见，虽然在各种抽提物的有机质中，铀含量与原岩中相比，均有不同程度的提高，但铀主要富集在黄腐酸中，特别是在氧化–还原过渡带中最富集，黄腐酸中平均铀含量为 3 110.84 微克/克（S_2、S_5、S_7 和 S_9 4 个样），黄腐酸在铀矿的形成过程中起了主要作用，铀的迁移主要以黄腐酸铀酰络合（或螯合）物形成，另外也存在腐殖质对铀的吸附作用。腐殖质的络合作用和吸附作用在铀的迁移过程中是紧密相关的。

表 2.2.1　吐哈盆地沉积岩铀含量、有机碳分析及有机抽提物中铀的含量

编号	深度/米	岩性	铀含量/（微克/克）	有机碳	抽提物中铀的含量/（微克/克）		提取的腐殖质中的铀的含量/（微克/克）		层间氧化带分带
					氯仿抽提	CSNP 抽提	黄腐酸	腐殖酸	
S_1	290	褐黄色含砾细砂	1.0	0.07%	4.01		25.60	7.26	强氧化带
S_2	338	灰绿色粗砂岩	33	0.96%	54.1	96.26	1 635.23	2.17	氧化–还原过渡带
S_3	332.6	粉黄色含砾细砂岩	3.0	0.05%	4.74		39.77	27.13	弱氧化带
S_4	341	灰绿色含砾细砂	13	0.25%	16.72		122.01	5.71	
S_5	347	灰绿色细砂岩	13		19.72		171.47	8.56	氧化–还原过渡带
S_6	356	深灰绿色含砾细砂	7.0	0.11%	11.33	19.79	88.20	2.27	
S_7	329.35	深灰色含碳细砂	280		351.2	773.21	10 237.3	68.51	氧化–还原过渡带

续表

编号	深度/米	岩性	铀含量/（微克/克）	有机碳	抽提物中铀的含量/（微克/克）		提取的腐殖质中的铀的含量/（微克/克）		层间氧化带分带
					氯仿抽提	CSNP 抽提	黄腐酸	腐殖酸	
S_8	330	灰绿色含碳细砂	16	0.98%	26.4				氧化-还原过渡带
S_9	321	灰绿色含碳细砂	13	0.65%	21.61		399.35	41.75	氧化-还原过渡带
S_{10}	310.8	黄粉色细砂岩	3.0	0.08%	5.45	13.54	41.01	23.45	弱氧化带

2.2 锗赋存特征与资源前景

我国多数煤中锗含量处于 0~10.0 毫克/克，平均 4 毫克/克；少数样品中的锗超过 20 毫克/克；如果锗含量达到 $n\times 100$ 毫克/克，则属异常高值。本次研究发现中国西部地区煤中锗的含量丰富，主要分布在新疆准噶尔聚煤区。在新疆屯南矿区的嘎顺乌散井田和努肯泥沃特格煤矿西井田煤中均发现有锗金属元素的富集，在嘎顺乌散井田普查中发现伴生稀散元素锗含量均达到一般工业品位指标的要求。由于锗赋存于煤的灰成分中，因此，用锗的品位再乘以灰分产率，求得勘探区 B_1~B_{12}煤层中锗资源量为 1 334.7 吨，达大型矿产规模，其中 B_1 煤层锗资源量为 795 吨，就已达大型矿产规模。嘎顺乌散矿区各煤层锗资源量概算表和努肯泥沃特格煤矿各煤层锗资源估算表分别见表 2.2.2 和表 2.2.3。

表 2.2.2 嘎顺乌散矿区各煤层锗资源量概算表

煤层编号	煤资源量/万吨	煤灰产率	总煤灰量/万吨	平均锗含量	锗资源量/吨
B_{12}	375.3	19.32%	72.5	<0.001%	
B_{11}	683.2	9.67%	66.0	0.005%	33.0
B_{10}	573.8	11.96%	68.6	0.010%	68.6
B_9	2 044.8	12.23%	250.1	0.006%	150.1
B_8	913.7	13.05%	119.0	0.001%	11.9
B_7	885.1	10.80%	95.6	0.003%	28.7
B_6	734.0	20.34%	149.3	0.001%	14.9
B_5	897.9	18.33%	164.6	0.001%	16.5
B_4	2 340.8	11.64%	272.5	0.006%	163.5
B_3	1 545.7	11.32%	175.0	<0.001%	

续表

煤层编号	煤资源量/万吨	煤灰产率	总煤灰量/万吨	平均锗含量	锗资源量/吨
B_2	1 511.4	11.57%	174.9	0.003%	52.5
B_1	2 288.8	11.58%	265.0	0.030%	79.5
合计					1 334.7

表 2.2.3　努肯泥沃特格煤矿各煤层锗资源量估算表

煤层编号	煤资源量/万吨	煤灰产率（加权平均）	总煤灰量/万吨	平均锗元素含量	锗资源量/万吨
A_{16}	159.7	30.19%	48.21	0.001%	0.05
A_{15}	267.4	16.46%	44.01	0.001%	0.04
A_{14}	195.2	19.30%	37.67	0.002%	0.08
A_{13}	292.8	21.05%	61.63	0.002%	0.12
A_{12}	349.2	20.72%	72.35	0.001%	0.07
A_{11}	155.8	24.93%	38.84	0.001%	0.04
A_{10}	277.0	20.33%	56.31	0.002%	0.11
A_9	687.9	16.55%	113.85	0.002%	0.23
A_8	429.3	21.02%	90.24	0.002%	0.18
A_7	289.3	7.86%	22.74	0.002%	0.05
A_6	823.5	19.50%	160.58	0.001%	0.16
A_5	233.0	14.54%	33.88	0.002%	0.07
A_4	230.3	17.24%	39.70	0.001%	0.004
A_3	411.5	17.54%	72.18	0.002%	0.14
合计	4 801.9				1.38

2.3　镓赋存特征与资源前景

煤中的镓是可利用伴生元素，其工业品位为 30 微克/克。镓在煤里的分布不均，根据资料，自然界多数煤中镓的含量小于 20 微克/克，平均为 10 微克/克。Finkelma 报道的美国煤中镓的算术均值为 5.7 微克/克，最高值仅为 45 微克/克（7 565 个样品）。英国主要煤田煤中镓的算术均值为 3.42 微克/克，最高值仅为 7.5 微克/克。土耳其煤中镓的均值为 5.8 微克/克，最高含量仅为 20 微克/克，最低值为 0.85 微克/克。由于未见到煤中镓对环境影响的实例，自然界中绝大多数煤中镓的含量又很低，因此，对煤中镓的赋存状态研究较少。

任德贻（2006）等通过对 1 986 个样品的统计，发现中国煤中镓的背景值为 6.64 微克/克。据对全国 2 428 个样品分析数据统计（表 2.2.4），我国多数煤中镓处于 0~20 微克/克，平均 9 微克/克。参照外国煤中含镓的情况，自然界多数煤中镓一般低于 20 微克/克。但在中国不同时代、不同地区的煤中发现大量的镓富集区，在有些地区已经形成特大型镓矿。早在 1981 年，我国周义平就在国际煤地质学杂志上报道了中国西南晚二叠纪煤田煤中镓的富集。

表 2.2.4　中国各时代煤中的镓

时代	样品数/个	含量范围/（微克/克）	算术均值/（微克/克）
C-P	1 036	0~170.00	9.88
P_2	>336	1.43~3.42	8.03
T_3	11	0.70~12.90	9.48
J_2	776	0.30~9.98	2.79
JK_1	141	1.00~30.00	7.48
E-N	34	1.00~15.22	4.76
总汇	>2 334	0~170.00	6.60

研究发现，新疆和陕西黄陇煤田煤中镓的含量较高。在新疆屯南矿区的嘎顺乌散井田和努肯泥沃特格煤矿西井田煤中均发现有镓金属元素的富集。在嘎顺乌散井田普查中发现，伴生稀散元素镓含量均达到一般工业品位指标的要求，由于镓均赋存于煤的灰成分中，因此，用镓的品位乘以灰分产率，得知镓资源量仅分布在 B_{12} 和 B_5 煤层中，求得共 859.3 吨，达到大型矿产规模。嘎顺乌散矿区各煤层镓资源量概算表和努肯泥沃特格煤矿各煤层镓资源量估算表分别见表 2.2.5 和表 2.2.6。

表 2.2.5　嘎顺乌散矿区各煤层镓资源量概算表

煤层编号	煤资源量/万吨	煤灰产率	总煤灰量/万吨	镓含量	镓资源量/吨
B_{12}	375.3	19.32%	72.5	0.005%	36.5
B_{11}	683.2	9.67%	66.0	0.001%	
B_{10}	573.8	11.96%	68.6	0.001%	
B_9	2 044.8	12.23%	250.1	0.001%	
B_8	913.7	13.05%	119.0	0.001%	
B_7	885.1	10.80%	95.6	0.001%	

续表

煤层编号	煤资源量/万吨	煤灰产率	总煤灰量/万吨	镓含量	镓资源量/吨
B_6	734.0	20.34%	149.3	0.001%	
B_5	897.9	18.33%	164.6	0.050%	823.0
B_4	2 340.8	11.64%	272.5	0.001%	
B_3	1 545.7	11.32%	175.0	0.001%	
B_2	1 511.4	11.57%	174.9	0.001%	
B_1	2 288.8	11.58%	265.0	0.001%	
合计					859.5

表 2.2.6 努肯泥沃特格煤矿各煤层镓资源量估算表

煤层编号	资源量/万吨	煤灰产率（加权平均）	总煤灰量/万吨	平均镓元素含量	镓资源量/万吨
A_{16}	159.7	30.19%	48.21	0.001%	0.05
A_{15}	267.4	16.46%	44.01	0.002%	0.09
A_{14}	195.2	19.30%	37.67	0.003%	0.11
A_{13}	292.8	21.05%	61.63	0.002%	0.12
A_{12}	349.2	20.72%	72.35	0.002%	0.15
A_{11}	155.8	24.93%	38.84	0.001%	0.04
A_{10}	277.0	20.33%	56.31	0.003%	0.17
A_9	687.9	16.55%	113.85	0.004%	0.46
A_8	429.3	21.02%	90.24	0.002%	0.18
A_7	289.3	7.86%	22.74	0.003%	0.07
A_6	823.5	19.50%	160.58	0.004%	0.64
A_5	233.0	14.54%	33.88	0.005%	0.17
A_4	230.3	17.24%	39.70	0.003%	0.12
A_3	411.5	17.54%	72.18	0.002%	0.14
合计	4 801.9				2.51

2.4 高岭岩（土）成矿特征与资源前景

煤系高岭岩（土）矿床的主要成因类型见表 2.2.7。其中，储量最多的是沉积改造型高岭岩；其次是沉积改造–风化残积型高岭土（包括少量砂质高岭土）；沉积改造–烧变–风化残积型高岭土和沉积改造–烧变型烧变泥岩，分布局限，仅在煤层自燃地区才发育。区域大地构造背景决定着古地理位置及古环境，而特定的古地理位置及古环境则是高岭岩沉积的必要场所，母岩风化产生的硅铝物质是高岭岩生成的物源，而这些成矿物质的产生和搬运离不开潮湿温暖多雨的气候环境，成岩后生作用改造了矿石物化性能等。这些因素互相影响、相互制约，控制着高岭土矿的种种特征。

表 2.2.7 煤系高岭岩（土）矿床的主要成因类型

<table>
<tr><th colspan="2">成因类型</th><th>沉积时代</th><th>产状</th><th>矿物组成</th><th>矿石特征</th><th>矿床实例</th></tr>
<tr><td rowspan="2">单成因类</td><td rowspan="2">沉积改造型</td><td rowspan="2">石炭–二叠纪</td><td>煤层内高岭石夹矸亚型</td><td>高岭石、石英、地开石</td><td>灰–黑色，致密块状或粒状，硬质黏土</td><td>陕西蒲白、铜川、山西大同</td></tr>
<tr><td>煤层间高岭石夹矸亚型</td><td>高岭石、伊利石、石英</td><td>灰白或灰黑色，致密块状，硬质黏土</td><td>陕西铜川上店</td></tr>
<tr><td rowspan="3">复成因类</td><td>沉积改造–风化淋滤型</td><td>石炭或二叠纪</td><td>煤层底板之下</td><td>埃洛石、变埃洛石、三水铝石、伊利石、水铝英石</td><td>白色致密块状或黑白条纹状</td><td>四川叙永
山西阳泉
贵州毕节</td></tr>
<tr><td>沉积改造–风化残积型</td><td>石炭–二叠纪</td><td>煤层边部</td><td>高岭石、伊利石</td><td>黑白条纹状或灰白色块状，软质黏土</td><td>内蒙古老石旦</td></tr>
<tr><td>沉积改造–烧变型</td><td>侏罗纪</td><td>煤层边部</td><td>莫来石、鳞石英、青石</td><td>灰色、浅黄、致密坚硬、块状</td><td>甘肃华亭、甘肃安口</td></tr>
<tr><td>多成因类</td><td>沉积改造–烧变–风化残积型</td><td>侏罗纪</td><td>煤层边部</td><td>高岭石、石英、伊利石</td><td>灰黑色或白色，土状，软质黏土</td><td>甘肃安口</td></tr>
</table>

沉积型软质高岭岩（土）主要在内蒙古准格尔、陕西泾阳等地。时代分布以三叠纪居多，二叠纪较少。突出特点为黏土矿物组成单一，几乎全由高岭石组成，黏土矿物含量一般为 20%~90%。

多成因类型以甘肃安口煤田最为典型。该黏土矿床分布于安口煤田西北部的安口井田中，煤田为一向斜构造。安口煤田位于六盘山东麓，本区雨水较丰，煤层在浅部自燃时使上复地层烧变、破碎和坍塌，加上地层倾角在 30°左右，为风化淋滤创造了有利条件。经过较低温度烧烤的泥岩、砂质泥岩为成矿提供了物质基础，烧残煤风化后能提供有机酸，在酸性水的长期渗透淋滤下促进了高岭石化作用。

第3章　煤系非常规天然气资源

沉积盆地作为多种矿产的赋存场所，其内部多种能源矿产共存，一直受到地质学家的关注和重视，包括不同形态的有机可燃矿产之间的联系研究（如煤–油、煤–气、油–气），以及有机能源矿产与无机能源矿产之间的联系研究等。煤炭资源已逐渐发展成为一个广义的概念，其不仅包括固体煤矿床，广义概念下也包括流体煤成烃矿床（煤成油、煤成气、煤层气）以及高寒地区多年冻土带特殊条件下的煤型气源天然气水合物矿床等。煤层具有很大的生气能力，仅从褐煤到无烟煤阶段，每吨煤生气可达400立方米以上，故整个成煤期生成的煤层气都远大于煤层中保存的天然气。而煤层以外其他气源岩，如含煤岩系中的炭质泥页岩、泥岩等，整个含煤岩系对煤层气的贡献业已逐渐证实。鄂尔多斯盆地多能源研究发现，上古生界石炭系–二叠系煤层形成于海陆交互环境，在成煤演化过程中，释放出大量烃类气体，一部分从煤层或炭质页岩中溢出，在三角洲砂体或河流相砂体中聚集成藏，形成煤成气或致密砂岩气，另一部分未逸出，在煤层气保存形成煤层气，而滞留在页岩或泥岩中的烃类气体则为页岩气。同时青海木里煤田冻土层中形成的煤型气源天然气水合物的判识，以及煤层气、页岩气相继勘探得出的资源量评价成果，都证实煤层气、页岩气及天然气水合物都同属一个生气母质，只是赋存层属不同而有不同命名，且又概念重叠而同种多义，给研究和生产带来很大困难。故整个含煤岩系中的气体应都同属一个系统，是由整个含煤岩系中的烃源岩母质在生物化学及物理化学煤化作用过程中演化生成的全部天然气。

3.1　页岩气

我国西部地区诸多含煤盆地中广泛发育的陆相页岩，具备页岩气成藏条件，且资源潜力较大。塔里木盆地、准噶尔盆地、柴达木盆地和吐哈盆地为该地区四个大的含油气盆地。盆地内不同时代泥页岩烃源岩发育，富有机质泥页岩层系多，主要泥页岩层系有寒武系、奥陶系、石炭系、二叠系、三叠系、侏罗系、白垩系、新生界等，其中与盆地内煤系地层密切相关的页岩气烃源岩主要发育于侏罗系地层。该区煤系地层页岩气资源主要分布在准噶尔盆地西北缘和南缘、吐哈盆地北缘、柴达木盆地北缘以及塔里木盆地西南缘和北缘，但由于受盆地地质演化历史的影响，各聚煤盆地内煤系页岩气资源成藏特征存在一定的差异，以下从页岩类型与分布、烃源岩地球化学特征、储存条件三个方面对上述四个主要聚煤盆地的煤系页岩气成藏地质特征进行逐一阐述。

3.1.1 页岩气烃源岩特征和有机地球化学特征

1. 准噶尔盆地

1）页岩气烃源岩特征

准噶尔盆地富有机质页岩赋存时代主要有石炭世、二叠世和侏罗世。其中，石炭系滴水泉-巴山组，二叠系风城组、下子街组和乌尔禾组，属湖相、海陆过渡相沉积成因，且所属地层组中无煤层发育。侏罗系八道湾组、三工河组和西山窑组为该盆地的主要页岩气赋存地层，同时也是准噶尔盆地内主要的含煤地层（表 2.3.1）。

表 2.3.1 准噶尔盆地煤系页岩气烃源岩类型、分布特征

页岩名称	地层时代	页岩类型	页岩面积/平方千米	厚度/米
西山窑组	J_2x	湖泊-三角洲河湖沼泽相	90 500	2 250
三工河组	J_2s	扇三角洲湖相沉积	93 430	2 240
八道湾组	J_2b	冲积扇、扇三角洲、河湖相、沼泽相	97 100	50~350

八道湾组（J_1b）。该组遍布全盆地，只有最东部的石钱滩一带和五彩湾两地局部沉积缺失。八道湾组除盆地腹部或坳陷内侧为假整合，三台至乌鲁木齐市西区地段内与三叠系为整合连续过渡关系外，普遍以明显的角度不整合覆于下伏地层之上。该组主要为冲积扇、扇三角洲、河湖相、沼泽相含煤沉积，岩性主要由灰白色灰绿色砂岩、砾岩、灰黑色或灰色泥岩、粉砂岩、炭质泥岩夹煤层、菱铁矿层或透镜体。该组段内富有机质页岩厚度变化较大，一般为 50~350 米，分布面积约为 9.71×10^4 平方千米。

三工河组（J_1s）。遍布全盆地，在盆地北部边缘局部可超覆下伏八道湾组直接覆于老地层之上，分布比八道湾组更广。该组仅局部含煤，主要为扇三角洲湖相沉积，岩性往全区比较稳定，由灰色、灰黄色、绿色泥岩，砂岩，砂砾岩，灰黑色砂质泥岩，炭质泥岩组成，局部夹砾岩、砂砾岩、叠锥灰岩，部分地区夹炭质泥岩或煤线。该组段内富有机质页岩厚度变化较大，一般为 2 240 米，分布面积约为 9.343×10^4 平方千米。

西山窑组（J_2x）。遍布全盆地，连续堆积在三工河组上。为一套湖泊–三角洲河湖沼泽相沉积，岩性为灰色、灰绿色、灰白色砂岩或砂砾岩，粉砂岩泥岩，灰黑色炭质泥岩夹煤层和菱铁矿薄层。该组为盆地最重要的含煤层段。该组段内富有机质页岩厚度变化较大，一般为 2 250 米，分布面积约为 9.05×10^4 平方千米。

2）有机地球化学特征

准噶尔盆地煤系页岩气烃源岩及地球化学特征如表 2.3.2 所示。石炭系滴水泉–巴山组烃源岩的有机碳含量变化范围较大，为 0.12%~31.00%，平均值为 4.73%；Ro 为 1.6%~2.6%，干酪根以Ⅲ型为主，是一套较好的烃源岩；侏罗系八道湾组烃源岩有机碳含量高低相差较大，一般为 0.60%~35.00%，平均 3.30%，Ro 为 0.5%~2.5%，干酪根以Ⅲ型为主。侏罗系三工河组烃源岩有机碳含量变化较大，一般为 0.50%~31.00%，平均 2.50%，Ro 为 0.5%~2.4%，干酪根以Ⅲ型为主。侏罗系西山窑组烃源岩有机碳含量一般为 0.50%~20.00%，平均 1.50%，Ro 为 0.5%~2.3%，干酪根以Ⅲ型为主。

表 2.3.2　准噶尔盆地煤系页岩气烃源岩及地球化学特征

页岩名称	地层时代	页岩类型	页岩面积/平方千米	厚度/米	总有机碳	有机质类型	Ro
西山窑组	J_2x	陆相煤系	90 500	2 250	0.50%~20.00% 1.50%	Ⅲ	0.5%~2.3%
三工河组	J_2s	陆相煤系	93 430	2 240	0.50%~31.00% 2.50%	Ⅲ	0.5%~2.4%
八道湾组	J_2b	陆相煤系	97 100	50~350	0.60%~35.00% 3.30%	Ⅲ	0.5%~2.5%
乌尔禾组	P_3w	湖相	63 400	50~450	0.70%~12.08% 4.76%	$Ⅰ\sim Ⅱ_1$	0.8%~1.0%
下子街组	P_2x	湖相	57 200	50~150	0.40%~10.80% 2.42%	$Ⅰ\sim Ⅱ_1$	0.50%~1.31%
风城组	P_1f	湖相	31 800	50~300	0.40%~21.00% 5.34%	$Ⅰ\sim Ⅱ_1$	0.50%~1.41%
滴水泉–巴山组	C_1d-C_2b	陆相煤系	50 000	120~300	0.12%~31.00% 4.73%	Ⅲ	1.6%~2.6%

2. 吐哈盆地

1）页岩气烃源岩特征

吐哈盆地侏罗系发育三套烃源岩，即暗色泥岩、炭质泥岩和煤层。暗色泥岩、炭质泥岩主要发育在七克台组、三间房组及西山窑组；而煤层主要发育在西山窑组和八道湾组，与煤系地层密切相关的主要是侏罗系八道湾组、三工河组和西山窑组（表 2.3.3）。

表 2.3.3　吐哈盆地煤系页岩气烃源岩类型及分布特征

页岩名称	地层时代	页岩类型	页岩面积/平方千米	厚度/米
西山窑组	J_2x	河流沼泽相	18 870	100~600
八道湾组+三工河组	J_1b-s	陆相煤系	20 250	100~600

八道湾组：岩性主要为一套以河沼为主体的灰白色、浅灰色砂岩、砾状砂岩及灰黑色泥岩夹煤层，局部含菱铁矿结核，底部多为砾岩。与下伏地层为不整合或假整合接触。该组地面出露于盆地西部的阿拉沟、可尔街及鱼尔沟，北部的桃树园、煤窑沟、柯柯亚、照壁山、七角井及二道沟，南部的苏巴什于沟，托克逊县南部，东部的三道岭等地。八道湾组在盆地内分布较广，在台北凹陷、胜北次凹和丘东次凹最为发育，最大厚度可达 800 米，向西减薄，东过红台断裂缺失，由北向南变薄，过火焰山–七克台断裂至艾丁湖–了墩一线逐渐尖灭。在托克逊凹陷该组主要分布于凹陷中心，岩性较粗，煤层厚度大、层数多，底部多为角砾岩，厚度约 200~400 米。在哈密凹陷，该地层呈北厚南薄、西厚东薄趋势，凹陷北部厚度可达 700 米，向南至南缘超覆尖灭，岩性横向变化大，北细南粗。三道岭至三堡一带煤层发育。

三工河组：本组岩性相对稳定，上部为灰绿色泥岩、砂质泥岩，局部夹薄层泥灰岩，页理发育，下部为浅灰色砂岩及含砾砂岩，与下伏八道湾组为连续沉积。三工河组分布范围较八道湾组略广，主要出露于艾维尔沟、柯尔碱、桃树园、七泉湖、柯柯亚、红胡子坎–五道沟，南部边缘区亦有零星出露。厚度一般在 70~180 米之间，最厚可达 200 米以上，自西向东及由北向南变薄，岩性横向变化小。

该组段与下伏八道湾组内富有机质页岩厚度变化较大，一般为 100~600 米，分布面积约为 2.025×10^4 平方千米。

西山窑组：该组分布广泛，除布尔加凸起和哈密坳陷东部缺失外，西部的可尔街，北部的桃树园、煤窑沟、奥尔塘、柯柯亚，中部的苏巴什、鄯善、七克台，东部的三道岭及大南湖都有分布，南部沿觉罗塔格北麓亦有零星分布。岩性以浅灰色、浅黄绿色砂岩夹灰绿色泥岩和煤层为主。该组平面分布稳定，总体上盆地北部山前带及东部沉积物颗粒较粗，含有砾岩、砂砾岩，盆地沉积中心及西部较细，以粉砂岩及泥岩为主。厚度自南向北增厚，至山前带达 1 560 米以上。目前钻井揭示最大视厚达 1 311 米。该组段内富有机质页岩厚度变化较大，一般为 100~600 米，分布面积约为 1.255×10^5 平方千米。

2）有机地球化学特征

吐哈盆地煤系页岩气烃源岩及地球化学特征见表 2.3.4。侏罗系八道湾组和三工河组烃源岩的有机碳含量变化范围较大，为 0.50%~20.00%，Ro 为 0.5%~1.8%，干酪根以Ⅲ型为主，是一套较好的烃源岩；侏罗系西山窑组烃源岩的有机碳含量存在较大差异，一般为 0.50%~20.00%，Ro 为 0.4%~1.6%，干酪根以Ⅲ型为主。

表 2.3.4　吐哈盆地煤系页岩气烃源岩及地球化学特征

页岩名称	地层时代	页岩类型	页岩面积	厚度/米	总有机碳	有机质类型	Ro
西山窑组	J_2x	陆相煤系	18 870	100~600	$\frac{0.50\%\sim20.00\%}{1.0\%}$	Ⅲ	0.4%~1.6%
八道湾组+三工河组	J_1b-s	陆相煤系	20 250	100~600	$\frac{0.50\%\sim20.00\%}{1.5\%}$	Ⅲ	0.5%~1.8%

3. 柴达木盆地

1）页岩气烃源岩特征

柴达木盆地富有机质页岩赋存时代主要有石炭世、侏罗世和第三纪。其中，与煤系地层密切相关的主要是侏罗系小煤沟组和大煤沟组，该组段内富有机质页岩厚度变化较大，一般为 90~1 000 米，分布面积约为 8 000 平方千米（表 2.3.5）。

表 2.3.5　柴达木煤系页岩气烃源岩类型、分布特征

页岩名称	地层时代	页岩类型	页岩面积/平方千米	厚度/米
小煤沟组+大煤沟组	J_1x+J_2d	泥炭沼泽	8 000	90~1 000

小煤沟组：小煤沟组下部的粗型沉积物以中粗砾岩为主，它们显示出分选差、颗粒支撑、横向连续性差等特征。因此，具有黏性泥石流性质。火烧山组底部和下部（30 层）的粗型沉积物分别为细砾岩、角砾岩和含砾粗砂岩夹细砾岩，砾石成分复杂，为棱角状或次棱角状，分选差，杂基支撑，具有稀性泥石流性质。以这些粗型沉积物为代表的泥石流之上则是代表漫流、扇间或扇缘浅水洼地和泥炭沼泽沉积，岩性为粉砂岩、砂质泥岩和煤层。

大煤沟组：柴达木盆地的大煤沟组是主要含煤层位，其地理分布较为广泛，西起马海、草流沟，经鱼卡、大头羊、绿草山、大煤沟，向东延至柏树山一带，其中大煤沟附近最为发育。

大煤沟组在大煤沟地区厚约 400 米，连续覆于饮马沟组之上。该组下部（95 层）厚 295.4 米的地层主要由中–粗砾岩、砂岩、泥岩组成。砾岩呈灰色，砾石以石英砂岩、石英岩为主，分选差，为棱角状或次棱角状，杂基支撑或颗粒支撑，代表泥石流沉积。泥岩呈暗绿色或紫红色，常含砾。细、粗粒砂岩夹于砾岩和泥岩之间，厚度不大。上述一系列砾—砂—泥或砾—泥层序在垂向上重复叠加，每个层序厚约 10 米，砾、砂、泥的厚度比为 6∶3∶1，并构成冲积扇大层序。

大煤沟组上部厚约 104 米地层为深灰色泥岩、炭质泥岩和煤层（E、F 煤组），煤层层数多（近 10 层），厚度大（单层煤厚达 12.57 米），代表扇前泥炭沼泽沉积。其中夹数层厚约 0.4 米的洪泛性砂砾薄层，这部分地层下部 11.7 米的灰色薄层状粉砂-细砂岩为扇前浅水洼地沉积。

大煤沟组在大煤沟之西约 100 千米的鱼卡地区，直接角度不整合于前寒武纪变质岩系之上，厚度不足 100 米，但含有几个叠置的、向上变细的砂岩复合体。这些砂岩复合体具有冲刷底面、砾石级滞留沉积物、大型楔状交错层理和平行层理及侧向增生面，结合沉积旋回结构，表征它们具有曲流河道砂特征，砂岩复合体厚度达 10~40 米。那些向上变细的、厚度为米级的砂岩是决口扇砂岩。包容于每一河道和决口扇砂岩之间的是煤层以及富有机质的越岸泥岩和粉砂岩。这些泥岩和粉砂岩由于根斑的存在常使原始沉积构造消失；但在一些地方，仍显示水平层理。

鱼卡地区的大煤沟组含有近 10 个煤层，单层厚度一般为 2~3 米，相当于大煤沟地区的 E、F 煤组。

大头羊地区的大煤沟组连续沉积于饮马沟组之上，厚度约 400 米，为辫状河沉积体系。该组下部 130 米地层以具有大型楔状交错层的、叠置状的细砾岩和含砾粗中砂岩透镜体为主，其细型沉积物中，有机物或者根斑的贫乏表明不存在稳定的植物堤岸，这与辫状河的解释一致。这些辫状河沉积物之上为尾向上变细的、厚约 270 米的灰色砂岩、粉砂岩、局部富煤的序列，代表砂质河道与泥炭沼泽沉积的交替。这部分地层含 6 个可采煤层，其中 4 个煤层的单层厚度为 8~10 米，煤层间由 10~30 米的河道砂岩层间隔，有的煤层顶、底板为含砾粗砂岩。细型沉积物（粉砂岩、泥岩）在剖面所占比例很少。

大煤沟组在德令哈市之北约 10 千米处的柏树山地区，直接角度不整合于前寒武纪变质岩之上，厚约 60 米，属冲积扇沉积体系；主要由漫流沉积、浅水洼地及泥炭沼泽沉积组合而成。漫流沉积主要发育于剖面的下部，洪泛旋回明显，细砾岩、含砾粗砂岩为其主要岩性，并具厚度较大的粗型沉积夹薄层细型沉积的特点，一个洪泛旋回层序的厚度约 4.6 米。漫流沉积之上的泥炭沼泽沉积比较发育，含煤 2~3 层，局部达可采厚度。

2）有机地球化学特征

（1）总有机碳含量。

柴北缘存在三类烃源岩，即湖相泥岩（包括油页岩类）、沼泽相泥岩及煤（包括炭质泥岩）。由于泥岩有机质类型多为腐殖型，所以用含煤地层泥岩、炭质泥岩总有机碳评价标准评价烃源岩级别。

根据泥页岩样品测试，柴北缘泥岩有机碳平均含量为 2.02%，对比有机碳含量评价标准（表 2.3.6）（黄第藩和熊传武，1996），该区泥岩总体上属中等或好烃源岩。

表 2.3.6　含煤地层泥岩和炭质泥岩有机碳含量评价标准

烃源岩级别	很好	好	中等	差	非
总有机碳	9.0%~40.0%	3.0%~9.0%	1.0%~3.0%	0.6%~1.0%	<0.6%

油页岩有机碳平均含量为 12.06%，有机质丰度较高，达到很好烃源岩标准，炭质泥岩有机碳平均含量为 13.40%，整体上属好或很好烃源岩。

根据总有机碳有关很好、好、中等、差、非各类评价标准，冷湖地区无论是湖相泥岩还是煤系泥岩均达到中等或好的烃源岩级别，如冷科 1 井侏罗系泥岩总有机碳含量 2.70%~8.26%。赛什腾地区为差烃源岩。马海–南八仙地区的仙 3 井为差或中等烃源岩。红山断陷为差或非烃源岩。鱼卡、圆顶山为中等烃源岩。大煤沟、西大滩、绿草山、大头羊为中等或差烃源岩。

从柴北缘下侏罗统暗红色泥岩总有机碳分布直方图看（图 2.3.1），下侏罗统烃源岩有机碳平均 1.97%，其中好烃源岩占 23%，中等烃源岩占 29%，差烃源岩占 34%，非烃源岩占 14%。中等以上烃源岩占 52%。表明下侏罗统烃源岩有机碳含量非常高。纵向上，以湖西山组有机碳含量最高，如冷科 1 井侏罗系地层，其有机碳较高含量段基本在 4 300 米以上的地层，有机碳在 3%以上，达到好烃源岩标准。

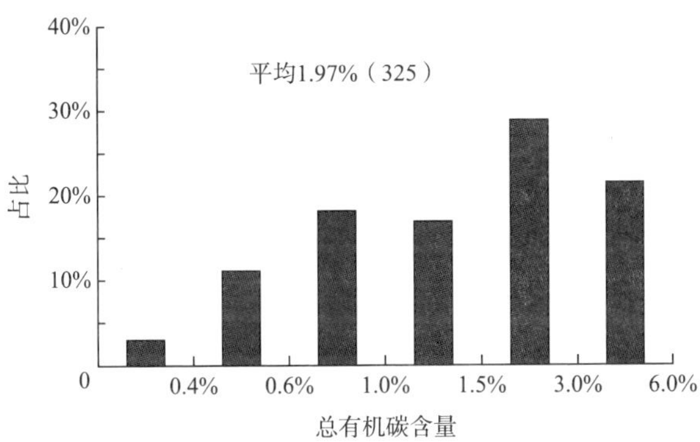

图 2.3.1　柴北缘下侏罗统暗色泥岩总有机碳分布直方图

从柴北缘中侏罗统暗红色泥岩总有机碳分布直方图看（图 2.3.2），中侏罗统有机碳平均 1.84%，其中好烃源岩占 21%，中等烃源岩占 30%，差烃源岩占 28%，非烃源岩占 21%，中等以上烃源岩占 51%。

（2）有机质类型。

有机碳含量是烃源岩生烃的物质基础，有机质类型则决定了烃源岩生烃能力和所生烃类性质。一般地，Ⅰ型干酪根生油量最大，而Ⅲ型干酪根则以生气为主。这里我们参考已有三类五分法类型评价标准（表 2.3.7）（黄第藩等，1984），对柴北缘烃源岩进行有机质类型评价。

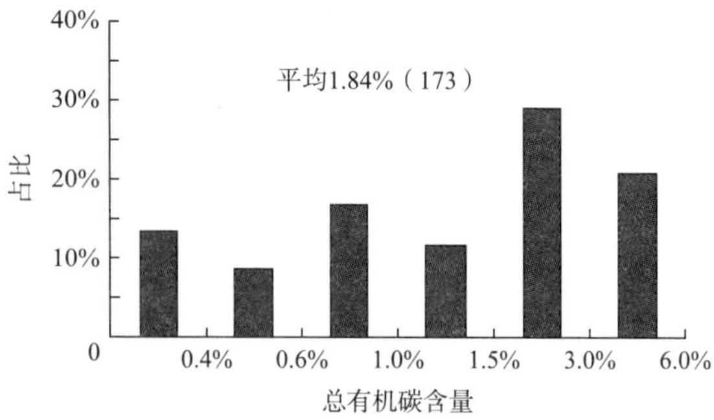

图 2.3.2　柴北缘中侏罗统暗色泥岩总有机碳分布直方图

表 2.3.7　有机质类型划分标准

参数	腐泥型（I_1）	腐殖腐泥型（I_2）	混合型（Ⅱ）	腐泥腐殖型（$Ⅲ_1$）	腐殖型（$Ⅲ_2$）
H、C 原子比	>1.5	1.3~1.5	1.0~1.3	0.8~1.0	<0.8
O、C 原子比	<0.10	0.10~0.15	0.10~0.25	0.25~0.30	>0.30
$\delta^{13}C$		<−28.0‰	−25‰~28‰	−22.5‰~25‰	>−22.5‰
岩石热解 I_H/（毫克/克）	>700	400~700	180~400	100~180	<100

干酪根元素组成特征：元素分析表明，干酪根分子结构中主要由 C、H、O 元素组成，N 与 S 元素也是其中常见元素。研究证明，相近演化程度的不同类型干酪根，其 C、H、O 元素组成比例不同，这就是应用干酪根元素组成确定有机质类型的基础。目前应用元素组成评价干酪根类型，普遍采用的是范氏图（Van Krevelen）。柴北缘侏罗系泥页岩干酪根类型大多为$Ⅲ_2$型，少数为$Ⅲ_1$型。仅冷湖地区少数样品为Ⅱ型，柴北缘侏罗系暗色泥岩有机质类型偏向生气型。炭质泥岩有机质类型多为$Ⅲ_2$型。油页岩有机质类型最好，H、C 原子比为 1.34。下侏罗统干酪根 H、C 原子比一般在 0.7~0.9，O、C 原子比在 0.05~0.10，有机质类型基本在Ⅱ~$Ⅲ_2$。其中，湖西山组第三段地层有机质类型偏好，基本为Ⅱ~$Ⅲ_1$型；湖西山组一、二段地层烃源岩类型偏差，基本为$Ⅲ_2$型有机质，这主要与烃源岩沉积环境密切相关。

干酪根碳同位素分布特征：由于碳同位素热力学和动力学效应作用的影响，使得干酪根碳同位素组成可以反映其生物性质、沉积环境及其在热演化过程中同位素分异效应。脂族类中的碳贫 ^{13}C，而羧基、羰基等含氧基团中的碳则相对富集 ^{13}C。研究表明，Ⅰ型干酪根的 $\delta^{13}C$ 值为−28.1‰~−31.9‰，Ⅱ型干酪根 $\delta^{13}C$ 值为−27.9‰~−28.6‰，Ⅲ型干酪根 $\delta^{13}C$ 值为−25.4‰~−26.6‰；黄第藩等（1984）认为，Ⅰ型干酪根的 $\delta^{13}C$ 值为−27‰~−30‰，Ⅱ型干酪根 $\delta^{13}C$ 值为−26‰~−27‰，Ⅲ型干酪根 $\delta^{13}C$ 值为−22.5‰~−26‰。柴北缘侏罗系泥岩干酪根 $\delta^{13}C$ 值分布范围较广，为−27‰（图 2.3.3），有 50%的样品为$Ⅲ_1$型干酪根，有 30%的样品为Ⅱ型干酪根，有 20%的样品为Ⅲ$_2$型干酪根。

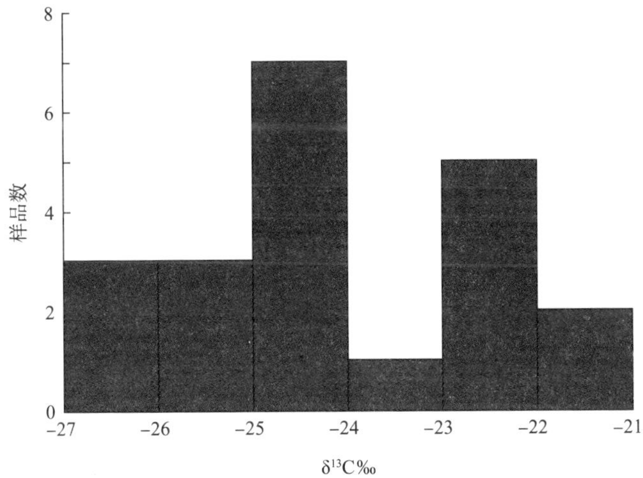

图 2.3.3　泥岩干酪根碳同位素值分布（$\delta^{13}C$‰）

热解参数特征：从图 2.3.4 和图 2.3.5 中可见，泥岩有机质类型主要为Ⅲ和Ⅱ型，也有部分为Ⅰ型，炭质泥岩有机质类型为Ⅱ$_2$型（图 2.3.5）。

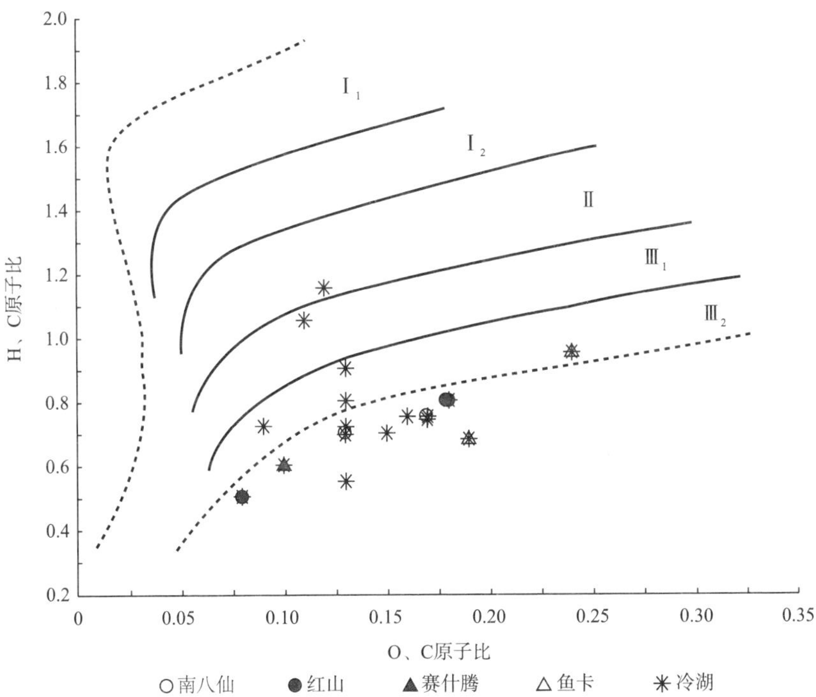

图 2.3.4　柴北缘泥岩干酪根元素组成

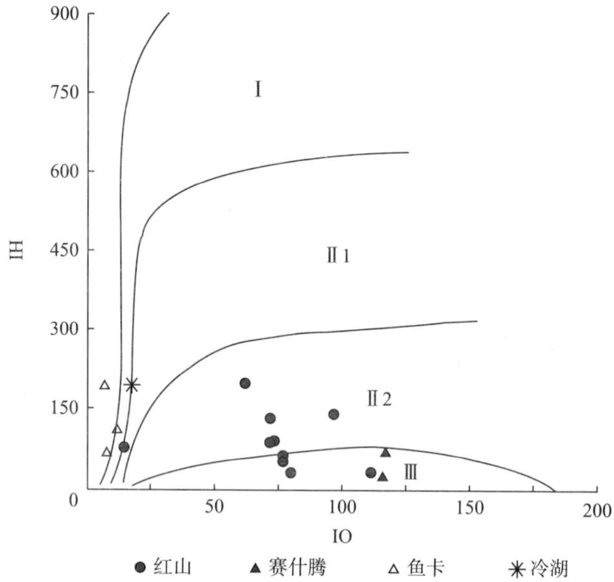

图 2.3.5　柴北缘炭质泥岩热解参数特征

综合干酪根元素组成、碳同位素特征、热解特征，柴北缘中、下侏罗统烃源岩有机质类型为Ⅱ~$Ⅲ_2$型。昆特依坳陷除鄂博梁次凹、冷西次凹有机质类型为Ⅱ型外，其他地区为$Ⅲ_1$型。中侏罗统烃源岩多为$Ⅲ_2$~$Ⅲ_1$，鱼卡断陷烃源岩有机质类型较好，为$Ⅲ_1$~Ⅱ型。从柴北缘中、下侏罗统烃源岩有机质类型看，这套地层应以生气为主、生油为辅。

（3）有机质成熟度。

烃源岩成熟演化生烃是油气藏形成最基本的物质条件和前提，恢复有机质的热演化史可确定油气形成、运移和成藏期。烃源岩成熟度和生烃史研究是确定烃源区、定量研究不同地质时期成熟烃源岩的展布、预测烃类流体性质的关键。

烃源岩成熟度指标有 Ro 值、岩石热解最高峰温 T_{max} 值和可溶有机质中的生物标志化合物等参数，由于在源岩热演化过程中，Ro 的变化具有连续性、不可逆性、与有机质的各种化学性质呈连续函数关系及镜质组组分分布广泛性的特点，Ro 已被广泛接受和应用，并且是目前国际上烃源岩成熟度评价中唯一可对比和标准的成熟度参数，本书主要根据 Ro 指标讨论烃源岩的热演化。

钻井和地面露头样品 Ro 为 0.30%~2.18%，大部分样品 Ro 为 0.60%~0.90%处于生油高峰期，不同地区成熟度相差较大，鱼卡断陷侏罗系烃源岩成熟度相对较低，Ro 为 0.53%~0.73%，大红山断陷大头羊成熟度最高，Ro 达 2.17%~2.18%，已达成熟阶段，正处于高生气期。红山参 1 井和绿草山成熟度相近，Ro 为 0.61%~0.87%，已进入生油高峰期，马海–南八仙地区中、下侏罗统成熟度相对较低，Ro 为 0.66%~0.69%，刚进入生油门限，尚未进入生油高峰期。

赛什腾地区地面样品 Ro 值为 0.62%~0.90%，正处于生油高峰期，潜西地区 Ro 为 0.62%~1.42%，已进入生气阶段。冷湖三号 Ro 为 0.42%~0.99%，大部分样品进入成熟阶段，冷湖四号、冷湖五号 Ro 为 0.51%~1.65%，大部分样品处于生气阶段。

从以上地面和钻井样品看，柴达木盆地北缘中、下侏罗统烃源岩均已成熟，鱼卡、大煤沟和南八仙烃源岩成熟度较小，其他地区均进入生气高峰期，个别地区已达过成熟阶段。

总体来说，柴达木盆地中生代烃源岩与西部地区其他盆地类似，以侏罗系地层为主。其中，中、下侏罗统暗色泥岩和炭质泥岩主要分布在柴达木盆地北缘，有机碳含量为 0.28%~5.89%，Ro 为 0.32%~2.18%，厚度为 90~1 000 米，干酪根以Ⅲ$_2$ 型为主。总体上，其有机质丰度高，有机质类型为中等–差，成熟度高，是一套较好的烃源岩。

4. 塔里木盆地

1）页岩气烃源岩特征

塔里木盆地页岩气的分布明显受到烃源岩展布的控制，油型气主要分布在台盆区，页岩气主要分布在前陆区。塔里木盆地优质烃源岩主要有三套，海相寒武系–奥陶系腐泥型烃源岩、海陆交互相石炭系–二叠系腐殖型烃源岩和陆相三叠系–侏罗系腐殖型烃源岩，各套烃源岩具有不同的平面分布特征，其中三叠系–侏罗系煤系不仅是塔里木盆地页岩气主力源岩，也是盆地最重要的气源岩，主要包括三叠系黄山街组和塔里奇克组以及侏罗系的阳霞组和克孜勒努尔组（表 2.3.8）。

表 2.3.8　塔里木盆地煤系页岩气烃源岩类型、分布特征

页岩名称	地层时代	页岩类型	页岩面积/平方千米	厚度/米
克孜勒努尔组	J_2k	湖泊沼泽相	130 480	50~700
阳霞组	J_1y	河流沼泽相–湖相	83 400	40~120
塔里奇克组	T_3t	河流沼泽相–湖相	125 500	100~600
黄山街组	T_3h	浅湖–半深湖相	133 450	200~550

黄山街组：塔里木盆地上三叠统黄山街组主要分布于库车坳陷内，为灰绿色砂砾岩、粉砂岩与泥岩互层，形成与浅湖–半深湖相的湖侵体系域。呈北厚南薄的厚度空间分布趋势，在山前带较厚，约 300~500 米，沉积中心位于北部的卡普沙良河剖面—库车河剖面一线，最厚 500 米。往南厚度逐渐变薄。该组段内富有机质页岩厚度变化较大，一般为 200~550 米，分布面积约为 $1.334\,5\times10^5$ 平方千米。

塔里奇克组：塔里奇克组在库拜煤田是含煤层位之一，前人多称为A煤组，新疆维吾尔自治区地质矿产勘查开发局第八地质大队和新疆维吾尔自治区煤田地质局161队将其划归为下侏罗统。地层厚度25 951.41米。北部山前地带该组为河流沼泽相，由三个由粗到细的沉积旋回组成，每个旋回下部为绿灰色、灰白色中、细粒砂岩、砂砾岩、砾岩，为河流相沉积；上部为灰绿、深灰色泥岩、炭质泥岩、页岩、浅灰色泥质粉砂岩夹煤层，为沼泽相沉积。向盆地内以湖相沉积为主，为粉砂岩、泥岩夹炭质泥岩和薄煤层、煤线。该组段内富有机质页岩厚度变化较大，一般为100~600米，分布面积约为1.255×10^5平方千米。

阳霞组：前人称为B含煤组。库拜坳陷北部为河流沼泽相沉积，岩性为灰白色、黄灰色粗砂岩与灰绿色粉砂岩、灰黑色泥岩、炭质泥岩及煤层组成的正粒序沉积，局部夹细砾岩、菱铁矿透镜体、泥灰岩。一般厚度200~400米，比尤勒包谷孜厚度为372.549米，吐格尔明厚度为403米，向盆地内侧逐渐变为湖泊沼泽相和湖泊相沉积，岩性以细碎屑岩为主。该组段内富有机质页岩厚度变化不太大，一般为40~120米，分布面积约为8.34×10^4平方千米。

克孜勒努尔组：为C含煤组，表现为湖泊沼泽相沉积。岩性为灰绿色粉砂岩、黑色炭质页岩、灰白色石英砂岩互层夹煤层及黄铁矿结核，厚度400~600米，比尤勒包谷孜厚度为646米，库车河厚度为843米。该组段内富有机质页岩厚度变化较大，一般为50~700米，分布面积约为$1.304\,8\times10^5$平方千米。

2）有机地球化学特征

三叠系黄山街组烃源岩的有机碳含量变化范围较大，为1.0%~30.0%；Ro为0.2%~0.8%，干酪根以Ⅲ型为主，是一套较好的烃源岩；三叠系塔里奇克组烃源岩有机碳含量较高，且高低变化不大，一般为15.50%~23.70%，；Ro为0.6%~0.8%，干酪根以Ⅲ型为主。侏罗系阳霞组烃源岩有机碳含量变化较大，一般为2.50%~20.00%；Ro为0.1%~0.6%，干酪根以Ⅲ型为主。侏罗系克孜勒努尔组烃源岩有机碳含量一般为1.90%~15.86%，平均8.60%；Ro为0.1%~0.6%，干酪根以Ⅲ型为主（表2.3.9）。

表2.3.9 塔里木盆地页岩气烃源岩及地球化学特征

盆地	页岩名称	地层时代	页岩类型	页岩面积/平方千米	厚度/米	总有机碳	有机质类型	Ro
塔里木盆地	克孜勒努尔组	J_2k	陆相煤系	130 480	50~700	1.90%~15.86% 8.60%	Ⅲ	0.1%~0.6%
	阳霞组	J_1y	陆相煤系	83 400	40~120	2.50%~20.00%	Ⅲ	0.1%~0.6%
	塔里奇克组	T_3t	陆相煤系	125 500	100~600	15.50%~23.70%	Ⅲ	0.2%~0.8%
	黄山街组	T_3h	陆相煤系	133 450	200~550	1.0%~30.0%	Ⅲ	0.2%~0.8%

3.1.2　煤系页岩气储层特征

西部地区页岩气储层围岩主要构成页岩气藏的盖层，包括八道湾组、西山窑组内的局部性和区域性盖层，以及三工河组、头屯河组和齐古组多套区域性盖层。在沉积旋回上，侏罗系整个煤系地层沉积以煤泥互旋回为特征，在每个层组各正旋回沉积的上部，以灰、深灰色泥岩盖层为主，厚度一般为5~30米（准噶尔盆地最厚达120米左右），以八道湾组中部和头屯河组上部较为发育，尤其是八道湾组中部不仅厚度大，而且分布范围也较广泛。

围岩岩性主要为构成煤层顶底板的较致密性砂泥岩，以及位于煤层顶底板上下的岩石。例如，准噶尔盆地马桥凸起，据钻井、录井和测井资料，其盖层岩性为灰色、深灰色质纯泥岩、粉砂质泥岩与浅褐、灰色细砂岩互层，泥岩质纯、硬脆、富钙质团块，累计厚度238米，单层最大厚度95米，厚层泥岩明显起着封闭作用。细砂岩胶结物多为钙质、硅质、泥质和铁质，部分为菱铁矿胶结，含量大于24%。因此，致密砂质岩和泥岩层联合封闭是页岩气封隔层形成的岩性因素。

在柴北缘及祁连地区，侏罗系储集层一般为细至中粒砂岩、粉砂岩、页岩（或砂质页岩），部分顶板为含砾砂岩或砂砾岩。但各矿区差异悬殊，情况有所不同。泥岩局部性盖层的封盖能力在纵向上的变化具有三工河组区域性盖层的相同特点。由前人盖层封闭效果资料分析，泥质岩盖层当泥质含量和结构近似，矿物成分以蒙脱石、伊利石和高岭石为主时，具有较强的封闭能力；当绿泥石含量大于20%时，封闭能力较差。这是由于前三种矿物吸水膨胀性强，堵塞孔隙及喉道，使封闭能力增强，而绿泥石性脆、易产生微裂隙，降低了岩石的封闭能力。从准噶尔盆地侏罗系各层系黏土矿物成分统计分析，除腹部莫索湾地区以外，其绿泥石含量大都小于20%，说明盆地泥质岩盖层具有较强的封盖能力。

储集层孔隙结构以微孔为主，在饱和盐水条件下渗透率在1×10^{-11}~1×10^{-6}平方微米，以1×10^{-9}~1×10^{-8}平方微米为主，对油气为有效封盖，个别渗透率小于1×10^{-9}平方微米，为最有效封盖。此标准对页岩气储层的封盖也为有效。依照这一盖层评价标准，在准噶尔盆地周边齐古组与头屯河组泥岩为低效-无效盖层；腹部头屯河组泥岩为低效-有效盖层；陆梁隆起与阜东斜坡区西山窑组泥岩为低效-有效盖层，马桥与自家海凸起为低效盖层；三工河组与八道湾组泥岩在盆地周边多为低效-有效盖层，腹部为有效-最有效盖层。

3.1.3　西部地区页岩气资源量

页岩气资源量计算有多种基本方法，如美国页岩气勘探成熟地区的地质类比分析法、基于生气量和排气率分析的成因法、吸附要素分析法、基于实际含气量测试及分析的含气率法、基于不同类型天然气产储比例的统计分析法、基于地质要素分布概率的风险分析法以及基于数学统计–蒙特卡洛计算机模拟等手段的德尔菲法等。对比北美页岩气产区与中国页岩气勘探实践，形成工业价值页岩气基本地质条件（表 2.3.10），并以此为依据对我国页岩气资源储量进行估计。

表 2.3.10 页岩气有利区评价与选择条件及标准表

参数	中国页岩气选区标准	北美地区		意义
		选区标准	页岩气产区下限	
有机碳含量	>2.0%	>4.0%	>3.0%	烃源岩质量与有效范围
有机质成熟度	>1.1%	>1.4%	>1.0%	
石英等脆性矿物含量	>40%	>20%	>40%	储层质量
黏土矿物含量	<30%	<30%	1%~2%	
孔隙度	>2.0%	>2.0%		潜力与前景
渗透率	>1	>50	>10	
含气量/（米^3/吨）	>2.0%	>2.0%	>1	
初期日产/10^4 立方米		4.00	>0.85	
含水饱和度	<45%	<25%	<35%	
含油饱和度	<5%	<1%	低	
资源丰度/（10^8 立方米·平方千米）		>2.5	>3.0	
地层压力	超压	>>30	>30	生产方式与产能
有效页岩连续厚度/米	30~50			
保存条件	改造程度低			

西部地区准噶尔盆地、塔里木盆地、吐哈盆地和柴达木盆地四大聚煤盆地煤系地层（石炭系、二叠系、三叠系、侏罗系）广泛发育陆相页岩气烃源岩。四大盆地内页岩气烃源岩有机碳含量在 0.28%~35.00%，有机质成熟度为 0.25%~2.60%，大部分地区处于高–过成熟阶段，生烃能力较强，且具备良好的储集条件。通过类比分析法统计可得我国西部地区主要含煤盆地煤系地层页岩气资源量约为 1.019×10^{13} 立方米，占我国页岩气总资源量的 33%。中国西部地区主要含煤盆地页岩气资源量统计表见表 2.3.11。

表 2.3.11　中国西部地区主要含煤盆地页岩气资源量统计表

盆地名称	盆地类型	盆地面积/万平方千米	储层时代	总资源量/亿立方米	沉积面积资源丰度/（亿米^3/万米^2）
准噶尔盆地	前陆盆地	48.34	P、J	58 310.00	833
吐哈盆地	前陆盆地	3.91	P、J、C	3 258.70	833
塔里木盆地	前陆盆地	47.28	J、T	39 386.74	833
柴达木盆地	拗陷盆地	0.80	J	960.00	1 200
合计				101 915.44	

3.2　陆域冻土区天然气水合物

多项资料的研究表明，天然气水合物的形成和分布与温度、孔隙压力、气体的化学成分、孔隙水的盐度、有效的气和水、气和水的运移通道、储层的岩性和封闭性等一系列条件有关。冻土带是天然气水合物发育的两个重要地质环境之一。我国是世界上多年冻土分布面积第三大国，多年冻土面积达 2.15×10^6 平方千米，约占世界多年冻土面积的 10%，占我国陆地总面积的 22.4%，仅次于俄罗斯和加拿大。冻土区主要分布于青藏高原、大兴安岭及其他高山地区。我国具有形成天然气水合物的广阔有利区域。

青藏高原多年冻土区活动带具备形成天然气水合物的特殊地质条件。首先，青藏高原是我国最大的冻土区，面积多达 8.8×10^5 平方千米，冻土厚度均大于 10 米，是良好的盖层；其次，多年冻土区日均气温低于 0℃，年均气温低于−6℃，地表低温既能抑制甲烷的生成，又可使甲烷在冻土带中形成水合物，阻止甲烷散逸，从而形成天然气水合物矿藏；再次，研究区存在良好的烃源岩，可为天然气水合物的形成提供丰富的生烃潜量；最后，区内存在良好的圈闭边界条件，如岩性圈闭、冻土层圈闭等，对形成天然气水合物矿藏非常有利（坚润堂等，2009）。

木里地区是祁连山冻土区的核心，除局部地段外，多年冻土连续分布。对木里煤田聚乎更矿区冻土层的厚度、底界及矿区分布特征的研究结果表明：该区分布季节性冻土层 26 层，厚度 7.6~90.0 米，上界最高温度为 16.25℃，下界是多年冻土层，温度一般为 0℃。研究表明冻土层厚度一般与海拔高度成正比，即井田 4 线以西的西北部高山区由于海拔相对较高，多年冻土层分布较厚，其中 3 号孔达 59 米，为全井田最厚；0 线至 5 线之间地形比较平坦，海拔较低，其厚均小于 50 米；井田北部和南部区域，多年冻土层均有增厚的趋势，其底界从北到南逐渐加深。同时，潘语录等（2008）随机选择了煤田内聚乎更（表 2.3.12）、江仓、热水 3 个矿区的 30 个测温孔进行了分析，得出多年冻土层厚度为 13.6~159.0 米，平均厚度为 79 米。

表 2.3.12 聚乎更矿区四井田多年（季节）冻土厚度统计表

孔号	孔深/米	季节冻土厚度/米	多年冻土底板深度/米	多年冻土厚度/米	平均地温梯度/（℃/100 米）
11	465.97	0.00	92.00	92.00	4.37
12	708.58	0.00	65.00	65.00	2.88
13	320.05	4.00	28.00	28.00	2.90
2	655.33	28.00	150.00	122.00	2.69
1	180.40	21.00	114.00	93.00	1.20
2	328.50	0.00	125.00	125.00	2.70
4	810.80	41.00	101.00	60.00	4.23
3	530.00	9.00	168.00	159.00	3.39
0~4	714.80	0.00	114.00	114.00	5.03
1	190.00	0.00	51.00	51.00	2.10
3	360.00	0.00	60.00	60.00	3.35
3	454.00	48.00	97.00	49.00	0.80
7	470.42	46.00	110.00	64.00	3.10
1	225.00	0.00	82.50	82.50	3.31
2	421.88	20.00	53.00	33.00	2.56
平均值				79.83	2.974

3.2.1 天然气水合物资源量评价方法

目前天然气水合物资源评价方法大致有四种：一是以水合物赋存状态为对象的评价方法（体积法）；二是以水合物气体来源为对象的评价方法；三是基于水合物的地球物理、地球化学等勘探方法的评价方法；四是以水合物形成机制为对象的评价方法。以上四种方法相辅相成，第一种方法是目前评价天然气水合物资源量的基本方法，第二种方法则从有机质演化角度进行资源量评价，是一种大尺度的评价方法，目前仍处于探索阶段。其他两种方法仅作为水合物资源量计算的辅助手段，其最终目的是获取资源评价所需的各种参数。

青藏高原冻土实测厚度 10~175 米，计算最大厚度 700 米，冻土层内地温梯度为 0.011~0.033℃/千米，冻土层之下沉积层地温梯度为 0.015~0.050℃/千米。水合物形成的相平衡特征显示，热成因和生物成因天然气水合物的顶界埋深为 27~560

米，底界埋深为 77~2 070 米。

由于多年冻土区天然气水合物资源评估较为复杂，迄今为止尚无一个国家对本国多年冻土区的天然气水合物资源进行完整的评估。目前仅美国、俄罗斯和加拿大证实在多年冻土区含有天然气水合物，并对多年冻土区天然气水合物资源量进行了评估（吴青柏和程国栋，2008）。陈多福等（2005）也对我国青藏高原冻土带的天然气水合物进行了估算和预测：青藏高原多年冻土分布面积为 1.4×10^6 平方千米，藏北羌塘高原 4.07×10^5 平方千米。计算的天然气水合物层厚度为 0~2 043 米。如果青藏高原 10%的多年冻土发育有水合物，水合物层厚度以 1 000 米计算，冻土带水合物平均含量为 1%，1 立方米的水合物含有 170 立方米天然气，青藏高原多年冻土带水合物天然气资源达 2.4×10^{14} 立方米，藏北的羌塘高原水合物天然气资源达 6.9×10^{13} 立方米。如果仅有 1%的冻土带发育有水合物、水合物层厚 50 米、含量为 0.1%，青藏高原多年冻土带水合物天然气资源达 1.2×10^{11} 立方米，藏北的羌塘高原水合物天然气资源达 3.45×10^{10} 立方米。因此，青藏高原多年冻土带具有较大的天然气水合物资源前景。

3.2.2 木里地区天然气水合物资源量评价

1. 煤层气理论产气量与现有资源量的差值

根据“青藏高原东北部煤炭资源赋存规律研究与勘查开发方向评价”项目对青海省木里地区煤炭与煤层气资源的评价预测，经计算得到的结果可知，木里煤田已查明煤炭资源储量中，煤类虽然较齐全，但分布极不均衡。查明的煤炭资源储量中，以焦煤最多，累计查明的资源储量中焦煤为 342 573 万吨，其次为贫煤 19 547 万吨；气煤累计查明资源储量 19 018 万吨，不黏煤为 15 380 万吨；弱黏煤为 3 586 万吨（表 2.3.13）。其预测资源量根据青海省祁连含煤区木里煤田潜在资源状况及前景评价汇总表中的潜在资源量分煤类进行汇总计算（同一矿区含两种煤类的按平均比例计算资源量，3 号矿区 JF 煤类按焦煤计算（表 2.3.14）。采用资源总量参与估算，即累计查明+预测资源量计算，木里煤田累计查明资源量为 40.010 4 亿吨+预测资源量 105.834 5 亿吨=145.844 9 亿吨。

表 2.3.13 2004 年底青海省木里煤田煤炭资源煤类分布

煤类	累计查明资源储量/万吨	比例	预测资源量/万吨	资源总量/万吨
贫煤	19 547	4.9%	12 468.70	32 015.70
瘦煤			55 903.50	55 903.50
焦煤	342 573	85.6%	268 353.20	610 926.20

续表

煤类	累计查明资源储量/万吨	比例	预测资源量/万吨	资源总量/万吨
气煤	19 018	4.7%	401 500.57	420 518.57
弱黏煤	3 586	0.9%	8 965.50	12 551.50
不黏煤	15 380	3.8%	235 679.80	251 059.80
长焰煤			75 474.10	75 474.10
合计	400 104		1 058 345.37	1 458 449.37

表 2.3.14　青海省木里煤田潜在煤炭资源汇总表（按煤类划分）

单位：万吨

煤类	PM	SM	JM	QM	RN	BN	CY	合计
潜在资源量	12 468.70	55 903.50	268 353.2	401 500.57	8 965.50	235 679.80	75 474.10	1 058 345.37

根据表 2.3.13 中木里煤田各煤种的资源/储量以及各自的视煤气发生率（表 2.3.15）（使用综合取值进行计算）计算出木里煤田的理论产气量（表 2.3.16）。

表 2.3.15　模拟实验视煤气发生率表　　单位：米^3/吨煤

长焰煤	不黏煤	弱黏煤	气煤	肥煤	焦煤	瘦煤	贫煤	无烟煤
100			146	161	202	219	265	351
4~31			0~58	26~108	48~126	86~230	110~321	168~390
70			84	110	140		170	289
30	40	50	60	100	150	200	260	350

表 2.3.16　青海省木里煤田理论产气量估算表　单位：万立方米

煤类	查明理论产气量	预测资源量	资源总量
贫煤	5 082 220	3 241 862	8 324 082
瘦煤		11 180 700	11 180 700
焦煤	51 385 950	40 252 980	91 638 930
气煤	1 141 080	24 090 034.2	25 231 114.2
弱黏煤	179 300	448 275	627 575
不黏煤	615 200	9 427 192	10 042 392
长焰煤		2 264 223	2 264 223
合计	58 403 750	90 905 266.2	149 309 016.2

注：资源储量（万吨）×视煤气发生率（米^3/吨煤）=理论产气量（万立方米）

木里煤田总的煤层气地质资源量为 91.44 亿立方米。理论产气量与实际煤层气产量之差为潜在的可能形成天然气水合物的资源量。但煤在各个阶段的实际产气量并不可能像在实验室中煤气发生率那么理想，实际可能只是模拟值的 1/10。青海木里煤田天然气以水合物状态存在的资源量为 14 930.9 × 0.1−91.44=1 401.65 亿立方米。

假设该地区产出气体的逸散率为 80%（残留 20%），在《世界天然气水合物研究开发现状和前景》中计算海洋天然气水合物资源量时将天然气排出系数设为 0.7，则该区天然气水合物资源量为 1 401.65 × 20% × 0.7=196.231 亿立方米。

2. 测井曲线估算天然气水合物体积

确定天然气水合物藏的两个最大的困难是准确地确定天然气水合物藏的孔隙变化和气水合物的饱和度。困难的主要原因是先前缺乏野外和实验研究。测井资料通常被作为孔隙度的依据，然而在天然气水合物或冰胶结层，用测井资料计算孔隙度有很大误差。

许多研究者认为，天然气水合物在自然界中不可能有完全充满的结构。但是如果笼形结构中所含气体少于 70%的话，天然气水合物就不稳定。因而，计算天然气水合物的体积时分两种情况：90%为气体充填的笼形物（水合指数为 6.325）；70%为气体充填的笼形物（水合指数为 7.475）。这个完全可以代表自然界中可能发生的水合物最大指数和最小指数。根据 Hdder 和 Hand 的著作，水合指数为 6.325 的 1 立方米的甲烷水合物可产生 164 立方米甲烷，水合指数为 7.475 的 1 立方米的甲烷水合物可产生 139 立方米甲烷。这些水合物产气因素被用来确定水合物中气体的含量（Collett，1998）。我们假设研究区内天然气水合物为 90%气体充填的笼形物，可产生 164 立方米的甲烷。

煤炭地质勘查涌气钻孔测井资料解释表明，各钻孔普遍发育两层天然气水合物疑似层位，测井解释疑似天然气水合物赋存的厚度为 0.20~13.15 米，取平均值 3.18 米（表 2.3.17）。

表 2.3.17　木里煤田测井曲线解释天然气水合物可疑层汇总表

项目	一井田	二、三露天	三井田	四井田
天然气水合物可疑层厚度/米	1	18	2.25	1.3
	3	3.5	13.15	0.8
	3.1	3.2	1.5	1
	3.05	8	1.95	0.85
	0.9	3.25	3	3

续表

项目	一井田	二、三露天	三井田	四井田
天然气水合物可疑层厚度/米	8		1.9	1.4
	1.25		3	1.5
	6.35		10	0.75
	3		4	2.95
	2.5		6.6	0.6
	1		1.7	0.5
	1		3	1
	1.55		0.7	1.25
	8		1.5	
	1.35		2	
			1.5	
解释单井孔数/个	8	14	23	4
各井田可疑层厚度总和/米	45.05	35.95	57.75	16.9
全部解释的可疑层厚度/米	155.65			
疑似水合物的平均厚度/米	3.18			

青海木里煤田面积 7 600 平方千米，假设区内可能发育天然气水合物的面积约为总面积的 10%，取测井曲线解释得到的天然气水合物储集层的平均厚度 3.18 米，则天然气水合物疑似层总体积为 7 600 平方千米 $\times$ 10% $\times$ 3.18 米=2.416 8 $\times 10^9$ 立方米。

但是，钻孔中解释的含天然气水合物的岩层中，只是在岩石裂隙及孔隙中赋存天然气水合物，也就是说，纯的天然气水合物的上限为岩层体积乘以孔隙度。通过实验表明，在砂质沉积物中天然气水合物的饱和度可达 79%~100%，泥砂中可达到 15%~40%，砂质黏土泥中只有 2%~6%。

木里地区天然气水合物疑似层位所处层位的岩性主要是砂岩，水合物饱和度不详。就目前搜集到的资料，青海木里煤田聚乎更矿区一露天粉砂岩的孔隙度为 5.27%~5.67%，砂岩的孔隙度为 2.24%~9.77%；二井田测试的岩石孔隙度平均值为 2.365 694；三井田测试的岩石孔隙度平均值为 6.455%，木里煤田 5 号井 46 岩样岩石孔隙度平均值为 3.24%，储集层的孔隙度为 2%~10%，作为近似，疑似层位岩层的孔隙度取为 5%。则：

$$天然气水合物总体积=2.416\ 8 \times 10^9\ 立方米 \times 5\%=1.21 \times 10^8\ 立方米$$

按 1 立方米的天然气水合物产生 164 立方米天然气计算，木里煤田天然气水合物的潜在资源量（换算成天然气体积）为

$$1.21\times10^{8}\text{立方米}\times164=198.44\text{亿立方米}$$

3. 冻土带估算天然气水合物稳定带体积

青海木里煤田总面积 7 600 平方千米，根据 Sloan（2002）的 CSMHYD 程序计算得到 DK1 孔内天然气水合物形成的稳定带范围在 21~428 米，稳定带厚度为 407 米。根据测井曲线解释的天然气水合物疑似层的厚度约占水合物稳定带厚度的 1.69%（表 2.3.18）。

表 2.3.18　木里煤田聚乎更矿区天然气水合物解释层位百分比

项目	一井田	二、三露天	三井田	四井田
钻井总深度/米	2 136	4 858	5 818	1 246
可疑层总厚度/米	45.05	39.95	57.75	16.9
可疑层占地层厚度百分比	2.59%	1.32%	1.29%	1.57%
平均值	1.69%			

仍取区内可能发育天然气水合物的面积约为总面积的 10%，平均孔隙度 5%，按 1 立方米的水合物产生 164 立方米天然气计算，则天然气水合物在稳定带范围内存在的总体积为

$$7\,600\text{平方千米}\times10\%\times1.69\%\times407\text{米}\times5\%=2.613\,75\times10^{8}\text{立方米}$$

木里煤田天然气水合物潜在天然气总量为

$$2.613\,75\times10^{8}\text{立方米}\times164=428.656\text{亿立方米}$$

三种方法估算的天然气水合物潜在资源量较为接近，为 200 亿~430 亿立方米，显示了巨大的资源潜力。

3.3　煤层气

3.3.1　地质储藏含气特性

1. 吐哈盆地

1）地质背景

吐哈盆地的含煤地层主要分布于盆地北部，含煤地层为下–中侏罗统八道湾组和西山窑组，西山窑组除中部呈东西延展的塔克泉隆起和南湖隆起缺失外，其他

地区均有分布，而八道湾组分布区小于西山窑组分布区，分布于北部区的十三间房以西和哈密一带。

吐哈盆地位于新疆北部东天山地区，所属大地构造位置位于哈萨克斯坦、西伯利亚、塔里木三大古板块的汇合部位，被不同时代和不同性质的构造活动带环绕。

吐哈盆地在二叠纪、三叠纪呈南深北浅，而在侏罗纪则呈北深南浅，构成两套构造层。整体来看，上、下构造层都是呈东西三分格局，即西部吐鲁番坳陷、中部了墩隆起和东部哈密坳陷。对侏罗系构造单元而言，吐鲁番坳陷又进一步分为台北凹陷、托克逊凹陷、布尔加凸起和艾丁湖斜坡。坳陷中发育厚薄不等的煤系地层，含煤层数多，煤层厚度大，具有形成煤层气富集带的良好物质基础。

吐哈盆地的形成、发展与区域构造演化密切相关，是控制聚煤作用的重要原生因素。晚古生代末期，随着觉罗塔格山、哈尔里克山隆起及博格达裂陷褶皱回返，形成了吐哈盆地作为独立的陆相盆地的雏形。早期盆地呈现为充填式分隔性断陷盆地；到三叠纪末，区域上受印支运动南北向挤压作用，吐哈一带逐渐由断陷盆地向坳陷盆地转化，盆地区由整体抬升转为下降，接受沉积，早侏罗世早期，盆地内气候温暖湿润，植被繁茂，河流纵横，湖泊主要分布于坳陷腹地的小区域内，八道湾期的含煤沉积便是在盆地整体下降时所经历的一段填平补齐式沉积，沉积范围局限于北部的东、西坳陷中。到早侏罗世末期，即三工河期，盆地发生大面积湖侵，分布范围扩大，但此阶段吐鲁番与哈密仍为两个相互独立的沉积坳陷，可能沉积区水深度较大，导致盆地内聚煤作用停止。到中侏罗世，盆地仍处于沉降阶段，但下降速度缓慢，经过早侏罗世的填平补齐后，地势已趋于平坦，吐鲁番和哈密两坳陷连为一体，除塔克泉-南湖隆起外，形成南北两大凹陷区，河流发育，三角洲相间分布，并充填凹陷湖泊区，在三角洲的间湾、湖泊边缘等沼泽发育，为盆地再次聚煤提供了良好的条件。西山窑晚期，湖盆坳陷中央沉降加速，周缘山系不断抬升，为盆地沉积提供了丰富的物源，使此前形成的煤层得以保存。

2）储层特征

吐哈盆地各煤岩类型比较特殊，宏观结构特征明显。艾维尔沟煤矿、柯柯亚煤矿的光亮煤厚度往往较大（图 2.3.6），主要以贝壳状和眼球状结构为主；丝炭出现比较频繁，且单层厚度大，富含丝炭碎屑的暗淡煤厚度可大于 2 米；许多暗淡煤表现为腐泥特征，质纯、轻，断口呈贝壳状，均一结构，块状构造，厚度多在 0.5 米以上，如柯柯亚煤矿，少部分矿区煤岩类型以光亮-半亮煤为主。

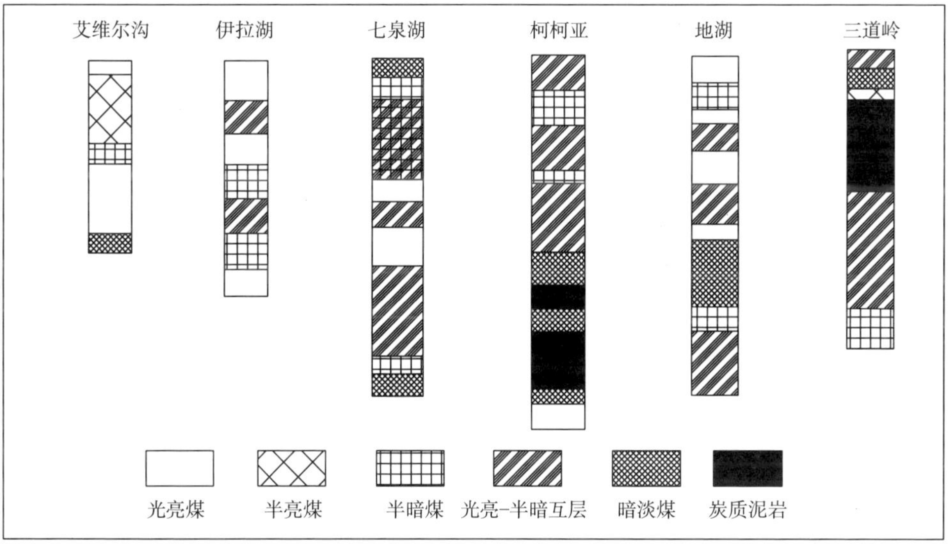

图 2.3.6　吐哈盆地主采煤层煤岩类型对比图

3）保存条件

（1）构造条件。吐哈盆地一些煤矿吸附气的天然气同位素资料表明，吐哈盆地的一些甲烷气是生物成因的。构造应力场的数值模拟研究和地震资料表明，在准噶尔盆地南缘存在复杂构造与大型断块或破裂，局部地区的断裂裂缝发育对地下水流系统非常重要，断裂裂缝对地下水流的影响就是控制生物成因下限深度的因素之一。

断裂活动的过程是岩石中地应力逐步集中和释放的过程。在地应力作用下不仅可以形成适于煤层气聚集成藏，而且地应力本身的变化还会引起流体势场的变化，影响煤层气的运移与聚集。在构造应力场作用下，早先存在有断裂的部位既是弱破裂强度带也是地应力集中带，因此，即便其应变尚未达到破裂变形阶段，只要已处于扩展阶段，就可能成为相对低流体势带（先期断裂再次活动），从而成为煤层气运移的指向。储集层在平行水平最大主应力（垂直最小主应力）的方向上连通性最好，为煤层气运移的主要方向，与最大主应力小角度相交的先期主要断裂方向也可以成为煤层气运移的主要方向。从盆地构造应力场的结构来看，存在四个应力差别比较大的层段：底部的不可逆压实带、下部的挤压应力带、中部的剪切应力带和浅部的张裂带。在剪切应力带与挤压应力带的转换区易形成扩容带，形成深层挤压带侏罗系煤系生成的烃类的主要运移指向区，直接捕捉邻近向斜区生成的煤层气，二次吸附的浅部侏罗系煤层中形成煤层气富集带。

（2）水文地质条件及封盖条件。吐哈盆地水动力迁移控气作用、水力封闭控气作用和水动力迁移封堵控气作用的相对重要性及其特点与准噶尔盆地有一定的差异。

水动力迁移控气作用见于吐哈盆地南缘。盆缘斜坡被断层切割强烈，压扭性断层呈导水性质，煤系露头靠近周缘山系或与新生代含水层相接，煤储层弱含水层或与之有联系的煤系含水层有较好的补给条件，导水断层构成排泄区，煤储层处于地下水径流带，煤储层及其有水力联系的含水层形成了完整的补、径、排水动力系统，地下水在运动过程中携带煤层中气体运移，最终导致其逸散。吐哈盆地南缘煤层气封存发育径流运移封盖环境，煤储层含气性差。

水动力封闭控气作用见于哈密凹陷，为构造相对简单的宽缓向斜，内部断裂构造不发育，煤系地层上部和下部存在良好的隔水层，八道湾组下部隔水层为三叠系粉砂质泥岩，上部隔水层为三工河组泥岩；西山窑组下部隔水层为三工河组泥岩，上部隔水层为西山窑组中上段厚层泥岩。煤储层为弱含水层，与煤层有水力联系的为局部相邻发育的砂岩含水层，但由于砂体分布不稳定，横向连续性差，砂岩含水层的地下径流缓慢甚至停滞。煤层及相邻含水层补给仅限于浅部露头的大气降水，由于气候干燥，无稳定的地表水供给，补给量很小，同时不具备排泄条件，地下水总体呈封闭状态，哈密凹陷煤层气封存发育于静水封闭环境凹陷深部，且煤储层压力高，导致煤层气的富集。

水动力迁移封堵控气作用见于吐哈盆地北缘，在博格达山南麓的煤系地层露头接受地表水补给，地下水顺层沿陡坡由浅部向深部运动，煤系地层上下发育泥岩隔水层。由于煤储层埋深普遍较小，向深部静岩压力不足以使煤层透渗性变差而阻止其内水、气的运动，高角度逆冲断层会有一定导水性，这样煤储层成为弱含水层。

2. 塔里木盆地

1）地质背景

塔里木盆地位于新疆维吾尔自治区南部，经历了复杂的构造演化。塔里木盆地奠基在前震旦系陆壳基底之上，是古生界克拉通盆地和中新生界前陆盆地组成的大型叠合复合盆地。在构造格架上，塔里木盆地可以分为三隆四坳。塔里木盆地内含煤地层主要为下中侏罗统。下中侏罗统在中央隆起上缺失，在塔北坳陷带、孔雀河斜坡和塔南坳陷大部地区均有分布，但埋深大。塔北地区克拉苏群与塔里奇克组一般为整合，部分地方为不整合；与上覆中侏罗统恰克马克组为整合接触。塔南地区称叶尔羌群，不整合在塔里奇克组之上，部分地区不整合于古生界及元古宇之上（表 2.3.19）。

表 2.3.19　塔里木盆地侏罗系地层划分表

<table>
<tr><th colspan="2">地层</th><th>库拜煤田</th><th>尉犁-罗布泊煤田</th><th>塔里木南缘-西南缘（含乌恰煤产地）</th></tr>
<tr><td rowspan="7">侏罗系</td><td rowspan="2">上统</td><td colspan="2">喀拉扎组</td><td rowspan="2">库孜贡苏组</td></tr>
<tr><td colspan="2">齐古组</td></tr>
<tr><td rowspan="2">中统</td><td colspan="2">恰克马克组</td><td>塔尔尕组</td></tr>
<tr><td colspan="2">克孜勒努尔组</td><td>杨叶组</td></tr>
<tr><td rowspan="3">下统</td><td colspan="2">阳霞组</td><td>康苏组</td></tr>
<tr><td colspan="2">阿合组</td><td>沙里塔什克组</td></tr>
<tr><td colspan="2">塔里奇克组</td><td>塔里奇克组</td></tr>
</table>

2）储层特征

（1）煤层。塔里木盆地中库拜煤田含煤最好，发育克孜勒努尔组、阳霞组、阿合组、塔里奇克组等含煤地层。在库拜煤田中，阳霞一带 A 煤组含可采煤两层，可采总厚度 27.30 米；B 煤组含煤 11 层，9 层可采或局部可采，可采总厚度为 13.49~55.70 米；C 煤组含煤 12 层，可采或局部可采 9 层，可采总厚度 117.37 米。含煤系数约为 2.4%。

比尤勒包谷孜-阿艾一带，A 煤组含煤 14~17 层，总厚度为 18.28~26.02 米，可采或局部可采 8~11 层，厚 14.80~22.92 米；B 煤组含煤 7~11 层，总厚度为 4.60~7.52 米；C 煤组含煤 11 层，总厚度为 3.80~13.90 米。含煤系数为 1.7%~3.0%。

卡普沙良-铁列克一带，A 煤组含煤 2~5 层，可采总厚度为 2.90~13.50 米；B 煤组含煤 3 层，总厚度为 8.40 米，稳定可采 1 层，厚 7.70 米；C 煤组含煤 3 层，厚 1.00~3.40 米。含煤系数为 0.8%~1.6%。

西部包孜东一带，A 煤组含煤 4 层，可采两层，厚 5.00~8.15 米；B 煤组含 1 层煤，厚 0.4~0.7 米；C 煤组含可采煤 1 层，包孜东以东不可采，包孜东附近厚 1 米左右，西端厚 3.90~4.60 米。含煤系数为 0.7%~1.4%。

（2）煤岩煤质。库拜煤田（以阿艾东风矿为例）宏观煤岩类型为光亮-半亮型煤，显微煤岩类型以富镜质组的微镜丝煤为主，只在东部阳霞产地 B、C 煤组分别含微亮煤和富丝质组的微镜丝煤（表 2.3.20）

表 2.3.20　库拜煤田显微煤岩组分及煤岩类型

矿区名称	煤组	镜质组	惰性组	壳质组	无机组	显微煤岩类型
阳霞	C	40%~45%	45%~55%	<2%	1%	微镜丝煤Ⅰ
	B	90%~95%	6%~8%	<3%	1%	微镜丝煤Ⅴ 微亮煤
	A	70%~75%	23%~28%	1%~2%	<1%	微镜丝煤Ⅴ

续表

矿区名称	煤组	镜质组	惰性组	壳质组	无机组	显微煤岩类型
比尤勒包谷孜	C	57%~82%		1%	5%~9%	微镜丝煤V
	B			1%	5%~9%	
	A	72%~85%		1%	5%~9%	微镜丝煤V
俄霍布拉克	A	主	>15%		少	
库尔阿肯	A	60%~80%	5%~25%	1%~2%	5%~10%	微镜丝煤V
铁列克	C	80%~87%	8%~21%	<1%		微镜丝煤V
	B	81%~86%	11%~18%	<1%	2%~15%	微镜丝煤V
	A	80%~90%	11%~23%	<1%	浓~8%	微镜丝煤V
阿托依纳克	C	50%~95%	5%~40%		极少	微镜丝煤V
	B	70%~95%	2%~3%	极少	1%~17%	微镜丝煤V
	A	70%	30%	极少~1%	1%~10%	微镜丝煤V

（3）孔隙性。塔里木盆地阳霞矿区侏罗系煤层中孔径大于100纳米的孔隙体积比为11.11%，面积比为0.81%，孔径介于10~100纳米的孔隙体积比为40.89%，面积比为10.39%，孔径小于10纳米的孔隙体积比为48.00%，面积比为88.80%。和田布雅矿区相应的孔隙体积比分别为21.34%、60.23%和18.44%，相应的面积比分别为2.85%、32.18%、64.97%（表2.3.21）。

表2.3.21　塔里木盆地煤储层孔隙特征表

地点	样号	体积比			面积比		
		>100纳米	10~100纳米	<10纳米	>100纳米	10~100纳米	<10纳米
阳霞	C10	11.11%	40.89%	48.00%	0.81%	10.39%	88.80%
	2	26.43%	67.07%	6.51%	5.89%	59.62%	34.49%
	8	32.00%	53.80%	12.99%	6.38%	35.07%	58.55%
俄霍布拉克	下1	15.19%	48.17%	36.64%	1.54%	18.13%	80.33%
	下2	14.44%	42.61%	42.94%	1.27%	13.96%	84.77%
阿艾东风矿	4	31.47%	61.25%	7.28%	8.31%	53.11%	38.58%
	8	38.71%	53.65%	7.64%	10.69%	48.37%	40.94%
布雅	24	21.34%	60.23%	18.44%	2.85%	32.18%	64.97%

塔里木盆地北缘侏罗系煤储层渗透率一般在 3.6×10^{-5}~1.3×10^{-2} 平方微米，

变化较大（表 2.3.22）。以阳霞煤产地最高，阿艾东风矿最低。渗透率与孔隙度关系密切，随着孔隙度的增加，煤的渗透率值明显变大。

表 2.3.22　塔里木盆地煤储存渗透率测试结果表

矿点	样号	渗透率/（10^{-3}平方微米）	孔隙度	岩石密度/（克/厘米^3）	备注
阳霞	5	13.0	26.1%	1.08	有微裂缝
	6	0.357	5.9%	1.27	
俄霍布拉克	7	1.36	4.8%	1.24	
	8	0.093	1.9%	1.37	
阿艾东风矿	9	0.036	6.2%	1.29	

（4）含气性。塔里木盆地原煤饱和吸附量变化在 2.5~16.82 米^3/吨。平面上，库拜煤田兰氏体积普遍较高，其中，阿艾东风矿区煤样的饱和吸附量最高，和田布雅煤矿最低。可燃质的饱和吸附量变化在 3.3~17.87 米^3/吨，其中阿艾东风矿区煤样的饱和吸附量最高，阳霞煤产地最低。煤的中值压力在 1.79~5.58 兆帕变化。

3）保存条件

（1）构造条件。塔里木盆地是大型组合叠加盆地，它是古生代陆表海覆盖的地台型盆地、中生代断陷型盆地、山前坳陷型组合盆地与新生代中间地块型盆地的叠加盆地。海西期构造活动结束了塔里木地台发展历史。在泥盆纪末，海西期第一幕主要表现为区域整体抬升，塔北、塔中隆起遭受严重剥蚀，使石炭系与下伏地层呈不整合。二叠纪末，海西期第二幕则使台隆急剧抬升、断褶，并伴有岩浆活动。中生代印支期，构造活动也是以抬升作用为主，使侏罗系煤系地层与下伏地层呈角度不整合接触，坳陷内形成大型开阔褶皱和逆冲断裂，有利于煤层气保存富集。燕山期构造活动导致盆内形成“三隆四坳”的构造格局，并且由于天山和昆仑山的生长，在山前形成的坳陷沉积了巨厚的中生界煤系地层，具有良好的煤层气开发前景。喜马拉雅期构造活动导致天山、昆仑山继续上升，盆地内部表现为相对下降，在山前坳陷表现强烈，使新生界地层强烈褶皱，逆冲断层发育。

塔北坳陷带包含了库车坳陷、塔北隆起、满加尔坳陷。晚三叠世及早–中侏罗世，库车坳陷北缘发育河湖沼泽相、湖沼相含煤碎屑岩建造，向南至拜城—轮台一线以北地区则为较深水湖区，聚煤作用明显减弱。中新生代拜城库车一带沉积达万米以上，形成巨厚煤层，在开阔褶皱和逆冲断裂发育处形成煤层气藏，如阿艾和俄霍布拉克等地。

西南坳陷受和田断裂和塔拉斯–费尔干纳大断裂控制，西南坳陷西端处在南天山褶皱带与昆仑山褶皱带两大活动带复合部位，早–中侏罗世构造活动强烈，沉降幅度大，与南天山褶皱带西端托云坳陷都受费尔干纳大断裂控制，相互连通，形成一狭长的坳陷带（图 2.3.7）。整个坳陷为南深北浅的箕状。昆仑山前，断续分布下–中侏罗统煤系地层，主要是强烈聚煤期后构造运动改造所致。库斯拉普盆地是塔西南最大的含煤盆地，为断陷型，构造复杂，不利于煤层气富集保存。

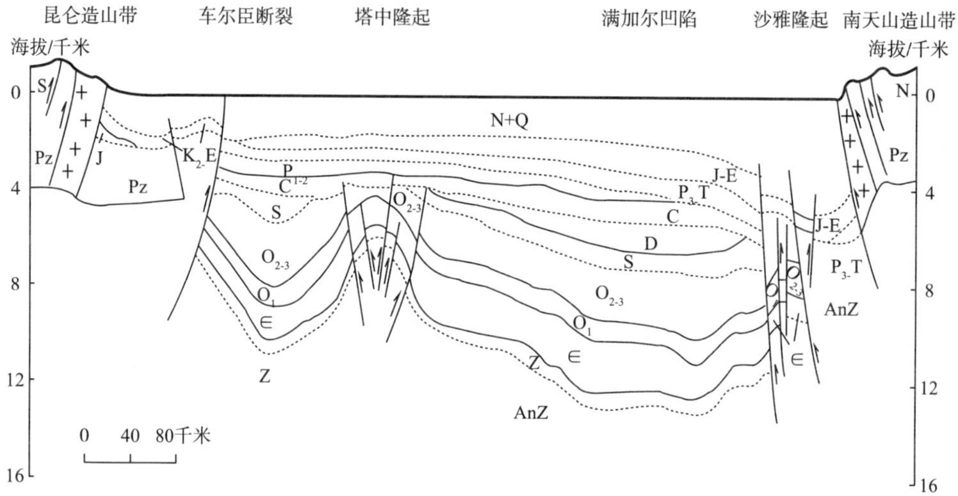

图 2.3.7 塔里木盆地南北构造剖面图

东南坳陷受车尔臣断裂和阿尔金大断裂控制，也为南深北浅的箕状坳陷；下–中侏罗统在阿尔金山前断续零星出露，以江格萨依一带较好，煤层气资源前景不大。

（2）水文地质条件。中国进入第四纪以来，喜马拉雅运动导致青藏高原的隆起，改变了中国西部地区的气候，影响了大陆冰川的发育，在西部地区造成了干旱气候条件，塔里木盆地普遍较为干旱，低煤阶煤层气富集成藏的水文地质条件较差，煤层甲烷风化带较深，对低煤阶煤层气保存是不利的。

（3）封盖条件。塔里木下–中侏罗统顶板大多为砂岩，其封闭能力差，但是巨厚煤层本身就具有较好的封闭性能，使得该地区的煤层气含量较高。

3. 准噶尔盆地

1）地质条件

准噶尔盆地的大地构造位置处于哈萨克斯坦古板块、西伯利亚古板块以及塔里木古板块陆缘海的交汇部位，是一个典型的三面被古生代缝合线围绕的二叠纪–中生代发展起来的大陆板内盆地构造。盆地与围山的相对高差较小，从而出现盆缘地带冲积相发育，盆地内部在地质历史上长期有稳定水体存在，湖泊沉积发育。盆地边部含煤性好，煤层较多，一般稳定性较差。煤层发育于八道湾组和西山窑组，而三工河组基本不含煤，为湖侵期产物。

2）储层特征

（1）煤层。准噶尔盆地煤层主要发育于盆地南缘，即北天山山前坳陷。该区在侏罗纪沉积时，持续下沉，且沉降速率较快，沉积了厚度巨大的煤系地层。其中，八道湾组煤层厚度为 9.00~17.08 米，最大单层厚度为 15 米，估计煤岩体积为 655 立方千米；西山窑组煤层总厚 175.23 米，最大单层厚度超过 100 米，估算煤岩体积为 794 立方千米。

（2）煤岩特征。八道湾组煤层的宏观煤岩类型以光亮型和半亮型为主，半暗型次之，暗淡型较少；宏观煤岩成分以亮煤为主，夹较多的镜煤条带，少量暗煤和丝炭线理。显微煤岩类型以微亮煤、微镜煤、微暗煤为特征。八道湾组下部煤层宏观煤岩类型主要为半亮型，显微煤岩类型发育微亮煤和富壳微暗煤；上部煤层宏观煤岩类型主要为光亮型，显微煤岩类型发育微亮煤和微镜煤。盆地南部的煤层具条带状结构，宏观煤岩类型主要为光亮型，半亮型次之，宏观煤岩成分以亮煤为主，夹镜煤、丝炭透镜体和少许暗煤条带；盆地东部的煤层具线理状、条带状结构及透镜状结构，宏观煤岩类型基本上为光亮型和半亮型，宏观煤岩成分发育条带状亮煤，次为似条带状或线理状镜煤，夹暗煤透镜体；盆地西北部的煤层具条带状及线理状结构，宏观煤岩类型主要为光亮型，局部见富壳暗淡型。

准噶尔盆地侏罗系煤层显微煤岩组分以镜质组为主，惰质组次之，稳定组含量一般较低，但有时惰质组或稳定组成为主要显微组分。镜质组中，基质镜质体最为丰富，相对含量多高于 80%，含少量的均质镜质体、贫结构镜质体；惰性组中，丝质体、半丝质体占绝对优势，其次为粗粒体；稳定组中，小孢子体和角质体最为常见，其次为藻类体、沥青质体。八道湾组煤层和西山窑组煤层相比，前者镜质组含量更高，稳定组含量更为常见，矿物质含量也更高，而后者惰性组更为丰富。

（3）孔隙性。由表 2.3.23 分析，准噶尔盆地侏罗系煤储层渗透率变化较大，不具（微）裂缝者，其渗透率值为 3.21×10^{-4}~6.17×10^{-3} 平方微米；具（微）裂缝者，其渗透率值为 8.67×10^{-3}~1.17×10^{-2} 平方微米，阜康三工河 J_1b 煤样竟高达 1.383×10^{-2} 平方微米。按煤储层评价标准，应属低至中渗储层；具（微）裂缝者可达高渗储层级别，这对煤层气的开采有利。其变化与层位、孔隙度和岩石密度似无直接线性关系，而与煤岩类型有关。初步分析，暗淡煤的渗透率最低，由半暗煤→半亮煤→光亮煤，其渗透率有增高趋势。当然，这还需要更多样品及实际资料的验证。在区块上，准南阜康一带煤储层的渗透率相对较低，且变化区间较大；昌吉硫磺沟一带煤储层的孔渗相对居于中等；准东三塘湖—木垒—巴里坤一带煤储层的孔渗相对均较高。

表 2.3.23 准噶尔盆地侏罗系煤储层孔隙度、渗透率分析数据

地点	层位	煤岩类型	渗透率/（$\times10^{-3}$平方微米）	孔隙度	岩石密度/（克/厘米^3）	备注
硫磺沟矿 755 矿	J_2x	光亮煤	1.73	7.2%	1.17	
硫磺沟矿 755 矿	J_2x	光亮煤	2.51	7.0%	1.20	
阜康三工河矿	J_2x	暗淡煤	0.321	14.4%	1.62	
阜康三工河矿	J_2x	亮煤与暗煤	1.10	12.7%	1.21	
阜康三工河矿	J_1b	半亮煤	2.30	5.6%	1.25	
阜康三工河矿	J_1b	光亮煤	13.83	7.4%	1.17	有裂缝
巴里坤县煤矿 23#井	J_2x 上 4 煤组	2#煤层气	11.70	7.8%	1.23	有微裂缝
木垒煤矿	J_2x	肥–气煤	8.67	20.8%	1.19	有微裂缝
三塘湖煤矿	J_2x	半亮–半暗煤	6.17	11.7%	1.19	

（4）含气性。目前，根据掌握的资料，准噶尔盆地南缘煤层平均埋深 426 米，含气量平均值为 6.36 米^3/吨。煤层气风化带下限（含气量 4 米^3/吨对应深度）至埋深 1.5 千米以浅，煤层平均含气强度（资源丰度）为 150 米^3/米^2。煤层气甲烷浓度平均值为 93.9 米^3/吨，含气梯度变化于 0.84~1.18 米^3/吨 · 100 米，该深度煤层含气饱和度约为 75%。准噶尔盆地深部煤层含气性预测结果见表 2.3.24。

表 2.3.24 准噶尔盆地深部煤层含气性预测结果

埋深/米	盆地南缘			盆地西北缘、东缘		
	含气饱和度	甲烷浓度	甲烷含量/（米^3/吨）	含气饱和度	甲烷浓度	甲烷含量/（米^3/吨）
500~600	70%~80%	80%~99%	5.5	50%~60%	70%~85%	4.0
600~800	80%~90%	80%~99%	7.0	60%~70%	80%~99%	5.5
800~1 000	90%~100%	80%~99%	8.5	70%~80%	80%~99%	7.3
100~1 200	100%	90%~95%	10.7	80%~90%	90%~99%	9.2
1 200~1 500	100%	90%~95%	12.2	90%~100%	90%~95%	11.0
1 500~2 000	100%	90%~95%	15.7	100%	90%~95%	13.8

3）保存条件

（1）构造条件。准噶尔盆地控气构造分为单斜控气构造、断裂控气构造和向斜控气构造三大类。

单斜控气构造发育于准噶尔盆地西北缘和东北缘，总体上为单斜构造。在喜山期盆地主要受南北向挤压应力控制，断裂表现为挤压性质。煤层气主要形成于燕山期晚期，尽管盆内总体应力场以南北挤压为主，但有若干次的间歇性舒张，在这些间歇期，发育的断裂构造常成为泄水和煤层气逸散的良好通道，影响煤层气的保存。尽管单斜控气构造总体上表现为压性构造封盖环境，但煤储层发育差、煤层含气性较差，对煤层气成藏不利。

断裂控气构造发育于准噶尔盆地南缘，在陡坡内侧发育走向深大断裂，冲断块内多发育相间排列的背斜、向斜构造。成煤期深大断裂已有活动，并对整个盆地的充填沉积有显著控制作用，当时推覆体为一大型单斜断块，被深大断裂限制的单斜断块在聚煤期表现为整体抬升或整体沉降，沉积环境和成煤环境相对稳定。盆地南缘是盆地聚煤强度最大的区域，形成的煤层厚度大、连续性好，在煤层气形成阶段或煤层生气高峰以后，准噶尔盆地南缘西部靠近深大断裂的煤储层埋深已到 3 000 米以上，岩体骨架压力已封堵了煤储层弱含水层向断裂的水力径流和煤层气逸散；而在准噶尔盆地南缘东部形成了若干赋煤向斜构造。强压性构造封盖环境、发育的煤储层和高含气性使盆缘陡坡控气构造有利于煤层气成藏。

向斜控气构造以昌吉凹陷最为典型，为一大型复向斜构造，伴生构造相对稀疏。煤储层发育于 2 000 米以下，超出目前煤层气资源评价的范围。

（2）水文地质条件。准噶尔盆地侏罗系煤储层水文地质控气作用主要表现为三种类型：水动力迁移控气作用、水动力封闭控气作用和水动力封堵控气作用。

水动力迁移控气作用主要见于准噶尔盆地东南部、西北缘和东北缘。盆缘斜坡被断层切割，断层呈弱导水性质，斜坡上倾靠近周缘山系为煤系露头或与新生代含水层相接，为煤系地层地下水补给区，弱导水断层构成排泄区，断块内砂岩强含水层与煤储层弱含水层具有较好的水力联系，成为地下水径流带或缓流带，形成了较完整的水动力系统。地下水在运动过程中携带煤层中气体运移，最终导致煤层气聚集或逸散。准噶尔盆地东南部煤层气逸散显著，而西北缘、东北缘煤层气封存发育缓流迁移封盖环境，煤层气水动力封存条件相对较好。

水动力封闭控气作用主要见于北天山山前昌吉凹陷，煤层埋深大于 2 000 米。煤系地层上部和下部存在良好的隔水层，煤储层地下水在浅部以静水压力、重力驱动方式向凹陷内汇聚，凹陷内煤储层地下水总体呈滞流和封闭状态，煤层气受水力封闭作用而保存。昌吉凹陷煤层气封存发育静水封闭环境，但由于昌吉凹陷煤层埋深过大，故实际成藏意义不大。

水动力封堵控气作用主要见于准噶尔盆地南缘。在伊林黑格尔山北麓的煤系地层露头接受地表水补给，地下水顺层沿陡坡由浅部向深部运动，或煤储层被上覆含水层相截。含煤段地层上、下发育泥岩隔水层，向深部由于静岩压力使煤层渗透性变差而阻止其内水、气的运动，加之围岩砂体的连续性差，含煤段内地下水运动缓慢。一方面煤层中向上逸散的气体被封堵；另一方面地下水携带煤层中气体使之向深部运移，导致煤层气的聚集。准噶尔盆地南缘煤层气封存发育水动力封堵环境。

（3）封闭条件。准噶尔盆地含煤地层发育的沉积体系主要有辫状河沉积体系、曲流河沉积体系、湖泊沉积体系（含湖成三角洲沉积体系）和冲积扇沉积体系。主要成煤环境有高位泥炭沼泽、干燥森林泥炭沼泽、潮湿森林泥炭沼泽、流水泥炭沼泽和开阔水体泥炭沼泽。准噶尔侏罗纪聚煤盆地，空间上沉积分异作用显著，时间上经历了多次不同级次的水进水退旋回，形成了沉积体系复杂的时空配置，进而造成了煤储层封盖层类型和封盖能力的显著差异性变化。不同沉积体系具有不同的岩性岩相储盖组合，形成了不同的封盖层类型和封盖能力。从形成煤储层沉积体系所处层序地层的部位来看，湖侵体系域煤储层多发育直接区域封盖层，封盖能力最强；其次为低水位体系域，主要发育间接区域覆盖层，封盖能力较强，准噶尔盆地八道湾组下部、西山窑组下部含煤层段被大面积的湖泊相泥岩所覆盖。

成煤环境对煤储层的物质组成具有显著控制作用，而煤储层的物质组成特征影响煤层气的生成、储集和渗透性能。不同成煤环境煤储层煤岩、煤质特征如表 2.3.25 所示。准噶尔盆地潮湿森林泥炭沼泽、干燥森林泥炭沼泽和高位泥炭沼泽较发育，甲烷吸附能力相对较大，渗透性也较好，成藏条件较好。八道湾组煤层和西山窑组煤层比较，后者干燥森林泥炭沼泽和高位泥炭沼泽更为发育；从成煤环境对煤储层物质组成的控制来看，西山窑组煤储层更利于成藏。

表 2.3.25　不同成煤环境煤储层煤岩、煤质特征

成煤环境	煤岩特征	煤质	储集能力	生气能力	自封盖能力
高位泥炭沼泽	半暗型煤为主，以结构镜质体为特征显微组分	低灰分、低硫分	好	差	较差
干燥森林泥炭沼泽	暗淡型煤为主，以丝质体为特征显微组分	低灰分、低硫分	较好	较差	较差
潮湿森林泥炭沼泽	光亮型煤为主，以结构镜质体为特征组分	低灰分、低硫分	差	好	好
流水泥炭沼泽	以半亮型-半暗型为主，以基质镜质体和碎屑壳质体为主要显微组分	中高灰分、中硫分	较差	好	好
开阔水体泥炭沼泽	以暗淡型为主，以藻类体和孢子体为特征纤维组分	中高灰分、高硫分	较差	好	好

4. 鄂尔多斯盆地

1）地质条件

根据盆地重磁电特征、基岩埋深、现今构造等基本地质条件，结合盆地的构造演化，将盆地划分为六个一级构造单元，各单元的特征如下。

伊盟隆起：位于盆地最北部，自古生代以来一直处于相对隆起状态，各时代地层均向隆起方向变薄或尖灭，隆起顶部是东西向的乌兰格尔凸起，与新生代河套断陷盆地相临，隆起区内发现一些短轴背斜及鼻状构造，并发育近 EW 向的正断层及 NE 向、NW 向的挠曲。局部构造、断层与挠曲走向平行，具伴生关系。

渭北隆起：中晚元古代到早古生代是一向南倾斜的斜坡，至中石炭世东西两侧下沉，中生代形成隆起，是盆地的南部边缘，新生代渭河地区断陷下沉，渭北隆起翘倾抬升，形成现今面貌。隆起区内断层发育，逆断层居多，局部构造成排成带，地面构造多为长轴背斜。

天环坳陷：古生代表现为西倾斜坡，晚三叠世才开始坳陷，侏罗纪、白垩纪坳陷继续发展，沉降中心向东偏移，沉降带具西翼陡东翼缓的不对称向斜构造。地面发育短轴背斜，方向性明显，南部为 NW 向，北部为 NNW 向。高角度正断层发育，倾角 60°~85°，断距 5~10 米。

陕北斜坡：晚元古代及早古生代早期没有接受沉积，在中寒武世、早奥陶世沉积了厚 500~1 000 米的海相地层，晚古生代接受陆相沉积。伊陕斜坡形成于早白垩世，呈向西倾斜的平缓单斜。以发育鼻状构造为主，形态不规则，方向性差，断层不发育。

晋西挠褶带：中晚元古代–古生代相对隆起，仅在中晚寒武世、早奥陶世、中晚石炭世及早二叠世各沉积 100~200 米地层，中生代侏罗纪末升起，成为盆地的东部边缘。断层走向和背斜走向变化较大。

西缘逆冲带：早古生代北段为贺兰裂谷，中段和南部为鄂尔多斯地台边缘坳陷，晚古生代为前缘坳陷，三叠纪中晚期及侏罗纪为不连续的深坳陷带，早白垩世仍继续坳陷。总体呈 SN 向延伸，具有东西分带、南北分块的特征。主断层延伸长、断距大、断面上陡下缓，兼有挤压扭动性质。

2）储层特征

（1）煤层。鄂尔多斯盆地含煤地层主要为石炭–二叠系和侏罗系。三叠纪含煤层系瓦窑堡组，仅 5 号煤层为主要可采煤层，只分布在子长至蟠龙一带。本溪期，鄂尔多斯地块内部沉降幅度很小，沉积厚度仅 10~25 米。上石炭统太原组沉积厚度 50~100 米，含煤 5~8 层。各地煤层厚度变化较大，如河东煤田太原组主要可采煤层为 8 号、9 号、10 号煤，平均总厚 6.66 米。往南至乡宁一带变薄，甚至不可采。盆地西缘靖远组、羊虎沟组沉积厚度大，含薄煤层及煤线 50 层之多，太原期坳陷幅度减小，但沉积厚度仍比东部大，含煤十余层，是主要含煤地层之一。下二叠统山西组厚 60~100 米，形成较厚的可采煤层。河东煤田 4 号、5 号煤层平均总厚为 7.82 米。南部渭北煤田由东向西煤厚减薄，3 号煤层一般 0.8~5 米。

侏罗纪含煤层系延安组，自下而上分为 5、4、3、2、1 煤组，主要可采煤层 5~7 层，可采煤层累计厚度一般为 15~20 米。主要可采煤层发育在盆地南部和北部，中部仅有煤线发育。聚煤作用受湖泊–三角洲–河流沉积体系控制，围绕盆地中心形成一个巨大的聚煤环带，煤层层数、煤层厚度均由无煤区向四周逐步增加。

（2）煤岩特征。石炭–二叠系山西组和太原组煤的镜质组含量在 71%~90%，平均含量为 79%。侏罗系延安组煤的镜质组含量变化为 19.4%~95.2%，平均值约为 58.5%。从两套煤层煤岩显微组分含量的变化趋势来看，山西组、太原组煤岩组成特征明显好于延安组。从两套煤层的宏观煤岩类型来观察，侏罗系延安组煤质硬且暗，易污手，而石炭–二叠系山西组和太原组煤质软而亮，具金属光泽，煤质特征显然好于延安组。

（3）含气性。鄂尔多斯盆地东缘、南部的渭北煤田和西缘桌贺煤田是石炭–二叠纪煤田的分布区。煤田勘探和煤层气勘探中积累了大量的煤层含气量资料，如表 2.3.26 所示。由表 2.3.26 可见，鄂尔多斯盆地东缘煤层含气量由北向南随煤级升高而增高，含气量随上覆有效地层厚度增加而提高。受上覆有效地层厚度影响，渭北煤田含气量由东向西逐渐降低，韩城矿区为煤层气富集区。桌贺煤田的煤类全，含气量较高。

表 2.3.26 鄂尔多斯盆地石炭–二叠纪煤层含气量 单位：米^3/吨

煤田（地区）		矿区	含气量
东缘	北部	保德、府谷、临兴	<5
	中部	三交、柳林、吴堡	2.46~18.36
	南部	乡宁	8~22
渭北		韩城	4~23
		澄合	4~12
		铜川	5.5~6.5
桌贺		石嘴山	3.5~8.4
		韦州	4~7
黄陇		黄陵	5
		彬长	0.10~6.29
		焦坪	4.00~5.35
华亭		华亭	0.1~1.2

鄂尔多斯盆地侏罗系煤层煤级低，含气量普遍低，在局部地区和煤层埋深较大的部位含气量较高。在黄陇侏罗纪煤田，彬长矿区煤含气量 0.10~6.29 米^3/吨，黄陵矿区、焦坪矿区少数煤层含气量达 4~6 米^3/吨。

3）保存条件

鄂尔多斯盆地成煤期后的燕山运动和喜山运动断裂和褶皱作用很弱，含煤地层保存完整，煤层顶底不管是灰岩还是泥岩封盖层，钻井所取岩心都很少见构造裂缝。上石盒子组和下石盒子组杂色泥岩、粉砂质泥岩单层厚度大（一般为 5~10 米），可对比性和连续性强，所取泥岩样品的孔隙度为 1.17%~8.11%，而渗透率值均近于零，是本区具有较好封盖条件的区域盖层。

根据鄂尔多斯盆地边缘 17 口井地下水特征的有关资料，三叠系含水层的自流量为 0.50~4.19 升/秒，矿化度值为 20~60 克/升，水化学类型偏 $CaCl_2$ 型，局部含 Na_2SO_4 型。山西组和太原组含煤地层的含水层自流量为 0.9~8.7 升/秒，矿化度为 10~250 克/升，水型以过渡成因的 $NaHCO_3$ 为主。马家沟组灰岩含水层的自流量为 28.50~61.05 升/秒，矿化度为 1~100 克/升，水型以 $CaCl_2$ 型、$MgCl_2$ 型占优。由此可见，这三套地层的地下水特征明显不同，水文地质特征具有独立性、封闭性，有利于煤层气的保存。

3.3.2 西部区煤层气资源评价

1. 准噶尔盆地

准噶尔盆地埋深 2 000 米以浅地区煤层气总资源量为 38 698.37 亿立方米，其中，八道湾组资源量为 14 349.65 亿立方米，西山窑组为 24 348.72 亿立方米（表 2.3.27）。

表 2.3.27 准噶尔盆地（群）煤层气资源层系分布汇总表

单位：亿立方米

层系	地质资源量	可采资源量	剩余可采资源量
八道湾	14 349.65	2 433.79	2 433.79
西山窑	24 348.72	5 926.33	5 926.33
合计	38 698.37	8 360.12	8 360.12

按埋藏深度划分级别统计，埋深小于 1 000 米煤层气资源量为 1 472.81 亿立方米；1 000~1 500 米的煤层气资源量为 600.97 亿立方米；1 500~2 000 米的煤层气资源量（远景资源量）为 896.75 亿立方米（表 2.3.28）。

表 2.3.28 准噶尔盆地（群）煤层气资源深度分布汇总表

单位：亿立方米

埋深	地质资源量	可采资源量	剩余可采资源量
<1 000 米	1 472.81	406.05	406.05
1 000~1 500 米	600.97	290.42	290.42
1 500~2 000 米	896.75	586.59	586.59
合计	2 970.53	1 283.06	1 283.06

根据资源类别来分，其中Ⅰ类资源 28 851.78 亿立方米，Ⅱ类资源 9 846.59 亿立方米。地质资源总量为 38 698.37 亿立方米，可采资源量为 8 360.11 亿立方米（表 2.3.29）。

表 2.3.29 准噶尔盆地（群）煤层气资源类别分布汇总表

单位：亿立方米

资源类别	地质资源量	可采资源量	剩余可采资源量
Ⅰ类	28 851.78	6 760.37	6 760.37
Ⅱ类	9 846.59	1 599.74	1 599.74
Ⅲ类			
合计	38 698.37	8 360.11	8 360.11

根据地理环境分类，其中戈壁地质资源量为 17 643.20 亿立方米，可采资源量为 2 086.70 亿立方米；丘陵地质资源量为 21 055.17 亿立方米，可采资源量为 8 360.11 亿立方米。

2. 吐哈盆地

吐哈盆地埋深 2 000 米以浅地区煤层气总资源量为 21 198.33 亿立方米。其中，八道湾组资源量为 8 793.18 亿立方米，占 41.48%；西山窑组为 12 405.15 亿立方米，占总资源量的 58.52%。

根据埋藏深度划分资源量，风化带下限（计算边界）~1 000 米资源量为 1 591.89 亿立方米，占总资源量的 7.51%，其中，八道湾组为 149.08 亿立方米，西山窑组为 1 442.81 亿立方米。埋深 1 000~1 500 米的资源量为 7 893.60 亿立方米，占总资源量的 37.24%，其中，八道湾组为 2 141.18 亿立方米，西山窑组为 5 752.42 亿立方米。埋深 1 500~2 000 米的资源量为 11 712.84 亿立方米，占总资源量的 55.25%，其中，八道湾组 6 502.92 亿立方米，西山窑组 5 209.92 亿立方米，见表 2.3.30。

表 2.3.30 吐哈盆地煤层气总资源量计算结果表 单位：亿立方米

煤组	埋深			
	<1 000 米	1 000~1 500 米	1 500~2 000 米	总计
八道湾组	149.08	2 141.18	6 502.92	8 793.18
西山窑组	1 442.81	5 752.42	5 209.92	12 405.15
合计	1 591.89	7 893.60	11 712.84	21 198.33

3. 塔里木盆地

塔里木盆地计算的总资源量为 19 338.57 亿立方米，其中Ⅰ类 1 693.95 亿立方米，Ⅱ类 1 632.00 亿立方米，Ⅲ类 16 012.62 亿立方米；可采资源量为 5 559.76 亿立方米（表 2.3.31）。按资源深度分布划分各资源量如表 2.3.32 所示。按地理环境类型，戈壁和山地的地质资源量分别为 16 012.62 亿立方米和 3 325.95 亿立方米，可采资源量分别为 5 559.76 亿立方米和 1 306.90 亿立方米。

表 2.3.31 塔里木盆地（群）煤层气资源类别分布汇总表

单位：亿立方米

资源类别	地质资源量	可采资源量	剩余可采资源量
Ⅰ类	1 693.95	815.12	815.12
Ⅱ类	1 632.00	491.79	491.79
Ⅲ类	16 012.62	4 252.85	4 252.85
合计	19 338.57	5 559.76	5 559.76

表 2.3.32 塔里木盆地（群）煤层气资源深度分布汇总表

单位：亿立方米

埋深/米	地质资源量	可采资源量	剩余可采资源量
风化带~1 000	10 476.91	2 124.49	2 124.49
1 000~1 500	5 223.06	3 435.27	3 435.27
1 500~2 000	3 638.60		
合计	19 338.57	5 559.76	5 559.76

4. 鄂尔多斯盆地

鄂尔多斯盆地风化带下限至煤层埋深 2 000 米以浅区煤层气地质资源量为 98 634.27 亿立方米，资源丰度为 0.91 亿米^3/千米^2，可采资源量为 17 870.59 亿立方米。其中，中侏罗统延安组煤层气地质资源量为 52 775.41 亿立方米，占地质资源总量的 53.51%；上石炭统太原组和下二叠统山西组煤层气地质资源量为 45 858.86 亿立方米，占地质资源总量的 46.49%。

按区带统计，东缘、中部、西缘和南缘含气区带煤层气地质资源量分别为 34 332.66 亿立方米、23 419.10 亿立方米、34 174.08 亿立方米和 6 708.43 亿立方米，占地质资源总量的 34.81%、23.74%、34.65%和 6.80%；东缘、中部、西缘和南缘含气区带煤层气可采资源量分别为 8 121.18 亿立方米、5 167.39 亿立方米、3 026.78 亿立方米和 1 555.24 亿立方米，占可采资源总量的 45.44%、28.92%、16.94%和

8.70%（表 2.3.33）。

表 2.3.33 鄂尔多斯盆地煤层气资源量计算汇总表

含气区	含煤地层	面积/平方千米	煤炭资源量/亿吨	煤层气地质资源量/亿立方米	可采资源量/亿立方米	资源丰度/（亿米^3/千米^2）
东缘	C、P	22 451.87	3 687.78	34 332.66	8 121.18	1.53
中部	J	30 080.00	6 136.00	19 010.00	3 225.62	0.63
	C、P	8 280.00	1 763.00	4 409.10	1 941.77	0.53
	小计	38 360.00	7 899.00	23 419.10	5 167.39	0.61
西缘	J	41 250.00	7 706.97	33 765.41	2 938.83	0.82
	C、P	652.00	45.41	408.67	87.95	0.63
	小计	41 902.00	7 752.38	34 174.08	3 026.78	0.82
南缘	C、P	6 131.97	680.17	6 708.43	1 555.24	1.09
合计	C、P、J	108 845.84	20 019.33	98 634.27	17 870.59	0.91

按深度统计，煤层埋深 1 000 米以浅、1 000~1 500 米和 1 500~2 000 米区，煤层气地质资源量分别为 28 562.43 亿立方米、28 722.64 亿立方米和 41 349.20 亿立方米，占地质资源总量的 28.96%、29.12%和 41.92%；埋深 1 000 米以浅与 1 000~1 500 米煤层气可采资源量分别为 9 200.59 亿立方米、8 670.00 亿立方米，占可采资源总量的 51.48%与 48.52%。

该含气盆地群Ⅰ类资源量为 37 785.14 亿立方米，占地质资源总量的 38.31%，主要分布在东缘和南缘含气区带；Ⅱ类资源量为 60 849.13 亿立方米，占地质资源总量的 61.69%，主要分布在中部和西缘含气区带（表 2.3.34）。

表 2.3.34 鄂尔多斯盆地各含气区带煤层气资源类别表

单位：亿立方米

含气区带	Ⅰ类资源量	Ⅱ类资源量	Ⅲ类资源量
东缘	33 601.33	731.33	
中部		23 419.10	
西缘		34 174.08	
南缘	4 183.81	2 524.62	
合计	37 785.14	60 849.13	

第 4 章　煤系水资源

西部地区属于干旱、半干旱地区，年降水量 100~450 毫米，干燥度 1.4~2.0，生态环境十分脆弱。水资源短缺也是西部地区面临的严重问题。据调查，70%的煤矿区缺水，40%的煤矿区严重缺水，以新疆为例，情况如下。

4.1　水资源概况

4.1.1　水系

新疆维吾尔自治区水文水资源局按出山口处河流统计，新疆共有大小河流 570 条。其中，小河流居多，水量小，流程短。年径流量 1 亿立方米以下的河流有 487 条，占河流总条数的 85%，径流量为 82.5 亿立方米，占新疆径流量总量的 9.4%；年径流量大于 10 亿立方米的河流有 19 条，占河流总条数的 3%，径流量为 561.5 亿立方米，占新疆径流量总量的 60.4%。新疆年径流量 10 亿立方米以上河流见表 2.4.1。

表 2.4.1　新疆年径流量 10 亿立方米以上河流

<table>
<tr><th>水系</th><th>河名</th><th>水文测站名</th><th>集水面积/平方千米</th><th>年径流量/亿立方米</th></tr>
<tr><td rowspan="4">伊犁河</td><td>特克斯河</td><td>卡浦其海站</td><td>27 402</td><td>78.4</td></tr>
<tr><td>喀什河</td><td>托海站</td><td>8 656</td><td>38.3</td></tr>
<tr><td rowspan="2">巩乃斯河</td><td>则克台站</td><td>4 123</td><td>20.2</td></tr>
<tr><td>恰甫站</td><td>1 307</td><td></td></tr>
<tr><td rowspan="5">额尔齐斯河</td><td>布尔津河</td><td>群库勒站</td><td>8 422</td><td>42.0</td></tr>
<tr><td>喀拉额尔齐斯河</td><td></td><td></td><td>17.9</td></tr>
<tr><td rowspan="2">库额尔齐斯河</td><td>库威站</td><td>2 494</td><td>14.9</td></tr>
<tr><td>富蕴站</td><td>1 965</td><td></td></tr>
<tr><td>哈巴河</td><td>克拉他什站</td><td>6 111</td><td>21.4</td></tr>
</table>

续表

水系	河名	水文测站名	集水面积/平方千米	年径流量/亿立方米
玛纳斯河	玛纳斯河	红山嘴站	5 156	12.6
乌伦古河	乌伦古河	三台站	18 375	9.8
阿克苏河	昆马力克河	协合拉站	12 816	46.1
	托什干河	沙里桂兰克站	19 166	25.7
和田河	玉龙喀什河	同古孜洛克站	14 575	22.4
	喀拉喀什河	乌鲁瓦提站	19 983	21.8
塔里木河	叶尔羌河	卡群站	50 248	64.6
	塔里木河	阿拉尔站		47.9
喀什噶尔河	克孜河	卡拉贝利站	13 700	20.5
	盖孜河	克勒克站	9 753	9.5
渭干河	木扎提河	破城子站	2 845	14.6
开都河	开都河	大山口站	19 022	32.9
合计				561.5

4.1.2 湖泊

新疆是一个多湖泊的地区，中国科学院南京地理与湖泊研究所统计，湖泊大于1平方千米的共有139个，总面积为5 505平方千米。其中，湖泊面积大于100平方千米的有11个，面积共4 814平方千米，占湖泊总面积的87%。新疆湖泊面积仅次于西藏、青海、江苏，居全国第4位。

新疆的湖泊多为河流尾闾式汇集型湖泊，如艾比湖、赛里木湖、艾丁湖，以及高原湖泊、阿其格湖等，且蒸发量大，矿化度高，多属咸水湖，矿化度一般在5克/升以上。其中，吐鲁番的艾丁湖矿化度高达210克/升。只有少数吞吐型湖泊，如博斯腾湖、喀纳斯湖、天池等为淡水湖。新疆主要湖泊一览表见表2.4.2。

表 2.4.2 新疆主要湖泊一览表

湖名	所属地	湖面积/平方千米	湖面高程/米	贮水量/亿立方米
博斯腾湖	博湖县	972	1 048	72.7
乌伦古湖	福海县	736	478	59.0
艾比湖	精河县	522	189	9.4

续表

湖名	所属地	湖面积/平方千米	湖面高程/米	贮水量/亿立方米
赛里木湖	博乐市	454	2 073	210.0
鲸鱼湖	若羌县	267	4 708	
吉力湖	福海县	160	480	12.8
阿克赛钦湖	和田县	158	4 963	
艾西曼湖	阿克苏市	150	1 100	
巴里坤湖	巴里坤县	88	1 582	
喀纳斯湖	布尔津县	45	1 370	
艾里克湖	克拉玛依市	43	279	
柴窝堡湖	乌鲁木齐市	29	1 092	
艾丁湖	吐鲁番市	23	−154	

4.1.3　冰川

新疆是中国冰川资源较丰富的地区之一，主要为大陆性的山岳冰川。新疆的冰川绝大部分分布在天山、帕米尔高原、喀喇昆仑山和昆仑山，阿尔泰山只分布有少量的冰川。中国科学院兰州冰川冻土研究所估算，全疆冰川面积为 24 479.3 平方米，占全国冰川总面积的 42%；冰川储量为 25 835.7 亿立方米，占全国冰川总储量的 50%；冰川融水量为 178.6 亿立方米，占全国冰川总融水量的 32%。其中，天山冰川消融量最大，为 95.9 亿立方米，占新疆总消融量的 53.70%。冰川水资源中的动态部分是冰川消融量，每年新疆冰川消融量为冰川总储量的 0.64%，全部补给河流径流，约占河流总径流量的 20%，是新疆河流径流量的重要补给来源之一。

4.1.4　地表水资源

新疆维吾尔自治区水文水资源局测算，全疆地表径流 765 亿立方米，山泉流量 27.9 亿立方米，境内产流年径流量约为 793 亿立方米，平均每年从国外流入径流量约为 90.87 亿立方米，故新疆河流年径流量约为 884 亿立方米。境内产流年径流量中有 4 亿立方米流往青海，233 亿立方米流往国外。

新疆径流量的补给来源中，主要是季节性积雪和降雨补给，冰川融水较少，而且各山系河流径流量的补给组成比例差异也较大，阿尔泰山区的河流以季节雪和雨水从地表补给为主，而昆仑山区的河流冰川融水补给比重最大。

新疆境内河流年径流量全部产生于山区，是由山区年降水总量转化的，而山区地下水大部分也都汇入山区河槽中形成河流径流量流到山外。

4.1.5　地下水资源

新疆地下水资源总量为579.49亿立方米。其中，山丘区地下水资源量为370.92亿立方米，平原区地下水补给量为372.55亿立方米，平原区地下水资源量为370.13亿立方米，地下水山丘区与平原区重复量为161.56亿立方米，地下水可开采量为235.86亿立方米。新疆平原区总补给模数为6.7万米^3/（年·千米^2），可开采模数为4.28米^3/（年·千米^2）。

4.2　各煤田地下水资源评价

新疆地区富煤地层以侏罗系为主，煤系砂岩含水层为侏罗系头屯河组、西山窑组、三工河组及八道湾组，而各含水层富水性较弱，渗透性较差，接受侧向补给有限。由于新疆地区为干旱地区，降水稀少，地表径流少，故地表水对含水层的补给有限，并且具有季节性，同时各含水层之间水力联系微弱，造成了煤系砂岩含水层均为弱富水含水层，总体水资源匮乏，对水资源的开发利用起不到关键作用。

但由于特殊的水文地质条件，某些矿区地下水丰富，对矿井的安全生产造成威胁，如俄霍布拉克煤矿、哈密大南湖西三号井及十矿，这些矿井的水量丰富，从水资源的角度看，煤系含水层拥有利用价值。

新疆地区侏罗纪含煤地层主要为一套冲积扇–河流–三角洲–湖泊沉积体系，因此新疆地区基岩内存在大量古河道及古冲沟，这为地下水的赋存和运移提供了良好的介质条件。发现的古冲沟内地下水接受天山雪融水的补给，据估计，补给量达到800~1 000米^3/小时，如此大的水资源量对该地区脆弱的生态环境具有积极作用。

大南湖西三号井含水层静储量丰富，研究表明，大南湖西区三号井仅西山窑组Ⅲ-1含水层的静储量便高达4.39亿立方米，矿井首采工作面的正常涌水量达1 368米^3/小时，具有较大的开发潜力及利用价值，表明具有相似水文地质的区域内，含水层的水资源也将十分丰富，合理利用其水资源可以改善区域脆弱的生态环境。

烧变岩层作为特殊的含水层，具有孔隙度高、连通性能好、储水空间大的特点，因此烧变岩含水层均含水丰富，静储量大，可将烧变岩层作为地下水库，储存水资源，避免新疆强烈蒸发浪费水资源。

新疆煤系含水层内含有丰富的地下水资源，评价煤系含水层的开采潜力，对水资源的开发利用具有指导意义。

4.2.1　乌鲁木齐煤田地下水资源评价

该煤田侏罗系含水层主要指西山窑组的岩石、煤层中的含水层，裂隙不发育。其补给源为大气降水和现代沟谷含水层垂直渗漏，由于补给条件不良、岩层渗透性甚差，含水性极弱，据以往的地质报告可知，钻孔单位涌水量只有 0.000 1~0.008 9 升/（秒·米），渗透系数只有 0.000 1~0.009 7 米/天；在无地表水通过采空裂隙直接充水的情况下，井下水量也较小，其量只有 200~300 米^3/天。

乌鲁木齐煤田内碱沟煤矿的矿井涌水量实测数据如表 2.4.3 所示。

表 2.4.3　碱沟煤矿的矿井涌水量实测数据　　单位：米^3/小时

年份	1 月	2 月	3 月	4 月	5 月	6 月	7 月	8 月	9 月	10 月	11 月	12 月	全年日平均涌水量
2006	53.4	52.9	59.2	58.7	52.7	56.4	55.1	49.6	46.2	41.3	43.6	46.9	51.3
2007	46.8	49.1	53.9	54.3	60.0	61.4	64.0	82.1	91.9	97.1	92.9	99.0	71.2
2008	108.1	100.0	88.4	77.9	119.7	115.4	89.6	101.5	116.6	96.7	96.9	95.2	100.5
2009	108.8	124.5	130.2	126.6	131.3	138.1	140.1	136.5	124.9	128.2	127.9	129.7	128.9
2010	115.0	106.9	104.6	137.8	99.8	103.3	81.5	72.4	95.6	138.4	102.0	79.5	103.1
2011	68.3	87.6	108.7	108.0	96.3	114.3	100.5	98.2	96.4	109.8	130.5	105.5	102.0
2012	103.1	111.0	117.2	151.3	168.3	180.6	196.0	179.1	142.1	129.1	162.2	175.1	151.3
2013	125.7	132.6	133.3	135.7	127.2	120.7	113.6	101.1	72.1	68.7	64.4	70.6	105.5
2014	82.6	98.7	106.3	112.7	112.4	115.8	103.4	92.8	72.8	62.5	66.0	73.0	91.6
2015	92.1	99.3	106.7	106.0	112.3	100.8	98.6	78.5	86.4	104.6	115.0	127.0	102.3

由表 2.4.3 可知，全年日平均涌水量最大的为 2012 年 151.3 米^3/小时，最大月涌水量为 2012 年 7 月的 196 米^3/小时，该矿全年日平均涌水量普遍小于 150 米^3/小时，表明该地区含水层的开采潜力较小。

4.2.2　吐哈盆地地下水资源评价

由前文中对吐哈盆地水文地质条件的介绍可知，吐哈盆地内各井田的含水层多为弱富水含水层，补给不充分，地下水资源有限，并没有较大的开采潜力，仅有大南湖煤田内的西区三号井侏罗系含水层水文地质参数较大，并且大南湖东区十号井由于处于天山融雪水强径流带，补给充分，含水层为强富水含水层，因此，以此两矿为目标进行地下水资源开采潜力评价。

1. 大南湖西区三号井

该矿区侏罗系西山窑组含水层的渗透系数达 5.75 米/天，单位涌水量达 1.18 升/（秒·米），为强富水含水层，并且该含水层为厚层砂岩含水层，厚度达 75 米，根据计算得出，该矿的正常涌水量为 1 368 米^3/小时，对矿井的安全生产造成了重大影响。

而从水资源的角度出发，该矿区含水层富水性强，并且其所处地区为极度干旱区域，工业及生活用水奇缺，此地下水资源可以为矿区及电厂的用水提供稳定水源，具有较大的开采潜力。

2. 大南湖东区十号井

该矿位于大南湖凹陷东端，经调研，该矿含水层为新近系葡萄沟组含水层，富水性强，矿化度低，仅为 0.464 克/升，水位标高为 699 米，可直接接受天然融雪的补给。含水层的渗透系数 K 为 2.8~17.8 米/天，单位涌水量 q 为 4.2 升/（秒·米）。根据区域水文地质条件，该矿距离天山东麓 40 千米，位于天山融雪水地下水强径流带，直接接受天山融雪水的补给，补给充分。根据该矿补勘地质报告可知，井筒涌水量为 1 146 米^3/小时，对井筒掘进造成重大影响。

由该矿含水层的水文地质条件可知，新近系含水层直接接受天山融雪水补给，渗透性能好，补给充分，具有较大开采潜力，并且该矿由于距离补给区较近，水质良好，已达到工业用水标准，可直接供矿区的生产用水。因此，该矿地下水资源拥有巨大的开发利用价值。

4.2.3 准东煤田地下水资源评价

该区内含水层段主要为侏罗系西山窑组含水层，主要由砾岩、粗粒砂岩组成，其补给源以大气降水和第四系的垂直下渗为主。根据矿井地质报告，侏罗系西山窑组上段含水层抽水试验结果为：静止水位+671.594~+679.356 米，涌水量为 0.373 9~0.399 7 升/秒，降深 77.82~75.51 米，单位涌水量 0.005~0.005 1 升/（秒·米），为弱富水性裂隙承压含水层。侏罗系西山窑组下段含水层抽水试验结果为：静止水位+850.434 米，涌水量为 0.260 1 升/秒，降深 104.12 米，单位涌水量 0.002 5 升/（秒·米），渗透系数为 0.006 7 米/天，为弱富水性裂隙承压含水层。

1. 井田正常涌水量

依据计算公式和各项参数，对井田 B1 煤层顶板井田正常涌水量和 B1 煤层底板井田正常涌水量进行计算，其计算结果见表 2.4.4。

表 2.4.4　新疆煤系含水层开采潜力评价表

地区	矿井	含水层	渗透系数 K/（米/天）	单位涌水量 q/[升/（秒·米）]	矿井涌水量 Q/（米^3/小时）	开采潜力
乌鲁木齐煤田	碱沟煤矿	侏罗系西山窑组	0.000 1~0.009 7	0.000 1~0.008 9	150	较小
吐哈盆地	大南湖西区三号井	侏罗系西山窑组	4.44~6.77	1.18	1 368	较大
	大南湖东区一号井	新近系葡萄沟组	2.8~17.8	4.2	1 146	较大
	鄯善县露天矿	中侏罗统西山窑组	0.004 4~0.038	0.001 3~0.002 8	39.7	小
	艾丁湖一区煤矿	侏罗系下统三工河组	0.034 4~0.035 9	0.029 3~0.036 9		较小
准东煤田	喀拉萨依西井田	侏罗系西山窑组	0.006 7	0.005~0.0051	269.86	中等
准南煤田	宽沟煤矿	侏罗系西山窑组	0.131 5~0.296 4	0.235~0.247	350	中等
伊北煤田	苏勒萨依井田	侏罗系西山窑组	0.036	0.013	492.23	中等

2. 井田最大涌水量

井田远离露头补给区，受大气降水季节变化影响较小。根据井田涌水量预计经验值，井田最大涌水量取正常涌水量的 1.2 倍，即侏罗系西山窑组上段井田最大涌水量 91.56 米^3/小时；侏罗系西山窑组下段井田最大涌水量 232.27 米^3/小时。井田合计最大涌水量 323.83 米^3/小时。

由表 2.4.5 可知，矿井正常涌水量约为 270 米^3/小时，结合含水层的水文地质参数可知，该地区含水层的开采潜力较小。

表 2.4.5　井田涌水量计算表

含水层	疏降标高/米	K/（米/天）	M/米	H/米	R_o/米	r_o/米	各区涌水量/（米^3/小时）	合计/（米^3/小时）
侏罗系西山窑组上段	+340	0.001 33	24.94	331.59	1 507.43	1 386.50	76.30	269.86
侏罗系西山窑组下段		0.006 7	25.36	510.43	1 804.30		193.56	

注：K 为渗透系数；M 为含水层厚度；H 为水位，R_o 为影响半径；r_o 为放水孔半径

4.2.4 准南煤田地下水资源评价

该地区含水层岩性主要由砾岩、粗砂岩、中砂岩、泥质粉砂岩、泥岩及煤组成，其补给源以大气降水和第四系的垂直下渗为主。以往勘探西山窑组含水岩组均进行混合抽（涌）水试验。由详查地质报告可知，2002 年进行涌水试验 3 层次，地下水位标高 1 440.53~1 663.41 米，钻孔单位涌水量 0.235~0.247 升/（秒・米），渗透系数 0.131 5~0.296 4 米/天；补勘阶段进行抽水试验 5 层次，地下水位标高 1 350.46~1 587.09 米，钻孔单位涌水量 0.015 2~0.234 升/（秒・米），渗透系数 0.007 2~0.156 4 米/天；水化学类型属 SO_4·Cl-Na 型或 SO_4·HCO_3-Na 型，矿化度 1 879~7 659 毫克/升，为弱–中等富水含水层。

根据 2014~2016 年矿井涌水量资料，矿井正常涌水量 Q_1=241 米^3/小时，最大涌水量 Q_2=287 米^3/小时，矿井涌水量总体来说不随地表水动态变化而变化，说明地下水的补给方式是按地层渗透性能进行缓慢补给，不存在直接通道和直接灌入。

由图 2.4.1 可知，矿井正常涌水量低于 350 米^3/小时，结合含水层的水文地质参数可知，该地区含水层富水性为中等，因此该地区含水层具有一定的开采潜力。

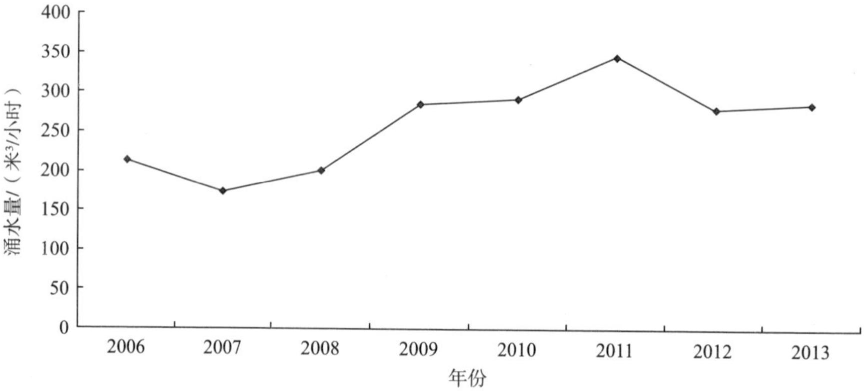

图 2.4.1 2006~2013 年宽沟煤矿矿井平均涌水量曲线图

4.2.5 伊北煤田地下水资源评价

伊北煤田内含水岩组包括侏罗系西山窑组、三工河组和八道湾组上下段。含水层岩性主要为砾岩、砂砾岩、粗砂岩和中砂岩，据抽水试验结果，水位埋深 112.16 米，水位标高 785.352 米，单位涌水量 q=0.013 升/（秒・米），渗透系数 K=0.036 米/天，矿化度为 2.302 克/升，pH 为 8.20，水化学类型为 Cl·SO_4-（K+Na）型，属弱富水含水层。

根据矿井勘探报告，矿井涌水量预计计算结果为：大井法和比拟法计算的正常涌水量分别为 492.23 米^3/小时和 208.46 米^3/小时，其最大涌水量分别为 738.35 米^3/小时和 312.69 米^3/小时。

矿井正常涌水量为 490 米^3/小时，结合含水层的水文地质参数可知，该地区含水层富水性为中等，因此该地区含水层具有一定的开采潜力。

根据以上评价得出，新疆煤系含水层开采潜力评价表见表 2.4.4。

由表 2.4.4 得出，新疆大部分地区矿井为缺水矿井，含水层富水性弱，补给条件差，不具备开采利用的潜力；而有些矿井由于特殊的水文地质条件，含水层富水性强，具有较大的开采潜力；有些矿井含水层在补给充分的条件下，具有一定的开采利用潜力。

第 5 章　典型绿色煤田与绿色煤炭资源保障能力

5.1　典型绿色煤田特征

5.1.1　内蒙古准格尔煤田

准格尔煤田位于内蒙古自治区的中部，鄂尔多斯北缘赋煤带，包括乌兰格尔矿区、准格尔矿区、清水河矿区。准格尔煤田总的为一东部隆起、西部坳陷，走向近 S-N，向 W 倾斜的单斜构造，地层倾角一般小于 10°，构造形态简单。准格尔煤田区内断裂构造不发育，仅见到几条稀疏的张性断层，煤田中部发育轴向 NNE 的断轴背向斜，构造地质条件简单。

准格尔煤田为石炭–二叠纪含煤地层，煤的变质程度较低，低于全国同纪煤田，现有勘查区煤类属长焰煤，煤类变化规律，煤田的南部略高于北部，下部煤层略高于上部煤层，深部也有增高的趋势。西部预测区煤类以气煤为主。主要煤层 6 号原煤灰分平均值为 21.90%，9 号煤层原煤灰分值为 28.84%，全区加权平均值为 22.98%，属中灰煤，6 号煤层原煤硫分为 0.85%，9 号煤层原煤硫分为 1.78%，全区原煤硫分平均值为 0.94%。准格尔煤田各煤层原煤有害元素含量统计表见表 2.5.1。

表 2.5.1　准格尔煤田各煤层原煤有害元素含量统计表

煤层	磷	砷/（微克/克）	氟/（微克/克）	氯
5	0.010%~0.033% 0.022%（5）	17 6（5）	16~331 230（5）	0~0.035% 0.020%（5）
$6_{上}$	0~0.221% 0.043%（14）	0~48 13（13）	18~852 361（13）	0~0.048% 0.023%（13）
6	0~0.114% 0.029%（35）	46 10（32）	10~688 288（32）	0~0.060% 0.028%（32）
$9_{上}$	0~0.080% 0.025%（6）	0~61 14（5）	22~718 417（5）	0.010%~0.062% 0.026%（5）

续表

煤层	磷	砷/（微克/克）	氟/（微克/克）	氯
9	0~0.088% 0.024%（29）	101 16（27）	13~444 259（27）	0.010%~0.063% 0.028%（28）

注：括号中为样品数

准格尔煤田累积探获量374.01亿吨，保有资源量365.31亿吨，基础储量83.86亿吨。其中，乌兰格尔矿区累积探获量28.98亿吨，保有资源量28.98亿吨，尚未利用资源量26.54亿吨；准格尔矿区累积探获量343.60亿吨，保有资源量335.28亿吨，尚未利用资源量217.04亿吨，基础储量83.86亿吨；清水河矿区累积探获量1.43亿吨，保有资源量1.05亿吨，尚未利用资源量0.88亿吨。

5.1.2 内蒙古东胜煤田

东胜煤田位于内蒙古自治区的中部，鄂尔多斯北缘赋煤带，包括东胜国家规划矿区和东胜深部矿区。该煤田的基本构造形态表现为一简单的单斜构造。全区岩煤层产状平缓，近于水平，一般倾角小于3°，区内断层不发育，已发现断层在区内稀疏分布，均为张性正断层；也未发现紧密褶皱，仅发育着宽缓的波状起伏，煤田构造极为简单。

该煤田为双纪煤田，其中侏罗纪煤层煤类主要以不黏煤为主，长焰煤次之，有少量的弱黏煤；石炭-二叠纪煤层煤类主要以长焰煤为主，局部为弱黏煤、气煤。

东胜国家规划矿区：石炭-二叠纪煤的突出特点，灰分产率普遍很高，全区加权平均值为22.98%，属中灰煤；侏罗纪煤原煤灰分变化不大，多为8.22%~9.47%，全区平均8.66%。东胜国家规划矿区主要可采煤层原煤有害元素含量见表2.5.2。

表2.5.2 东胜国家规划矿区主要可采煤层原煤有害元素含量

煤层号	砷/（微克/克）	氟/（微克/克）	氯	磷	硫
1下	0~4.9 1.2（17）	10 （1）	0.010%~0.016% 0.015%（2）	0~0.039% 0.006%（10）	0.10%~1.78% 0.68%（31）
2上	0~7.3 1.9（12）	5~67 60（2）	0~0.017% 0.013%（3）	0~0.012% 0.004%（11）	0.30%~2.35% 0.92%（30）
2中	0~15.3 2.1（38）	1~126 61（7）	0~0.020% 0.010%（11）	0~0.012% 0.002%（32）	0.10%~4.51% 0.74%（97）
1	0.1~5.4 1.8（50）	1~111 54（10）	0~0.030% 0.011%（18）	0~0.023% 0.003%（45）	0.20%~2.69% 0.70%（1.08）
1	0~8.0 1.7（31）	92 （1）	0.010%~0.020% 0.018%（2）	0~0.008% 0.002%（21）	0.10%~2.62% 0.80%（60）
2中	0.1~2.2 1.6（35）	2~113 55（8）	0~0.020% 0.013%（17）	0~0.054% 0.007%（28）	0.10%~3.20% 0.51%（79）

续表

煤层号	砷/（微克/克）	氟/（微克/克）	氯	磷	硫
1	0~6.0 1.2（40）	1~160 76（9）	0~0.030% 0.012%（10）	0~0.034% 0.006%（35）	0~2.26% 0.54%（98）
$1_{\text{中}}$	0~1.8 0.7（21）	30~155 93（7）	0~0.030% 0.012%（10）	0~0.023% 0.007%（20）	0.10%~3.27% 0.38%（57）
$2_{\text{上}}$	0~4.4 1.11（12）	2~181 86（4）	0~0.020% 0.013%（6）	0~0.052% 0.012%（14）	0.10%~1.20% 0.37%（33）
$2_{\text{中}}$	0~3.7 1.2（41）	64~173 135（3）	0~0.020% 0.009%（7）	0~0.070% 0.014%（30）	0~3.67% 0.65%（85）
$2_{\text{下}}$	0~4.1 1.1（7）			0~0.073% 0.023%（4）	0.10%~2.31% 0.50%（23）

注：括号中为样品数

东胜深部矿区：区内可采煤层除 1 号、2 号煤层属低灰煤外，其余均属特低灰煤；区内原煤全硫含量 0.10%~4.13%，平均 1.44%，属中硫煤；原煤磷含量平均值一般在 0.01%以下，以特低磷煤为主，仅少数点超过 0.01%，为低磷煤。1 号、2 号煤层平均 0.02%为低磷煤；原煤砷含量测值平均多为 2.2~3.55 微克/克，低于一级含砷煤（≤4 微克/克）标准；原煤氟含量在 109.41~132.38 微克/克，变化较大；原煤氯含量多在 0.05%~0.13%，属于低氯煤（0.050%~0.150%）标准。东胜深部矿区主要可采煤层原煤有害元素含量见表 2.5.3。

表 2.5.3　东胜深部矿区主要可采煤层原煤有害元素含量

煤层	硫	有害元素			
		砷/（微克/克）	氟/（微克/克）	氯	磷
2	0.20%~4.13% 1.44%（62）	0~9 2.5	2~348 132.23	0~0.13% 0.05%	0~0.06% 0.01%
1	0.10%~3.97% 1.38%（83）	0~3.38 2.57	2~317 127.68	0~0.11% 0.05%	0~0.12% 0.01%
1	0.10%~3.27% 1.20%（64）	0~76 4.91	0~343 135.83	0~0.23% 0.07%	0~0.08% 0.01%
1	0.20%~3.16% 1.11%（42）	0~19 2.9	1~250 158.88	0~0.20% 0.07%	0~0.11% 0.02%
2	0.20%~2.25% 0.98%（17）	0~12 2.62	28.0~252 145.8	0~0.19% 0.06%	0~0.05% 0.01%
1	0.20%~3.01% 1.01%（60）	0~57 4.68	20~268 146.76	0~0.19% 0.07%	0~0.11% 0.02%
2	0.20~1.69% 0.80%（13）	0~6 1.68	3~192 120.31	0~0.08% 0.05%	0~0.07% 0.02%

东胜煤田累积探获量 5 136.30 亿吨，保有资源量 5 121.82 亿吨，基础储量 72.69

亿吨。其中，东胜国家规划矿区累积探获量 1 398.12 亿吨，保有资源量 1 383.64 亿吨，尚未利用资源量 1 233.34 亿吨，基础储量 72.69 亿吨；东胜深部矿区累积探获量 3 738.18 亿吨，保有资源量 3 738.18 亿吨。

5.1.3　陕北煤田

1. 陕北石炭–二叠纪煤田

陕北石炭–二叠纪煤田位于鄂尔多斯盆地陕北赋煤带，河东褶曲带的西缘，包括府谷和吴堡两个矿区，基本构造形态为一走向 NNE-近 SN、倾向 W 的平缓单斜，倾角一般为 5°，构造简单，主要发育张性正断层和小幅度褶曲。

府谷矿区山西组 4 号煤层原煤灰分值变化在 16.70%~38.25%，平均值为 27.91%，属中灰煤；太原组 6 号、7 号、8 号煤层原煤灰分值变化在 9.50%~36.99%，综合平均值为 17.7%~22.86%，属低中灰–中灰煤；主要可采煤层砷含量综合平均值变化在 0~9.4 微克/克，4 号、7 号、8 号煤层属 1 级含砷煤，6 号煤层属 3 级含砷煤；氯含量综合平均值变化在 0.018%~0.025%，属特低氯煤；氟含量综合平均值变化在 122~195 微克/克。主要可采煤层原煤灰分含量表见表 2.5.4。

表 2.5.4　主要可采煤层原煤灰分含量表

含煤地层	煤号	府谷矿区	含煤地层	煤号	吴堡矿区
山西组	4	16.70%~38.25% 27.91%（93）	山西组	s_1	9.96%~37.39% 20.19%（76）
太原组	6	9.50%~30.08% 17.74%（71）			
	7	10.90%~34.55% 18.89%（90）	太原组	t_1	11.62%~38.28% 21.03%（50）
	8	10.70%~36.99% 22.86%（96）			

注：括号中为样品数

吴堡矿区山西组 s_1 煤层原煤灰分值变化在 9.96%~37.39%，平均值 20.19%，属中灰煤；太原组 t_1 煤层原煤灰分值变化在 11.62%~38.28%，平均 21.03%，属中灰煤（表 2.5.4）。主要可采煤层原煤砷含量综合平均值变化在 0~6.6 微克/克，属 2 级含砷煤；氯含量综合平均值变化为 0.030%~0.056%，属特低–低氯煤；氟含量综合平均值为 10~142 微克/克。

主要可采煤层原煤全硫含量表见表 2.5.5，府谷矿区主要可采煤层砷、氯、氟含量表见表 2.5.6。

表 2.5.5 主要可采煤层原煤全硫含量表

含煤地层	煤号	府谷矿区	含煤地层	煤号	吴堡矿区
山西组	4	0.20%~1.51% 0.52%（90）	山西组	s_1	0.10%~1.91% 0.47%（76）
太原组	6	0.20%~3.96% 1.43%（73）			
	7	0.40%~5.45% 2.09%（90）	太原组	t_1	0.30%~4.03% 1.54%（50）
	8	0.50%~3.76% 1.24%（96）			

表 2.5.6 府谷矿区主要可采煤层砷、氯、氟含量表

矿区	煤号	砷/（微克/克）	氯	氟/（微克/克）
府谷矿区	4	0~6.6 0.5（38）	0~0.216% 0.025%（31）	5~328 195（35）
	6	0~23.0 9.4（30）	0~0.051% 0.020%（22）	50~300 128（28）
	7	0~26.0 3.8（37）	0~0.038% 0.018%（27）	60~216 122（32）
	8	0~18.5 1.8（42）	0~0.081% 0.021%（30）	20~242 139（37）

府谷矿区主要可采煤层属Ⅰ~Ⅱ变质阶段的较低变质烟煤，即长焰煤–气煤；吴堡矿区主要可采煤层属Ⅳ~Ⅴ变质阶段以中变质的焦煤为主，次为瘦煤及少量肥煤。

陕北石炭–二叠纪煤田累积探获量 121.61 亿吨，保有资源量 121.41 亿吨，基础储量 3.32 亿吨，600~1 000 米预测资源量 30.11 亿吨。其中，府谷矿区累积探获量 105.34 亿吨，保有资源量 105.14 亿吨，尚未利用资源量 92.51 亿吨，基础储量 3.32 亿吨，600~1 000 米预测资源量 30.11 亿吨；吴堡矿区累积探获量 16.27 亿吨，保有资源量 16.27 亿吨。

2. 陕北三叠纪煤田

陕北三叠纪煤田位于鄂尔多斯盆地陕北赋煤带的延安斜坡，基本为一平缓的西倾单斜构造，地层倾角平缓，一般为 5°。沿走向和倾向发育有宽缓的波状起伏、短轴背向斜及落差甚小的断层，对含煤地层影响甚微，构造极为简单。

5 号煤层原煤灰分变化为 9.30%~25.89%，平均值为 19.29%，为低中灰煤；原煤全硫含量变化为 0.26%~1.41%，平均值为 0.57%，属低硫煤；原煤磷分含量变化为 0.007%~0.025%，平均值为 0.012%，属低磷分煤；砷含量为 2~8 微克/克，平均值为 7 微克/克，属 2 级含砷煤；氟含量为 27~84 微克/克，平均值为 76 微克/克；

氯含量为 0.083%~0.297%，平均值为 0.28%，属中氯煤。陕北三叠纪煤田瓦窑堡组原煤煤质特征见表 2.5.7。

表 2.5.7　陕北三叠纪煤田瓦窑堡组原煤煤质特征

含煤地层	煤号	灰分	硫分	磷分	砷/（微克/克）	氟/（微克/克）	氯
瓦窑堡组	5	9.30%~25.89% 19.29%	0.26%~1.41% 0.57%	0.007%~0.025% 0.012%	2~8 7	27~84 76	0.083%~0.297% 0.28%
	3	10.80%~26.63% 18.97%	0.41%~0.68% 0.52%	0.002%~0.019% 0.010%			

3 号煤层原煤灰分变化为 10.80%~26.63%，平均值为 18.97%，为低中灰煤；原煤全硫变化为 0.41%~0.68%，平均值为 0.52%，为低硫煤；原煤磷分变化为 0.002%~ 0.019%，平均值为 0.010%，属特低磷分煤。

煤田内各煤层煤的变质程度较低，煤的镜质组最大反射率在 0.70%~0.76%，属第Ⅱ阶段低变质烟煤及气煤范畴。

陕北三叠纪煤田子长矿区累积探获量 19.80 亿吨，保有资源量 19.65 亿吨，尚未利用资源量 18.46 亿吨，基础储量 1.02 亿吨。

3. 陕北侏罗纪煤田

陕北侏罗纪煤田位于伊陕斜坡区的东胜—靖边斜坡南部，总体为走向 NE，倾向 NW，倾角 1°左右的单斜构造。区内目前发现的断层有 20 余条，为呈雁行排列的多个断层组，走向以 NWW 向为主，倾角为 60°~80°，断距为 20~150 米，以正断层居多，对煤层连续性有一定的影响，构造条件总体属简单类型。

陕北侏罗纪煤田各矿区原煤煤质特征如表 2.5.8 所示。

表 2.5.8　陕北侏罗纪煤田各矿区原煤煤质特征

煤质	煤号	神府矿区		榆神矿区	榆横矿区	煤质	神府矿区		榆神矿区
		新民矿区	神北矿区				新民矿区	神北矿区	
灰分	2（Ⅲ）	3.30%~8.02% 6.02%	3.60%~14.89% 7.89%	3.90%~11.79% 7.69%	3.60%~26.21% 9.55%	砷/（微克/克）	0~3 1	0~3.8 1.4	17 2
	1（Ⅳ）	3.30%~17.67% 8.08%	3.10%~15.03% 6.66%	3.60%~25.40% 7.92%	4.00%~28.30% 10.26%		0~6 1	0~4.7 1.6	0~7 2
	1	5.00%~15.19% 8.52%					0~5 1	0~2.0 0.9	
	2		4.40%~24.35% 8.39%						0~3 1
	3（Ⅸ）			3.70%~21.09% 8.28%	3.50%~18.85% 8.77%				

续表

煤质	煤号	神府矿区		榆神矿区	榆横矿区	煤质	神府矿区		榆神矿区
		新民矿区	神北矿区				新民矿区	神北矿区	
硫分	2（Ⅲ）	0.20%~0.46% 0.32%	0.20%~1.07% 0.47%	0.20%~1.70% 0.67%	0.20%~3.98% 1.79%	氯/（微克/克）	0~0.022 0.011	0~0.32 0.063	0~0.037 0.025
	1（Ⅳ）	0.10%~0.37% 0.25%	0.20%~0.74% 0.38%	0.10%~1.32% 0.52%	0.20%~2.25% 0.85%		0~0.106 0.015	0~0.30 0.050	0~0.048 0.026
	1	0.10%~0.71% 0.27%					0~0.059 0.012	0~0.50 0.094	
	2		0.20%~1.89% 0.49%						0.01~0.097 0.038
	3（Ⅸ）			0.10%~0.83% 0.38%	0.20%~1.28% 0.42%				
磷分	2（Ⅲ）	0~0.018% 0.013%	0~0.029% 0.002%	0~0.012% 0.010%	0~0.034% 0.008%	氟/（微克/克）	95 57		797 82
	1（Ⅳ）	0~0.050% 0.013%	0~0.109% 0.006%	0~0.041% 0.012%	0~0.040% 0.012%		145 65		195 76
	1	0~0.148% 0.047%					2 280 86		
	2		0~0.144% 0.033%						
	3（Ⅸ）			0~0.052% 0.026%	0~0.174% 0.055%				699 84

由表 2.5.8 可知，2（Ⅲ）煤层原煤灰分变化为 3.30%~26.21%，综合平均值为 6.02%~9.55%；1（Ⅳ）煤层原煤灰分变化为 3.10%~28.30%，综合平均值为 6.66%~10.26%；1 煤层原煤灰分变化为 5.00%~15.19%，平均值为 8.52%；2 煤层原煤灰分变化为 4.40%~24.35%，平均值为 8.39%；3（Ⅸ）煤层原煤灰分变化为 3.50%~21.09%，综合平均值为 8.28%~8.77%。上述煤层平均灰分除榆横矿区 1（Ⅳ）煤层为低中灰煤外，其他煤层均属低灰煤。

2（Ⅲ）煤层原煤全硫变化为 0.20%~3.98%，综合平均值为 0.32%~1.79%；1（Ⅳ）煤层原煤全硫变化为 0.10%~2.25%，综合平均值为 0.25%~0.85%；1 煤层原煤全硫变化为 0.10%~0.71%，平均值为 0.27%；2 原煤全硫变化为 0.20%~1.89%，平均值为 0.49%；3（Ⅸ）煤层原煤全硫变化为 0.10%~1.28%，综合平均值为 0.38%~0.42%。全硫除榆横矿区 2（Ⅲ）煤层平均含量为 1.79%，属中硫煤外，其余煤层全硫含量综合平均值小于 0.90%，属特低–低硫煤。

2（Ⅲ）煤层原煤磷分变化为 0~0.034%，综合平均值为 0.002%~0.013%，属特低磷–低磷煤；1（Ⅳ）煤层原煤磷分变化为 0~0.109%，综合平均值为 0.006%~

0.013%，属特低–低磷煤；1 煤层原煤磷分变化为 0~0.148%，平均值为 0.047%，属低磷煤；2 煤层原煤磷分变化为 0~0.144%，平均值为 0.033%，属低磷煤；3（Ⅸ）煤层原煤磷分变化为 0~0.174%，综合平均值为 0.026%~0.055%，属低磷–中磷煤。

各主要可采煤层砷含量较小，变化在 0~17 微克/克，大部分在 0~3 微克/克，属 1 级含砷煤；各主要可采煤层氯含量综合平均值在 0.011%~0.094%，属特低–低氯煤；各主要可采煤层氟含量综合平均值在 57~86 微克/克。

区内主要可采煤层镜质组最大反射率一般在 0.40%~0.69%，属第Ⅰ~Ⅱ变质阶段低变质烟煤类，上部煤层以长焰煤为主，下部煤层以不黏煤和弱黏煤为主，深部出现少量气煤。

陕北侏罗纪煤田累积探获量 1 380.04 亿吨，保有资源量 1 370.66 亿吨，尚未利用资源量 1 164.28 亿吨，基础储量 158.68 亿吨。其中，神府矿区累积探获量 254.23 亿吨，保有资源量 245.88 亿吨，尚未利用资源量 108.08 亿吨，基础储量 114.93 亿吨；榆神矿区累积探获量 662.18 亿吨，保有资源量 661.57 亿吨，尚未利用资源量 593.95 亿吨，基础储量 42.03 亿吨；榆横矿区累积探获量 463.63 亿吨，保有资源量 463.21 亿吨，尚未利用资源量 462.25 亿吨，基础储量 1.72 亿吨。

5.1.4　新疆准东煤田

准东煤田位于准东赋煤带。该赋煤带位于准噶尔盆地东部，延及东侧克拉美丽山区，东端至巴里坤。准东赋煤带主要表现为 NWW 向开阔褶曲，呈 NWW 向斜列展布，西部有三排 NEE 向构造鼻，斜列展布。赋煤带北部发育喀拉麦里深断裂，在隆起和深断裂的双重影响下，带内发育有一系列垂直于深断裂的向斜构造和鼻状构造。准东煤田构造整体上成并列式、不对称、开扩性的褶曲形态，构造发育程度简单至中等。

准东煤田主要为侏罗世含煤地层，分别为八道湾组（A 煤组）、西山窑组（B 煤组）、石树沟群（C 煤组）。

八道湾组煤层原煤灰分产率为 4.70%~27.24%，属低灰–特低灰煤。全硫为 0.20%~0.93%，平均为 0.44%，属特低硫煤，以特低硫–低硫煤为主；原煤磷含量 0~0.064%，平均为 0.01%，属特低磷煤；原煤氯含量 0~0.059%，平均为 0.035%，属特低氯煤；原煤砷含量 0~0.02%，平均为 0.005 6%，属二级含砷煤。八道湾组煤类为 41 号长焰煤，详见表 2.5.9。

表 2.5.9　准东煤田八道湾组原煤煤质特征

分析项目	矿区名称			全区平均	等级
	五彩湾矿区	大井矿区	西黑山矿区		
A_d	5.10%~20.63% 12.25%	5.20%~9.91% 7.68%	4.70%~27.24% 15.13%	11.59%	低灰–特低灰煤
$S_{t,d}$	0.20%~0.93% 0.61%	0.30%~0.41% 0.38%	0.20%~0.32% 0.29%	0.44%	特低硫煤
P_d	0~0.064% 0.02%	0~0.003% 0.003%	0.006%	0.01%	特低磷煤
Cl_d	0.03%~0.038% 0.035%	0.040%~0.059% 0.049%	0~0.034% 0.020%	0.035%	特低氯煤
As_d	2.0%~8.5% 4.64% $\times 10^{-4}$		3%~20% 10.2% $\times 10^{-4}$	5.61×10^{-4}	二级含砷煤

西山窑组煤层原煤灰分产率10.11%~14.07%，平均为 11.48%，属低灰–特低灰煤，以低灰煤为主；硫分含量0.27%~0.88%，平均为0.51%，为低硫煤；磷分含量0.012%~0.040%，平均为0.024%，属低磷分煤；氯含量0.047%~ 0.070%，平均为0.055%，属低氯煤；砷含量2.02~2.82微克/克，平均为2.48微克/克，属一级含砷煤（表2.5.10）。氟含量22.60~44.28微克/克，平均34.89微克/克；西山窑组煤类为31号不黏煤，局部个别点有41号长焰煤类。

表 2.5.10　准东煤田西山窑组原煤煤质特征

分析项目	矿区名称					等级
	五彩湾矿区	大井矿区	西黑山矿区	老君庙矿区	全区平均	
A_d	10.85%	10.11%	10.90%	14.07%	11.48%	低灰煤
$S_{t,d}$	0.53%	0.37%	0.27%	0.88%	0.51%	低硫煤
P_d	0.014%	0.012%	0.03%	0.040%	0.024%	低磷分煤
Cl_d	0.047%	0.049%	0.070%	0.055%	0.055%	低氯煤
As_d/（微克/克）	2.59		2.02	2.82	2.48	一级含砷煤

准东煤田是新疆地区煤炭资源最丰富的煤田，截至2010年，煤炭资源累积探获量达1 052.53亿吨，保有资源量1 052.27亿吨，尚未利用资源量1 011.33亿吨，储量0.21亿吨，基础储量0.56亿吨，0~600米预测资源量1 069.19亿吨，600~1 000

米预测资源量 972.62 亿吨。

5.2　绿色煤炭资源保障能力分析

依据“煤炭资源强国战略”课题中关于九大分区总体绿色程度的评价结果，绘制各区绿色程度总体评价表，如表 2.5.11 所示。

表 2.5.11　各区绿色程度总体评价表

分区	煤类	灰分	硫分	煤层埋深	构造复杂程度	是否绿色
东北区	绝大多数褐煤、长焰煤，局部低变质烟煤和无烟煤	一般 17%~32%，为低中–中灰煤	大多为<1%的特低–低硫煤，局部 1.07%~4.44%	<1 000 米	构造复杂为主，局部构造中等	褐煤为主，构造复杂，灰分超限，总体非绿色
黄淮海区	中变质烟煤为主，局部贫煤、无烟煤	山西–石盒子组中灰，20%~30%；太原组低中灰，10%~30%	山西–石盒子组低硫，< 1%；太原组低中–中硫，1%~2%，局部中高硫煤	<1 000 米，资源基本开发殆尽	中等–复杂，局部简单	煤质超限、构造复杂、埋深过大，总体非绿色
东南区	贫煤、无烟煤为主，次为褐煤	中–中高灰煤为主，20%~40%，少量低灰煤	中–中高–高硫煤为主，>1.5%	<1 000 米，但资源贫乏	构造复杂–极复杂，局部中等	煤质超限、构造复杂，非绿色
内蒙古东部地区	绝大多数褐煤，少量长焰煤	多为中灰，20%~30%，少量低灰、高灰煤	多为特低–低硫煤，<1%	<1 000 米	构造中等–复杂为主	褐煤主导、灰分超限、构造复杂，非绿色
晋陕内蒙古（西部）宁区	长焰煤、无烟煤均有分布	太原–山西组多为低中–中灰煤，15%~25%；瓦窑堡组多为低中–中灰煤，15%~25%；延安组低灰煤，<10%	太原组中硫煤，1.5%~2%；山西组特低–低硫煤，<1%；瓦窑堡组低硫煤，<1%；延安组特低–低硫煤，<1%	<1 000 米	构造简单为主，局部中等–复杂	山西组、瓦窑堡组、延安组绿色；太原组硫分超限，非绿色
西南区	焦煤、贫煤、无烟煤等中高变质煤	中–中高灰煤，20.00%~33.39%，局部达 35%以上	多为高–特高硫煤，2%~9.92%，少量低中–中硫煤，1.13%~1.84%	<1 000 米	构造中等为主，局部简单、复杂	煤质超限，总体非绿色
北疆区	绝大多数长焰煤、不黏煤、弱黏煤，少量气煤	低–低中灰煤为主，5.14%~20.00%，少量中灰煤	多为特低硫–低硫煤，<1%	<1 000 米	构造简单–中等为主，局部复杂	主要绿色赋存区，未来勘查开发重点区
甘青南疆区	绝大多数长焰煤、不黏煤	低–低中灰煤为主，5.14%~20.00%，少量中灰煤	多为特低硫–低硫煤，<1%	<1 000 米	构造复杂，局部中等	构造复杂，非绿色
西藏区	褐煤、高变质烟煤、无烟煤	大多中–高灰煤，多于 20%	低–低中硫煤，<1.5%	<1 000 米	构造复杂–极复杂	非绿色

晋陕内蒙古（西部）宁区煤炭资源丰富，煤炭资源保有量约为10 620亿吨，其中，内蒙古西部地区5 760亿吨，占54.24%；山西2 688.16亿吨，占25.31%；陕北1 794.15亿吨，占16.89%；宁夏相对较少，保有量376.92亿吨，占3.55%。该区煤类丰富，从长焰煤至无烟煤均有分布，太原–山西组灰分多为1%~25%，为低中–中灰煤；瓦窑堡组灰分多为15%~25%，为低中–中灰煤；延安组灰分大多<10%，为低灰煤；太原组硫分为1.5%~2.0%，为中硫煤；山西组硫分大多<1%，为特低–低硫煤，瓦窑堡组和延安组硫分大多均<1%，为特低–低硫煤。该区现有煤炭资源埋深小于1 000米，除盆缘煤系构造变形强烈外，盆地内部基本以构造简单为主，局部中等–复杂。因此，该区太原组煤被评价为非绿色煤，山西组、瓦窑堡组、延安组煤被评价为绿色煤炭资源。

北疆区保有资源量达2 097.85亿吨，数量大，煤质好，但勘查程度较低。以长焰煤、不黏煤、弱黏煤为主，有少量气煤、焦煤，煤灰分大多为5.14%~20.00%，为低–低中灰煤，少量中灰煤，硫分大多<1%，为特低–低硫煤，煤层埋深小于1 000米，评价为绿色煤炭资源赋存区。

甘青南疆区保有资源量419.53亿吨，其中，甘肃158.66亿吨，青海63.40亿吨，南疆197.47亿吨。属长焰煤和不黏煤，煤灰分为5.14%~20.00%，硫分大多<1%，为特低硫–低硫煤，因构造总体复杂而评价为非绿色煤炭资源区。

但需要注意的是，不同区域煤炭资源的禀赋特征差别较大，在大区评价的绿色范围内局部存在非绿色煤炭资源，同样在大区非绿色的范围内局部存在绿色煤炭资源。

基于上述绿色程度总体评价结果，以“井”型分区的煤田（矿区）为主要评价单元，通过对各煤田（矿区）构造复杂程度、煤质煤类等条件进行研究，按煤类为褐煤、灰分>20%、硫分>1%，作为绿色煤炭资源的否定指标，其他指标为定性描述性指标，在西部地区筛选出以下绿色煤田（矿区）（表2.5.12）。

根据西部五省区（陕西、内蒙古西部、宁夏、甘肃、新疆）评价，全区绿色煤炭资源保有量9 234.59亿吨，占全国绿色保有量的92.45%，占该区保有总量的88.4%，占全国保有总量的47.5%；绿色基础储量473.64亿吨，占全国绿色基础储量的54.05%，占西北地区基础储量的74.08%，占全国基础储量的17.34%；绿色储量251.37亿吨，占全国绿色储量的54.9%，占西北地区储量的74.37%；远景绿色资源量7 494.2亿吨，占全国远景绿色资源量的97%。

表 2.5.12　西部地区绿色矿区优选及其资源量统计

单位：亿吨

井型分区	省区	煤田（矿区）	煤类	主成煤时代	累积探获量	保有资源量	绿色保有量	尚未利用量	绿色储量	绿色基础储量	预测资源量		
											0~600 米	600~1 000 米	合计
陕蒙（西）甘宁区	陕西	府谷矿区	气煤、长焰煤、不黏煤	C-P	105.34	105.14	52.67	92.51	/1.99	3.32		30.11	30.11
		吴堡矿区	焦煤、瘦煤、肥煤	C-P	16.27	16.27	8.13	16.27					
		子长矿区	气煤	T	19.80	19.65	19.65	18.46	/0.61	1.02			
		神府矿区	长焰煤、不黏煤	J	254.23	245.88	245.88	108.08	/68.96	114.93			
		榆神矿区	长焰煤、不黏煤	J	662.18	661.57	661.57	593.95	/25.22	42.028			
		榆横矿区	长焰煤、弱黏煤、不黏煤	J	463.63	463.21	463.21	462.25	/1.03	1.72			
	内蒙古	乌兰格尔矿区	长焰煤	C-P	28.98	28.98	14.49	26.54			190.87（鄂北赋煤带）	514.35（鄂北赋煤带）	705.22（鄂北赋煤带）
		准格尔矿区	长焰煤	C-P	343.60	335.28	167.64	217.04	/50.32	83.86			
		东胜国家规划矿区	不黏煤	J	1 398.12	1 383.64	1 398.12	1 233.34	/43.61	72.69			
		东胜深部矿区	不黏煤	J	3 738.18	3 738.18	3 738.18	3 738.18					
	甘肃	陇东煤田	长焰煤、气煤、弱黏煤、不黏煤	J	127.86	124.59	124.59	112.51	14.50	28.46		118.99	118.99
	宁夏	灵武		J	29.37	28.13	28.13	7.28	12.19	20.59			
		鸳鸯湖		J	95.27	95.27	95.27	2.37					
		马家滩		J	56.66	56.66	56.66	56.66					
		积家井		J	65.15	65.15	65.15	65.15					
		萌城		J	10.06	10.06	10.06	10.06					

续表

井型分区	省区	煤田（矿区）	煤类	主成煤时代	累积探获量	保有资源量	绿色保有量	尚未利用量	绿色储量	绿色基础储量	预测资源量		
											0~600 米	600~1 000 米	合计
北疆区	新疆	托里–和什托洛盖煤田	长焰煤	J	93.31	92.55	92.55	6.86	3.45	7.08	408.91	230.25	639.16
		准南煤田	长焰煤	J	347.07	338.95	338.95	42.75	19.33	46.21	142.72	170.60	313.32
		后峡煤田	长焰煤、不黏煤、气煤	J	30.85	30.66	30.66	7.63	1.30	3.32	121.40	99.08	220.48
		准东煤田	不黏煤	J	1 052.53	1 052.27	1 052.27	1 011.33	0.21	0.56	1 069.19	972.62	2 041.81
		巴里坤煤田	气肥煤	J	9.71	9.58	9.58	4.08	0.33	1.50	80.38	86.13	166.51
		三塘湖–淖毛湖	长焰煤、无烟煤	J	27.23	27.21	27.21	26.31	0.032	0.41	360.95	496.39	857.34
		伊宁煤田	长焰煤	J	195.42	194.28	194.28	57.96	2.63	32.19	394.76	419.56	814.32
		托克逊煤田	长焰煤	J	25.06	24.15	24.15	3.90	3.65	8.67	73.72	44.16	117.88
		哈密煤田	不黏煤	J	16.22	15.07	15.07	10.46	2.01	5.08	102.63	223.13	325.76
		吐鲁番煤田	长焰煤	J	31.77	31.77	31.77	31.76			69.56	187.17	256.73
		沙尔湖煤田	长焰煤	J	268.70	268.70	268.70	250.10			858.23	58.45	916.68
绿色煤田（矿区）合计					9 512.57	9 462.85	9 234.59	8 213.79	251.37	473.64	3 873.32	3 650.99	7 524.31
五省区合计					10 543.11	10 449.17		8 920.15	337.98	639.39			10 433.19

注：数前加斜线表示估计值

第6章　战略举措与建议

6.1　战略举措

6.1.1　战略目标

西部煤炭资源开发要立足科学发展观，依托国家“一带一路”倡议，坚持资源开发与环境保护双赢，兼顾近期目标与长远目标，充分发挥西部的煤炭资源优势。重点是要研究绿色煤炭资源区域空间分布特性、煤质煤类空间分布特性，为优化西部煤炭资源开发利用战略布局提供基础支撑，布局形成煤电化生产基地、煤基多联产化工基地，以及新型煤制油、煤制气、煤制烯烃等现代化工产业基地，哺育一批在煤炭化工、煤电输送方面有竞争力优势的龙头企业，进而推进一两个煤炭资源优势明显的大城镇建设，以期实现西部煤炭资源开发的经济效益、社会效益、生态效益、民族政治效益等相统一的总体战略目标。

6.1.2　战略思路

鉴于西部煤系矿产丰富且集中，但水资源匮乏而不均衡的特性，今后在西部煤炭地质研究与勘查中，要立足“一个发展中心”，构建出“一套勘查技术体系”和“一套开发规范方案”的战略思路。“一套技术体系”就是要构建出一套集煤炭、煤系气（煤层气、页岩气、天然气水合物等）、煤系矿产及水等为整体的综合勘查技术体系。“一套开发规范方案”就是探索一套以煤为主体，多能源或多矿产兼顾的开发利用时序或结构的规范方案。“一个发展中心”就是要以发挥西部煤炭资源优势这一中心，重点发展规划利用好绿色煤炭资源。

6.1.3　阶段目标

西部能源是我国的重头戏，未来一段时间内我国煤炭资源开发的重点应该放在西部，其中能源中又以煤炭为重点。煤炭中绿色煤炭资源直接关系到西部生态环境，更关系到能源企业的核心竞争力。因此，要做好煤炭地质研究与勘查工作，尤其是绿色煤炭资源的勘查工作。勘查工作要逐步向绿色煤炭资源前景较好的范围展布，提高西部绿色煤炭资源勘查比重，尤其是绿色煤炭资源中的储量所占的比重。

各阶段目标如下：在 2020 年，力促绿色煤炭资源勘查占全区勘查工作比重的 50%，力争西部五省区绿色煤炭资源储量在全国绿色煤炭资源储量中的占比由目前的 54.9%提高到 70%；到 2035 年，力促绿色煤炭资源勘查占全区勘查工作比重的 80%，力争区内绿色资源储量占全国绿色煤炭资源储量的比重进一步提高到 80%左右；至 2050 年，力促绿色煤炭资源勘查占全区勘查工作比重的 85%，力争区内绿色煤炭资源储量占全国绿色煤炭资源储量的比重进一步提高到 90%左右。

6.2 建议

西部煤系矿产资源丰富且绿色煤炭资源分布集中，但水资源和生态环境相对复杂。需要针对西部赋煤产区具体情形，展开以煤为主体，兼顾煤系地层内煤炭、煤系气（煤层气、页岩气、天然气水合物等）、煤系矿产（煤中铀、镓、高岭土等）与水资源四位一体的综合研究、勘查、开发模式。具体建议如下。

6.2.1 提高绿色煤炭资源的储量比例，发挥好绿色煤炭资源优势

我国西部地区煤炭资源丰富且分布集中，保有和预测资源总量达 3.85 万亿吨，占全国 5.82 万亿吨总量的 66.2%，五省区绿色保有量 9 234.59 亿吨，占全国绿色保有总量的 92.45%，在资源总量上具备承接东部产能转移、战略能源储备的基本要素。但是，西部绿色煤炭资源储量虽然占全国绿色煤炭资源储量的 54.9%，占西北地区储量的 76.5%，但仅占全国储量的 16.9%，这与西部煤炭资源在全国资源量中所处的地位不符，除因勘查程度不足外，显然也与相当大一部分高勘查级别的保有量尚未开展经济技术可行性评估，尚未转化为可直接用于开发的储量有关。因此，西部今后要重点致力于提高绿色煤炭资源的储量比重。

2020 年，西部绿色煤炭资源储量比重提高到占全国绿色储量的 70%，绿色煤炭资源开发利用的比重提升至占全国利用煤炭资源总量的 35%以上；2035 年，西部绿色煤炭资源储量比重提高到占全国绿色储量的 80%左右，绿色煤炭资源开发利用的比重提升至占全国利用煤炭资源总量的 50%以上；2050 年，西部绿色煤炭资源储量比重提高到占全国绿色储量的 90%左右，绿色煤炭资源开发利用的比重

提升至占全国利用煤炭资源总量的70%以上。

在大区评价非绿色区，适度开展对煤炭资源禀赋优良靶区的优选工作，进一步发现新的绿色资源并开展精细评价，为开发产能就近聚拢转移提供便利条件。另外，西部绿色煤炭资源的开发，在注重资源自身禀赋条件的同时，要侧重考虑经济因素和环保因素，经济因素则要考虑交通与用水，环保因素则要考虑西部戈壁沙漠无人区的特性（发掘这一特性的优势），开发绿色煤炭资源要综合考虑经济与环境的综合成本。

6.2.2　协同煤系多矿产勘查，构建出综合勘查模式

西部煤盆地中不但有丰富优质的煤炭资源，而且赋煤盆地中孕育有稀有元素镓、锗等共伴生矿产，这些都是大自然馈赠给人类的瑰宝。优质自然资源的物理解读，即其为具有负熵的有序物质，而其经济解读，则是低成本高收益的资源。例如，宁夏白芨沟的太西煤，在新疆屯南矿区嘎顺乌散井田和努肯泥沃特格井田内伴生的高品位的锗，在宁夏宁东煤田的煤层顶板中发现有较高含量的铀等，以及煤系烃源岩产生的煤系气等资源。因此，加强西部煤盆地中多矿产协同勘查工作，总结提炼多能源、多矿产综合勘查模式，对于优煤优用、材尽其用，发展循环经济具有重要的意义。

6.2.3　注重西部地区煤水兼探，以水为先原则

西部煤炭资源丰富，但水资源欠缺，且空间上二者配比关系存在不均衡性分布。例如，西部煤炭资源最丰富的新疆地区、煤炭资源比较多的准南地区，水资源却相对短缺，如昌吉、哈密等煤产地水资源短缺严重，仅有伊犁地区水资源与煤炭资源相对均衡。水资源短缺已成为制约西部地区可持续发展的最关键问题。因此，需要把水作为资源考虑，开发煤炭资源，水是第一条件。根据西部煤炭资源与水资源分布规律，统筹规划煤炭资源与水资源之间的关系，做到统筹论证缺水煤产区水资源短缺解决方案，实现最大经济高效利用。例如，在伊犁地区可以大比重上一些煤化工项目；在昌吉、准北和哈密部分地区则可以上马煤电联产项目；在交通条件较好的沿线矿区，如部分哈密煤矿，则应以煤炭输出为主；等等。

参 考 文 献

蔡周荣，夏斌，黄强太，等. 2015. 上、下扬子区古生界页岩气形成和保存的构造背景对比分析[J]. 天然气地球科学，26（8）：1446-1454.

陈多福，王茂春，夏斌. 2005. 青藏高原冻土带天然气水合物的形成条件与分布预测[J]. 地球物理学报，48（1）：165-172.

陈辉，王佟. 2015. 煤质分析和评价[M]. 徐州：中国矿业大学出版社.

韩德馨，杨起. 1984. 中国煤田地质学（下册）[M]. 北京：煤炭工业出版社.

黄第藩，熊传武. 1996. 含煤地层中石油的生成、运移和生油潜力评价[J]. 勘探家，1（2）：6-11.

黄第藩，李晋超，张大江. 1984. 干酪根的类型及其分类参数的有效性、局限性和相关性[J]. 沉积学报，2（3）：18-33.

贾承造，李本亮，张兴阳，等. 2007. 中国海相盆地的形成与演化[J]. 科学通报，52（增刊 I）：1-8.

贾建称，张妙逢，龙亚平. 2009. 中国含煤区地质背景与构造变形特征[J]. 安徽理工大学学报，29（4）：1-8.

坚润堂，李峰，王造成. 2009. 青藏高原冻土区活动带天然气水合物异常特征[J]. 西南石油大学学报（自然科学版），31（2）：13-17.

梁金强，吴能友，杨木壮，等. 2006. 天然气水合物资源量估算方法及应用[J]. 地质通报，25（9~10）：1205-1210.

刘寅，陈清华，胡凯，等. 2014. 渤海湾盆地与苏北-南黄海盆地构造特征和成因对比[J]. 大地构造与成矿学，38（1）：38-51.

莽东鸿等. 1994. 中国煤盆地构造[M]. 北京：地质出版社.

潘语录，田贵发，栾安辉，等. 2008. 测井方法在青海木里煤田冻土研究中的应用[J]. 中国煤炭地质，20（12）：7-9.

彭苏萍. 2009. 中国煤炭资源开发与环境保护[J]. 科技导报，27（17）：卷首语.

彭苏萍，张博，王佟，等. 2014. 煤炭资源与水资源[M]. 北京：科学出版社.

彭苏萍，张博，王佟，等. 2015. 煤炭可持续发展战略研究[M]. 北京：煤炭工业出版社.

任德贻. 2006. 煤的微量元素地球化学[M]. 北京：科学出版社.

尚冠雄. 1997. 华北地台晚古生代煤地质学研究[M]. 太原：山西科学技术出版社.

田山岗，尚冠雄，唐辛. 2006. 中国煤炭资源的“井”字型分布格局——地域分异性与资源经济地理区划[J]. 中国煤田地质，18（3）：1-5.

王保群. 2002. 伊犁盆地南缘可地浸砂岩型铀矿的重大突破[J]. 新疆地质，20（2）：106-109.

王双明. 1996. 鄂尔多斯盆地聚煤规律及煤炭资源评价[M]. 北京：煤炭工业出版社.

王双明. 2011. 鄂尔多斯盆地构造演化和构造控煤作用[J]. 地质通报，30（4）：544-552.

王佟. 2012. 中国西北赋煤区构造发育规律及构造控煤研究[D]. 中国矿业大学（北京）博士学位论文.

王佟，夏玉成，曹代勇. 2011. 西北赋煤区控煤构造样式分析[C]. 2011 西安-煤矿安全高效开采地质保障技术国际研讨会.

王佟，等. 2013. 中国煤炭地质综合勘查理论与技术新体系[M]. 北京：科学出版社.

王佟，王庆伟，傅雪海. 2014. 煤系非常规天然气的系统研究及其意义[J]. 煤田地质与勘探，42（1）：24-27.

王佟，冯帆，江涛，等. 2016. 新疆准噶尔含煤盆地基本构造格架与认识[J]. 地质学报，90（4）：628-638.

王佟，张博，王庆伟，等. 2017. 中国绿色煤炭资源概念和内涵及评价[J]. 煤田地质与勘探，45（1）：1-8.

王文杰，王信. 1993. 中国东部煤田推覆、滑脱构造与找煤研究[M]. 徐州：中国矿业大学出版社.

王显政. 2011. 当代世界煤炭工业[M]. 北京：煤炭工业出版社.

吴青柏，程国栋. 2008. 多年冻土区天然气水合物研究综述[J]. 地球科学进展，23（2）：111-119.

夏毓亮，林锦荣，侯艳先，等. 2002. 伊犁盆地砂岩型铀成矿同位素地质特征[J]. 铀矿地质，18（3）：150-154.

谢克昌. 2014. 中国煤炭清洁高效可持续开发利用战略研究[M]. 北京：科学出版社.

徐水师，王佟，谭克龙. 2011. 现代煤炭地质勘查技术[M]. 北京：地质出版社.

佐藤干夫. 1999. 天然气水合物甲烷量及资源量的计算[J]. 海洋地质动态，（9）：15-19.

Sloan E D. 2002. Clathrate hydrates of natural gases[M]. 2nd ed. New York：Marcel Dekker Inc.

第三篇　西部煤炭资源清洁高效开发利用工程科技发展战略研究

第1章　绪　　论

1.1　煤炭的主体能源地位短时期内难以改变

煤炭是我国最可靠的能源资源。我国煤炭资源量占化石能源资源基础储量的94%左右，远大于石油和天然气，占世界的13.3%，居世界第三位。富煤、贫油和少气的能源资源条件决定了我国经济发展仍然主要依赖煤炭。

2016年，我国一次能源生产总量34.3亿吨标准煤，煤炭产量约占66%；2016年我国一次能源消费量43.6亿吨标准煤，其中煤炭消费量27.03亿吨标准煤，占我国一次能源消费总量的62%。煤炭作为工业化进程的主要能源基础，支撑化工、建材等多个行业的发展和人们生活水平的提高，有力促进了我国经济持续快速发展。我国尚处于工业化起步阶段，能源是支撑经济发展的重要物质保证，未来的发展仍然需要煤炭。随着我国煤炭消费总量控制、大气污染治理等政策的陆续出台和实施，煤炭生产和消费占能源总量比例将呈缓慢下降趋势，非化石能源和非常规天然气比重会进一步增长，考虑到受资源量与可利用量、技术、成本、安全性等的约束，非化石能源和非常规天然气近期尚不能在能源结构中占据相对主导地位。过去几十年煤炭生产和消费一直占我国一次能源生产和消费的60%以上，预计未来10~20年，煤炭的主体地位仍难以改变。综合国内外机构预测，我国煤炭消费已经进入平台期，到2030年煤炭消费量仍占一次能源消费总量的50%左右。

综合考虑我国能源产业现状和未来发展趋势，在相当长时期内，以煤为主的能源生产消费结构不仅是我国能源的基本特征，也是我国能源资源客观条件的必然选择。

1.2　西部煤炭资源开发利用在全国的地位

1.2.1　西部煤炭资源开发现状

1. 西部煤炭资源储量

根据《中国矿产资源报告2017》，“十二五”期间，煤炭查明资源储量由2010

年的 13 408.3 亿吨增长至 15 980 亿吨，增长了 19.2%。其中，西部五省区查明资源储量占全国 80%以上，西部地区煤炭资源储量表见表 3.1.1。

表 3.1.1 西部地区煤炭资源储量表

资源分区	省（区）	矿区数/个	基础储量/亿吨	储量/亿吨	资源量/亿吨	查明资源储量/亿吨
全国		7 703	2 399.93	811.28	12 917.05	15 980.00
内蒙古陕宁甘新	内蒙古	410	490.02	38.31	3 572.36	4 262.38
	陕西	237	95.48	0.30	1 547.22	1 742.70
	宁夏	122	38.04	5.55	287.26	325.30
	甘肃	209	32.86	7.89	194.82	227.68
	新疆	570	158.01	48.72	3 520.14	3 978.15
	小计	1 548	814.41	100.77	9 121.8	10 536.21
	占比	20.10%	33.93%	12.42%	70.62%	65.93%

2. 西部煤炭产量

2000~2016 年，西部五省区煤炭产量增长最快，从 2000 年的 1.84 亿吨增长至 2016 年的 16.2 亿吨，比例由 14.70%增加至 48.09%。2000~2016 年西部煤炭产量情况见表 3.1.2。西部五省区无论在煤炭资源量、探明储量，还是产量、产能等各个方面都处于绝对领先的地位。当前全国煤炭生产重心已经转移至西部地区，华东、华南和东北的煤炭生产逐渐萎缩。我国煤炭工业的快速发展主要是西部地区煤炭开发程度的快速提升。

表 3.1.2 2000~2016 年西部煤炭产量情况 单位：万吨

区域	省（区）	2000 年	2005 年	2010 年	2012 年	2014 年	2015 年	2016 年
全国		125 000	220 473	324 000	365 000	387 000	374 700	336 399.0
内蒙古陕宁甘新	陕西	4 500	15 246	35 500	40 500	51 500	52 600	51 151.4
	内蒙古	7 800	25 608	69 300	90 000	98 425	91 000	83 827.9
	宁夏	1 580	2 608	6 200	8 600	9 800	8 000	6 728.4
	甘肃	1 800	3 620	4 500	4 900	4 753	4 400	4 236.9
	新疆	2 700	3 856	9 000	13 900	14 195	15 200	15 834.0
	总计	18 380	50 938	124 500	157 900	178 673	171 200	161 778.6
	比例	14.70%	23.10%	38.43%	43.26%	46.17%	45.69%	48.09%

陕西、内蒙古、宁夏地区开采地质条件主要特点：一是该地区资源储量丰富，

以中厚–厚煤层为主，大多数煤层赋存稳定，结构简单，倾角缓，大多数矿区构造条件比较简单；二是主要矿区煤层多为浅埋深，顶板一般具有稳定或坚硬的特点，矿压显现剧烈；三是除乌达、石嘴山、石炭井、汝箕沟、渭北煤田和山西大部分矿区外，其他多为低瓦斯矿井；四是蒙宁区煤层自燃现象严重，且大部分矿井煤尘均具有爆炸性；五是井下瓦斯、油气等多种资源共存，压力大，易于造成安全事故；六是本区域多为裂隙充水煤矿床，一般来说，裂隙水水害对煤矿的安全生产影响不大。但是，该区属半干旱–干旱气候条件，采煤活动常使地表水体萎缩或消失，破坏生态环境。总体来说，该区构造条件、水文条件、煤系构造变形相对简单，除山前带部分地区煤系倾角较陡以外，盆地内部基本是以平缓斜坡状或宽缓褶皱为主，煤层连续性好，埋藏浅，部分地区适合露天开采，开采条件相对简单，基本属全国最优之列，但生态环境相对脆弱，煤矿生产必须注重环境保护工作。

新疆为第 14 个国家大型煤炭基地。该区位于我国西北部，区域煤炭资源丰富，开发前景广阔，是未来我国主要的煤炭生产基地，也是重要的煤炭调出区。目前该区煤炭消费市场有限，外运通道能力不足，应加强该区的基础设施，尤其是交通设施的建设。区内煤矿的开采地质条件主要特点：一是以厚及巨厚煤层为主，煤层层数多。二是煤田构造条件简单–中等，但先期开发区多位于造山带边缘，煤层倾角陡立，甚至倒转。三是个别地区（如乌鲁木齐）煤中瓦斯等有害气体含量低，但大多数矿井属容易自燃和自燃煤层矿井，自燃发火期一般为 3~5 个月。最短为 15~20 天。四是绝大部分煤矿床为孔隙和裂隙水充水矿床，水害一般不太会对煤矿生产有大的影响，但存在老空区水害隐患；采煤活动对生态环境破坏大，保水采煤问题突出。五是冻土区域煤炭资源开发引起地面植被退化等生态破坏问题。总体来说，该区的构造条件相对简单，煤系变形特征与晋陕内蒙古宁地区比较类似，也是山前带煤系倾角较陡，而盆地内部煤系赋存倾角平缓，开采条件相对简单。但该区的生态环境脆弱，尤其是部分地区高原冻土比较发育，高强度煤炭生产极易对冻土结构造成破坏，并可能造成天然气水合物资源的破坏，煤矿生产应特别注意环境保护工作。

截至 2016 年 9 月 21 日，全国公告生产矿井个数 5 747 处，原产能总计 36.6 亿吨，按照 276 天核减后产能总计 30.7 亿吨，由减量化生产控制的产能为 5.9 亿吨。其中三大产煤地区山西、内蒙古及陕西分别贡献产能总缩减的 26%、22% 和 10%。

经过新一轮的结构调整，我国煤炭开发整体水平步入一个新的阶段。主要表现在：在去产能大背景下，供需基本实现平衡；产业集中度明显提升，煤炭生产效率大幅提升；西部地区产能持续增长；科技创新能力显著提升，大型自动化综采成套技术取得突破。

1）煤炭产量主要由需求量决定，总体上产需基本平衡

全国煤炭消费总量持续回落的态势并没有发生根本性改变。全国煤炭消费总量在 2014 年同比下降 2.9%、2015 年继续下降 3.7%的基础上，2016 年全国煤炭消费量约为 37.84 亿吨，同比减少 1.86 亿吨，下降 4.69%。全国煤炭市场实现了供需基本平衡。

2）煤炭资源整合完成，产业集中度进一步提高

我国煤炭资源整合自 2008 年始于山西，之后陆续推广到河南、内蒙古、陕西、山东及贵州等省区。煤炭资源整合实现了资源向优势企业集中的态势，有利于提高企业经济效益和安全生产水平。以山西为例，全省矿井个数由 2 598 处减少到 1 053 处，淘汰落后产能近 3 亿吨，形成了大同煤矿集团有限责任公司、山西焦煤集团有限责任公司等亿吨级煤炭企业集团，山西煤炭运销集团有限公司、阳泉煤业（集团）有限责任公司、潞安矿业（集团）有限责任公司、晋城煤业集团产能在 5 000 万吨以上，大型煤炭企业集团的产能占到全省的 60%，煤炭产业集中度大幅提高。同时，在去产能的情况下，技术水平低、效益差的中小煤矿基本被淘汰。

3）东中部地区产能迅速下降，西部地区产能持续增长

目前，受行业形势及资源赋存枯竭的影响，东北地区的辽宁、吉林和黑龙江，华北地区的山东、河北，以及西南地区的四川、重庆等地区产量迅速下降；而陕西、内蒙古、宁夏、甘肃、新疆等西部煤炭赋存丰富地区则成为全国煤炭主产区和主要调出区，未来继续增长；新青区占全国煤炭产量的 3.30%，未来增长空间广阔。

4）科技创新能力显著提升，大型自动化综采成套技术取得突破

该地区具有良好的煤炭赋存条件，神华、兖矿、新汶、伊泰等煤炭大型企业纷纷在该地区拓展资源，采用国内外最先进的现代化综采设备开采，已建成的大型现代化矿井和高产高效工作面多数都是在该地区。机械化程度在 95%以上，工作面自动化控制系统、数字化矿山等先进信息化技术推广应用范围广，生产效率高。例如，兖矿金鸡滩煤矿开采高度首次达到了 8.2 米，创新提出大采场液压支架与围岩耦合原理和控制技术，解决了大空间、强矿压、高煤壁、强扰动岩层运动导致的围岩失稳难题；发明超大采高液压支架新结构和提高稳定性技术，解决了液压支架大尺度、高动压敏感结构稳定性和可靠性难题；创新超大采高长工作面系统协调配套、快速推进及高回收率开采技术，解决了 8 米厚煤层高效、高回采率开采的技术难题；月产达到 150 万吨，实现特厚煤层一次采全厚超大采高技术的新突破，大大超过国外最大采高 5 米的水平。陕煤黄陵一矿率先实现地面控制采煤，实现常态化远程监控，工作面内无人操作的全自动化安全高效生产。针对 1.4~2.5 米较薄煤层研制了智能化综采成套装备及控制系统，建立单机自动控

制及基于感知系统反馈的动态决策机制，创新液压支架、采煤机、运输设备间多信息融合智能化协调控制技术和工作面视频图像拼接全景实时呈现地面控制采煤技术，建立了智能化综采生产管理规范体系。获得 2016 年中国工业大奖，国家安全生产监督管理总局授牌成立“煤矿智能化开采技术创新中心”，开启了智能化无人开采的新探索。

1.2.2 西部煤炭资源利用现状

1. 西部地区煤质情况

西部地区含煤地层有石炭–二叠纪、晚三叠世、早–中侏罗世、早白垩世各地质时代含煤地层，以早–中侏罗世为主。

石炭–二叠纪煤层灰分 16.71%~34.60%，全硫 0.82%~4.63%，煤类多为气煤，次为肥煤、焦煤、瘦煤，还有少量贫煤和无烟煤。早–中侏罗世煤层在新疆地区，灰分中等偏低，为 5.14%~30.81%，以中灰煤为主。全硫 0.19%~2.56%，以小于1%的低硫、特低硫煤为主，中硫煤次之，中高硫煤极少。煤类以长焰煤、不黏煤等低变质烟煤为主，还有少量弱黏煤、气煤和肥煤。

鄂尔多斯盆地东缘由南而北的韩城、吴堡、府谷、准格尔矿区，从南向北煤变质程度趋浅。西及西北缘的横城、韦州、马连滩、石嘴山、乌海，煤的变质情况比较复杂，无烟煤、贫煤、瘦煤、焦煤均有分布，分带不明显。

早白垩世全区多为特低硫煤，全硫 1.0%以下，平庄的硫分偏高，平均 1.42%；灰分中等，一般为 10%~30%，有少量高灰煤；煤类主要为褐煤，长焰煤甚少，在伊敏五牧场等区有少量气煤、肥煤、焦煤及贫煤。

2. 西部地区煤炭资源利用量和利用方向

从全国来看，煤炭利用方式包括燃煤发电、分散燃烧（包括工业炉窑、民用等）、化工转化（传统煤化工和新型煤化工），2016 年我国煤炭利用主要领域见图 3.1.1，2020 年我国煤炭利用主要领域预测见图 3.1.2。

燃煤发电是我国煤炭的主要利用方向，从 2000 年以来发电用煤量逐年增长，由 5.58 亿吨增长到 2016 年的 18.75 亿吨左右，煤电装机由 2.32 亿千瓦增长到 2016 年的 9.5 亿千瓦。燃煤发电也是西部煤炭消费的主要方向。在西部煤炭消费结构中，发电和供热消耗 5.2 亿吨，约占西部煤炭消费总量的 74%。目前，西部地区煤电装机约占全国的 20%，但是新建项目主要集中在西部地区。从技术上来说，西部地区燃煤发电技术较为先进，全球首台百万千瓦级超超临界空冷机组、全国单机容量最大机组、世界首台 600 兆瓦超临界循环流化床机组等先进机组均在西

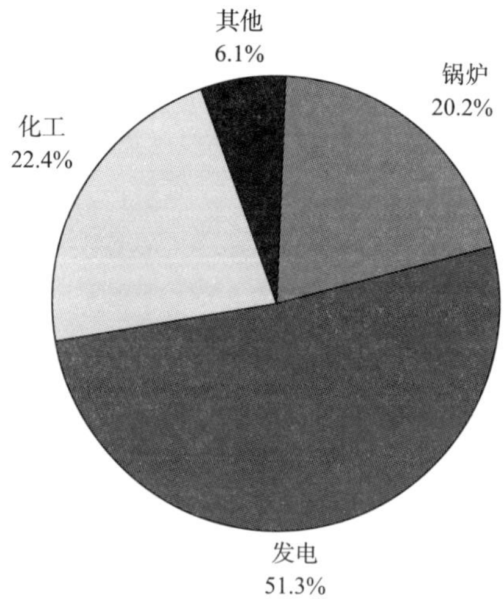

图 3.1.1　2016 年我国煤炭利用主要领域

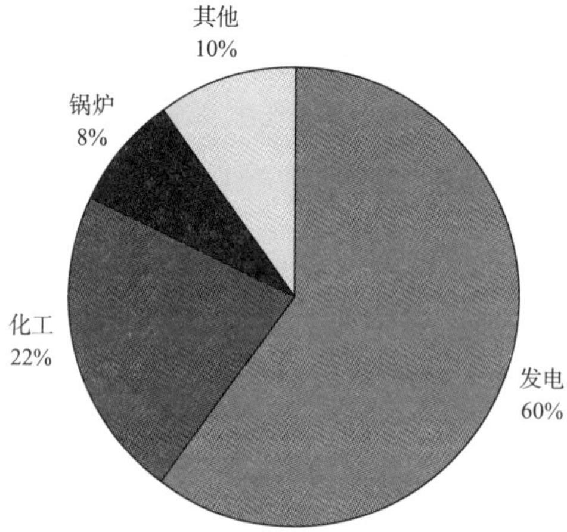

图 3.1.2　2020 年我国煤炭利用主要领域预测

部。目前我国正在研发更高参数（700℃）的机组，另外针对新疆准东高碱煤也在开发适用于高碱煤的锅炉。

煤炭化工转化是我国煤炭利用重点方向，煤化工的发展主要在西部。“十一五”以来，我国煤制油、煤制天然气、煤制乙二醇、煤制烯烃等新型煤化工的技术开发和产业化快速推进，技术趋于成熟。西部煤炭资源丰富，是煤炭后备资源丰富地区、净调出区，是目前我国煤炭化工转化发展的主要地区。根据《中国能源统计年鉴 2016》，西部煤化工用煤 1.40 亿吨，占西部煤炭消费的 20.09%。随着西部煤化工项目的推进，未来煤化工耗煤量将逐步增加。2016 年西部五省区煤炭主要利用方向消费量及占比见表 3.1.3。

表 3.1.3　2016 年西部五省区煤炭主要利用方向消费量及占比 单位：万吨

省区	消费量	发电和供热	煤化工	其他
陕西	14 192.96	11 087.13	2 649.15	456.68
内蒙古	29 449.20	21 686.91	5 441.88	2 320.41
宁夏	7 242.93	5 435.71	1 208.25	598.97
甘肃	4 761.96	3 818.53	770.39	173.04
新疆	13 727.46	9 573.45	3 866.71	287.30
合计	69 374.51	51 601.73	13 936.38	3 836.40
各利用方向消费量占比	100%	74.38%	20.09%	5.53%

综上所述，西部煤炭利用技术先进，是我国未来燃煤发电和煤化工的重点发展区域。

1.3　西部煤炭开发利用的机遇和挑战

1. 机遇

“一带一路”作为中国提出、高层推动的国家倡议，自 2013 年提出以来，已得到国内和相关国家、地区乃至全世界的高度关注及积极响应；这一倡议的深入持续实施，将对我国现代化建设和屹立于世界的领导地位具有深远的战略意义。从能源产业发展角度看，我国与“一带一路”沿线国家开展能源合作有利于利用“两个市场、两种资源”，进一步保障我国能源安全，有利于化解国内过剩产能、推动能源产业转型，有利于我国能源企业拓展发展空间、提升国际竞争力。

“西部大开发”是中共中央贯彻邓小平关于中国现代化建设“两个大局”战略思想、面向 21 世纪做出的重大战略决策，全面推进社会主义现代化建设的一个重大战略部署。2017 年 1 月，国务院正式批复同意国家发展和改革委员会组织编制的《西部大开发“十三五”规划》（国函〔2017〕1 号），提出了西部大开发“十三五”时期的奋斗目标。到 2020 年如期全面建成小康社会，西部地区综合经济实力、人民生活水平和质量、生态环境状况再上新台阶。具体目标包括经济持续健康发展、创新驱动发展能力显著增强、转型升级取得实质性进展、基础设施进一步完善、生态环境实质性改善、公共服务能力显著增强等 6 方面。在指标设计上，该规划顺应推进供给侧结构性改革要求，面向供给结构、需求结构、要素结构、产业结构、生态环保等分别设置具体指标，构建了综合性指标体系，具体包括经济发展、资源环境、社会发展、创新能力等四方面的 15 项指标。其中，资源环境指标为约束性指标，其余为预期性指标。

（1）“一带一路”倡议实施有利于西部煤炭产业开拓国际煤炭市场、促进煤炭国际贸易。“一带一路”沿线除个别处于政局动乱中的国家外，发展本国经济是这些国家经济社会发展的首要任务，而经济的发展不仅需要大量的资金投入，更需要大量的能源作为支撑。“一带一路”沿线国家拥有广阔的煤炭市场需求，欧盟地区、南亚、印度及东南亚地区每年都需要进口大量煤炭，而且有不断上升的趋势。我国“一带一路”倡议的实施，有利于发挥国内、国际两个市场的作用，推动国内企业积极参与国际竞争，开拓国际煤炭市场。

（2）“西部大开发”战略和“一带一路”倡议有利于提高煤炭需求和西部煤炭外输能力。“西部大开发”战略主要目标是到 2020 年如期全面建成小康社会，西部地区综合经济实力、人民生活水平和质量、生态环境状况再上新台阶。能源是经济建设和社会发展的基本保障，多年来，西部地区主要以能源外输为主，当地能源自用率较低，通过“西部大开发”战略逐步实现人民生活达到小康社会水平的目标。同时通过西部能源大通道的建设，实现推进自用和外输并重的能源开发和利用格局。

“一带一路”倡议实施有利于间接拉动我国煤炭消费、缓解我国煤炭产能过剩的压力。“一带一路”倡议将是贯穿未来若干年的超级投资主题，我国工程建设能力及基础设施建设所需钢铁、有色金属、建材等产品均具有较强竞争力，与沿线国家大规模的基础设施建设合作，将拉动钢铁等高耗能产品的需求，继而拉动对煤炭的需求，这有利于缓解国内煤炭产能过剩的压力，对西部煤炭产业而言，这是最直接的利好。

因此，“一带一路”倡议、“西部大开发”战略等发展规划为我国西部煤炭产业持续健康发展提供了重大机遇。

2. 挑战

（1）西部水资源紧缺，生态环境脆弱。根据水资源紧缺程度指标，在我国西部富煤地区，宁夏、甘肃属于极度缺水地区，陕西属于重度缺水地区，内蒙古属于轻度缺水地区。煤炭开采导致地表水、地下水流失。如果在煤炭开采过程中不对水资源加以有效保护和利用，将进一步加剧水资源短缺，甚至有可能将中远期煤炭发展规划变为无法实施的空想。

在全国范围内，西部煤炭资源开发强度最大，与之相矛盾的是生态环境最为恶劣。随着资源开发利用与生态环境协调发展要求不断提高，煤炭项目建设与水资源紧缺、水土流失等生态环境矛盾加剧，煤炭开发引发的地下和地表水系破坏、地表沉陷等对西部生态环境造成较大影响，特别是陕西、宁夏不少老矿区环境治理设施滞后、环保欠账较多，环境恢复与保护长效机制仍有待进一步完善。

（2）西部能源运输瓶颈制约煤炭产业发展。2016 年西部五省区调出煤炭 9.2 亿吨，主要调往华中、华东、华南和东北，西部是保障全国煤炭供应的中坚力量。面对产能过剩，特别是西南、华中和东北等落后产能集中地区加大落后产能淘汰力度，西部以外其他区域煤炭产量快速下降，虽然消费量也在下降，但下降速度低于产量下降速度，需要调入的煤炭还要增加。根据相关规划，西部作为煤炭产能的接续区，未来将成为保障国家能源安全的主要区域，现有的铁路、公路不足以支撑未来全国的能源需求，特别是新疆地区，作为我国资源最丰富的地区，由于运输通道及运输的经济性问题，不少煤矿处于停产状态，产能难以得到有效的利用。

1.4　小结

综上所述，从煤炭资源、煤炭开发利用现状及发展趋势来看，西部地区是我国煤炭资源的集中赋存区和开发接力区，逐步成为我国煤炭开发和利用的核心区域。《煤炭工业发展“十三五”规划》提出，“有序推进陕北、神东、黄陇、新疆大型煤炭基地建设”。按照减量置换原则，严格控制煤炭新增规模。内蒙古、陕西、新疆为重点建设省区，新开工规模约占全国的 80%。东部地区原则上不再新建煤矿。预计到 2020 年，西部地区煤炭产量将达到全国煤炭产量的 60%以上。因此，西部煤炭资源的清洁高效开发与利用对我国能源保障、环境保护、经济社会发展等都具有重大意义。

第 2 章　西部生态环境现状及约束

从全国战略地位看，西部地区一方面是我国重要的能源、矿产及原材料的战略基地，是实现现代化的“资源宝库”；另一方面又是我国主要大江、大河的发源地，复杂多样、面积广大的生态系统以及处于我国地形一、二级阶梯的自然地理区位，决定了西部在我国生态安全战略屏障区有重要地位。

2.1　西部生态环境现状

1. 土地荒漠化趋势加剧，耕地面积减少

在我国西部地区，土地盐渍化、沙漠化、石漠化仍有扩展趋势，风沙危害发生频率不断提高，危害范围不断蔓延。根据《第五次全国荒漠化和沙化状况公报》，截至 2014 年，全国荒漠化土地总面积 261.16 万平方千米，占我国陆地总面积的 27.20%，分布于京、津、冀、晋、内蒙古等 18 个省区市。西部地区土地荒漠化现象以盐渍化、沙漠化和石漠化为主。土地荒漠化会导致土地生产能力严重衰退，据测算，土地荒漠化致使土壤有机质及氮、磷、钾等矿物元素的损失每年达到 5 590 万吨，折合化肥将近 2.7 亿吨，造成耕地退化 773.2 万公顷，使西部本就不多的可用耕地面积日趋减少。

2. 环境污染日趋严重

1）水污染

西部地区，尤其是西北地区，大部分是内流河，且水量较少，对人类产生的废水自净能力有限，因此导致西部地区河流、湖泊污染十分严重。有关资料显示，20 世纪 90 年代初，进入黄河的废水、污水排放量已高达 42 亿吨，比 80 年代增加了近一倍，黄河水质也呈现急剧恶化的趋势。据 1998 年水质监测的结果，在黄河干流及主要支流重点河段的 7 347 千米中，Ⅱ类、Ⅲ类水质的河段占 29.2%，Ⅳ类水质的河段占 36.9%，Ⅴ类及劣Ⅴ类的河长占到了 33.8%之多。大江大河的情况尚且如此，西部农村的小河污染更为严重。与此同时，西部地区的湖泊、河流

富营养化现象也呈现不断加剧的趋势。此外，由于过度抽取地下水，大部分城市和地区的地下水水位持续下降，有些地方还形成了不同规模的“地下漏斗”。西部地区水质急剧恶化，给西部地区人们的生活用水带来了困扰，更重要的是，使西部地区的生态环境系统遭受到了冲击，甚至对中部和东部也产生了不同程度的影响。

2）大气污染

西部农村地区大气污染日趋严重，主要表现在：首先，改革开放以来，乡镇企业的兴起，农村第二产业的发展使工业废气排放日益增多，农村大气污染日趋严重。其次，长期以来在我国西部农村地区使用植物秸秆和高硫煤作为生活燃料，加之农村秋收时焚烧作物秸秆屡禁不止，产生了大量的二氧化硫、氮氧化物，使大气受到了严重的污染。

3）土壤污染

目前，西部农村地区土壤污染情况形势严峻。重金属污染严重是土壤污染的主要形式，重金属污染的土壤面积日益增加，加之西部农村地区农业生产方式粗放，农药、化肥、农膜的长期大量使用，导致土壤板结，土壤透气性差，最终对土壤造成了严重的污染。

3. 水土流失严重

我国是世界上水土流失最严重的国家之一，西部地区的水土流失相当严重，这对长江和黄河中下游地区也造成了深远的影响。据遥感调查，目前我国的水土流失面积达到 293.7 万平方千米，占我国陆地面积的 31%，而西部水土流失面积为 244.2 万平方千米，占西部总面积的 59.5%，占全国水土流失面积的 83.1%。在西部 12 个省区中水土流失最为严重的有宁夏、陕西。以陕西为例，陕西的水土流失面积达到 13.75 万平方千米，占全省面积的 67%，每年流入黄河的泥沙占全国江河输入量的 1/5。

4. 生物多样性锐减

1）草原退化

天然草原是重要的陆地生态系统，也是畜牧业生存发展的基础。我国草地主要分布在西部，西部地区天然草场面积为 2.87 万公顷。由于片面追求短期经济效益，西部一些农村地区过度放牧、盲目开荒，草地“超载”现象非常严重，草原地区多次出现“黑色风暴”，造成“农田吃草原”“风沙吃农田”的恶性循环。据初步估算，西部农村天然草地退化面积达到 1.1 万平方千米，占到了西部地区可利用草地总面积的 23%，而且有相当大面积的草地已退化成为沙地。内蒙古自治区作为我国五大牧区之首，草原退化面积已达 61%，较 20 世纪 80 年代扩大了 1 600 平方千米，有的草场由于风蚀沙化丧失了生产能力。宁夏草地退化率高达 97.3%，陕西为 58.59%，甘肃为 45.17%。西部地区大面积的草地退化使西部草原面临前所未有的困境。

2）森林面积减少

西部地区地域辽阔，森林资源丰富，以区系复杂、树种繁多著称。由于西部地区是我国大部分大江大河的源头或上游地，这些森林起着保持水土、涵养水源的作用，有效地调节了我国大江大河及其支流径流量，对保持中上游生态平衡和减少下游淤积起着重要的作用。但是，目前西部林区却面临着日益锐减的困境。目前，西部地区森林覆盖率仅为 14.4%，这低于全国平均水平近 4 个百分点。西部地区森林环境遭到了严重的破坏，据调查，黄河的源头青海，森林覆盖率仅为 0.35%，新疆、甘肃、宁夏分别为 0.79%、4.33%、1.54%。西部农村地区森林面积锐减，使区域森林生态系统调节功能下降，严重地破坏了西部农村的生态环境。

3）部分动植物物种濒临灭绝

西部地区由于其独特的地理环境位置与自然环境，发育并保存了大批珍稀野生动植物资源，是我国野生物种最丰富的地区之一，在全球的生物多样性保护中占有重要的地位。然而，随着西部农村地区生态环境的不断恶化，滥采、滥伐、滥捕导致了西部农村生物多样性的减少，野生动物的生存环境遭到了严重破坏。四川一些珍贵和重点保护的动植物失去其生存基础，生物类群正在消失。

2.2 西部煤炭资源开发利用对水资源影响分析

2.2.1 西部地区水资源分布

我国水资源比较贫乏，仅相当于世界人均占有量的 1/4，而且地域分布不均衡，南北差异很大。以昆仑山—秦岭—大别山一线为界，以南水资源较丰富，以北水资源短缺。据初步统计，我国北方 17 个省区市的水资源量总量，每年为 6 008 亿立方米，占全国水资源总量的 21.4%，地下水天然资源量每年为 2 865 亿立方米，占全国地下水天然资源量的 32% 左右。北方以太行山为界，东部水资源多于西部。西部五省区水资源总量仅为 2 893.16 亿立方米，占全国水资源的 12.4%。山西、甘肃、宁夏 3 省区的水资源量仅占北方水资源量的 7.5%，地下水天然资源量仅占北方地下水天然资源量的 8.9%，新疆地区仅占全国水资源总量的 3.8%。

西北地区平均年降水量仅 235 毫米左右，蒸发量却高达 1 000~2 600 毫米，干燥程度相当严重。据陕西神木气象站资料，陕北神府矿区一带，枯水年降水量仅有 108.6 毫米（1965 年），丰水年降水量为 819.1 毫米（1967 年），多年平均降水量为 435.7 毫米（1957~1991 年），多年平均蒸发量为 1 774.1 毫米（1978~1990 年）；据内蒙古气象台 1951~1980 年资料和内蒙古东胜气象站 1981~1993 年资料，东胜矿区一带，年平均日照时间为 3 044~3 186 小时，历年平均降水量为 281.2~401.6 毫米，历年平均蒸发量为 2 082.2~2 535.0 毫米。年蒸发量均大于年降水量的 4 倍以上，而且地处我国西部，属于典型的干旱或半干旱严重缺水地区。与此相反，这些地区却蕴藏着丰富的煤炭资源，不仅数量多，而且埋藏相对较浅，煤质好，品种齐全，是我国现今和未来煤炭生产建设的重点地区，也是我国现今与未来煤炭供应的主要基地。

2.2.2　煤炭开发水资源需求分析

1. 全国煤炭开发用水情况

大部分重点煤炭基地处于水资源供需矛盾较为突出的地区，水资源已经对煤炭基地的生产建设产生了严重制约。针对全国 14 大煤炭基地的矿井涌水量已有多个研究成果，其中根据中国水利水电科学研究院（以下简称水科院）的研究，西部五省区水资源用水总量指标共约 1 100 亿立方米，目前西部主要大型煤炭基地可用水指标剩余量不足 10 亿立方米。全国 14 个大型煤炭基地，除云贵基地、两淮基地、内蒙古东部基地水资源相对丰富外，其余基地都存在不同程度的缺水问题。

西部地区水资源供需矛盾十分突出，原煤产量超过全国总产量的 60%，而水资源占有量仅占全国总量的 4.8%；部分地区煤炭开采洗选用水量超过了区域工业用水总量的 50%，这对缺水地区水资源供需形势产生了较大的影响。煤炭转化利用相关的火电及煤化工等高耗水行业持续发展，导致对水资源的需求难以满足，往往只能挤占生态环境用水，相应地，取用排水过程也对区域水资源和水环境形势带来了严重挑战。

中国煤炭工业协会和中国矿业大学（北京）统计，2005 年全国煤炭产量约为 20 亿吨，矿井水排放量约为 42 亿立方米，每采 1 吨煤炭，平均排放矿井水 2.1 立方米，利用量约为 11 亿立方米，全国矿井水利用率仅为 26.2% 左右。其中，西北地区矿井涌水量平均为 0.961 米^3/吨，矿井水利用率为 17.28% 左右（表 3.2.1）。

表 3.2.1　2005 年西部五省区矿井水排放和利用情况

省区	矿井水排放量/亿立方米	吨煤涌水量/立方米	矿井水利用率
内蒙古	2.240	0.950	22.29%
陕西	1.285	0.870	9.48%
宁夏	0.213	0.820	20.90%
甘肃	0.290	0.850	22.82%
新疆	0.641	1.590	12.60%
合计	4.669		
平均值		0.961	17.28%

根据《煤炭资源可持续发展战略研究》，2012 年中国科学院地理科学与资源研究所陆地水循环及地表过程重点实验室预测，我国 14 个大型煤炭基地煤炭采选业在 2015 年总需水量将达到 66.4 亿立方米，即每天需水量约为 1 821.10 万立方米，2020 年总需水量将达到 81.51 亿立方米，即每天需水量约为 2 233.15 万立方米。我国 14 个大型煤炭基地煤炭采选需水情况及预测见表 3.2.2。

表 3.2.2　我国 14 个大型煤炭基地煤炭采选需水情况及预测

煤炭基地	2010 年/亿吨	2015 年/亿吨	2020 年/亿吨	2015 年/亿立方米	2020 年/亿立方米
神东	4.69	5.20	5.77	17.68	19.62
晋北	2.95	3.00	3.05	2.79	2.84
晋中	1.35	1.50	1.67	1.40	1.55
晋东	2.35	2.85	3.46	2.65	3.22
内蒙古东部	3.90	5.20	6.93	17.68	23.56
云贵	2.55	2.60	2.65	3.12	3.18
河南	2.07	2.15	2.23	3.66	3.79
鲁西	1.72	1.40	1.14	0.69	0.56
两淮	1.30	1.50	1.73	2.10	2.42
黄陇	0.95	1.45	2.21	2.61	3.98
冀中	0.90	0.80	0.71	3.20	2.84
宁东	0.60	0.90	1.35	1.53	2.30
陕北	2.40	3.00	3.75	5.40	6.75
新疆	1.10	4.00	10.00	1.96	4.90
总计	28.83	35.55	46.65	66.47	81.51

2. 西部矿井涌水量和用水量分析

我国西部地区地处内陆，属于干旱、半干旱地区，水资源严重缺乏，煤矿生产到底需要消耗多少水量，是研究西部煤炭开发的基础。检索矿井水相关文献可以发现，对矿井生产需水量和供水情况的研究较少，也缺少煤矿生产用水量的相关报道。为了掌握西部矿井涌水量和生产用水情况，课题组收集整理了 36 个西部矿井设计报告中的供水和矿井涌水数据，并对新疆和宁夏煤矿进行了调研，对比研究了西部煤矿生产用水量和矿井涌水量。

1）设计报告资料统计分析

课题组收集整理了 2005~2015 年 36 个新建和改扩建矿井的设计报告，其中陕西省 10 个、内蒙古鄂尔多斯 23 个、宁夏 1 个、新疆 2 个，对煤矿设计生产能力、矿井生产生活总用水量、预计涌水量进行了统计，并计算了吨煤生产耗水量和吨煤涌水量，具体情况见表 3.2.3。设计生产能力最大为 3 000 万吨/年，最小为 30 万吨/年；共涉及煤炭产能 146 万吨/年，每天需要 10 万立方米的总供水量，吨煤生产水耗（不含选煤厂）平均约为 0.261 立方米，对照 2008 年环境保护部发布的《清洁生产标准　煤炭采选业》（HJ 446—2008），达到了三级标准。

表 3.2.3　矿井初步设计中涌水量和用水量数据统计

所属地区	设计生产能力/（10^6 吨/年）	矿井生产生活总用水/（米^3/天）	吨煤生产综合耗水量/立方米	预计涌水量/（米^3/天）	吨煤涌水量/立方米
陕西咸阳	4.00	7 274.40	0.663 79	10 560.00	0.963 60
陕西榆林	30.00	15 775.70	0.191 94	86 832.00	1.056 46
	0.90	965.10	0.391 40	1 440.00	0.584 00
	1.20	4 023.30	1.223 75	6 004.80	1.826 46
	1.20	2 141.62	0.651 41	1 440.00	0.438 00
	12.00	5 096.00	0.155 00	10 824.00	0.329 23
	3.00	929.98	0.113 15	3 072.00	0.373 76
	1.50	1 322.40	0.321 78	720.00	0.175 20
	1.20	2 789.40	0.848 44	2 160.00	0.657 00
	8.00	4 304.94	0.196 41	11 688.00	0.533 27
内蒙古鄂尔多斯	13.00	4 435.82	0.124 54	2 640.00	0.074 12
	8.00	7 456.50	0.340 20	5 503.00	0.251 07
	6.00	7 180.80	0.436 83	8 436.00	0.513 19
	0.60	417.79	0.254 16	240.00	0.146 00

续表

所属地区	设计生产能力/（10^6吨/年）	矿井生产生活总用水/（米^3/天）	吨煤生产综合耗水量/立方米	预计涌水量/（米^3/天）	吨煤涌水量/立方米
内蒙古鄂尔多斯	0.60	755.87	0.459 82	360.00	0.219 00
	3.00	1 536.00	0.186 88	1 850.40	0.225 13
	1.50	3 407.57	0.829 18	860.16	0.209 31
	12.00	4 049.20	0.123 16	3 600.00	0.109 50
	0.30	122.16	0.148 63	360.00	0.438 00
	0.60	500.00	0.304 17	240.00	0.146 00
	5.00	3 270.00	0.238 71	2 400.00	0.175 20
	0.45	491.37	0.398 56	240.00	0.194 67
	1.20	1 781.20	0.541 78	4 800.00	1.460 00
	1.20	1 217.67	0.370 37	600.00	0.182 50
	0.30	778.82	0.947 56	240.00	0.292 00
	2.40	2 972.00	0.451 99	2 400.00	0.365 00
	0.60	793.52	0.482 72	1 104.00	0.671 60
	0.60	953.20	0.579 86	600.00	0.365 00
	0.60	501.40	0.305 02	360.00	0.219 00
	10.00	3 197.91	0.116 72	3 600.00	0.131 40
	1.50	1 888.24	0.459 47	2 472.00	0.601 52
	1.50	1 345.27	0.327 35	3 600.00	0.876 00
	0.30	426.82	0.519 30	432.00	0.525 60
宁夏灵武	10.00	7 323.50	0.267 31	15 528.00	0.566 77
新疆乌鲁木齐	0.90	1 552.00	0.629 42	17 870.00	7.247 28
新疆阿克苏	0.90	1 551.23	0.629 11	1 087.92	0.441 21
合计	146.05	104 528.70		216 164.28	
平均值			0.423 05		0.655 08

有 18 个矿井预计涌水量大于设计所需的供水量，预计矿井涌水量为 190 473 米^3/天，约占总涌水量的 88.1%，需要的供水量为 65 517 米^3/天，即使这些矿井的供水全部由矿井水处理后提供，还将有 124 956 米^3/天矿井涌水无法被利用。预计涌水量小于设计所需的供水量的矿井也有 18 个，预计所需供水量为 39 012 米^3/天，

预计产生的矿井涌水量为 25 691.08 米^3/天，需要调水 13 321 米^3/天。

36 个矿井生产生活共需要供水 104 528.70 米^3/天，预计吨煤涌水量为 216 164.28 米^3/天。在各矿井的供水全部由矿井水处理后提供的情况下，可以利用矿井水 91 207.92 米^3/天，约为预计矿井涌水总量的 42.2%，还需调水 13 320.78 米^3/天，外排矿井水 124 956.36 米^3/天。

统计的矿井中预计矿井涌水量最大为 86 832.00 米^3/天，但由于该矿井生产能力较大，其吨煤涌水量并不是最大，为 1.056 立方米；吨煤涌水量最大的为新疆乌鲁木齐某煤矿，为 7.247 28 立方米，最小的为内蒙古鄂尔多斯某煤矿，为 0.074 12 立方米，结合产量按照吨煤平均为 0.54 立方米。本次计算的结果远小于中国煤炭工业协会和中国矿业大学（北京）统计的 2005 年全国平均量（2.1 立方米），说明西部地区矿井涌水相对全国较少；2005 年统计的西部地区吨煤涌水量平均为 0.961 立方米，预计的涌水量较 2005 年统计值下降了 43.8%，分析认为，这一现象与近年来单个矿井生产能力大幅提高有较大关系（图 3.2.1）。

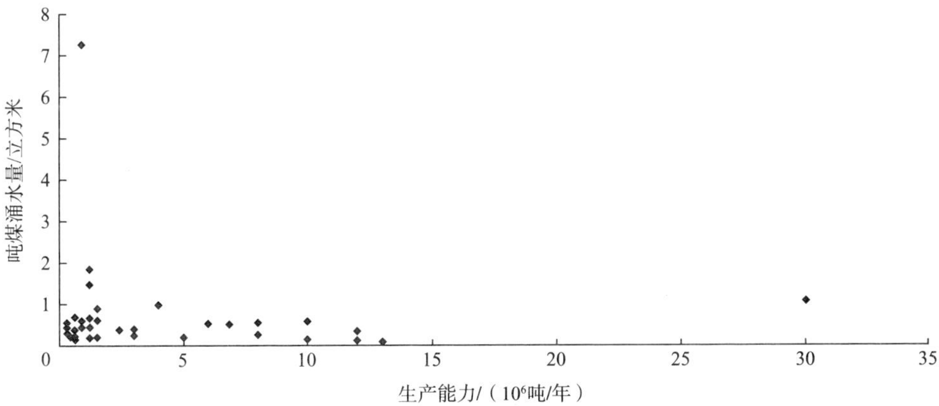

图 3.2.1　矿井生产能力和吨煤涌水量的关系图

分析每个矿井的供水情况可见，吨煤生产综合耗水量最大的为陕西榆林柳巷煤矿，设计生产能力为 120 万吨/年，吨煤生产需水量为 1.223 75 立方米；最小的为陕西榆林霍洛湾煤矿，设计生产能力 300 万吨/年，吨煤生产需水量为 0.113 15 立方米。由矿井生产能力和吨煤需水量的关系图（图 3.2.2）可见，随着矿井生产能力的增加，吨煤耗水量有明显下降。

2）调研数据

宁煤集团开采吨煤涌水量为 0.64 立方米，2005 年中国煤炭工业协会和中国矿业大学（北京）统计宁煤集团所属煤矿吨煤平均涌水量为 0.82 立方米，2015 年吨煤涌水量较 2005 年统计值下降了 22%，宁煤集团开采吨煤涌水量见表 3.2.4。

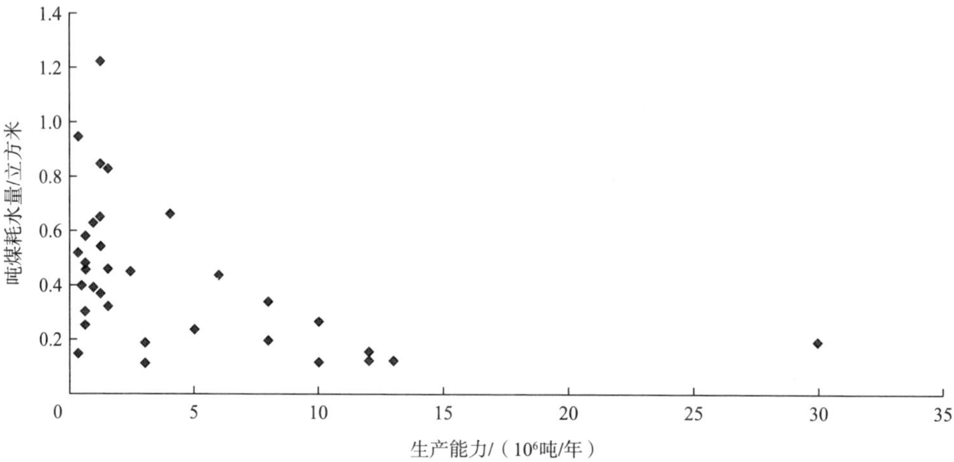

图 3.2.2　矿井生产能力和吨煤需水量的关系图

表 3.2.4　宁煤集团开采吨煤涌水量

矿井名称	开采吨煤用水量/立方米	开采吨煤涌水量/立方米	矿井水利用率
红柳煤矿	0.28	1.24	8.50%
金凤煤矿	0.06	0.33	100.00%
枣泉煤矿	0.11	0.66	50.37%
梅花井矿	0.11	0.19	10.00%
石槽村矿	0.18	1.15	0
清水营煤矿	0.07	0.26	14.00%
羊场湾煤矿	0.03	0.29	20.00%
灵新煤矿	0.42	1.46	18.00%
任家庄煤矿	0.18	0.14	100.00%
平均	0.16	0.64	35.65%

2014 年，神新能源公司生产原煤 2 046 万吨，吨煤涌水量为 0.279 立方米。井上下复用量为 $1.588\,3\times10^6$ 米^3/年，利用率达到 27.8%；达标排放量为 $4.094\,2\times10^6$ 米^3/年。神新能源公司吨煤生产综合耗水量为 0.23 立方米，神新能源公司吨煤生产综合耗水量见表 3.2.5。

表 3.2.5　神新能源公司吨煤生产综合耗水量

矿井名称	涌水量/（米^3/年）	使用量/（米^3/年）	外排量/（米^3/年）	利用率
乌东煤矿	0.785	0.518	0.267	65.97%
碱沟煤矿	1.006	0.154	0.851	15.32%
宽沟煤矿	3.139	0.438	2.701	13.95%
屯宝煤矿	0.320	0.192	0.102	59.97%
准东露天矿	0.038	0.038	0	100.00%
红沙泉露天矿	0.003	0.003	0	100.00%
黑山露天矿	0.302	0.246	0.055	81.59%
涝坝湾煤矿	0.119	0	0.119	0
合计	5.712	1.589	4.095	
平均值				27.81%

由于西部地区大量矿井水为苦咸水，处理难度较大，成本较高。神新能源公司和宁煤集团公司均投入大量设施进行了矿井水处理和利用，矿井水利用率分别为 27.81%和 21.64%。

神新能源公司根据特殊的地理位置和生产特点，采用“三级处理”技术，即以井下磁分离净化系统、污水处理厂、矿井水深度处理厂为三级处理系统，污水实现了分质分类处理与利用，提高了废水资源利用率，节约了净水资源。屯宝煤矿井下磁分离系统于 2011 年建设完成，净化后的矿井水可用于井下生产、绿化、道路洒水降尘等，缓解了矿井水外排的矛盾。建成矿井水处理厂 5 座，矿井水处理厂主体工艺均采用混凝澄清过滤工艺。总设计处理能力 23 160 米^3/天，实际处理量 14 695.6 米^3/天；复用水量 6 477.8 米^3/天；达标排放量 8 217.8 米^3/天。已建成屯宝、乌东煤矿两座矿井水深度处理厂，总设计处理能力 6 600 米^3/天，均采用超滤+反渗透工艺。矿井废水经过深度处理后，一部分用于矿区职工洗浴、冲厕等生活杂用，一部分用于井下生产、绿化等。

宁煤集团公司 2015 年矿井水产生总量 5 033 万立方米，利用量 1 089 万立方米，利用率 21.64%，处理后矿井水主要用于生产、消防、降尘、灌浆、洗选、煤场防灭火及矿区绿化等；部分达标后排至南湖（1 988 万立方米）、圆疙瘩湖（21 万立方米）作为生态用水，其余 1 935 万立方米达标排放。生活污水产生量 236 万立方米，利用量 171 万立方米，排放量 65 万立方米，利用率 72.46%。煤炭洗选达到闭路循环。7 个煤矿建设了矿井水深度脱盐处理站，12 个煤矿配套建设了矿井水净化处理系统。

3）西部矿井涌水量与用水量综合分析

根据统计数据，西部矿井平均吨煤涌水量 0.54 立方米、矿井生产需要的供水量 0.26 米^3/吨，按照涌水量 21%的利用率计算，则生产吨煤消耗的水资源为 0.686 6 立方米。2016 年西部煤炭产量为 16.26 亿吨，消耗水资源约 11.16 亿立方米。

2.2.3 西部煤炭利用用水情况

近几年来，随着国家能源战略重心的西移和西部几大煤炭基地的建设，宁东能源化工基地、陕北能源化工基地等一系列煤化工基地相继在宁夏、陕西、甘肃、内蒙古等地建设，成为带动西部经济增长的重要支柱。西部经济的快速发展以及各类项目的陆续建设，加剧了这些地区水资源的供需矛盾。因此，社会上对于发展煤炭深加工耗水量大的争议越来越大：煤炭深加工项目总耗水量大，是不是不适宜发展？煤炭深加工的发展是否影响了西部地区生态环境，甚至是居民用水？《关于规范煤制燃料示范工作的指导意见》《水污染防治行动计划》《实行最严格水资源管理制度考核办法》等产业政策的出台，对煤化工的发展提出了“以水定产、总量控制、严禁取用地下水”等更高标准，煤化工产业发展面临的水资源约束更为严格。

1. 煤炭深加工水耗现状

项目单位产品水耗在不断下降，“十一五”和“十二五”建成的煤炭深加工示范项目的主要任务是打通工艺流程，示范项目建设之初，项目的单位水耗的确较高，如百万吨级煤制油项目的单位产品水耗为 10 吨。煤炭深加工项目单位产品水耗情况见表 3.2.6。

表 3.2.6 煤炭深加工项目单位产品水耗情况

项目		伊泰煤间接液化项目	潞安煤间接液化项目	神华煤直接液化项目	新疆庆华煤制气项目	神华包头煤制烯烃
规模/（万吨/年）		16	16	108	13.3	60
新鲜水用量	发展之初设计指标	15 吨水/吨	14 吨水/吨	10 吨水/吨	10^{-2} 吨水/米^3	36 吨水/吨
	示范项目标定结果	12.81 吨水/吨	19.13 吨水/吨	5.8 吨水/吨	1.026×10^{-2} 吨水/米^3	28 吨水/吨

煤炭深加工示范项目在建成并稳定运行后，陆续进入优化完善阶段，围绕如何降低煤炭深加工项目单位水耗，项目单位与研究院所、设计院不断攻关，在公用工程配套、工艺单元匹配、水系统管理方面加强优化，项目的单位水耗有了大

幅度的下降。例如，神华百万吨级煤直接液化项目吨油耗水由 10 吨左右降到 5 吨以下（图 3.2.3、表 3.2.7）；神华包头 60 万吨/年煤制烯烃项目吨产品耗水由设计的 36.53 吨降到 28 吨以下，新建项目的水耗设计值降低到 15 吨以下；后续设计和建设项目吸收示范项目的经验，水耗比示范初期低，如后建的中煤陕西煤制烯烃项目的水耗和能耗均低于包头煤制烯烃示范项目的设计值。

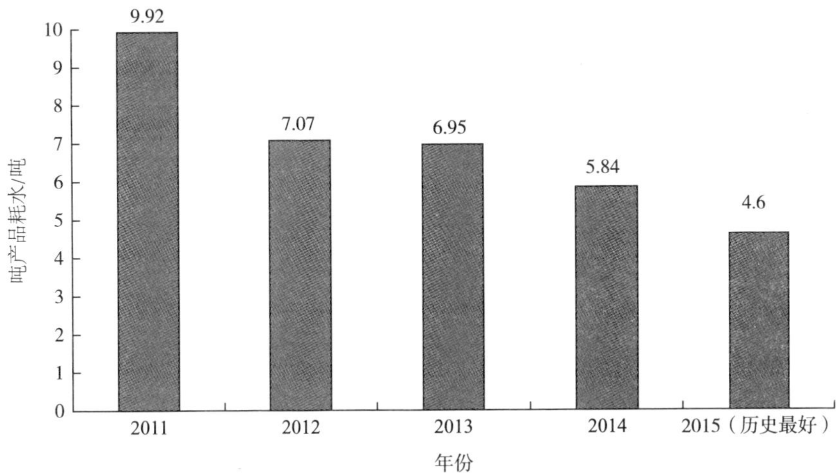

图 3.2.3　神华煤直接液化项目一期水耗变化情况

表 3.2.7　新建煤制油项目水耗设计值

名称	新鲜水单耗（吨水/吨产品）
伊泰 200 万吨大路煤制油项目	5.46
伊泰 200 万吨甘泉堡煤制油项目	7.14
伊泰 120 万吨杭锦旗煤制油项目	6.39
伊泰 100 万吨伊犁煤制油项目	6.49
宁煤 400 万吨煤制油项目	6.10
贵州毕节 200 万吨煤制油项目	6.60
潞安 100 万吨煤制油项目	6.60
平均值	6.40

在国家政策的严格要求下，新建项目采用消雾技术、部分循环水闭路循环、工艺匹配优化等大量先进节水技术，项目单位产品水耗进一步降低，如在建百万吨级煤间接液化项目吨油耗水从 16 万吨降至 7 吨以下。

2. 产业节水潜力分析

随着工艺优化完善和科技进步，新建项目可通过采用先进节水技术及废水“近零排放”技术，进一步降低水耗，包括采用先进的节水工艺及设备、空冷技术、循环水系统优化，以及废水处理、再生回用等技术，有30%以上的节水空间。

1）工艺及设备节水

一是在设计阶段对工艺单元进行节水配置。应用多杂质废水直接回用、再生循环和再生回用的水网络优化方法，引入水夹点方法，设置中间水道等，进行水系统优化。采用此类方法，石化行业节水效果普遍在50%以上，石化行业平均吨油耗新鲜水由2000年的约2吨，降低到2016年的约0.5吨，吨烯烃水耗由2005年的约20吨，降低到2016年的约5吨。这些经验也可以供煤炭深加工项目借鉴。

二是在空分、制冷、压缩等工段采用电驱设备，减少厂区蒸汽的消耗，降低水资源的单耗水平。在国家大力推进电力体制改革的新形势下，直供电、交易电成为未来电力发展方向，为大型煤化工项目采用电驱奠定了基础。

2）循环水系统节水

在煤炭深加工项目中，约有50%以上的水消耗于循环水的蒸发，因此，减少循环水的蒸发量是全厂节水的重中之重。目前，已经投产的煤炭深加工项目，大多采用了开式的循环水系统，循环水的消耗较大。若工艺系统的循环水采用目前较先进的消雾节水冷却塔技术，可以节约用水约18%；若热电和空分系统的循环水采用闭式循环水系统，可以节约用水50%以上。

3）采用废水回用技术

采用先进的膜处理废水回收技术、高效膜浓缩技术和蒸发结晶技术，能够实现全厂污水综合回收率达到90%以上。回收的水可用于循环水系统补水和化学水处理站补水，大幅降低外排废水的量，减少项目的新鲜水耗。通过以上措施，新建项目可以实现煤制油耗水 6~7 吨水/吨油品、煤制气 7×10^{-3}~9×10^{-3} 吨水/米^{3}天然气、煤制烯烃12~14吨水/吨烯烃的先进指标。

2.3 西部煤炭资源开发利用的生态环境约束

煤炭的大规模开采利用，一方面为工业生产和社会经济发展提供了大量的能源，另一方面也造成了严重的环境污染和生态破坏。

1. 煤炭开发对环境的影响

煤炭开采会造成土地资源的破坏和占用、对水资源的影响以及对大气环境的污染。煤矿开采对土地资源的破坏表现为三个方面：一是井工开采引起的地表塌陷，使土地利用率减少，并加大水土流失和沙漠化；二是露天开采对土地的破坏，露天采掘场对土地的毁灭性挖损，以及排土场对土地的压占；三是煤矿生产固体废弃物压占、污染土地。在煤炭开采过程中，伴随着煤矿的开采延伸，排出大量的矿井水使矿区地下水位不断下降。越来越多的煤矿堆积煤矸石山不仅压占大量土地资源，而且经降水和汇水的淋溶和冲刷也将矸石中含有的大量有害物质（尤其是重金属离子）带入了水循环系统中，造成周围环境的水体污染。在煤炭开采过程中形成的大气污染主要是矿井瓦斯和矸石自燃释放的气体。

近几年，我国煤炭开发逐渐注重对生态环境的保护。我国煤炭资源开发应采用以开发绿色煤炭资源为主，兼顾在一些特殊地区开发一些临界绿色煤炭资源的混搭式开发模式。煤炭资源开发应逐渐向更具资源优势的晋陕（北）内蒙古（中）和北疆绿色矿区的资源开发上转移集中，该类地区资源优势明显、生态修复成本较低，适宜建设大型综合能化基地，可承接东部产能调整和资源枯竭地区开发接替重任。

2. 煤炭利用对环境的影响

我国在煤炭消费利用方面总体上还处于较低水平阶段，且产生了一系列的环境污染问题。煤炭消费的一个主要特点就是原煤的大量直接燃烧。据统计，在全区消耗的煤炭总量中，直接用于火力发电、工业锅炉、工业窑炉和家庭炉灶等燃烧的煤炭占 75%。煤炭的大量直接燃烧，加上燃煤质量较差以及燃烧效率低下，对我国的环境造成了严重破坏，也直接导致了我国严重的燃煤型大气污染。另外煤炭燃烧还会生成二氧化硫和氮氧化物，会造成较为严重的酸雨和光化学烟雾污染。

煤炭化工转化主要面临废水处理和废水排放的问题，随着示范项目的运行和先进技术的应用，基本可以实现废水零排放。

3. 西部生态环境约束条件

总体来说，西部地区较东部地区人口相对稀少，开采造成的村庄、建筑物沉陷等问题相对和缓，同时随着绿色开采技术的推广应用，土地资源对开采的约束相对较小。

水资源成为约束西部煤炭工业发展的主要因素，寻找新的地下水资源是煤炭地质保障的主要工作，节水采煤、保水采煤的地质条件评价和合理域外调度水资源则是破解水资源约束的主要举措。根据水科院的研究，西部五省区水资源用水总量指标共约 1 100 亿立方米，目前西部主要大型煤炭基地可用水指标剩余量不足 10 亿立方米，宁夏已经超过用水指标。

大气环境也是约束西部煤炭利用的重要因素。根据环境保护部环境规划院的研究，西部五省区大气环境容量超载率为 1%~50%，煤炭开发利用必须采用严格的污染物控制措施，以减少对大气环境的影响。

2.4 小结

综合以上分析，水资源的保护及利用、地表生态环境保护是西部地区煤炭资源大规模开发应解决的核心问题。在西部地区本身水资源缺乏、生态环境脆弱的条件下，如何保障煤炭开发利用的需求，同时降低对环境的负面影响，甚至改善矿区生态环境，是西部煤炭开发工程科技的关键技术难题。

第3章　西部煤炭资源开发利用工程科技发展现状和趋势

3.1　西部煤炭开发工程科技发展现状和趋势

3.1.1　西部煤炭开发工程科技现状

西部地区煤炭开发以榆林、鄂尔多斯地区的能源“金三角”及新疆地区为代表。该地区开采条件好，适合推广大型现代化开采装备，已建成的大型现代化矿井和高产高效工作面多数都是在该地区。目前，该地区通过引进国内外最先进的现代化综采设备，建设了世界一流的矿井和矿区，信息化、自动化程度及生产效率都居世界领先水平。

1. 利用先进的物探技术对开采区域的地质构造进行精确探测

对地质构造进行精确探测是开展采区规划、开采工艺设计、安全准备等工作的前提，也是开采过程中自动化控制的前提。以往，在多数情况下，钻孔资料是唯一反映待开采煤层周边地质条件的依据。然而，这种非连续的随机物探方式无法精确、全面反映地质构造条件，且人们对其重视程度也不够，导致煤炭生产在一定程度上处于“盲掘”“盲采”状态，无法实现煤炭的安全、高效开采。因此，利用现代地质测量技术，实时获得工作面、巷道空间、地质构造的位置信息，进行动态精细建模，从而可以真实、准确地再现开采区的地质条件，为后续的安全、高效开发提供依据。

经过多年的研究，我国已经发展了一种地质与地球物理相结合，钻探与巷探相结合，“物探先行、钻探验证”，地面与井下立体式勘探的模式，建立了煤矿采区小构造高分辨三维地震勘探技术体系，可查明煤矿中小型构造、陷落柱、富水区、采空区、老窑、煤层顶底板岩性、冲刷带等。精度达到500米深度断距、5~7米断层的水平；探索了隐蔽致灾灾害源探测技术与地质预测方法，形成了隐蔽致灾因素井上、井下“立体式”精细勘探模式，极大地提高了工作面前方、巷道两侧、顶底板上下侧煤层界面、隐伏断层、陷落柱、岩体、老窑、采空区等的精度，位置误差小于5%。

2. 针对西部特厚煤层开采开展了一系列装备创新，形成了国际领先的综采综放成套技术及装备

西部特厚煤层赋存丰富，埋深浅、倾角小，厚度普遍在5米以上，最高可达20米以上。国内外普遍开采的煤层在4~6米，这个高度有利于装备性能的发挥，经济性好。若采用这些装备，一些7米以上的煤层就无法完全开采，造成资源浪费。为此，装备的创新势在必行。

2007年开始，在神东、榆林等矿区开始研究发展7米厚煤层一次采全高大功率自动化技术装备，包括5.0~7.2米系列大采高电液控制强力液压支架、大功率电牵引采煤机和SGZ1000系列工作面刮板输送机等配套设备的生产能力达到2 000~3 000吨/小时，成套设备总功率达5 000千瓦以上，大修周期2 000万吨以上；太原矿山机械集团研制了MG2500-WD型大采高电牵引采煤机，装机功率2 500千瓦；SGZ1200/3×1000重型刮板输送机及转载设备，刮板机运量达到3 750吨/小时，设计长度300米，实现重载软起动及多机驱动功率平衡；破碎机破碎能力4 000吨/小时；转载机装机功率达到525千瓦、生产能力4 000吨/小时；自移机尾适合于1.6米的带式输送机。在神华集团神东煤炭分公司补连塔矿、陕煤集团红柳林煤矿、三道沟煤矿等应用，年生产能力在1 200万吨以上。

2008年，开始研发15~20米特厚煤层大采高综放成套装备。研发了5.2米大采高放顶煤液压支架及成套装备，使工作面一次可采厚度最高达到20米，工作面生产能力突破1 000万吨/年。同煤大唐塔山煤矿有限公司3~5#层8105大采高放顶煤工作面，平均采高4.5米。采用ZF15000/25/38型放顶煤液压支架、MG750/1915-GWD采煤机和SGZ1200/2×1000刮板输送机配套，工作面生产能力为1 000万吨/年。中煤平朔集团有限公司安家岭二号矿综放队在煤层厚度13米条件下，产煤1 039.1万吨，刷新综放工作面年产世界纪录。

2016年，成功研发8.2米超大采高综采成套技术与装备，解决了8米厚煤层高效、高回采率开采的技术难题；实现了特厚煤层一次采全厚超大采高技术的新突破。自2016年7月1日，在金鸡滩煤矿108工作面开始正式使用，单产最高，日产达到6.16万吨，月产最高，最高月产153万吨。目前，金鸡滩煤矿108工作面已成为世界采高最大、产量及效率最高的工作面。

3. 露天开采电铲、重载汽车等大型装备快速发展

除去井工开采，该地区还集中了神华黑岱沟、神华哈尔乌素、神华宝日希勒、华能伊敏河、中电投霍煤集团霍林河等年产千万吨以上的大型露天煤矿。和井工开采情况类似，小型露天煤矿开采仍以电铲、重载汽车等装备为主，大型露天煤矿多以进口露天连续采煤机、大型自卸车、大倾角运输机等为主。河北天择重型机械有限公司、三一重工股份有限公司等虽然在研发国产露天开采技术方面取得了很大进展，露天连续采煤机、95 吨矿用自卸车等装备相继研制成功，但在可靠性、自动化控制和开采适应性方面与国外产品还有一定差距。

3.1.2 西部煤炭高效开发先进工程科技

西部地区除适宜高效开采的煤层，还包括 25 米以上的特厚煤层、大倾角特厚煤层等特殊煤层，还需继续开发先进的开采工艺及装备。

1. 25 米以上特厚煤层安全高效开采技术与装备

采用 6 米超大采高综放开采，进行 25 米以上的特厚煤层综放开采。西部地区特厚煤层的开采以往都是分层开采，由于该区域煤层自燃发火期短，安全问题突出，分层开采技术难以满足该厚度煤层安全开采和高回收开采的要求。因此，需研发 6 米以上超大采高综放开采，继续增加放煤高度，实现煤层的一次采全厚开采。

2. 自动化、智能化综采工作面成套装备技术

随着开采强度的增大和围岩复杂程度的提高，工人进入设备作业环境近距离操作越来越困难。在多数行业都进入信息化的今天，煤机装备自动化程度不高，难以适应煤矿现代化生产安全、高效的要求。因此，需要能够实现智能化自动掘采的高可靠性技术装备，实现煤矿生产的自动化、智能化和无人化。智能化无人掘采是保障煤矿安全、高效生产的根本途径，是所有井下或危险环境矿山开采的发展方向。2017 年，国家科学技术部立项的国家重点研发计划中就包括了对煤炭智能化安全开采技术及装备的项目，基于先进的地理信息系统（geographic information system，GIS）和物探手段，建立“透明工作面”，利用无人机、煤岩识别装置和惯性导航系统采集生产过程数据、监控生产状态，打造真正的现代化智能矿井。

3. 急倾斜复杂难采煤层安全高效开采成套技术

对于该地区急倾斜厚煤层的开采，传统开采多用高落式采煤法、水平分层或

斜切分层采煤法以及伪倾斜柔性掩护支架采煤法。随着近水平厚煤层综采放顶煤技术的发展，综采支架放顶煤技术已被成功引入急倾斜煤层的开采中。在乌鲁木齐六道弯矿进行了急倾斜煤层水平分段综采放顶煤采煤法试验，取得了良好的开采效果。急倾斜煤层水平分段综采放顶煤具有以下优点：产量大幅度提高，矿井生产集中，机械化程度高；与一般的急倾斜煤层开采方法相比，煤巷掘进率大幅度降低；提高了劳动生产率，降低了成本。

3.1.3 西部煤炭绿色开发先进工程科技

随着晋陕内蒙古宁甘区域煤炭开采强度的增加，对环境的破坏力逐渐增加，地表荒漠化、采空区沉陷等问题日益严重，与该区域相对薄弱的环境状况形成突出的矛盾。资源开采和经济发展不应以破坏环境为代价，不能走不可持续发展之路。因此，应大力研究和发展充填开采、宽条带开采、保水开采等绿色开采技术与装备，实现煤炭开采和资源环境保护的协调发展。

水资源问题是西部煤矿（井工和露天）开采的主要问题。纵观我国煤矿矿井水保护利用的发展历史，可大致划分为三个阶段。第一阶段为矿井水利用阶段，第二阶段为水害防治与矿井水综合利用阶段，第三阶段为借鉴国外经验而提出的矿山排水、供水、生态环境保护“三位一体”结合的优化管理阶段，“三位一体”结合在理论上已被大多数专家和学者认可，但在实践中还存在许多难题，如供水系统水源稳定问题、排水系统安全运营问题、水质问题等。

1. 神华新疆能源有限责任公司“三级处理”模式

神华新疆能源有限责任公司各矿井根据特殊的地理位置和生产特点，提出矿山排水、供水、生态环境保护“三位一体”的优化管理，采用“三级处理”技术，即以井下磁分离净化系统、矿井水处理厂、矿井水深度处理厂为三级处理系统，实现污水分质分类处理与利用，提高废水资源利用率，节约净水资源。以下对“三级处理”进行说明。

（1）井下磁分离净化系统净化（一级）：屯宝煤矿井下磁分离系统于 2011 年建设完成，净化后的矿井水水质可用于井下生产、绿化、道路洒水降尘等，缓解了矿井水外排的矛盾。

（2）矿井水处理厂处理利用（二级）：建成矿井水处理厂 5 座，矿井水处理厂主体工艺均采用混凝澄清过滤工艺。总设计处理能力 23 160 米^3/天（833.76 万米^3/年），实际处理量 14 695.6 米^3/天（529.04 万米^3/年）；复用水量 6 477.8 米^3/天（233.2 万米^3/年）；达标排放量 8 217.8 米^3/天（295.8 万米^3/年）；COD（chemical oxygen demand，即化学需氧量）平均排放浓度为 29 毫克/升（均在 20~40 毫克/

升），远低于国家排放标准（50 毫克/升），达标率 100%，满足《煤炭工业污染物排放标准》（GB20426—2006）要求。

（3）矿井水深度处理厂处理利用（三级）：将水质较差的高盐、高硬度、高硫酸根、高矿化度的矿井水，在井下直接处理为工作面配乳化液用水。包括压力调节单元、预处理单元、离子去除单元、防结垢系统；具有处理效果好、工艺简单、占地面积小、操作管理方便、可灵活移动等特点。水处理实际成本为 1.35 元/吨，较地面处理节省成本约 50%。

公司已建成屯宝、乌东煤矿两座矿井水深度处理厂，总设计处理能力 6 600 米^3/天，均采用超滤+反渗透工艺。矿井废水经过深度处理后，一部分用于矿区职工洗浴、冲厕等生活杂用，一部分用于井下生产、绿化等。

2. 神东公司“地下水库”模式

为了适应我国西部浅埋深、薄基岩特点的煤炭资源保水开采需要，神东公司提出了“地下水库”新技术，创新性研究和开发了更加实用的保水开采技术及措施，实现水资源保护由“堵截”向“导储用”的转变，其中“导储用”是指“疏导含水层的地下水”“储存疏导的地下水与适当的地下空间”“利用储于地下空间的矿井水”。采取以“导储用”为手段的保水开采技术，就是在掌握开采对水资源运移影响规律的基础上，将含水层的地下水疏导至采空区进行储存，并建设相应的水处理和抽采利用工程，对矿井水进行高效利用，达到疏导后矿井水不外排的目的，实现保水开采。实现矿井水“导储用”的关键是建设煤矿分布式地下水库。

煤炭开采后，在不同开采水平形成了大量的采空区，随着开采对上覆岩层扰动的结束，采空区趋于稳定，形成了较大的空隙空间，为矿井水存储提供条件。煤矿地下水库是对开采形成的采空区加以改造形成的地下储水空间，将同一水平、不同水平，甚至矿区的多个煤矿地下储水空间通过人工通道连通，根据采煤生产接续计划，对矿井水进行分时分地储存，形成分布式的地下储水空间，即煤矿分布式地下水库，如图 3.3.1 所示。

煤矿分布式地下水库的作用是，使煤炭开采过程中产生的矿井水，按其自身的运移规律或在人工干预下汇集和储存，并根据需要调出至地面使用，从而实现矿井水不外排，达到保护地下水资源和地表生态的目的。

煤矿分布式地下水库技术包括水库规划、设计、建设、运行、监控和管理，是一个复杂系统工程，涉及煤矿开采和水利水电工程等领域，技术难度较高，因此，需要加大技术研发和工程示范力度。

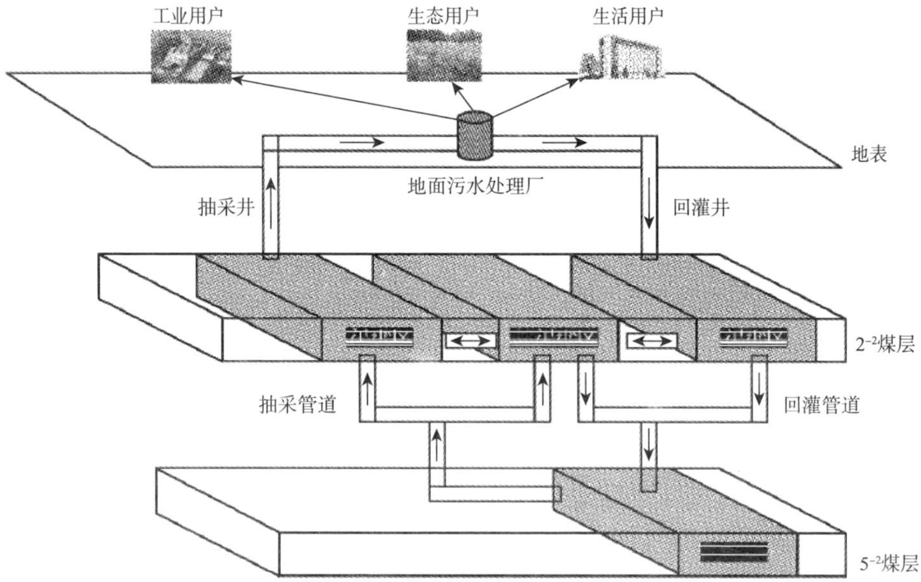

图 3.3.1 煤矿分布式地下水库

1）设计技术

煤矿分布式地下水库设计技术主要包括地下水运移规律、地下水库选址和地下水库库容设计。地下水运移规律主要是通过地球物理勘探和钻探手段，利用实验室相似材料模拟和三维数值仿真等技术，对建设区域水文地质情况、含水层、隔水层、矿井充水条件、周边老窑积水情况、矿井涌水情况等进行探测，为地下水库建设提供基础；通过对井下采空区岩性、顶底板岩层渗水系数等进行研究，结合采煤工艺和开采参数以及工作面布置等，确定地下水库地址；通过对采空区空间尺寸、岩层条件、顶板垮落情况和松散体密度等进行研究，确定合理的水库库容。

2）建设技术

煤矿分布式地下水库建设技术主要包括筑坝和防渗。筑坝主要是通过煤柱留设和合理的工作面开采布置顺序，形成储水采空区，并对筑坝材料和筑坝方式进行研究；防渗主要是对采空区安全煤柱进行地质勘探，对其防渗性进行评判，对重点部位实施防渗工程。

3）运行技术

煤矿分布式地下水库运行技术主要包括水库监测和库间调控。水库监测主要包括水质监测和安全保障技术，利用有关仪器对水质进行监测，安全保障技术是通过对水位监测和坝体渗漏监测，防止发生溃坝等。库间调控技术能够通过人工输水通道实现地下水库之间的水量调节，保障水库安全和实现水库库容最大化利用。

当前，我国西部地区煤矿生产吨煤供水量平均约为0.26立方米，预计矿井涌水量为0.54米^3/吨，合计0.8米^3/吨。通过水源置换、矿井水回用、建设地下水库等途径，生产吨煤用水量平均约为0.1立方米，矿井涌水量利用率达到60%，合计0.316米^3/吨。生产吨煤用水量平均约为0.1立方米，矿井涌水量利用率达到90%，矿井涌水量为0.154米^3/吨。

3.1.4　西部煤炭利用工程科技现状和趋势

1. 燃煤发电发展现状和趋势

2012年以来，我国开始对燃煤发电机组进行改造，以达到超低排放水平，截至2016年底，燃煤发电的超洁净排放机组规模超过6.4亿千瓦，可达到燃气机组的常规污染物排放水平。目前，我国应用较多的燃煤发电高效清洁技术包括常规超（超）临界发电技术、循环流化床锅炉发电技术以及污染物超低排放技术。

1）超（超）临界发电技术发展现状及发展趋势

（1）发展现状。截至2016年底，我国100万千瓦级机组达到96台，超过其他国家同类机组保有量的总和。2006年我国首台100万千瓦等级超超临界机组在华能国际电力股份有限公司玉环电厂投产，2008年华能国际电力股份有限公司上安电厂的60万千瓦超临界直接空冷机组投产，节水率达75%~85%。2012年，60万千瓦级超超临界机组的供电煤耗为297.02克标准煤/千瓦时（统计36台机组的平均值）。2012年12月，全球首台百万千瓦级超超临界空冷机组——华电宁夏灵武发电有限公司二期工程3号机组正式投产。2012年5月，国家能源局批准江苏国电泰州电厂二次再热超超临界发电示范工程开展前期工作；2014年1月16日，全国单机容量最大机组——新疆农六师煤电有限公司二期1 100兆瓦工程五号机组投产发电。上海外高桥第三发电厂两台规模为百万千瓦超超临界燃煤发电机组，供电煤耗为276克标准煤/千瓦时。我国超（超）临界机组广泛应用，达到国际先进水平，机组覆盖率35%以上。日本和欧洲目前最新的超超临界机组的蒸汽条件是25~30兆帕/600℃/620℃。我国100万千瓦装置的蒸汽参数设计值与此相当，但在高参数大容量机组的设计及制造、系统优化、高温部件材料等方面与发达国家仍有较大差距。

我国西部地区煤电水平高于全国平均水平，全球首台百万千瓦级超超临界空冷机组、全国单机容量最大机组、世界首台600兆瓦超临界循环流化床机组等先进机组均在西部。目前我国正在研发更高参数（700℃）的机组，另外针对新疆准东高碱煤也在开发适用于高碱煤的锅炉。

（2）发展趋势。总体来说，超（超）临界发电技术的发展趋势是，进一步提高参数、提高发电效率。2010 年国家能源局成立了“国家 700℃超超临界燃煤发电技术创新联盟”，旨在有效整合各方资源，研究 700℃超超临界燃煤发电技术，提高技术水平，实现技术自主化。

2）循环流化床锅炉发电技术发展现状及发展趋势

（1）发展现状。循环流化床锅炉燃烧技术是 20 世纪 70 年代初期在国际上发展起来的新一代高效、低污染清洁燃烧技术（缪伟东，2012）。循环流化床锅炉燃烧技术适用于劣质煤和其他低热值燃料燃烧，并可进行炉内脱硫，在国内外得到推广应用。循环流化床锅炉燃烧效率一般可达 97%~98%，锅炉效率与煤粉锅炉相当。在污染物处理方面相比煤粉锅炉，其入炉粒度较大，产尘量相对较少；炉内钙基固硫、脱硫效率可达 90%以上。

我国是世界上亚临界循环流化床锅炉装机容量最多的国家。2015 年，我国有不同容量的循环流化床锅炉 3 000 多台，3 万千瓦以上的机组超过 60 台。2012 年 12 月 1 日，神华国神集团四川白马循环流化床示范电站有限责任公司全国首台 600 兆瓦超临界循环流化床机组投入运行；2013 年 4 月 14 日，机组顺利通过 168 小时满负荷考核运行。2014 年 1 月至 11 月累计运行 5 811 小时，等效可用系数达 92.89%。2014 年 12 月 19 日，中国电机工程学会和中国机械工业联合会在北京组织召开“600 MW 超临界循环流化床锅炉技术开发、研制与工程示范”科技成果联合鉴定会，专家组一致认为该项目成果创新性显著、设备系统设计合理、制造质量优良、运行安全稳定，代表了目前国际循环流化床锅炉技术的最高水平。

（2）发展趋势。我国循环流化床技术已经达到世界先进水平。应继续在可用率、供电效率、国产大型化装备研发制造等方面进行提高和深入研究。同时我国正在推进超临界循环流化床、节能型循环流化床的研发应用；研究 600 兆瓦高参数超超临界循环流化床锅炉装备技术研究、制造及示范，进一步提高可靠性和降低能耗，研究超低排放循环流化床技术。

3）污染物超低排放技术发展现状及发展趋势

烟气中常规污染物包括烟尘、二氧化硫、氮氧化物的排放控制经历了长期的研究和工程技术实践。先进的烟气净化技术可以解决燃煤电厂烟尘、二氧化硫和氮氧化物的排放问题，相应的大气污染物控制设备已得到广泛应用。2014 年 9 月，国家发展和改革委员会、环境保护部和国家能源局联合发布的《煤电节能减排升级与改造行动计划（2014-2020 年）》中提出了超低排放的要求，指“在基准氧含量 6%条件下，烟尘、二氧化硫、氮氧化物排放浓度分别不高于 10、35、50

毫克/立方米”。

第一，高效烟气除尘。我国燃煤电厂除尘设施平均效率由 2005 年的 98.5%上升到 2015 年的 99.65%。随着排放标准的日趋严格，原有的电除尘设备无法满足对细颗粒物控制的需求，袋式除尘器获得快速发展。

低低温电除尘技术和湿式电除尘器（wet electrostatic precipitator，WESP）可使烟尘排放达 30 毫克/米^{3}以下，在国内已有 600 兆瓦级机组投运业绩。目前国内相关单位正在积极研发或引进 WESP 技术，国内浙江菲达环保科技股份有限公司于 2013 年 1 月引进三菱重工大型燃煤电站平行烟气流 WESP 技术，自主研发了垂直烟气流的 WESP 技术，建立了处理烟气量为 20 000 米^3/小时的 WESP 实验装置。

第二，先进的烟气脱硫技术。我国的二氧化硫排放限值与经济合作与发展组织国家的平均水平相当。截至 2014 年底，全国已投运烟气脱硫机组容量约 7.6 亿千瓦，占全国煤电机组容量的 92.1%（中国电力企业联合会，2016），比 2005 年提高了 75%，比美国高 30 个百分点。2015 年底烟气脱硫机组占比达到 99%，其中 90%安装的是世界上应用最为广泛的石灰石–石膏法。

华东理工大学、浙江大学等进行了氨法可资源化烟气脱硫关键技术开发和工程示范。煤炭科学研究总院、国家电力公司等单位自主开发了能够同时脱除多种污染物的活性焦干法烟气脱硫技术，并建成了工业示范装置。

第三，烟气脱硝。我国选择性催化还原（selective catalytic reduction，SCR）法烟气脱硝处于推广应用阶段，新建脱硝装置中 SCR 工艺占 70%以上，截至 2014 年底，烟气脱硝机组容量达到 6.86 亿千瓦，煤电脱硝比例达到 83.2%，仅 2013 年建成脱硝容量就接近美国火电脱硝总容量，2015 年该比例达到 92%以上。选择性非催化还原（selective non-catalytic reduction，SNCR）法在国内处于工业示范阶段。

第四，汞及其他重金属减排技术分析。为了实现汞的排放控制，一般会在现有的烟气净化设施基础上采取联合控制技术，其中使用最为广泛的是 SCR+ESP+FGD①联合控制技术。

现有 ESP 能将存在颗粒物中的汞及其他重金属一并脱除，但对富集大量重金属的亚微米颗粒脱除率相对较低，对于低氯煤中的汞及其他重金属脱除率有限。湿式烟气脱硫（wet flue gas desulfurization，WFGD）设施能去除约 90%的汞离子，是目前汞去除最有效的净化设备。从 ESP 逃逸的富集重金属的亚微米颗粒物在 WFGD 中能得到进一步的脱除。SCR 脱硝工艺能够加强汞的氧化而增加 WFGD 设施对汞的去除效率，该工艺除汞具有很大的潜在应用空间。SCR 和 SNCR 对非

① ESP，electrostatic precipitator，静电除尘器。FGD，flue gas desulfurization，烟气脱硫。

汞重金属脱除没有明显效果。

2. 现代煤化工发展现状和存在的问题

1）发展现状

经过“十一五”“十二五”的发展，我国煤炭清洁高效转化创新发展取得了一系列重大突破，攻克了大型先进煤气化、合成气变换、大型煤制甲醇、煤直接制油、煤间接制油、煤制烯烃、煤制乙二醇等一大批技术难题，开发了一大批大型设备，煤制油、煤制烯烃、煤制乙二醇等煤炭清洁高效转化示范工程顺利实施，我国煤炭清洁高效转化技术创新和产业化均走在了世界前列，煤炭清洁高效转化已经成为我国石油和化工工业“十二五”发展的最大亮点之一。2016 年，我国煤制油产能达到 663 万吨，产量 200 万吨；煤（甲醇）制烯烃产能达到 486 万吨，产量 147 万吨；煤制乙二醇产能达到 195 万吨，产量 58 万吨；煤制天然气产能达到 31 亿立方米，产量 9.3 亿立方米。

第一，煤炭直接液化。神华集团联合煤炭科学研究总院等国内科研机构开发了具有自主知识产权的直接液化工艺和纳米级高效催化剂，由神华集团投资建设的世界上第一条百万吨级生产线（108 万吨/年）已实现安全、长周期、高负荷运行。2014 年全年运行 302 天，生产成品油 90.18 万吨。神华集团正在建设第二条和第三条生产线，投产后将形成 390 万吨/年的规模。缓和煤液化反应苛刻度、提高煤的液化反应活性、增加油收率已成为煤直接液化领域的发展趋势。

第二，煤炭间接液化。我国已经建立和运行具有自主知识产权的中低温浆态床工艺的工业示范装置，正在建立大型工业装置。伊泰和潞安各 16 万吨/年的煤炭间接液化示范装置已投产并稳定运行。2012 年伊泰项目生产各类油品和化工品 17.2 万吨，全年运行 349 天。2012 年潞安项目生产油品约 9.7 万吨，实现安全稳定运行。2013 年以来，国内共有 8 个煤炭间接液化项目获准开展前期工作，总产能约 2 000 万吨/年，其中神华宁煤宁东 400 万吨/年、兖矿榆林 100 万吨/年已经投产。为了提高煤炭转化效率、减少排放和降低装置投资，煤炭间接液化正朝着催化剂高活性、反应器分离效果好、工艺集成度高、产品性能好的方向发展。

第三，煤制天然气。煤制天然气技术分为传统煤制天然气技术、催化蒸汽气化技术及加氢气化技术三类，国内外运行和在建的项目均采用传统煤制天然气技术，后两者还在研发阶段。目前中国还没掌握煤制天然气技术的核心技术甲烷化技术，国内项目均引进国外技术。大唐克旗 40 亿米^3/年和庆华伊犁 55 亿米^3/年煤制天然气项目一期约 13.5 亿米^3/年已打通工艺流程，大唐克旗项目投运不久因煤质适应性问题停产检修，目前已恢复正常；庆华伊犁项目的天然气已接入西气东输二线，截至 2015 年 9 月底对外供气超过 7 亿立方米，生产负荷稳定在 70%~80% 运行；内蒙古汇能一期年产 4 亿立方米 LNG 投产运行，目前已经达到 100% 负荷稳定运行。2013 年以来，煤制天然气在国内呈现加速发展趋势，16 个项目获准开展前期工作，总产能约 700 亿米^3/年。为了简化反应流程，降低反应控制难度，提高反应效率和设备处理能力，降低污染，需开发气流床、流化床甲烷合成工艺，开发与其相匹配的高效耐磨、耐硫甲烷化催化剂及其装备。

第四，煤制烯烃。煤制烯烃技术是煤制甲醇技术和甲醇制低碳烯烃技术的耦合，建成投产的神华包头 60 万吨/年、神华宁煤 52 万吨/年项目均实现商业化运行，大唐多伦 46 万吨/年项目正在调试阶段。2013 年，神华包头项目生产 54.5 万吨聚烯烃，神华宁煤项目生产聚丙烯 45 万吨，基本达到设计产能。截至 2015 年上半年，国内共投产 7 个煤制烯烃项目，此外在建项目 4 套，核准待建煤制烯烃项目 1 套，拿到路条项目 8 套，总产能约 734 万吨/年（不包括甲醇制烯烃项目）。煤制烯烃示范项目关键技术稳定性好，技术装备国产化率高，技术经济效果得到初步验证。进一步提高乙烯和丙烯收率、研发自主知识产权高性能催化剂、节水降耗是煤制烯烃的发展方向。

第五，煤制乙二醇。煤制乙二醇因具有工艺获取难度小、流程短、成本低等特点，企业投资热情较高。据统计，国内投产、在建的煤制乙二醇项目 14 个，产能 330 万吨/年，规划产能超过 600 万吨/年。2015 年上半年，煤制乙二醇产能达到 190 万吨/年，产量 16.89 万吨。从示范项目运行情况看，煤制乙二醇还存在技术瓶颈，主要是催化剂选择性不好，导致生产一直难以满负荷运行（目前通辽项目可以达到 90%左右），乙二醇产品的紫外透光率达不到国家优等品的标准。相对石油路线，煤制乙二醇的竞争力较强，发展关键是提高催化剂性能和稳定性及产品质量。

第六，煤制芳烃。煤制芳烃技术可分为两类：一类是煤加氢液化油制芳烃技术；另一类是煤经合成气制芳烃技术。煤加氢液化油制芳烃技术是将煤加氢液化后的油品，提取 82~182℃的馏分为原料，通过催化重整工艺得到芳烃的技术，该技术实质是煤液化技术和石脑油重整制芳烃技术的结合。煤经合成气制芳烃技术是煤先气化后，合成气直接合成芳烃或通过甲醇再合成芳烃，其中应用煤经甲醇合成芳烃技术已建成 3 万吨/年的中试装置，正在建设 100 万吨/年的工业化示范装置。

从整体上看，煤制芳烃技术具有较大的市场空间，可以填补芳烃的供需缺口，但技术上还不成熟，还需经过大型工业化装置的进一步验证。

2）存在的问题

第一，我国煤化工存在盲目发展、产品同质化问题。一些煤炭产地为了实现当地经济转型升级，想尽办法谋求利用煤化工实现资源优势向经济优势的转化，特别是西部煤炭资源丰富的地区，“逢煤必化”的倾向十分突出。根据目前已开展前期工作或规划的煤化工项目统计，如果这些项目全部建成，将消耗煤炭约 4.29 亿吨，煤制烯烃产品将远超国内市场需求，特别是在当前国际油价大幅下降的形势下，煤制油、煤制天然气在经济效率等方面面临严峻挑战。而且各地煤化工规划的产品集中在煤制烯烃、煤制气、煤制乙二醇等方面，产品单一，同质化现象严重。以煤制烯烃为例，生产的乙烯、丙烯后续加工项目主要集中在少数几个通用料的生产上，高端品牌、专业品牌数量很少，如果不发展高端产品和差异化产品，很快就会出现“产能过剩”的局面。煤炭清洁高效转化需要通过规模化、集约化建设，以及开发高附加值产品等途径来降低对应原油的盈亏平衡点，提升产业竞争力。

第二，技术发展与技术选择问题。经过多年发展，我国煤化工技术逐步走向工程化，但是还有一些技术难题有待解决，主要有以下几点：关键设备损耗过大，故障率高；气化炉难以适应原料煤煤质，对煤质变化过于敏感；大规模工程化还存在工程技术问题；等等。一些煤化工企业在技术选择方面为充分考虑煤质特点、产品性质、当地环境等因素，导致工程运行出现一些问题，影响了项目的稳定运行和经济效益。

第三，水资源制约明显。煤化工是高耗水的行业，根据示范工程运行以及技术进步情况，煤炭直接液化和间接液化水耗 6~9 米^3/吨，煤制天然气水耗 8 米^3/千米^3，煤制乙二醇和煤制烯烃水耗 25~30 米^3/吨。我国煤炭资源主要分布在内蒙古、陕西、新疆、宁夏等缺水地区，很多煤化工项目面临与城市、农业等争水资源的情况，受水资源的约束较大。

第四，环保压力大，投资成本过高。煤化工企业的废水排放量较大，目前国内很少企业能够切实做到废水零排放，不少煤化工企业废水排放量已超过该地区的水环境承载能力，使水环境和生态等遭到严重破坏，也威胁到很多生活饮用水的安全。煤化工废水处理需要采取一定措施，加大整治力度，通过改进生产工艺来降低能耗和污染，就要加大成本投资，这就使煤化工企业的综合竞争力相对来说处于劣势。同时煤化工还面临碳排放高的问题，目前 CC（U）S 技术由于成本高难以利用，二氧化碳驱油技术也因为成本以及区域的限制应用很少。

3.1.5　西部煤炭清洁利用先进工程科技

1. 西部煤炭利用工程水资源消耗和废水排放

在我国西部地区，水资源是限制煤炭利用的关键因素。燃煤发电用水主要包括冷却水、冲灰水、锅炉补给水、消防用水和冲洗水等。根据《常规燃煤发电机组单位产品能源消耗限额》(GB21258—2013)、《取水定额 第1部分：火力发电》(GBT18916.1—2012)，以60万千瓦机组为例，不同冷却形式的单位发电量的水耗分别为2.40吨/兆瓦时（循环冷却）、0.46吨/兆瓦时（直流冷却）、0.53吨/兆瓦时（空气冷却）。煤化工用水主要包括工艺用水、补充冷却用循环水、补充制盐用水、生活用水、消防用水、基建与绿化用水、其他（漏损等）。根据煤化工示范和技术进步情况，煤炭直接液化水耗6~8吨/吨产品，间接液化水耗5~7吨/吨产品，煤制天然气水耗6~9吨/千米^3，煤制烯烃水耗20~26吨/吨产品。

在废水排放方面，燃煤电厂主要排放一些含盐废水，直流冷却水可能会有些废热污染，做好处理和监测可以实现废水达标排放或者废水零排放。煤化工废水以高浓度有机废水和高盐废水为主，含有大量酚、氰、油、氨氮等有毒、有害物质，可以进行分离处理，通过降解有机物、结晶盐资源化利用实现废水的近零排放。

2. 西部煤炭利用工程固废排放

煤炭利用过程中不可避免地会产生一些固废，燃煤发电产生的固废主要包括粉煤灰、炉渣和脱硫石膏等；煤化工利用过程产生的固废主要包括汽化炉渣、杂盐等。在东部地区，可以将粉煤灰、炉渣作建筑材料使用，而西部地区运输成本较高，生产低附加值的建筑材料在成本上就没有竞争力。一些粉煤灰、煤矸石、气化炉渣中含有硅、铝、镁、铁、钙的化合物及少量钛、钾、钠、磷等，从中提取空心微珠、分子筛及稀有金属，开展高附加值利用具有较好的经济效益。

3. 西部煤炭利用工程大气污染

煤炭利用的大气污染物主要来自煤炭燃烧，包括燃煤电厂、煤化工企业的自备电厂、工业锅炉的煤炭燃烧。由于排放标准的要求不同，污染物控制措施也有所不同，根据煤炭科学研究总院的研究，消耗1吨煤，燃煤发电平均排放烟尘248克，排放二氧化硫1 500克，排放氮氧化物1 600克，先进的燃煤发电技术排放的烟尘、二氧化硫、氮氧化物分别为平均水平的1/14、1/10、1/5。燃煤工业锅炉的污染物排放高于燃煤发电，消耗1吨煤，燃煤发电平均排放烟尘413克，排放二氧化硫2 460克，排放氮氧化物2 480克，技术先进的燃煤发电排放的烟尘、二氧化硫、氮氧化物分别为平均水平的1/5、1/6、1/2。先进煤炭燃烧技术可以达到天然气排放的水平。

3.1.6 西部煤炭利用工程科技的发展趋势

1. 燃煤发电发展趋势

根据国家九大煤电基地的规划，西部是未来我国煤电的重点发展地区。从技术上来说，一是煤电发展趋势是进一步提高参数，提高发电效率；二是要进一步研究节水技术，降低水耗；三是发展一体化的高效低成本污染物控制技术。

2010年国家能源局成立了“国家700℃超超临界燃煤发电技术创新联盟”，旨在有效整合各方资源，研究700℃超超临界燃煤发电技术，提高技术水平，实现技术自主化。

华能集团、中国电力工程顾问集团西北电力设计院有限公司和哈尔滨锅炉厂等单位共同组织600兆瓦700℃超超临界燃煤示范电站的方案研究。该示范项目采用燃煤空冷机组，汽机侧的蒸汽参数为35兆帕/700℃/720℃。已完成锅炉炉膛的初步选型和特性参数选取，同时完成了汽水流程设计、受热面布置及烟气余热设备的设计等工作。在材料方面，已确定了各主要受压元件的设计参数。但是，由于我国现在600℃超超临界机组的核心元件材料全部依赖进口，同时我国在耐高温材料基础方面研究经验积累不足，因此，700℃超超临界发电技术的材料研究与开发是我国面临的主要难题。

在现有超超临界技术基础上，进行新材料开发和热力系统改进，逐步提高机组容量和参数，通过借鉴国外研发经验和成果，自主开展700℃先进超超临界技术的开发。在材料方面，重点开展耐高温材料的基础性能与工艺研究，并进行高温材料和部件的现场试验，为高温核心材料的国产化打下基础。在系统设计方面，应做好机组的优化设计，减少主蒸汽管道长度，合理减少高温材料用量，减少投资。

根据我国的《火电厂大气污染物排放标准》（GB13223—2011）和相关政策对污染物排放标准的规定以及新环境空气质量标准，我国燃煤电站污染物排放要逐步达到超低排放水平（达到或者接近燃气发电污染物排放）。因此，我国应开展超细粉尘、重金属等多种污染物协同控制技术研究，示范和推广烟气脱硝技术与装备，大力推广节水型和可资源化的烟气脱硫技术。积极鼓励低氮燃烧、干法脱硫等低成本、二次污染小的新技术。同时注重研发产生的二次废弃物处理、利用及匹配的监测技术。在改造技术方面，通过对已有技术和设备潜力进行挖掘、辅机改造、系统优化及研发创新性技术降低超低排放改造成本。

2. 现代煤化工发展趋势

1）产品质量不断提高，品种差异化

由于对煤炭资源研究不够深入、运行不稳定，当前煤炭清洁高效转化产品还存在一定的质量问题。随着下游用户对产品质量的进一步清晰以及生产技术水平的提高，未来产品的品种和质量将不断提高，高端产品比例将逐渐增长。

2）技术升级促产业化发展

随着煤炭清洁高效转化示范项目的成功示范，煤炭清洁高效转化技术的不断发展，近年来煤炭清洁高效转化产业稳步推进。煤炭液化、煤制天然气、煤制烯烃等关键技术和设备取得突破，特殊煤质的气化技术、关键阀门和装置取得进展，大规模单套装置示范运行。

3）园区化、基地化、集约化、专业化

大型化、基地化、集约化将是煤炭清洁利用的发展方向，建立煤基清洁能源基地，形成规模化生产，如天然气产能达 300 亿米^3/年、油品产能达 500 万吨/年等，便于集中管道输送，是未来煤炭清洁利用的主要模式。不同行业企业参与积极性很高，造成管理水平、运行质量差异很大。由于技术要求高，煤炭清洁高效转化将由专业技术队伍进行运行和维护。

4）能效环境水平逐渐提高

目前，煤炭清洁高效转化能源转换效率有待进一步提高，耗水量大，污染物处理还存在一些技术问题。随着示范的不断推进以及节能环保技术的进步，煤炭清洁高效转化技术的能效环境水平将有大幅度提高，经济性也将进一步增强。

3.2　典型案例——宁东能源化工基地

宁东能源化工基地是煤基清洁能源基地的典型代表之一，是国家重点开发建设的大型煤炭基地、煤化工产业基地和西电东送火电基地。

3.2.1　宁东能源化工基地概况

宁东能源化工基地位于宁夏回族自治区东部，东起鸳鸯湖、马家滩、萌城矿区的深部边界；西至白芨滩东界，延伸到积家井、韦州矿区西界；南起韦州矿区和萌城矿区南端的宁夏与甘肃交界处；北至宁夏与内蒙古交界处，东西宽 16~41 千米，南北长 127 千米，总面积 3 484 平方千米。2006 年 6 月，宁夏回族自治区政府批准了《宁东能源化工基地规划与建设纲要》；2009 年 3 月，国家发展和改革委员会正式批复了《宁东能源化工基地开发总体规划》。基地由远景规划区和规划区两部分组成。远景规划区面积约 2 855 平方千米。规划区面积 645 平方千米，主要包括鸳鸯湖、灵武、萌城三个矿区，以及石沟驿井田和重化工项目区，其中重化工项目区规划面积 13.57 平方千米。

宁东能源化工基地建设分两期：一期为 2003~2010 年，二期为 2010~2020 年。包括煤炭、电力、煤化工三大产业项目和基础设施建设项目。总体目标：规划到 2020 年，累计完成固定资产投资超过 6 000 亿元，煤炭产能达到 1.46 亿吨，火电装机超过 1 800 万千瓦，新能源装机容量 400 万千瓦，现代煤化工产能 2 000 万吨以上，实现工业增加值 1 500 亿元。届时，宁东能源重化工基地将建设成为以煤炭、电力、煤化工三大产业为支撑，全国重要的煤炭基地、煤化工基地和千万千瓦级火电基地。

宁东基地经过近 11 年的开发建设，截至 2014 年底，累计完成固定资产投资 3 110 亿元，煤炭产能达到 7 720 万吨，火电装机达到 891 万千瓦，新能源装机容量达到 307 万千瓦，煤化工产能达到 1 357 万吨，其中烯烃产能达到 160 万吨，成为全国最大的煤基烯烃生产基地。构建了煤炭—发电—化工转化—碳材料—综合利用循环经济产业链。

近年来宁东能源化工基地不断调整煤炭、电力和煤化工三大主力行业的占比，目前煤化工产业总产值已达 422 亿元，成为经济增长的火车头。新型工业化占比达 37%，新材料、新能源、高端装备等新兴产业快速发展，形成新的增长极。2017 年工业总产值达到 1 004 亿元，成为宁夏首个总产值过千亿元的园区。

1. 宁东煤田开发规划与建设

目前，灵武矿区羊场湾煤矿、枣泉煤矿、灵新煤矿全部建成，鸳鸯湖矿区清水营煤矿一期、梅花井煤矿一期、石槽村煤矿、红柳煤矿，以及任家庄煤矿、红石湾煤矿、马莲台煤矿等建成投产。“十二五”期间，以建设安全高效现代化矿井为目标，按照适度超前的原则，全面建成鸳鸯湖矿区，加快马家滩矿区、积家井矿区、韦州矿区、红墩子矿区和甜水河井田开发建设，积极推进萌城矿区等后备区勘查，满足“十三五”期间煤炭转化项目对资源的需求。根据规划，到 2020 年，煤炭产能达到 12 560 万吨，宁东能源化工基地部门已建成煤矿见表 3.3.1。

表 3.3.1 宁东能源化工基地部门已建成煤矿

煤矿名称	产能/万吨	所属企业
羊场湾煤矿	1 500	宁煤集团
清水营煤矿	500	
梅花井煤矿	400	
红柳煤矿	800	
枣泉煤矿	1 000	
灵新煤矿	320	
任家庄煤矿	240	
红石湾煤矿	60	
石槽村煤矿	600	
金凤煤矿	400	
石沟驿煤矿	130	

续表

煤矿名称	产能/万吨	所属企业
马莲台煤矿	240	宝丰能源集团
四股泉煤矿	180	
京盛煤矿	30	宁夏京盛煤业
小泉煤矿	30	通达煤业
韦二煤矿	270	庆华集团

2. 电力工业发展分析

1）电源项目建设与规划

“十一五”以来，先后建成了灵武电厂一期 2×600 兆瓦及二期 2×1 000 兆瓦、鸳鸯湖电厂一期 2×660 兆瓦、水洞沟电厂一期 2×660 兆瓦等高参数、大容量火电机组。“十二五”期间，为配合外送电工程，重点建设以扩建为主的大型坑口电站，新建常规燃煤发电单机容量全部为 60 万~100 万千瓦级空冷机组。同步采用烟气脱硫、空冷和废水循环利用等技术，应用烟气脱氮技术。同时，根据循环经济和区域内新增热负荷需求，建设一定容量矸石电厂和热电联产项目。

宁东能源化工基地现已储备一大批电源项目，达到可研报告深度的装机容量超过 1 500 万千瓦，低热值煤发电项目达到 240 万千瓦。其中，鸳鸯湖电厂二期 2×1 000 兆瓦、方家庄电厂 2×1 000 兆瓦、枣泉电厂 2×600 兆瓦、灵武电厂三期 2×1 000 兆瓦、马莲台电厂二期 2×600 兆瓦、水洞沟电厂二期 2×600 兆瓦、灵州电厂二期 2×600 兆瓦及韦州 2×300 兆瓦与横城 2×300 兆瓦低热值煤电厂，已上报国家能源局申请开展前期工作，可根据区内电力负荷和外送电需求，上报国家核准并开工建设。

2）电网建设与规划

宁东能源化工基地作为国家特高压电网重要输送端之一，电力不仅在北电网内部消化，还将通过国家特高压电网外送，弥补华中、华东电力缺口。“十一五”期间，建成了宁东—青岛±660 千伏直流输电工程。为加强外送电通道和跨区联网工程建设，充分发挥电网的电力输送和网络市场功能，2009 年 1 月，国家电网公司提出了建设宁夏宁东—浙江绍兴±800 千伏特高压直流工程，2011 年 7 月国家能源局批复同意开展项目前期工作，2014 年 11 月开工建设。

3）电力转化能力分析

“十二五”及“十三五”是宁夏加速推进工业化、城镇化的重要机遇期，也是全面建设小康社会的攻坚期，宁东基地作为全区经济发展的重要增长极和推进全区新型工业化的主战场，基地内规划的煤炭、电力、煤化工等项目全面加快建设，电力市场无论是内需还是外送，都将是宁夏电力史上需求最旺盛的时期。规划到2020年火电装机容量达到3 860万千瓦，外送电规模达到1 880万千瓦，年转化煤炭达到9 500万吨。宁东能源化工基地部分已建成电厂见表3.3.2。

表3.3.2 宁东能源化工基地部分已建成电厂

电厂名称	电厂规模/兆瓦	所属企业
鸳鸯湖电厂一期	2×660	国网能源宁夏煤电有限公司
宁东矸石电厂	2×330	国家能源集团
灵武电厂一期	2×600	华电宁夏灵武发电有限公司
灵武电厂二期	2×1 000	华电宁夏灵武发电有限公司
水洞沟电厂一期	2×660	京能集团宁夏发电厂
临河电厂	2×350	中电投宁夏能源铝业临河发电有限公司
马莲台电厂一期	2×330	宁夏发电集团有限责任公司
宁东热电厂	2×330	国电中国石化宁夏能源化工有限公司
灵州电厂	2×135	宁夏宁鲁煤电有限责任公司

3. 煤化工产业发展分析

1）煤化工上游产业

按照规模化、大型化、一体化、基地化发展要求，利用煤气化、煤液化等技术，着力推进煤炭的高效清洁利用，形成产业集群。加快推进甲醇/煤制烯烃等项目的实施，建设全国重要的煤制烯烃生产基地。充分利用宁东基地煤–电–油–化一体化发展的协同优势，积极推进400万吨/年煤炭间接液化大型示范项目，提升国家能源科技国际领先地位，建设国家能源战略示范基地。依托宁东基地良好的基础条件，开工建设20亿米^3/年、40亿米^3/年煤制天然气项目，进一步拓展煤基能源发展空间。

2）煤化工中下游产业

加大产品研发和技术引进力度，以产业升级为主线，以产业链延伸为重点，带动下游产品集群发展，主导产业、下游产业和配套产业相互促进、协调发展。烯烃下游重点发展丙烯酸，延伸发展丙烯酸下游高吸水树脂及合成树脂、丙烯酸酯橡胶等产品。同时发展环氧丙烷等丙烯下游产品和PPR（polypropylene random，无规共聚聚丙烯）管材聚丙烯下游产品。甲醇下游重点发展醋酸，延伸发展醋酸下游醋酸乙烯等产品。同时发展甲醛、季戊四醇等其他下游产品。焦化下游主要对焦油和粗苯进行深加工，发展环己酮，延伸发展环己酮下游己内酰胺、差别化锦纶丝等产品。同时，发展聚苯硫醚、聚砜、改质沥青等焦化下游其他产品。

3）煤化工转化能力分析

随着我国社会和经济的持续稳定快速发展，成品油、天然气及石油化工产品仍将保持较高的刚性需求，宁东基地60万吨/年煤制甲醇、50万吨/年煤制烯烃、6万吨/年聚甲醛等已建成投产，发展煤制油、煤制气等石油替代产业和下游精细化工产品深加工项目的产业基础已经具备。规划到2020年，煤化工产成品能力超过2 000万吨以上。其中，焦炭达到900万吨，煤制天然气达到60亿米^3，煤制油达到400万吨，烯烃达到360万吨，宁东基地煤化工项目建设与规划规模见表3.3.3。

表3.3.3 宁东基地煤化工项目建设与规划规模

项目名称	规模/万吨	所属企业
煤基甲醇（已建成）	85	宁煤集团
煤制聚丙烯（已建成）	52	
聚甲醛（已建成）	6	
煤制聚丙烯（已建成）	50	
间接液化（在建）	400	
煤基甲醇（在建）	100	
醋酸（已建成）	30	中国石化长城能源化工有限公司
醋酸乙烯（已建成）	45	
聚乙烯醇（已建成）	10	
1，4-丁二醇（已建成）	20	
聚四氢呋喃（已建成）	10	
合成氨（已建成）	40	宁夏捷美丰友化工有限公司
尿素（已建成）	70	
甲醇（已建成）	30	
焦化（已建成）	500	宁夏宝丰能源集团
焦炉煤气制甲醇（已建成）	30	
苯加氢（已建成）	10	
焦油深加工（已建成）	30	
煤制烯烃（已建成）	60	
焦化（已建成）	110	庆华集团
焦炉煤气制甲醇（已建成）	15	
焦化（在建）	110	
焦炉煤气制甲醇（在建）	15	
甲醇制芳烃（在建）	20	
合成氨（在建）	8	

3.2.2 宁东能源化工基地发展效果

1. 形成煤化工集成创新技术，提升规模化应用水平

我国先进煤化工产业化快速发展，一大批具有自主产权的煤化工关键技术取得突破，但大部分先进煤化工转化技术还处于工业示范阶段，煤化工项目在经济效益、能源效率、资源消耗、三废处理、二氧化碳排放等方面仍有提升空间。宁东能源化工基地依托已经成功投入运行的煤制烯烃和煤制二甲醚示范项目，在煤炭先进气化技术、煤制二甲醚技术、煤制烯烃技术和烯烃聚合等方面进行了单元技术和集成技术的优化和创新研究，逐步解决了现代煤化工技术产业化应用中存在的重大工程科技问题，优化资源配置，不断提高技术装备本地化水平，降低工程造价，增强了竞争能力。

2. 形成煤—电—化产业集群，清洁能源化工基地规模初现

截至 2014 年底，宁东能源化工基地火电装机达到 891 万千瓦，新能源装机容量达到 307 万千瓦，煤化工产能达到 1 357 万吨，其中烯烃产能达到 160 万吨，成为全国最大的煤基烯烃生产基地，构建了煤炭—发电—化工转化—碳材料—综合利用循环经济产业链。

通过±660 千伏电压等级直流输电工程，宁东直流外送电（向山东供电）突破 1 000 亿千瓦时，为受电地区减少排放二氧化碳 7 870 万吨、二氧化硫 22 万吨、氮氧化合物 19.3 万吨，经济和环保效益明显。

3.2.3 宁东能源化工基地发展特点

1. 依托煤炭资源发展煤制清洁能源产品

宁东煤田探明地质储量 303.5 亿吨，是全国 13 个大型煤炭基地之一。总体上以特低灰、特低硫、低-特低磷、较高发热量的低变质不黏结煤为主，有少量的长焰煤，是良好的动力和气化、液化等煤化工用煤。依托丰富且优质的煤炭资源，重点发展清洁高效发电和煤炭清洁转化，利用管道、高等级电网、铁路等输送清洁油品、燃气、电力等煤基清洁能源产品到消费地区，减轻城市群由于人口密度大、环境容量小造成的环境压力。到 2020 年，每年可实现清洁电力外送 800 亿千瓦时，生产煤化工产品 2 000 万吨以上（其中煤制清洁油品 400 万吨）。

2. 发展“煤—电—化”循环经济产业

以“煤—电—化”为核心，按照“资源—产品—再生资源”经济发展模式，将宁东能源化工基地建设成生态循环健康协调、资源高效利用、符合国家循环经济发展规范的循环经济示范区。同时把优势产业和配套产业纳入循环经济系统，形成五大循环经济产业链，即煤炭—电力—建材产业链；煤炭—煤化工（甲醇、二甲醚、汽柴油等）—建材产业链；煤炭—焦化—化工—建材产业链；煤—煤气—冶镁—材料产业链；精细化工产业链。同时，开展“三废”处理和综合利用以及生态环境综合治理，基本实现废弃物再利用和无害化处理，矿井回采率达到85%以上，工业固体废物综合利用率达到 95%以上，矿井水综合利用率达到 100%，工业废水利用率达到95%以上，实现可持续发展。

第 4 章　西部煤炭资源清洁高效开发利用情景分析

4.1　开发利用约束条件

4.1.1　煤炭资源约束

我国西部资源总量达 3.89 万亿吨，占全国 5.82 万亿吨总量的 66.8%，其中，保有资源量 10 449.17 亿吨，占全国保有总量 19 455.36 亿吨的 54%；1 000 米以浅预测量达 10 433.19 亿吨，占全国 1 000 米以浅预测总量 14 380.80 亿吨的 72.5%；1 000~2 000 米预测量达 18 044.89 亿吨，占全国 1 000~2 000 米预测总量 24 424.04 亿吨的 73.9%①。综合考虑煤田地质条件、水资源、生态环境等因素，中国煤炭地质总局通过评价得出绿色煤炭资源保有量 8 979.32 亿吨，占西部五省区保有总量的 86%，绿色基础储量 453.05 亿吨，占西部五省区基础储量的 71%；绿色储量 239.18 亿吨，也占西部五省区储量的 71%；远景绿色储量 7 494.2 亿吨。而且，绿色煤炭资源集中分布在新疆和内蒙古西部地区。

4.1.2　水资源约束

2012 年 1 月 12 日，国务院以国发〔2012〕3 号文件发布了《国务院关于实行最严格水资源管理制度的意见》，确立了最严格水资源管理的三条控制红线，主要指标如下：确立水资源开发利用控制红线，到 2030 年全国用水总量控制在 7 000 亿立方米以内；确立用水效率控制红线，到 2030 年用水效率达到或接近世界先进水平，万元工业增加值用水量（以 2000 年不变价计，下同）降低到 40 立方米以下，农田灌溉水有效利用系数提高到 0.6 以上；确立水功能区限制纳污红线，到 2030 年主要污染物入河湖总量控制在水功能区纳污能力范围之内，水功能区水质

① 由于四舍五入，部分数据存在误差。

达标率提高到95%以上。

为实现上述目标，到2020年，全国用水总量力争控制在6 700亿立方米以内；万元工业增加值用水量降低到65立方米以下，农田灌溉水有效利用系数提高到0.55以上；重要江河湖泊水功能区水质达标率提高到80%以上，城镇供水水源地水质全面达标。煤炭用水总量控制红线见表3.4.1。

表3.4.1　煤炭用水总量控制红线　　单位：亿立方米

项目	2010年	2015年	2020年	2030年	2050年
全国用水总量控制红线	6 022	6 350	6 700	7 000	6 500
全国煤炭用水总量控制红线	52.11	49.28	47.73	45.93	40.81
其中：煤炭开采用水	25.89	23.75	22.88	21.89	18.63
煤电用水	23.16	22.42	21.67	20.81	19.04
煤化工用水	3.06	3.11	3.18	3.23	3.14

根据水科院的研究，西部五省区水资源用水总量指标共约1 100亿立方米，目前西部主要大型煤炭基地可用水指标剩余量不足10亿立方米，宁夏已经超过用水指标，考虑到其他工业的发展，几乎无可用水资源。可以通过水权置换、矿井水回用等途径增加用水指标。当前，我国西部地区煤矿生产吨煤供水量数据和西部五省区煤炭生产消费量，开发耗水量约为14亿吨，煤炭利用耗水约8亿吨，通过水源置换、矿井水回用、建设地下水库等途径，可以增加约8亿吨水。西部煤炭产业可用水资源指标约为30亿立方米。

4.1.3　环境条件约束

我国实施污染物排放总量控制制度，主要包括水污染和大气污染物。根据《2016中国环境状况公报》，西部地区的河流水质为优，62个国考断面中，Ⅰ类占4.8%，Ⅱ类占75.8%，Ⅲ类占12.9%，Ⅳ类占4.8%，Ⅴ类占1.6%，无劣Ⅴ类。与2015年相比，Ⅰ类下降1.7个百分点，Ⅱ类上升1.6个百分点，Ⅲ类上升1.6个百分点，Ⅴ类下降1.6个百分点，Ⅳ类和劣Ⅴ类均持平。

大气环境容量主要取决于环境对污染物的自净能力与自净空间。根据环境保护部环境规划院的研究，西部大气污染物二氧化硫、氮氧化物、一次PM2.5、氨气的环境容量分别为354.76万吨、300.14万吨、113.26万吨、113.8万吨。根据中国环境科学研究院统计结果，西部五省区污染物超载率在1%~50%。《关于落实大气污染防治行动计划严格环境影响评价准入的通知》（环办〔2014〕30号）提出，排放二氧化硫、氮氧化物、烟粉尘和挥发性有机污染物的项目，必须落实相关污染物总量减排方案，上一年度环境空气质量相关污染物年平均浓度不达标的城市，应进行倍量削减替代。因此，西部五省区的新建项目（产生二氧化硫、氮氧化物、烟粉尘和挥发性有机污染物）必须进行倍量消减，应采用最严格的污染物排放措施减少污染物的产生。

4.1.4 外输通道约束

1. 输煤通道

煤炭生产面临煤炭产品外运的问题，长期以来，铁路以其运力大、速度快、成本低、能耗小等优势，一直是煤炭的主要运输方式。同时，结合我国海运特点，将铁路与海运结合，形成了目前的“西煤下海，路港结合，联合转运”的煤炭长距离输送方式。我国铁路煤炭运量一直占全国煤炭运输总量的60%以上，煤炭运输量占铁路货运总量的40%以上。

2017 年，全国铁路煤炭发运量完成 21.31 亿吨，同比增长 12.9%。受需求拉动、公路治超、环境治理（北方港口限制汽车运煤）等因素影响，煤炭铁路运输比重大幅增加。

煤炭铁路运输网。我国的主要煤炭铁路通道是指“三西”煤炭外运通道、出关运煤通道和向华东地区调运煤炭的铁路运输通道。

“三西”煤炭外运通道。“三西”主要包括山西、陕西和内蒙古西部，煤炭外运铁路分为北路、中路和南路三个主要通道。“三西”能源基地煤炭外运通道的建设一直是铁路建设的重点。经过多年的发展，“三西”煤炭外运能力（含宁夏），已从 1995 年的约 2 亿吨增加到近几年的 12 亿吨左右。

北通路：主要运输晋北、陕北和神东煤炭生产基地至京津冀、东北、华东地区，以及秦皇岛、京唐、天津、黄骅等港口的煤炭。其中，大秦、丰沙大、京原、集通、朔黄等煤炭铁路干线，是“三西”煤炭外运的主要通路。

中通路：主要包括石太和邯长线，以焦煤和无烟煤外运为主，主要运输晋东、晋中煤炭生产基地至华东、华南地区，以及青岛港的煤炭。

南通路：主要包括太焦、侯月、陇海、西康和宁西线，以焦煤、肥煤和无烟煤外运为主，主要运输陕北、晋中、神东、黄陇和宁东煤炭生产基地至中南、华东地区，以及日照、连云港等港口的煤炭。

2. 输电通道

西部煤电项目主要集中在鄂尔多斯盆地和新疆地区，主要外送压力集中。根据国家能源规划司《国家重点能源基地开发战略》成果和《电力发展“十三五”

规划（2016-2020 年）》，重点实施大气污染防治行动 12 条输电通道及酒泉至湖南、准东至安徽、金中至广西输电通道。建成东北（扎鲁特）送电华北（山东）特高压直流输电通道，解决东北电力冗余问题。适时推进陕北（神府、延安）电力外送通道建设。结合受端市场情况，积极推进新疆、呼盟、内蒙古西部（包头、阿拉善、乌兰察布）、陇（东）彬（长）、青海等地区电力外送通道论证。“十三五”期间，新增“西电东送”输电能力 1.3 亿千瓦，2020 年达到 2.7 亿千瓦。

鄂尔多斯盆地：形成内蒙古西部—北京—天津—潍坊、内蒙古西部—晋北—石家庄—济南—潍坊—烟台通道（输电规模 4 160 万千瓦）；陕北—晋东—豫北、陕北—内蒙古西部煤电外送 1 480 万千瓦；甘肃陇东—河北输电线路；宁东—青岛 400 万千瓦；宁东—绍兴 720 万千瓦；靖边—渭南东—陕南—万县。规划外送煤电 8 590 万千瓦，最大可外送煤电 13 190 万千瓦。

新疆：形成以乌昌吐鲁番电网为中心，北电南送和西电东送的电力流格局。哈密、准东为电力外送中心。根据《国家重点能源基地开发战略》，新疆将形成 12 020 万千瓦外送规模。

3. 输油气通道

我国煤制油产品较传统石油产品具有一定特殊性质，煤炭直接液化油品具有大比重、高热值、高氧化安定性、低硫、低凝点等优势和特点，可以作为军事航天的特种燃料；煤炭间接液化产品具有低硫、低芳烃、高十六烷值等特点，作为优质清洁燃料，可有效减少 PM2.5 的污染。规划的煤制油主要在内蒙古和宁东，直接液化产品主要作为特种航空燃料和军用燃料，间接液化产品作为清洁油品与成品油掺混，提高油品品质，属于稀缺的高端产品，可以通过油罐车输运，不宜与传统石油生产的成品油掺混管输。

我国煤制天然气规划产能主要集中在西部的新疆和内蒙古地区。准东煤制气通过“新粤浙管道”外输（300 亿立方米），伊犁煤制气通过西气东输管线（西一线、西二线和西三线，输气能力均为 300 亿立方米），内蒙古西部煤制气通过中海油管线外输（120 亿立方米），供应华北。因此，在以上天然气管线条件下，基本能够满足煤制天然气外输的需求。

4.2 煤炭利用发展规划

4.2.1 燃煤发电

围绕国家锡林郭勒盟、鄂尔多斯、晋北、晋中、晋东、陕北、哈密、准东、宁东9个千万千瓦级大型煤电基地建设，其中西部地区有锡林郭勒盟、鄂尔多斯、陕北、哈密、准东、宁东6大基地。目前，西部地区煤电形成1.86亿千瓦规模，发电量8 556亿千瓦时；根据煤电基地相关规划，未来西部煤电规模将达到约5.4亿千瓦，是现在的近3倍，具体见表3.4.2。

表 3.4.2 西部煤电基地规划 单位：万千瓦

地区	煤电规模
陕北	4 200
鄂尔多斯	38 580
锡林郭勒盟	3 100
准东	1 320
哈密	1 000
陇东	1 500
伊犁	500
宁东	3 860
合计	54 060

4.2.2 现代煤化工

根据国家能源局课题“煤炭高效清洁利用方式综合评价研究”，我国已经投产或者开展前期工作的煤制油产能达到1 627万吨，其中西部1 226万吨；已经投产或者开展前期工作的煤制天然气产能达到893亿立方米，其中西部791亿立方米；已经投产或者开展前期工作的煤制烯烃产能达到1 609万吨，其中西部1419万吨；已经投产或者开展前期工作的煤制乙二醇产能达到860万吨，其中西部515万吨。具体见表3.4.3~表3.4.6。

表 3.4.3 截至 2016 年底煤炭液化项目统计

建设地	建设公司	投产产能/万吨	产能/万吨	进度
内蒙古鄂尔多斯	神华集团	108	392	先期108万吨投产
内蒙古鄂尔多斯	神华集团	18	18	投产
内蒙古鄂尔多斯	伊泰集团	16	16	投产
山西长治	山西潞安	21	21	投产
陕西榆林	兖矿集团	100	100	投产
宁夏宁东	宁煤集团		400	投产
山西长治	山西潞安		180	路条，前期工作

续表

建设地	建设公司	投产产能/万吨	产能/万吨	进度
新疆伊犁	伊泰集团		100	路条，前期工作
内蒙古鄂尔多斯	伊泰集团		200	路条，前期工作
贵州毕节	渝富集团		200	路条，前期工作
合计		263	1 627	

表 3.4.4 截至 2016 年底煤制天然气项目统计

建设地	建设公司	投产产能/万吨	产能/万吨	进度
内蒙古克什克腾旗	大唐集团、北京燃气集团、新天域资本	13.3	40	核准，一期投产
辽宁阜新	大唐集团		40	核准，在建
新疆伊犁	庆华集团	13.8	55	
内蒙古鄂尔多斯	内蒙古汇能集团	4	16	核准，一期投产
新疆伊犁	新天煤化工		40	路条，在建
新疆伊犁	中电投		60	路条，前期工作
新疆伊犁	苏新能源		40	路条，前期工作
新疆准东	华能集团		40	路条，前期工作
新疆准东	新疆龙宇		40	路条，前期工作
新疆准东	中石化		80	路条，前期工作
新疆准东	浙能集团		60	路条，前期工作
新疆准东	新疆广汇		40	路条，前期工作
新疆准东	新疆生产建设兵团		40	路条，前期工作
内蒙古鄂尔多斯	中海油		40	路条，前期工作
内蒙古鄂尔多斯	北京控股		40	路条，前期工作
内蒙古鄂尔多斯	河北建设		40	路条，前期工作
内蒙古鄂尔多斯	新蒙能源		40	路条，前期工作
内蒙古鄂尔多斯	华星能源		40	路条，前期工作
内蒙古兴安盟	国电集团		40	路条，前期工作
山西大同	中海油、同煤集团		40	路条，前期工作
安徽淮南	安徽省能源集团、国投新集		22	路条，前期工作
合计		31.1	893	

表 3.4.5 截至 2016 年底煤制烯烃项目统计

建设地	建设公司	投产产能/万吨	产能/万吨	进度
内蒙古包头市	神华集团	60	60	投产
宁夏宁东	宁煤集团	50	50	投产
内蒙古多伦县	大唐国际	50	50	投产
渭南市蒲城	陕煤化蒲城	68	68	投产
陕西榆林	中煤榆林	60	60	投产
陕西榆林	陕西延长中煤榆林能源化工有限公司	70	70	投产
宁东	宝丰能源	60	60	投产
青海格尔木	青海盐湖		33	路条，在建
内蒙古鄂尔多斯	中天合创		130	路条，在建
安徽淮南	中安联合		65	路条，在建
陕西榆林	神华集团		130	路条，在建
新疆乌鲁木齐	神华新疆	65	65	路条，前期工作
甘肃平凉	平凉华泓汇金煤化有限公司		70	路条，前期工作
黑龙江双鸭山	黑龙江龙泰煤化工公司		60	路条，前期工作
陕西榆林	中煤能源		60	路条，前期工作
河南	中石化-河南煤化		65	路条，前期工作
贵州毕节	中石化		60	路条，前期工作
内蒙古鄂尔多斯	中电投		80	路条，前期工作
内蒙古呼伦贝尔	神华集团		68	路条，前期工作
青海格尔木	青海矿业		60	路条，前期工作
内蒙古包头	神华集团		65	规划
陕西蒲城	陕煤化蒲城		120	规划
陕西榆林	延长石油		60	规划
合计		483	1 609	

表 3.4.6 截至 2016 年底煤制乙二醇项目统计

建设地	建设公司	投产产能/万吨	产能/万吨	进度
内蒙古通辽	通辽金煤	20	20	投产
河南濮阳	河南煤化工集团通辽金煤	20	20	投产

续表

建设地	建设公司	投产产能/万吨	产能/万吨	进度
河南安阳	河南煤化工集团通辽金煤	20	20	投产
河南永城	河南煤化工集团通辽金煤	20	20	投产
河南新乡	河南煤化工集团通辽金煤	20	20	投产
河南洛阳	河南煤化工集团通辽金煤	20	20	投产
湖北枝江	中石化	20	20	投产
内蒙古鄂尔多斯	新杭能源	30	30	投产
河南鹤壁	鹤壁市宝马集团	25	25	投产
新疆	新疆天智辰业		15	在建
贵州黔西	黔西化工投资公司		30	在建
山西长治	山西襄矿泓通煤化工有限公司		30	在建
山西寿阳	阳煤集团		20	在建
山西平定	阳煤集团		20	在建
贵州兴仁	贵州京宇能源投资有限公司		60	在建
内蒙古锡林郭勒	内蒙古苏尼特碱业公司		20	规划
安徽淮南	中安联合煤业化工有限公司		60	规划
安徽合肥	中盐安徽红四方股份有限公司		30	规划
黑龙江双鸭山	国电盛世公司		40	规划
内蒙古鄂尔多斯	内蒙古开滦化工公司		40	规划
内蒙古鄂尔多斯	久泰能源化工公司		50	规划
内蒙古鄂尔多斯	北京昊华		60	规划
内蒙古呼伦贝尔	呼伦贝尔慧力能源		20	规划
内蒙古锡林郭勒	阳煤集团		20	规划
内蒙古通辽	内蒙古康乃尔化学工业有限公司		30	规划
新疆阿拉尔	兵团天盈石油化工		30	规划
新疆塔城	新疆新瑞祥和矿业		30	规划
陕西咸阳	陕煤化彬长		30	规划
贵州省毕节市	贵州海通能化		30	规划
合计		195	860	

4.3 情景分析数据基础

本节从技术角度分两个情景预测西部煤炭资源开发利用规模，情景一是普通技术水平下可以开发利用的煤炭规模，情景二是先进技术水平下可以开发利用的煤炭规模。情景分析需要设置煤炭就地转化利用规划和取值依据。

1. 在满足中东部煤炭需求基础上，煤炭就地转化利用量水而行

2011 年，新疆正式出台实施《新疆维吾尔自治区煤炭资源有偿配置与勘查开发转化管理规定（暂行）》，以防煤炭企业“圈而不探”“探而不采”等行为。根据新规定，新疆煤炭资源勘查开发将采用“以项目配资源”原则并注重项目实际投入与转化，即申请用于煤电、煤化工等的煤炭开发项目的就地转化率须达到 60% 以上。

2011 年 3 月，内蒙古自治区下发《内蒙古自治区煤炭企业兼并重组工作方案》，该方案严格煤炭生产行业准入。其中，要求新上煤炭生产项目必须同步建设转化项目，以及高新技术、装备制造等配套项目；煤炭转化项目原煤就地转化率必须达到 50%以上。

但是“50%煤炭必须就地转化率”引发“厂址选择不合理”问题，地方政府为了追求地区生产总值，要求煤炭资源的 50%就地转化，“逢煤必化”要求企业一拿到煤炭资源就立即开工建设项目，但在厂址配置、水权置换、排污指标置换等方面往往跟不上，在相当程度上造成一些不适于煤化工的煤种用于煤化工，在一些不适宜建煤化工项目的地方（如水资源缺乏地区，水源、自然保护区附近）建设煤化工项目，一些地方煤化工项目扎堆建设，环境容量不足，出现了“选址不当”等问题。因此，综合考虑以上因素，西部地区生产的煤炭就地转化率要求达到 50%以上，但可以根据中部、东部地区煤炭需求提高外运规模，根据《“一带一路”倡议下西部煤炭产业布局与竞争力提升战略研究》，西部煤炭外运量不低于 12 亿吨。

2. 相关数据取值和依据

（1）开发基准：根据煤炭绿色资源产量 30 万吨/年计算产量，西部地区开发 30 亿吨煤，其中就地利用 15 亿吨，外运 15 亿吨。

（2）煤炭开发水耗：根据清洁生产标准，普通技术煤炭开采和洗选耗水 0.45 吨/吨煤，先进技术煤炭开采和洗选耗水 0.2 吨/吨煤。

（3）煤炭利用水耗：根据《取水定额 第 1 部分：火力发电》（GB/T 18916.1—2012）和现代煤化工项目示范的先进科技水平和普通科技水平确定，具体见表 3.4.7。

表 3.4.7　煤炭开发利用普通和先进科技水平的水耗

项目	普通水平	先进水平
煤炭开发/（吨水/吨煤）	0.45	0.2
燃煤发电/（吨水/千瓦时）	0.76	0.5
煤制天然气/（吨水/千米^3）	8.27	5.8
煤制油/（吨水/吨油）	7.50	6.5
煤制烯烃/（吨水/吨烯烃）	49.34	30.0
煤制乙二醇/（吨水/吨乙二醇）	15.00	10.0

4.4　情景一：普通科技水平下可开发利用煤炭预测

在 30 亿吨水资源约束下，对开发利用 30 亿吨/年的情况进行预测。根据就地转化利用率 50%，需利用 15 亿吨，外运 15 亿吨，由于截至 2016 年西部五省区的外运规模约 12 亿吨，根据铁路相关规划未来能够满足增加的 3 亿吨外运规模。

1. 煤炭开发利用规划规模耗水量

考虑 30 亿吨的绿色产能约束，将煤炭利用规模减半。按照燃煤发电 2.7 亿千瓦、煤制油 613 万吨、煤制天然气 396 亿立方米、煤制烯烃 710 万吨、煤制乙二醇 258 万吨的规模计算；水耗参考表 3.4.7 中的普通科技水平（以现有平均技术水平和示范技术水平为参考），煤炭开发耗水 13.5 亿吨，燃煤发电耗水 8.2 亿吨，煤制天然气耗水 3.3 亿吨，煤制油耗水 4.6 亿吨，煤制烯烃耗水 35.0 亿吨，煤制乙二醇耗水 3.9 亿吨，总耗水约 68.5 亿吨，具体见表 3.4.8。其中，煤制烯烃产业耗水量最大，占西部煤炭开发利用耗水量的 50%以上。

表 3.4.8　煤炭利用规划规模减半的耗水量（普通科技水平）

项目	规模	单位耗水量	耗水总量/亿吨
煤炭开发	30.0 亿吨/年	0.45 吨水/吨产品	13.5
燃煤发电	2.7 亿千瓦	0.76 吨水/千瓦时	8.2
煤制天然气	396.0 亿米^3/年	8.27 吨水/千立方米	3.3
煤制油	613.0 万吨/年	7.50 吨水/吨产品	4.6
煤制烯烃	710.0 万吨/年	49.34 吨水/吨产品	35.0
煤制乙二醇	258.0 万吨/年	15.00 吨水/吨产品	3.9
合计			68.5

2. 发展不同煤炭利用方向的耗水量

按照煤炭开发 30 亿吨（耗水 13.5 亿吨），利用 15 亿吨，可用于发电、煤制油、煤制天然气等，如果全部用于发电，需要耗水 26.3 亿吨，煤炭可开发量为 22.6 亿吨；如果全部用于煤制天然气，需要耗水 38.5 亿吨，可开发量 17.3 亿吨；如果全部用于煤制油，需要耗水 23.0 亿吨，可开发量 24.7 亿吨；如果全部用于煤制烯烃，需要耗水 101.7 亿吨，可开发量 7.8 亿吨；如果全部用于煤制乙二醇，需要耗水 66.6 亿吨，可开发量 11.2 亿吨，具体见表 3.4.9。因此，在 30 亿吨水资源的约束下，在普通科技水平下，煤炭开发利用 30 亿吨规模具有一定难度。特别是耗水较高的煤制烯烃、煤制乙二醇项目，应限制发展。

表 3.4.9 煤炭不同利用方向消耗 15 亿吨煤炭的耗水量（普通科技水平）

项目	规模	单位耗水量	耗水量/亿吨
燃煤发电	8.7 亿千瓦	0.76 吨水/千瓦时	26.3
煤制天然气	4 652.9 亿米^3/年	8.27 吨水/千立方米	38.5
煤制油	3 065.0 万吨/年	7.50 吨水/吨产品	23.0
煤制烯烃	2 060.5 万吨/年	49.34 吨水/吨产品	101.7
煤制乙二醇	4 439.7 万吨/年	15.00 吨水/吨产品	66.6

3. 煤炭利用对西部环境容量的影响

大气污染物排放主要由电厂或者煤炭燃烧产生，做好防护措施的煤化工生产过程几乎不产生二氧化硫、氮氧化物和烟尘。按照当前燃煤电厂大气污染物排放标准，2.7 亿千瓦电厂每年约产生 8 万吨烟尘、28 万吨二氧化硫、28 万吨氮氧化物，分别占西部烟尘的 7.1%、二氧化硫的 7.9%、氮氧化物环境容量的 9.3%，对西部现有环境影响较大，具体见表 3.4.10。

表 3.4.10 煤炭利用对西部环境容量的影响（一）

项目	烟尘	二氧化硫	氮氧化物
一般地区排放限值/（毫克/米^3）	30	100	100
一般地区排放总量/万吨	8	28	28
西部环境容量/万吨	113.26	354.76	300.14

4. 小结

根据以上分析，煤制烯烃的耗水量最高，影响西部煤炭开发利用规模，燃煤发电对环境容量影响较大，建议不再开发煤制烯烃项目，燃煤发电规模减半。因此，在普通科技水平下，煤炭开发规模限制在17.5亿吨/年，具体见图3.4.1。

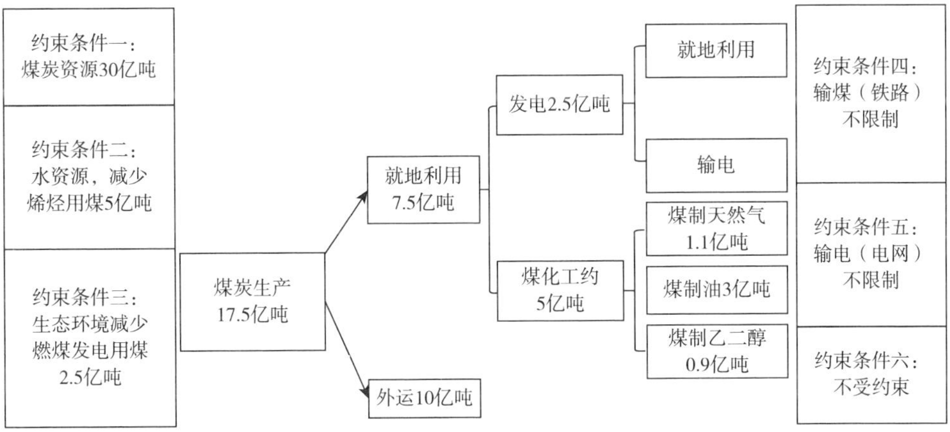

图3.4.1　普通科技水平下的煤炭开发利用规模

4.5　情景二：先进工程科技水平下可开发利用煤炭预测

在30亿吨水资源约束下，对开发利用30亿吨/年的情况进行预测。

1. 煤炭开发利用规划规模耗水量

该情景同样将煤炭利用规模减半考虑。按照燃煤发电2.7亿千瓦，煤制油613万吨，煤制天然气396亿立方米，煤制烯烃710万吨，煤制乙二醇258万吨的规模计算；水耗参考表3.4.7中的先进科技水平（参考煤炭清洁高效开发利用相关标准），煤炭开发耗水6.00亿吨，燃煤发电耗水5.41亿吨，煤制天然气耗水2.29亿吨，煤制油耗水3.07亿吨，煤制烯烃耗水21.30亿吨，煤制乙二醇耗水2.58亿吨，总耗水约40.65亿吨，具体见表3.4.11。其中，煤制烯烃产业耗水量最大，占西部煤炭开发利用耗水量的50%以上。

表3.4.11　煤炭利用规划规模减半的耗水量（先进科技水平）

项目	规模	单位耗水量	耗水总量/亿吨
煤炭开发	30亿吨/年	0.2吨水/吨产品	6.00
燃煤发电	2.71亿千瓦	0.5吨水/千瓦时	5.41
煤制天然气	396亿米^3/年	5.8吨水/千立方米	2.29

续表

项目	规模	单位耗水量	耗水总量/亿吨
煤制油	613 万吨/年	5 吨水/吨产品	3.07
煤制烯烃	710 万吨/年	30 吨水/吨产品	21.30
煤制乙二醇	258 万吨/年	10 吨水/吨产品	2.58
合计			40.65

2. 发展不同煤炭利用方向的耗水量

按照煤炭开发 30 亿吨（耗水 13.5 亿吨），利用 15 亿吨，可用于发电、煤制油、煤制天然气等，如果全部用于发电，需要耗水 17.3 亿吨，煤炭可开发量为 38.6 亿吨；如果全部用于煤制天然气，需要耗水 27.0 亿吨，可开发量 27.3 亿吨；如果全部用于煤制油，需要耗水 18.4 亿吨，可开发量 34.7 亿吨；如果全部用于煤制烯烃，需要耗水 61.8 亿吨，可开发量 13.3 亿吨；如果全部用于煤制乙二醇，需要耗水 44.4 亿吨，可开发量 17.9 亿吨，具体见表 3.4.12。因此，在 30 亿吨水资源的约束下，在先进科技水平下，不考虑煤制烯烃，可以开发利用 17.9 亿~38.6 亿吨煤炭。

表 3.4.12　煤炭不同利用方向消耗 15 亿吨煤炭的耗水量（先进科技水平）

项目	规模	单位耗水量	总耗水量/亿吨
燃煤发电	8.7 亿千瓦	0.5 吨水/千瓦时	17.3
煤制天然气	4 652.9 亿米^3/年	5.8 吨水/千立方米	27.0
煤制油	3 065.0 万吨/年	6.5 吨水/吨产品	18.4
煤制烯烃	2 060.5 万吨/年	30.0 吨水/吨产品	61.8
煤制乙二醇	4 439.7 万吨/年	10.0 吨水/吨产品	44.4

3. 煤炭利用对西部环境容量的影响

大气污染物排放主要由电厂或者煤炭燃烧产生，做好防护措施的煤化工生产过程几乎不产生二氧化硫、氮氧化物和烟尘。按照燃煤电厂大气污染物超低排放水平，5.4 亿千瓦电厂每年约产生 2 万吨烟尘、10 万吨二氧化硫、15 万吨氮氧化物，分别占西部烟尘的 1.8%、二氧化硫的 2.8%、氮氧化物环境容量的 5.0%，对西部现有环境影响较小，具体见表 3.4.13。

表 3.4.13　煤炭利用对西部环境容量的影响（二）

项目	烟尘	二氧化硫	氮氧化物
一般地区排放限值/（毫克/米^3）	5	35	50
一般地区排放总量/万吨	2	10	15
西部环境容量/万吨	113.26	354.76	300.14

4. 小结

根据以上分析，煤制烯烃的耗水量最高，影响西部煤炭开发利用规模，燃煤发电对环境容量影响较小，建议煤制烯烃项目规模减半。因此，在先进科技水平下，煤炭开发规模限制在 22.5 亿吨/年，具体见图 3.4.2。

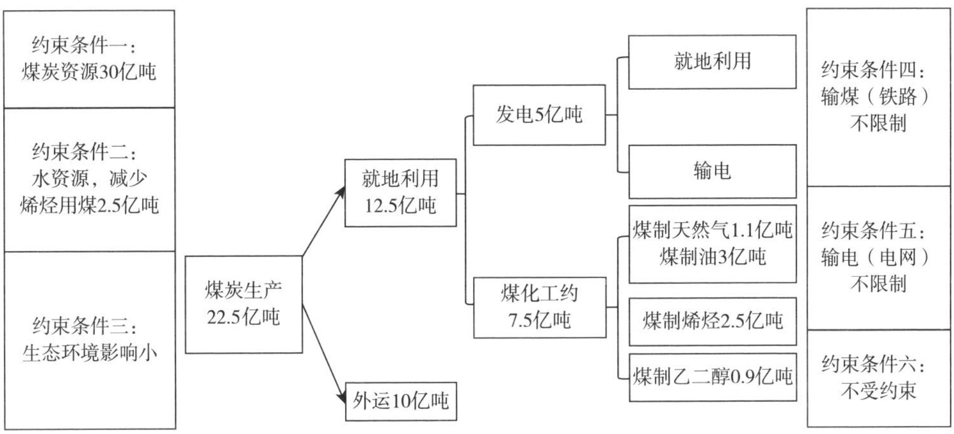

图 3.4.2　先进科技水平下的煤炭开发利用规模

4.6　小结

综合考虑煤炭绿色资源、水资源、生态环境、输煤（铁路）、输电（电网）、输油气（油气管网）等六大约束下，在普通科技水平条件下，建议不再开发煤制烯烃项目、燃煤发电规模减半，煤炭开发规模限制在 17.5 亿吨/年。在先进科技水平条件下，建议煤制烯烃项目规模减半，煤炭开发规模限制在 22.5 亿吨/年。

第5章　西部煤炭资源清洁高效开发利用工程科技发展战略

5.1　总体思路

基于我国西部地区煤炭资源禀赋特征、生态环境现状，以高科技前沿技术推动煤炭资源清洁高效开发利用工程科技的发展，提出未来30年行业发展的路线及战略蓝图。大力发展煤炭智能化开采技术及装备、以水资源及地表生态保护为核心的绿色开发技术及装备、煤炭–煤电–煤化工一体化的高效集中能源开发转化利用方式，促进煤炭资源由粗放开发向安全、绿色、智能、高效开发转变。本章给出煤炭开发利用技术的重点任务和发展方向，实现煤炭的科学可持续发展，为我国经济社会发展提供清洁、绿色的能源保障。

5.2　战略目标

1. 总体目标

深入贯彻习近平新时代中国特色社会主义思想，认真落实西部煤炭产业发展的总体要求，实施西部煤炭绿色发展战略，通过科技创新与发展模式创新双轮驱动，构建清洁、高效、低碳的绿色煤炭能源资源系统；全面提高西部煤炭开采的科学化水平和清洁高效利用水平，建立安全、高效、绿色、经济等社会全面协调可持续的现代化煤炭工业生产体系，成为我国煤炭向清洁绿色能源转变的先行区、排头兵，保障国家能源安全，实现“能源、经济、社会、环境”和谐发展。

2. 阶段性目标

大力推广煤炭清洁高效开发利用技术在西部的应用，到2020年，智能化工作面推广应用率达到30%，引领煤炭开采技术的发展方向；煤炭企业生产效率大幅提升，全员劳动工效达到 3 000 吨/（人·年）以上；原煤入选率提高到 80%以上，煤炭燃烧全部实现超低排放，达到超低排放水平的先进工业锅炉技术占 80%左右；煤炭清洁高效转化完成升级示范，能效较 2015 年提高 10%以上，水耗降低 40%以上。

到 2035 年，实现西部煤炭清洁高效开发利用技术的全面应用。力争进入井下少人或无人的智能化开采阶段，智能化工作面推广应用率达到 50%，全员劳动工效达到 5 000 吨/（人·年）以上。原煤实现应选尽选，定制化生产，低阶煤分级分质利用；煤炭燃烧全部实现常规污染物近零排放，燃煤工业锅炉全部实现超低排放；煤炭清洁高效转化能效较 2015 年提高 15%以上，水耗降低 50%以上。

至 2050 年，全面建成西部安全绿色高效开采体系，智能化工作面推广应用率达到 90%，全员劳动工效达到 7 000 吨/（人·年）以上。煤炭燃烧全部实现包括二氧化碳在内的近零排放；煤炭清洁高效转化能效较 2015 年提高 20%以上，水耗降低 60%以上。

根据对西部五省区煤炭产业和经济社会发展的总体判断，综合考虑资源、环境、技术、经济等因素，提出西部煤炭资源清洁高效开发利用战略路线图，如图 1.3.1 所示。2020~2035 年，在煤炭高效开发及清洁利用两个方面开展工程科技的攻关和应用升级，形成机械化—自动化—智能探测与控制的高效开发技术演进路线和超低污染及生态保护—近零排放—废弃物无害化处理的清洁绿色利用技术演进路线。2035~2050 年，开展煤炭高效开发及清洁利用颠覆性技术研究及工程应用，形成物理化学联合开采-无人开采和 CCUS-生态环境重建的开发利用一体化方式，最终实现煤炭开采利用的清洁、高效、绿色。

5.3　西部煤炭绿色开发技术重点任务

西部煤炭资源的赋存特点及发展趋势，决定其必然成为我国煤炭资源由传统能源向清洁绿色能源转变的排头兵；生产的绿色化、智能化，利用的清洁化、低碳化是其技术发展的必然趋势。基于未来 30 年西部地区煤炭开发利用工程科技领域的总体目标，提出实现该目标所需重点发展的矿井智能化生产和绿色开采方面的重点研究任务。

5.3.1　数字化矿山关键技术

目前，多数的大型煤矿都建设了数字化矿山模型，将前期钻探、地震探测、雷达扫描等得到的信息全部数字化，形成初始的煤矿地理信息模型。随后与采区开拓、巷道布局、通风、安全监控等信息融合，形成煤矿总体生产调度、安全保障、运输、人员监控的基础平台，如图 3.5.1 所示。该基础信息平台一般多为上述信息的简单集合与统一管理，尚缺乏有效融合，各个层级的决策基本都由人来完成。同时，由于生产控制系统没有与该信息平台关联，因而无法根据生产情况动态修正地理信息模型，已有地理信息也无法参与生产系统的控制决策。

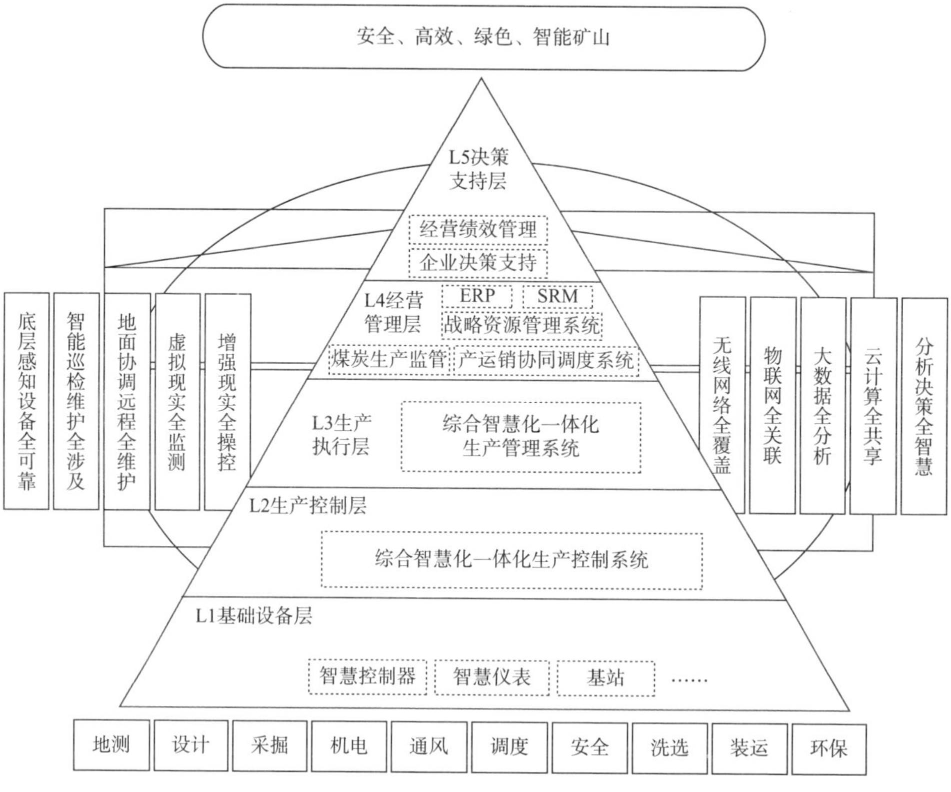

图 3.5.1　多信息融合数字化矿山技术

ERP：enter prise resource planning，企业资源计划。SRM：supplier relationship management，供应商关系管理

在西部地区的数字化矿井建设研究中，需着重解决上述两个关键问题。在目前技术基础上，充分利用物联网、自动化、智能化、大数据、云计算等技术加强信息获取和融合处理；同时，研究突破工作面高精度三维动态地质模型的构建及其动态修正技术，建立与生产装备信息融合的高精度时态（四维）地理信息系统平台，为智能开采控制和安全保障提供基础数据。

5.3.2　矿井开拓方式及快速掘进关键技术

目前，采区开拓在向着大型化、集中化发展，一矿一水平一面的少煤柱开采柱开采方式逐步推广。在现有技术条件下，掘进工作面较生产工作面效率低、推进速度慢，存在采掘接续的矛盾。因此，解决该问题成为煤矿开采的重要技术方向。N00 工法、沿空留巷等不掘巷道、少掘巷道的工艺开始被研究并发展；同时，提升掘进系统智能化及协同作业能力也是提升掘进效率的重要方面，研发掘、支、锚、运、探一体化快速掘进装备，突破智能快速截割、快速支护、快速锚固、快速运输、快速探测等关键技术。采区开拓方式变革与智能化快速掘进技术如图 3.5.2 所示。

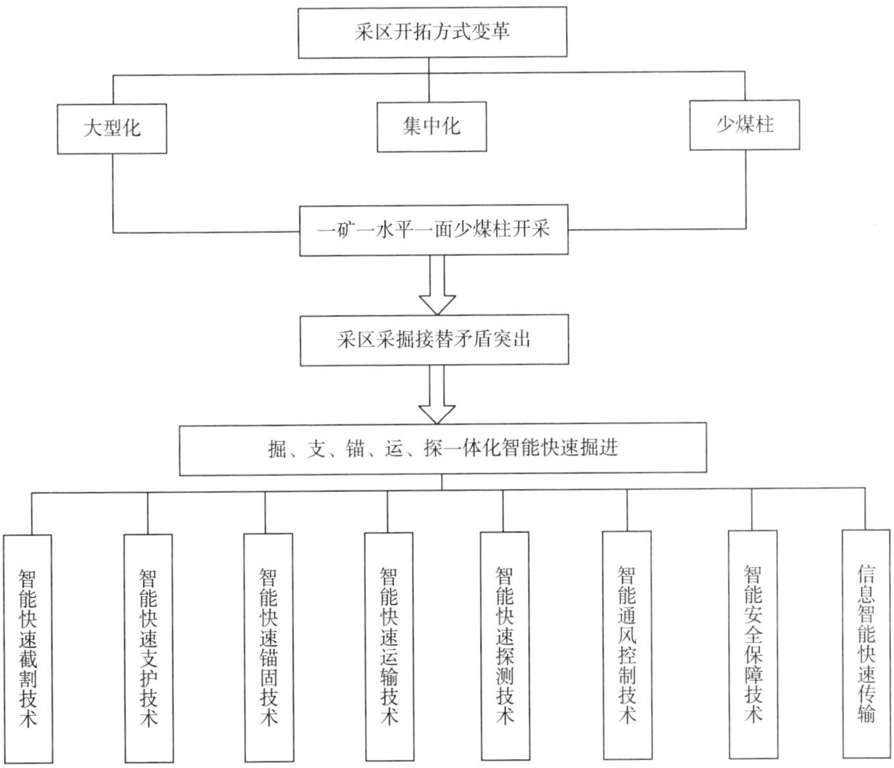

图 3.5.2　采区开拓方式变革与智能化快速掘进技术

在西部矿区建设中，应在实现采区开拓、智能化快速掘进两个方面继续研发，尽快提升巷道掘进效率，解决采掘接替矛盾。

5.3.3　智能化开采装备系统

开采自动化、智能化是综采技术的发展趋势，是煤炭行业升级发展的内在需求，更是经济社会现代化的必然要求。国外从 20 世纪 90 年代开始研究、应用自动化技术，包括加拿大的遥控采矿技术、瑞典矿山自动化“Grountecknik 2000”战略计划等；国内从 2000 年之后开始逐步研究液压支架电液控制系统、采煤机自动控制系统等，先后实现了采煤机、刮板输送机、液压支架三机协同控制，以及工作面可视化、工作面通信及远程遥控等功能，极大地提升了工作面开采的效率和安全水平。

随着煤炭开采复杂程度的上升，原有机械化、自动化技术无法满足进一步提升开采效率和安全水平的要求，智能化开采势在必行。澳大利亚的 LASC 直线度监测及控制系统、欧盟 NEMAEQ 项目（研究了煤岩界面识别技术、采煤机工作面定位、煤流匹配等技术）都是煤机装备智能化方面的重要技术成果；国内的天地科技股份有限公司、中国矿业大学等在国家“863”计划、智能制造专项等项目大力支持下，也在井下惯性导航及精确定位、直线度智能控制、采煤机智能调高等方面开展了大量的研究，取得了一批成果，正处于推广完善过程中。

单机的智能控制技术已经基本解决，但整个成套装备的控制仍是基于工业以太网的集中控制方式，越来越难以满足规模快速增加的综采设备群的控制需求，新的控制方法及系统级的架构创新也在逐步发展，包括液压支架群组的自组织协同控制方法、基于感知系统反馈的动态决策机制、基于分布式决策的工作面控制系统及应用平台等。这些技术一旦突破，装备即可对围岩的变化实时做出正确响应，大幅提升装备的智能化水平。

西部地区开采条件整体较好，煤层埋深浅、顶板完整性好、倾角小，易于实现自动化和智能化。因此，西部地区应该利用自身优越的地质条件大力发展先进的智能化开采技术及装备，引领行业智能化发展趋势。

5.3.4 矿井水综合利用、生态保护开采与采煤沉陷区治理技术

西部地区绿色开采主要包括三个方面的内容，一是矿井水综合利用，二是充填、地下水库等低生态损害的煤炭绿色开发及资源综合利用技术，三是对已经产生的生态环境破坏进行修复。

1. 矿井水综合利用

1）地下水库

煤矿地下水库是对开采形成的采空区加以改造形成的地下储水空间，将同一水平、不同水平，甚至矿区的多个煤矿地下储水空间通过人工通道连通，根据采煤生产接续计划，对矿井水进行分时分地储存，形成分布式的地下储水空

间，即煤矿分布式地下水库。煤矿分布式地下水库的作用是使煤炭开采过程中产生的矿井水，按其自身的运移规律或在人工干预下汇集和储存，并根据需要调出至地面使用，从而实现矿井水不外排，达到保护地下水资源和地表生态的目的。

煤矿分布式地下水库技术包括水库规划、设计、建设、运行、监控和管理，是一个复杂系统工程，涉及煤矿开采和水利水电工程等领域。神华集团已经建立了世界上最大的地下水循环利用系统，应在有条件的矿区继续推广应用上述技术，切实有效地保护和利用水资源。

2）高矿化度煤矿矿井水脱盐技术

西部地区很多矿区的矿井水具有高矿化度特点，不进行脱盐难以直接利用。但目前常用的膜处理脱盐存在着预处理要求高、水温影响大、处理成本高等缺点，导致企业利用矿井水的积极性不高。利用在海水淡化中使用的低温多效脱盐技术，可以较好地解决高矿化度矿井水处理的难题。

神华国华电力研究院等单位目前已开发掌握了低温多效海水淡化技术（multiple effect desalination，MED），在海水淡化领域实现了大规模应用。该技术是利用电厂做功后的中低压蒸汽对海水进行淡化，操作温度通常不高于 70℃。加热后的海水在多个串联的蒸发器中依靠重力降膜蒸发，前一个蒸发器中海水蒸发出来的蒸汽作为紧连的下一个蒸发器的热源，并在其中冷凝成为淡水。低温多效海水淡化技术使用低温余热甚至废热制水，节能效应显著，加上水质好且稳定、供水可靠性高，近年来得到迅速发展。

通过低温多效技术处理高矿化度矿井水，技术上是完全可行的。采用低温多效技术处理高矿化度矿井水与海水淡化相比，燃料成本更低（西部坑口电厂煤价仅为东部的 1/3~1/4）；矿井水含盐量相对海水较低，无须使用昂贵的钛材等材料，因此投资和运行成本都能进一步降低。经过核算，产水（蒸馏水水质）完全成本不到 4 元，低于西部大部分地区的购水费用。神华集团目前计划先期在哈密大南湖一矿开展技术示范，处理规模在 1 000 吨/天左右，示范成功后可在西部地区进行大规模推广，为破解西部水资源短缺问题提供新的技术途径。

2. 低生态损害的煤炭绿色开发及资源综合利用技术

1）超长工作面及少、无煤柱开采

目前工作面长度一般在 300 米以下，在常规采区开拓及布置方式下，地面沉陷不均匀、难以控制，对地表生态、植被的破坏严重。超长工作面及少、无煤柱开采方式，使得采空区围岩垮落的一致性增强，地面呈现均匀下沉，尽可能减少裂隙、不均匀沉降等情况的发生，地表生态得到改善。

2）充填开采

在目前的充填采煤实践中，需要针对不同矿区所处地理环境特点，发展适合安全高效充填开采的新型充填材料，研制低成本的充填材料输送系统及充填设备，打破充填能力不足的技术瓶颈，优化采充工艺，进一步提高充填采煤规模化程度，让充填开采发挥更大的作用。主要发展的技术包括：充填采煤对地表沉降的控制能力与策略、新型充填材料研制及配套输送系统、充填装备的选型与设计。

3. 对已经产生的生态环境破坏进行修复

重点探讨不同开采条件和环境下的生态环境的影响机理和土地及生态演变规律，建立矿区生态环境灾害预报预警、生态保护与恢复决策支持系统。研究减轻地表生态环境损伤的开采设计、酸性废石堆的治理、生态工程复垦、生物微生物生态环境恢复、地表生态环境治理的装备与材料的研发及产业化、水土保持等关键技术，逐步恢复采空区被破坏的地表形态和植被。

5.4 西部煤炭利用技术重点任务

5.4.1 煤炭提质加工

随着综采综掘、放顶煤等技术装备的应用，毛煤中夹矸量逐渐增加，原煤煤质逐渐变差，原煤灰分由原来的平均26%~28%增加到35%以上。煤炭质量较差，加上大多用户煤炭来源不稳定，在一定程度上制约了煤炭消费的绿色低碳发展。提高煤炭质量是改善大气环境的重要措施，西部地区生态环境较为脆弱，应在西部地区率先实现原煤应选尽选，按用户需要定制化生产供应煤炭产品，与用煤设备相匹配，为煤炭绿色低碳利用奠定基础。推广应用重介、动筛等煤矿井下预选排矸技术、大型高效分选与装备；随着煤炭消费领域趋于稳定，原煤入选按照用户需求调整，原煤应选尽选，定制化生产。

我国低阶煤资源储量丰富，探明保有资源量5 612.07亿吨，占全国煤炭探明保有资源量的55.15%。陕西、内蒙古和新疆等西部地区低阶煤产量占所在省区煤炭产量的80%以上，西部地区开展低阶煤分级分质利用具有资源条件。推进褐煤干燥技术、褐煤干馏技术、低变质烟煤粉煤热解技术推广应用，在西部低阶煤资源丰富的地区实现低阶煤分级分质利用。

5.4.2 煤炭清洁高效发电

目前，电力用煤占西部煤炭消费的74.13%，是西部煤炭消费的主要方式。国家在西部地区规划建设锡林郭勒盟、鄂尔多斯、陕北、哈密、准东、宁东等 6 大煤电基地，是我国未来煤电发展的主要地区。西部地区在先进技术的研发、推广应用方面应处于领先地位。全面提高西部火电机组效率，大幅降低燃煤发电污染物排放水平，掌握洁净煤发电的高效节能、污染物控制关键技术，增强设计、制造能力与运行水平，为火电机组清洁高效运行提供持续技术支撑。在煤粉燃烧发电方面发展 660 兆瓦富氧燃烧超超临界机组投运、超 700℃超超临界机组投运；在循环流化床锅炉燃烧方面发展 1 000 兆瓦超超临界机组；在 IGCC 方面发展带有二氧化碳减排的 500 兆瓦电站。

5.4.3 煤炭清洁高效转化

我国油气资源不足，有相对丰富的煤炭资源，利用煤炭清洁高效转化技术生产油气产品可充分发挥煤炭在平衡能源品种中的作用，是实现煤炭消费革命的重要方式。我国先进煤炭清洁高效转化技术主要集中在内蒙古、陕西、新疆等地区。依托丰富的煤炭资源作为原料就地进行深加工是煤炭革命的重要方向。全面提高煤炭清洁高效转化水平，掌握煤炭气化、液化、气体合成以及分级利用的大型化、温和化、产业化关键技术，为煤炭清洁转化的大规模发展提供技术支撑，促进煤炭清洁转化产业升级，使我国煤炭清洁转化处于国际领先水平。

基于低温热解、加氢气化、催化气化等新一代煤转化技术与大规模煤气化技术的煤炭分级转化制天然气、燃油成套技术百亿立方米/年、千万吨/年以上级产业化大规模应用。

5.4.4 煤炭利用污染物控制

目前，我国西部地区实现超洁净排放的发电机组数量还很少，二氧化硫超低排放、氮氧化物超低排放、粉尘超低排放及 PM2.5 控制、汞及其他重金属减排、燃煤污染物一体化控制、煤炭清洁转化废水处理等方面还需要大力推进，提高煤炭燃烧污染物排放的总体控制水平。

全面降低和控制煤炭燃烧和煤炭转化过程中常规污染物、重金属、二氧化碳等的排放，掌握污染物控制与二氧化碳减排关键技术，为实现我国 2030 年左右二氧化碳排放达到峰值和改善空气质量、逐步消除重污染天气的大气污染物防治战略与行动提供技术支撑。常规污染物在现有水平上减排 80%以上。对加压富氧燃烧、化学链燃烧技术等进行工业示范，达到 100 兆瓦级以上。二氧化碳捕获控制技术达到商业化水平。

5.5 西部煤炭开发利用发展方向

5.5.1 煤田服务公司将成为煤矿建设和运营的主体

煤炭生产技术的快速进步要求有与之适应的生产组织方式。随着社会化分工越来越深入，煤炭行业将按照社会细化分工的总体要求，形成类似油田服务公司的包括勘探、掘进、采煤、机电、洗选、矿区服务等专业化的煤田服务公司，重构煤炭行业生产运行方式，提高煤炭行业的整体生产运行效率、人员组织效率、资本运作效率。煤田服务公司将成为煤矿建设和运营的主体。

5.5.2 煤炭就地清洁高效发电及转化利用成为主要模式

当前和今后一个时期，我国煤炭产业应坚持布局科学、技术领先、联产高效、清洁低碳、规范有序的发展原则，形成一批具有国际竞争力的大型企业和企业集团，打造一批布局合理、生态友好的大型产业基地。西部要根据国家主体功能区规划和大型煤炭基地、煤电基地与煤化工基地规划，综合考虑环境容量、资源承载能力、市场需求和交通运输条件等，合理规划煤炭、煤电和煤化工项目。

西部大型煤炭基地的建设对保障国家能源安全、优化煤炭工业结构、促进资源地区经济和社会发展具有重要意义。大型煤炭基地的建设原则是：规范开发秩序，推进制度创新，优化生产结构，促进产业融合，支持煤电、煤化工、煤路等一体化建设；发展循环经济和加强环境保护；加强配套建设和规划衔接，做好各矿区铁路与运煤通道的衔接和配套。最终形成稳定可靠的煤炭调出基地、电力供应基地、煤化工基地和资源综合利用基地。

5.5.3 煤炭由单一燃料向原料和燃料并重转变

煤炭清洁高效转化是煤炭利用的重要方向，根据不同煤种、煤质选取合适的转化技术，进一步提高煤炭转化技术的能耗、水耗和环保水平，注重发展特种产品和高附加值产品。

富油低阶煤分级转化技术具有较好的经济和环境效益。在突破中低温热解油气与热解粉焦的高温气固在线分离、油尘分离、粉焦综合利用等关键技术瓶颈后，使半焦和焦油产品符合加工利用标准，稳步推广应用。根据我国煤炭资源分布，富油低变质烟煤主要分布在我国的新疆、陕西等地区，考虑水资源、生态环境等条件，发展低变质烟煤分质利用，注重发展优质燃料油、柴油、汽油，以及高附加值的酚油、苯等化工产品，实现分级分质利用。

煤制油、煤制天然气、煤制烯烃等煤炭清洁高效转化是我国煤炭清洁高效利用的新方向。应继续做好升级示范阶段，提高能效环境水平，优化工艺系统。煤炭清洁高效转化应注重发展特种产品、高端产品。例如，煤炭直接液化油品具有大比重、体积热值高、高氧化安定性、低硫、低凝点等优势和特点，可以作为军事航天的特种燃料；煤炭间接液化产品具有低硫、低芳烃、高十六烷值等特点，作为优质清洁燃料，可有效减少 PM2.5 的污染；煤制烯烃产品目前以通用产品为主，应向高端产品和差异化产品方向发展。

5.5.4 煤基多联产，实现煤炭、油气、化工、电力、新能源等行业跨界融合

实现煤炭气化、化工合成、发电、供热、废弃物资源化利用等多产品联产，实现煤炭物质流和能量流达到最佳耦合；推进基地化、园区化、循环化发展，实现煤炭、油气、化工、电力、新能源等行业跨界融合。

煤基多联产可实现电力、液体燃料、化工产品、供热、合成气的跨行业、跨部门的联合生产，以同时获得多种高附加值的化工产品（包括脂肪烃和芳香烃）及多种洁净二次能源（气体燃料、液体燃料、电力等）的优化集成能源系统。煤基多联产在技术经济和生态环境方面具有明显优势，与 CCS（carbon capture and storage，即碳捕获和封存技术）技术结合，可实现二氧化碳的近零排放。

坚持基地化、园区化、循环化发展，延伸拓展煤化工、石油化工深加工产业链，推进绿色循环发展，提升产品竞争力。以煤炭气化和煤炭热解为基础，可以进一步与其他能源资源耦合，如与石化行业形成碳氢（C/H）互补，煤与生物质、风能、太阳能等协同利用，形成共享资源和互换副产品的产业共生组合，实现物质闭环循环、能量多级利用。

第 6 章　主要结论和政策建议

6.1　主要结论

1. 西部煤炭开发利用技术整体达到国际先进水平

煤炭行业科技创新步伐加快，技术进步推动作用增强，西部作为煤炭科技的投入与应用重心，有力助推煤炭产业转型升级。近年来，煤炭行业科技创新的步伐明显加快，在煤田地质勘探、煤炭资源高效开采和清洁加工利用、煤矿重大灾害防治、矿区节能减排、环境保护和循环经济建设等方面涌现出一批具有国际先进水平的科技创新成果。集中了国内外先进的现代化综采设备，机械化程度达95%以上；开采技术世界领先，8 米及以上液压支架（最高 8.8 米）、大功率采煤机、刮板输送机在多个矿井成功运用。工作面生产系统自动化程度高，智慧矿山等先进信息化技术推广应用范围大，生产效率高。神华鄂尔多斯煤直接液化、包头煤制烯烃、伊泰和潞安煤间接液化等项目商业化运行多年，现代煤化工技术日趋成熟。大唐克旗、新疆伊犁庆华煤制气项目投运，规模化商业煤制气技术取得重大进展。这些技术进步几乎全部是在西部五省区得到突破和应用，极大地带动了煤炭开发和转化，有效支撑了西部煤炭产业的转型升级。

2. 西部煤炭开发利用技术向清洁、高效、绿色方向发展

西部煤炭开发向自动化、智能化方向发展，实现不同程度的工作面少人化或无人化开采作业。主要包括：推广复杂煤层自适应割煤技术（调高、导航），支护自适应、行走调直、自纠偏技术，自动化超前支护技术等；推广基于分布式决策的工作面智能控制平台，井上井下全煤流监控无人值守技术，采矿“物联网+”的数字化矿山技术；实现矿井主要功能地面遥控，少部分顺槽控制；实现回采工作面无人化，掘进工作面少人化的目标。煤炭清洁高效利用向进一步提高效率、污染物近零排放发展。燃煤发电全面实现超低排放；煤炭深加工能耗水平进一步降低，二氧化碳通过 CCS 技术可以实现近零排放，主要产品向高端化、专业化、产业化方向发展。

3. 在先进技术水平下，西部五省区煤炭开发规模不超过 22.5 亿吨/年

综合考虑煤炭绿色资源、水资源、生态环境、输煤（铁路）、输电（电网）、输油气（油气管网）等六大约束下，结合国家相关产业规划，在普通科技水平条件下，煤炭开发规模限制在 17.5 亿吨/年。在先进科技水平条件下，煤炭开发规模限制在 22.5 亿吨/年。

4. 西部煤炭清洁高效开发利用战略三阶段目标

大力推广煤炭清洁高效开发利用技术在西部的应用，到 2020 年，智能化工作面推广应用率达到 30%，全员劳动工效达到 3 000 吨/（人・年）以上；原煤入选率提高到 80%以上，煤炭燃烧全部实现超低排放，达到超低排放水平的先进工业锅炉技术占 80%左右；煤炭清洁高效转化完成升级示范，能效较 2015 年提高 10%以上，水耗降低 40%以上。到 2035 年，智能化工作面推广应用率达到 50%，全员劳动工效达到 5 000 吨/（人・年）以上。原煤应选尽选，定制化生产，低阶煤分级分质利用；煤炭燃烧全部实现常规污染物近零排放，燃煤工业锅炉全部实现超低排放；煤炭清洁高效转化能效较 2015 年提高 15%以上，水耗降低 50%以上。到 2050 年，智能化工作面推广应用率达到 90%，全员劳动工效达到 7 000 吨/（人・年）以上。煤炭燃烧全部实现包括二氧化碳在内的近零排放；煤炭清洁高效转化能效较 2015 年提高 20%以上，水耗降低 60%以上。

6.2　政策建议

1. 鼓励西部煤炭高效清洁开发利用，加强政策、资金、人力支持

我国能源资源特点决定了煤炭在我国能源结构中的主导地位，此格局在未来很长时间内难以改变。2016 年，煤炭占我国一次能源消费量的 62%。在较长一段时间内煤炭是我国主体能源的地位不会发生变化。2020 年，煤炭仍将占我国一次能源消费量的 60%左右。但传统的煤炭利用方式造成的大气污染、高耗水、高碳排放、资源浪费等问题也非常突出，环境已经不堪重负，人民健康受到严重影响，必须实现煤炭消费革命，煤炭高效清洁发展是其必然选择。因此，国家、行业、地方政府等各个层面都应该高度重视西部地区煤炭的高效清洁开发利用。

将达到一定水平的煤炭高效清洁开发利用项目列入《环境保护专用设备企业所得税优惠目录》《环境保护、节能节水项目企业所得税优惠目录》等中，纳入清洁生产等专项资金支持范围，落实相关税收优惠政策，对西部地区煤炭开发利用给予政策支持。

落实研发经费加计扣除优惠政策，鼓励在煤炭企业自主创新投入的基础上对其给予税收支持；将科技创新投入视为利润，计入煤炭高效清洁开发利用技术研发和应用企业的运营考核指标。

2. 加大研发投入，开展西部煤炭清洁高效开发利用先进技术示范

工程科技的发展表明，煤炭是可以进行清洁高效开发和利用的。实现煤炭清洁高效利用的煤就是清洁能源，应与新能源享有同等地位和政策支持。应加快组织实施国家重大科技攻关项目，对煤炭开发利用过程中的重大技术方向和关键科技问题开展进一步科技攻关和技术创新，支持绿色开发、清洁燃烧与超低排放等方面的专项研究。积极鼓励国内产学研各部门与国外同行开展技术合作，引进先进技术，积极组织消化、吸收和再创新工作。

积极组建国家重点实验室、国家科技研发中心、产业技术创新战略联盟等创新平台，促进产学研用的紧密结合。加大对煤炭开发利用相关领域所需的基础研究、关键共性技术的支持力度。加强基础研究和技术攻关，将煤炭高效清洁开发利用重大科学研究和关键技术攻关纳入国家重大科技计划，将示范技术列入国家重点技术创新工程。

整合优势科技资源，加强自主创新平台建设，建立政产学研用一体化的科技创新模式，健全科技创新体系。

3. 加快完善煤炭高效清洁开发利用标准体系

坚持高效清洁的理念，形成完整的煤炭高效清洁开发利用技术标准体系。研究建立煤炭洗选、煤炭高效燃烧、煤炭清洁转化等各个利用方向的煤炭高效清洁指标体系。

加快制（修）订煤炭开发利用技术和装备相关能效和排放值，通过项目建设规模、能源转换效率、综合能耗、新鲜水耗、资源综合利用效率、污废产排率等具体指标进行调控和引导，提高煤炭高效清洁开发利用的准入门槛，促进集约化发展，防止盲目投资和低水平重复建设，避免无序与不正当竞争，强化法规标准约束。

加快制定煤炭高效清洁开发利用技术和装备标准。研究建立煤炭高效清洁开发利用先进技术遴选、评定、认证及推广机制。建立专家库，制定认证准则。根据相关标准对煤炭高效清洁开发利用技术进行评选，发布西部煤炭高效清洁开发利用先进技术目录。

4. 完善煤炭高效清洁开发利用的监管体系，保障先进技术的应用和运行

加强煤炭高效清洁开发利用项目的运行管理，促进煤炭利用技术和装置的污染物在线监测准确、真实。环保设施未按规定投运或排放不达标的，依法不予颁发或吊销业务许可证。

综合考虑资源、生态环境、安全、技术、市场等综合条件，研究建立权威、协调、统一、高效的监管体制。强化煤炭开发利用项目的能效、污染物排放等运行指标实时监测和信息公开；促进高效清洁开发利用技术的应用、现有技术的升级和落后技术的淘汰。

5. 加强西部煤炭高效清洁开发利用的科学规划引导

启动西部煤炭高效清洁开发利用规划的编制工作。加强宏观规划指导，按照统筹规划、科学布局、高效清洁方针，科学编制煤炭高效清洁开发利用规划，确立产业布局、中长期发展目标，明确发展方向和工作重点，提出保障措施；促进煤炭高效清洁开发利用科学有序发展。统筹市场、资源条件、生态环境等因素，科学规划煤炭高效清洁开发利用项目建设的时序和区域布局。

6. 以“一带一路”为契机，推进煤炭清洁高效开发利用技术和装备走向国际市场

充分借鉴世界先进经验，高起点、高标准地引进先进技术与管理模式。支持优势企业积极参与境外资产并购和项目开发建设，兼并重组境外制造企业和研发机构，充分利用境外资源和市场，提高我国煤炭清洁高效开发利用技术、装备和产品的国际竞争力。鼓励在国外建设大型煤炭清洁高效开发利用商业化项目，带动我国技术服务、重大装备、人才劳务向国际市场输出，丰富合作层次，提升合作水平和我国国际影响力。

参 考 文 献

白向飞. 2010. 中国褐煤及低阶烟煤利用与提质技术开发[J]. 煤质技术，(6)：9-11.

陈清如，刘炯天. 2009. 中国洁净煤[M]. 徐州：中国矿业大学出版社.

樊金璐. 2016. 煤炭清洁高效利用方式发展方向研究[J]. 中国能源.

樊金璐，宋梅. 2018. 中国煤炭清洁高效利用技术国际竞争力分析[J]. 中国能源.

郭淑芬，赵国浩，段金鑫. 2010. 基于选煤技术的国内外煤炭洗选业发展对比研究[J]. 煤炭经济研究，30(1)：11-13.

国家能源局. 2014. 煤电节能减排升级与改造行动计划(2014-2020年)[R].

国家能源局. 2016. 煤炭工业发展“十三五”规划[R].

国家统计局能源司. 中国能源统计年鉴 2017[M]. 北京：中国统计出版社.

蒋翠蓉，刘瑞芹. 2009. 浅谈煤矸石的综合利用[J]. 煤质技术，(s1)：54-58.

煤炭科学研究总院. 2009. 中国洁净煤战略研究[R].

煤炭科学研究总院. 2011. 我国与世界主要国家煤炭清洁化利用比较研究[R].

煤炭科学研究总院. 2012. 清洁煤先进技术应用研究[R].

煤炭科学研究总院. 2013. “十三五”煤炭清洁高效发展若干重大问题研究[R].

缪伟东. 2012. 循环流化床锅炉技术的现状分析与发展前景[J]. 科技信息，(32)，389-390.

牛克洪，李宏军，2010. 中国煤炭工业低碳经济发展之路[M]. 北京：煤炭工业出版社.

王显政，2011. 当代煤炭世界工业[M]. 北京：煤炭工业出版社.

谢克昌. 2016. 能源金三角发展战略研究[M]. 北京：化学工业出版社.

袁家海，徐燕，雷祺. 2015. 电力行业煤炭消费总量控制方案和政策研究[J]. 中国能源，(3)：11-17.

张世诚. 2009. 加快推进煤矸石资源化综合利用的步伐[J]. 煤炭技术.

中国电力企业联合会. 2014-09-30. 赵洁：推进我国清洁燃煤技术全面发展[EB/OL]. http://www.cec.org.cn/zdlhuiyuandongtai/qita/2014-09-30/128293.html.

中国电力企业联合会. 中国电力行业年度发展报告 2017[M]. 北京：中国市场出版社.

《中国电力年鉴》编委会. 中国电力年鉴 2015，2016[M]. 北京：中国电力出版社.

第四篇　新疆煤炭资源清洁高效开发利用若干重大战略问题研究

第 1 章　新疆煤炭和水资源状况

1.1　新疆煤炭资源储量、特征及分布

1. 煤炭资源储量

截至 2016 年底，全疆煤炭保有查明资源量 3 915.3 亿吨，占全国的 24.5%，仅次于内蒙古，具体见表 4.1.1。根据全国第三次煤炭资源预测与评价成果，新疆煤炭资源总量 2.19 万亿吨，约占全国资源总量的 40%，是我国煤炭资源最丰富的地区。

表 4.1.1　全国及西部主要地区查明煤炭资源储量（2016 年） 单位：亿吨

地区	保有查明资源量	资源量	基础储量
全国	15 980	13 488	2 492
新疆	3 915	3 753	162
内蒙古	4 173	3 663	510
陕西	1 640	1 477	163
甘肃	299	272	27
宁夏	329	292	37

资料来源：国土资源部，2016 年全国矿产资源查明资源储量通报

2. 主要含煤地层特征及开采条件

总体上，新疆煤炭资源的埋深较浅，地质构造较为简单，开发的条件良好，开采成本低。表 4.1.2 为新疆不同垂深煤炭资源分布。

表 4.1.2　新疆不同垂深煤炭资源分布

预测深度	预测资源量/亿吨	占预测总量的比重
300 米以浅	2 497	19.6%
300~600 米	3 833	30.0%

续表

预测深度	预测资源量/亿吨	占预测总量的比重
600~1 000 米	6 439	50.4%
全疆 1 000 米以浅统计	12 769	100%

资料来源：新疆维吾尔自治区煤炭工业管理局

其中，300 米以浅煤炭预测资源量达到 2 497 亿吨，占全疆 1 000 米以浅预测总量的 19.6%。新疆煤层厚度大，且多为厚–巨厚煤层；煤层多，平均含煤层数在 20~40 层，单位面积的煤炭产量很高。煤矿的地质结构简单，瓦斯等有害气体的含量也极低，因此，这样的矿产条件十分适合大型机械化低成本开采。

3. 主要煤种煤质特点

新疆煤种比较齐全，主要以中低变质的长焰煤、不黏煤和弱黏煤为主，占资源总储量的 81%；其次为中变质的气煤、肥煤和焦煤，占资源总储量的 19%。新疆部分矿区煤种煤质情况见表 4.1.3。需要特别指出的是，三塘湖、淖毛湖、西黑山、克（布）尔碱等矿区大部分煤炭资源含油率在 10%以上，是全国少有的富油煤资源。根据 2016 年全国矿产资源储量通报数据，新疆动力煤资源储量占其煤炭保有查明资源储量的 96%。

表 4.1.3 新疆部分矿区煤种煤质情况

地区	部分矿区	煤种煤质
吐哈地区	三道岭	以低灰、特低硫、特低磷、中高挥发分、高热值等特性的不黏煤为主，属优质动力用煤
	巴里坤	西区以低中灰、特低硫、高发热量的长焰煤为主，中、东区以低中灰、特低硫、高发热量的气煤为主
	大南湖	总体上是低灰、高挥发分、低硫、低磷、中高热值、含油的长焰煤，是优质的动力用煤和气化用煤
准东地区	大井	以低灰、中高挥发分、特低硫、低磷、中高热值、化学活性强的不黏煤、长焰煤为主，是良好的动力用煤和气化用煤
	五彩湾	以低中灰、特低硫、低磷、中高挥发分、高发热量、化学活性强的不黏煤为主，是良好的动力用煤和气化用煤
	西黑山	以低灰、特低硫、低磷、中高挥发分、高发热量、富油、化学活性强的不黏煤为主，是优质的气化、煤化工原料
伊犁地区	伊宁	以低中灰、特低硫、低磷、特高发热量的长焰煤为主，属含油煤，是优质的动力、气化、液化用煤
	尼勒克	以低中灰、特低硫、高发热量的长焰煤和不黏煤为主，是良好的动力用煤

从主要煤质时期上看，侏罗纪是新疆主要成煤年代，侏罗纪煤占探明煤炭资

源量的 99.9%。这个时期的煤炭资源具有中低灰（部分特低灰，灰度为 3%~5%）、特低硫、特低磷、高中发热量特点，是优质的动力煤和化工原料煤，适合远距离输送。新疆煤种和煤质与西部地区其他主要煤田类似，新疆与西部主要地区煤炭煤质比较见表 4.1.4。

表 4.1.4　新疆与西部主要地区煤炭煤质比较

地区	主要成煤期	主要煤种	煤质特点
宁、陕、内蒙古（西）	侏罗纪	低变质烟煤（长焰煤、不黏煤、弱黏煤）	以特低灰–低灰、特低硫煤为主，灰分大多小于10%，硫分大多小于 1%
新疆（北）	早–中侏罗世	低变质烟煤（长焰煤、不黏煤、弱黏煤）	以中灰、特低硫煤为主，灰分 3%~30%，准东动力煤含钠高，硫分大多小于 1%

4. 煤炭资源分布

新疆含煤面积广，“北富南贫”区域分布特征突出。新疆煤炭资源主要分布在准噶尔盆地东南部、伊犁盆地、吐哈盆地和塔里木盆地北缘一带，具体可分为准噶尔–北天山、西南天山、塔里木三大含煤区，下辖 13 个煤田和 53 个煤产地。其中，92.7%的煤炭资源分布于北疆，南疆四地州（阿克苏、喀什、克孜勒苏柯尔克孜自治州、和田）煤炭资源仅占新疆煤炭资源总量的 1.6%，而且主要集中在阿克苏地区。

准噶尔地区：区内主要煤田分别是塔城地区的托里–和什托洛盖煤田、阿勒泰地区的喀木斯特煤田、昌吉州的准东煤田，跨乌鲁木齐市、昌吉州和塔城地区的准南煤田。准噶尔地区主要煤田垂深 2 000 米以浅的煤炭资源总量 6 676 亿吨，占全疆的 30.5%。准东煤田已基本具备大规模开发条件，勘查程度高、煤层赋存条件好、煤质优良，开采条件优越，以大型和特大型露天矿和井工矿开采为主，未来有望成为世界级的煤炭开发基地。

吐哈地区：区内主要煤田分别为淖毛湖、三塘湖、巴里坤、哈密和大南湖–梧桐窝子煤田，吐鲁番、托克逊、鄯善和库米什煤田，沙尔湖煤田。吐哈地区主要煤田垂深 2 000 米以浅的煤炭资源总量 6 177 亿吨，占全疆的 28.2%。多数矿区煤层赋存较稳定，煤质较好，开采条件较好，具备建设大型煤矿和矿区的资源条件。此外，区位优势明显，产品市场（外运）开发前景良好。

伊犁地区：区内主要煤田分别是伊宁煤田、尼勒克煤田和昭苏–特克斯煤田。伊犁地区主要煤田垂深 2 000 米以浅的煤炭资源总量 2 922 亿吨，占全疆的 13.3%。矿区煤炭资源开采条件较好，是良好的动力用煤和化工用煤，区内水资源条件非常丰富，具备建设大型煤电煤化工基地条件。

1.2 新疆煤炭开发利用重点地区水资源条件状况

1. 降水分布特征

据统计，新疆平均年降水量为 153 毫米，约为全国平均年降水量的 1/4。新疆地区降水分布很不均匀，表现为新疆山区降水多于盆地，北疆多于南疆，西部多于东部。

2. 河流径流及其分布

新疆共有大小河流 570 条，其中北疆 387 条，南疆 183 条。平均年径流总量为 882 亿立方米。在 570 条河流中，大部分是流程短、水量小的河流，年径流量在 1 亿立方米以下的河流有 487 条，占河流总条数的 85.4%，年径流量仅有 82.9 亿立方米，占年径流总量的 9.4%；年径流量大于 10 亿立方米以上的河流共 18 条，占河流总条数的 3.2%，但径流量却达 525.7 亿立方米，占年径流总量的 59.6%。

3. 地下水资源

新疆地表水及地下水资源均来源于天然降水，山区降水达 2 090 亿立方米，占全疆总降水量的 80% 以上；平原区为径流散失区，地表水出山口后通过各种入渗途径——河道、渠道、田间、水库入渗转化成地下水。转化补给量约占平原区地下水总补给量的 75%左右。地下水天然补给量仅占 17%，地下水年际变化平稳。新疆平原区内地下水总补给量 371 亿立方米，可开采资源量 202 亿立方米。新疆平原区地下水资源计算面积 31.8 万平方千米，而与人类活动有关的绿洲区面积只有 5.9 万平方千米，绿洲区地下水可开采资源量为 159 亿立方米。

4. 新疆水资源总量及分布

新疆水资源总量比较丰富，但若以土地面积为基数，新疆的水资源丰度极低，仅为 4.38 万米^3/千米^2，与内蒙古、甘肃等省区同属于全国严重缺水地区。

新疆水资源主要分布在伊犁、阿勒泰、和田等地区，水资源量分别占新疆水资源总量的 21%、14%和 12%。其他地区水资源比较短缺，见表 4.1.5。

表 4.1.5 新疆主要产煤区水资源赋存情况（2016 年）

地区		水资源总量/亿立方米	地表水资源量/亿立方米	地下水资源量/亿立方米	地表水与地下水资源重复量/亿立方米	人均水资源量/立方米
吐哈	吐鲁番	10.63	8.08	9.42	6.87	1 680
	哈密	17.89	14.83	11.94	8.89	3 186
准东	乌鲁木齐	14.99	14.33	6.99	6.32	560
	昌吉	45.56	40.29	28.10	22.83	3 047

续表

地区		水资源总量/亿立方米	地表水资源量/亿立方米	地下水资源量/亿立方米	地表水与地下水资源重复量/亿立方米	人均水资源量/立方米
伊犁	伊犁州直属县（市）	228.25	224.00	101.14	96.89	7 677
	塔城	80.84	75.49	49.67	44.33	7 950
库拜	阿克苏	62.74	57.37	72.36	66.99	2 364

资料来源：《新疆统计年鉴 2017》

吐哈地区：吐鲁番和哈密地区是新疆典型的缺水地区，水资源量仅占新疆水资源总量的 2.6%，用水以农业用水为主，占到地区总用水量的 90%左右，地下水超采严重。吐哈地区要满足工业发展用水只能通过农业节水置换，实施高效节水灌溉和压缩灌溉面积，新建水利基础设施，高科技节水、水源地移民搬迁等措施解决新增用水问题。

准东地区：昌吉、乌鲁木齐等地区重化工业发展很快，需水量巨大，水资源供应压力日渐增大。长远来看，仍需要靠跨流域调水（如“引额济乌”工程）和实施农业节水等措施来解决。

伊犁地区：伊犁水资源丰富，地表水资源量约 224.00 亿立方米，地下水资源量约 101.14 亿立方米，扣除地表水与地下水重复计算量 96.89 亿立方米，全区水资源总量 228.25 亿立方米，可满足矿区开发和配套煤化工项目的用水需求。

第 2 章　新疆煤炭开发利用现状及对区域社会发展的重要性

2.1　新疆煤炭工业发展现状

2.1.1　煤炭生产建设规模及布局

1. 煤炭发展规模及产量

在煤炭发展规模上，截至 2016 年底，新疆煤炭产能约 3.6 亿吨/年，占全国总产能的 6.5%。其中，在役产能 0.6 亿吨，在建产能 2.8 亿吨（新建 2.3 亿吨、扩建 0.5 亿吨），停产产能 0.2 亿吨。经过近年来的煤矿落后产能关闭退出，目前新疆持证煤矿平均单井规模已提高至 57 万吨/年以上。

在煤炭产量上，经过多年的快速发展，新疆煤炭产量大幅提升。新疆煤炭产量变化趋势如图 4.2.1 所示。2017 年，全区煤炭产量达到了 1.67 亿吨，较 2016 年略有增加，较 2010 年增加了近 8 000 万吨，年均增幅达到 9%。

2. 煤炭生产布局

图 4.2.2 为 2016 年新疆煤炭生产布局图。可以发现，2016 年新疆煤炭产量达到 1 000 万吨以上的地州 5 个，分别是昌吉、哈密、吐鲁番、伊犁和阿克苏，共 1.39 亿吨，占全区的 86%。东疆的准东和吐哈两个地区的煤炭产量占到全区的 3/4 左右。

3. 煤炭生产结构

据相关统计数据，截至 2016 年底，新疆年产 120 万吨以上煤矿达 40 余处，产能 2.5 亿吨，产能占比达 2/3 以上。但同时，年产 30 万吨以下小煤矿数量仍达 240 余处，占煤矿总数量的 2/3 左右，产能占比不足 1/10，小煤矿偏多导致资源浪费和环境破坏问题突出，这些低效落后产能是未来一段时期的淘汰重点。

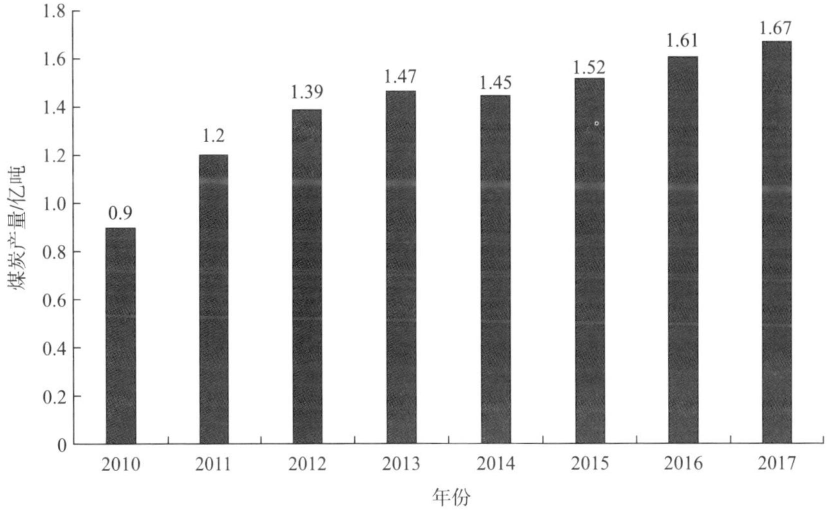

图 4.2.1　新疆煤炭产量变化趋势

资料来源：《新疆统计年鉴 2017》

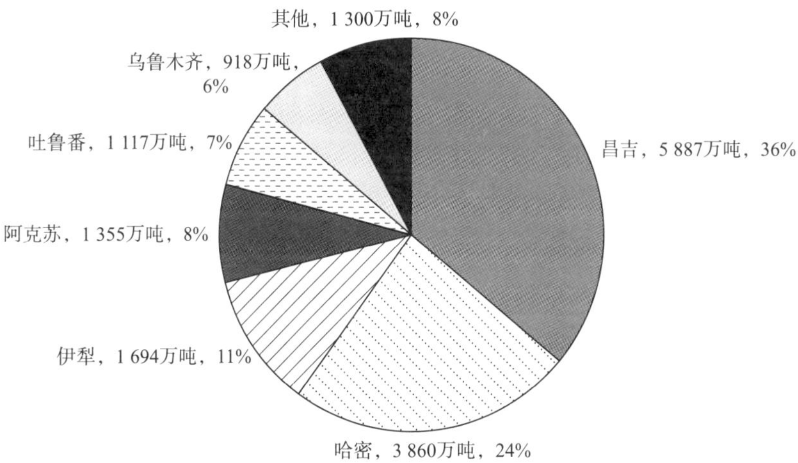

图 4.2.2　2016 年新疆煤炭生产布局图

资料来源：《新疆统计年鉴 2017》

2.1.2　煤炭生产技术发展情况

2015 年，新疆人均年煤炭产量为 1 802 吨，高于全国平均水平 905 吨。在西部各省区中，新疆人均煤炭生产效率处于中等水平，但仍远低于内蒙古和陕西，新疆和西部地区人均煤炭年产量比较见表 4.2.1。

表 4.2.1 新疆和西部地区人均煤炭年产量比较

地区	2015 年煤炭产量/万吨	用工人数/万人	人均煤炭年产量/吨
内蒙古	90 060	18.03	4 995
陕西	50 236	17.85	2 814
新疆	14 000	7.77	1 802
宁夏	7 976	6.27	1 272
甘肃	4 400	5.80	759
全国	375 000	414.40	905

截至 2015 年，新疆已建成安全高效矿井（含露天）9 处，其中，特级 6 处，一级 3 处，数量少于内蒙古、陕西等地区。新疆煤炭生产成本低廉，成本优势明显。对于大型煤矿，露天煤矿的开采成本一般为 80~100 元/吨，而井工煤矿开采成本一般为 130~150 元/吨。

2.1.3 煤炭消费和外送情况

1. 煤炭消费情况

“十二五”初期，新疆电力、重化工等行业处于加速发展期，拉动了煤炭需求的快速增长，全区煤炭消费量从 2010 年的 0.81 亿吨快速增加到 2012 年的 1.20 亿吨。“十二五”中后期，受全国性经济增速下降的影响，区内煤炭需求增长也明显减缓。进入到“十三五”时期，新疆煤炭消费又呈现较快增长趋势。2016 年新疆煤炭消费量达到 1.46 亿吨，同比增幅达到 12%。新疆煤炭消费量见图 4.2.3。

在煤炭消费的行业分布上，电力及供热一直是新疆煤炭消费的主要行业。2016 年，电力及供热行业煤炭消费 1.2 亿吨，占全区煤炭消费的 60%以上。

2. 煤炭外送情况

新疆煤炭外运量见图 4.2.4。2010 年以前，新疆煤炭净调出量一直维持在 1 000 万吨左右。“十二五”初期，新疆煤炭调出规模持续增加，2011 年首次突破 2 000 万吨，2013 年突破 2 800 万吨，达到历史最高值。“十二五”后期新疆煤炭调出量开始下降，到 2015 年下降到 1 000 万吨。进入到“十三五”时期，新疆煤炭外运量又呈增长趋势，2016 年新疆煤炭外运量达到 1 090 万吨。

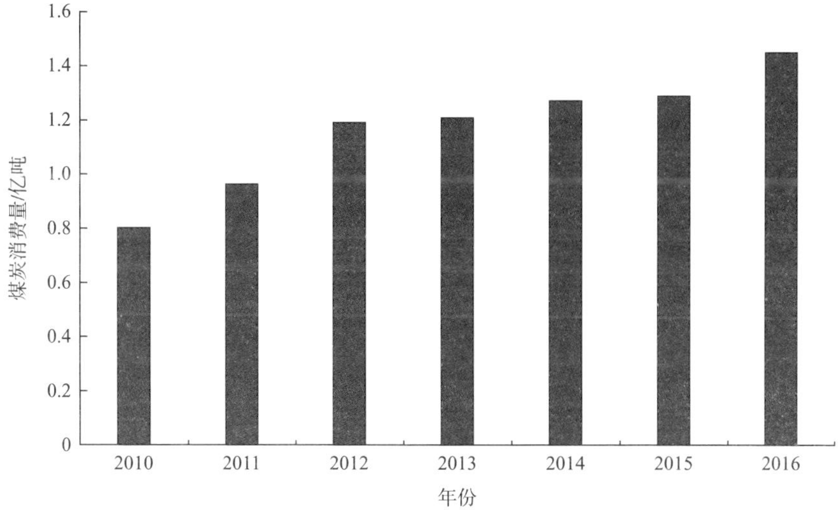

图 4.2.3　新疆煤炭消费量

根据煤炭在新疆能源消费结构中的占比数据进行了估算

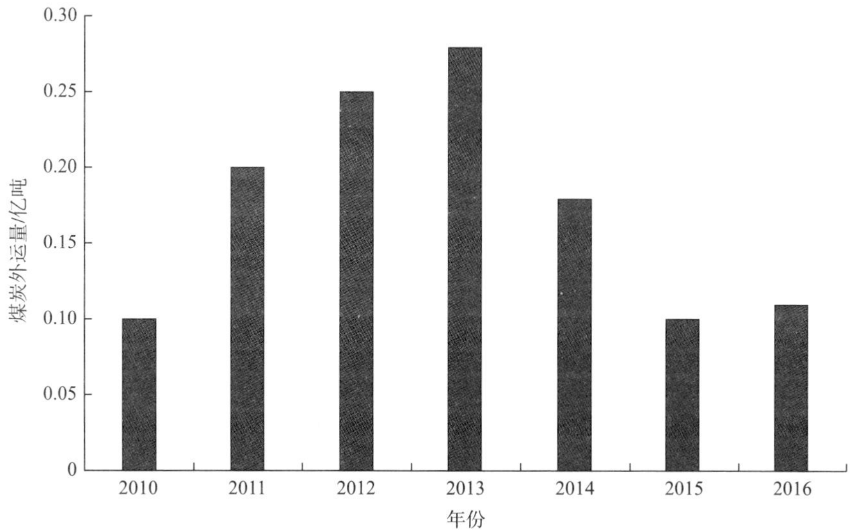

图 4.2.4　新疆煤炭外运量

资料来源:《新疆统计年鉴 2017》

目前，新疆外运煤炭主要集中在哈密地区，大部分供应甘肃省河西走廊地区。随着新疆煤炭资源的大规模开发，以及临哈铁路全线贯通，将形成以兰新线为主通道、以将军庙—三塘湖—淖毛湖—临河铁路为北翼的煤炭外运格局。其中，兰新铁路通道为主通道，主要供甘肃河西、青海和川渝等地区，将军庙—三塘湖—淖毛湖—临河铁路为疆煤外运的北部通道，可实现疆煤外运供应宁夏等地区。

既有兰新铁路为双线电气化铁路，货物运输能力近 1 亿吨，其中煤运能力 5 000 万吨以上，运输能力相对富裕。随着新建的兰新第二双线全面建成运营，既有线客车大部分转移至新建线路，货运能力还将有较大提高，将为“疆煤外运”创造更加优越的运输条件。在建红淖铁路计划分两期修建，一期工程红柳河至淖毛湖矿区段现已铺轨完成，设计为单线、预留复线，运输能力近、远期分别为 3 000 万吨/年和 6 000 万吨/年；二期工程将继续向西延伸，到达三塘湖矿区。规划建设的将军庙—三塘湖—淖毛湖—柳沟铁路正在进行前期工作，设计为单线（部分地段预留复线）电气化铁路，运输能力近、远期分别为 3 500 万吨/年和 7 000 万吨/年，远景能力达到 1 亿吨/年以上。

2.2 新疆煤电产业发展现状

2.2.1 新疆煤电发展规模及布局

按照煤电产业“规模化、大型化、基地化、一体化”的发展要求，依托现有城镇配套基础设施，新疆已形成准东、哈密、伊犁、塔北煤电中心。在“十二五”期间，新疆的电力总装机逐年递增，2013 年新疆电力规模成为西部五省区第一，2016 年达到了 8 109 万千瓦，约占西部全网的 30%，见图 4.2.5。近年来，由于下游产业电力需求的逐步减少，新疆电力装机的增幅呈现逐年下降的趋势，不过仍旧保持着两位数的高增长幅度。

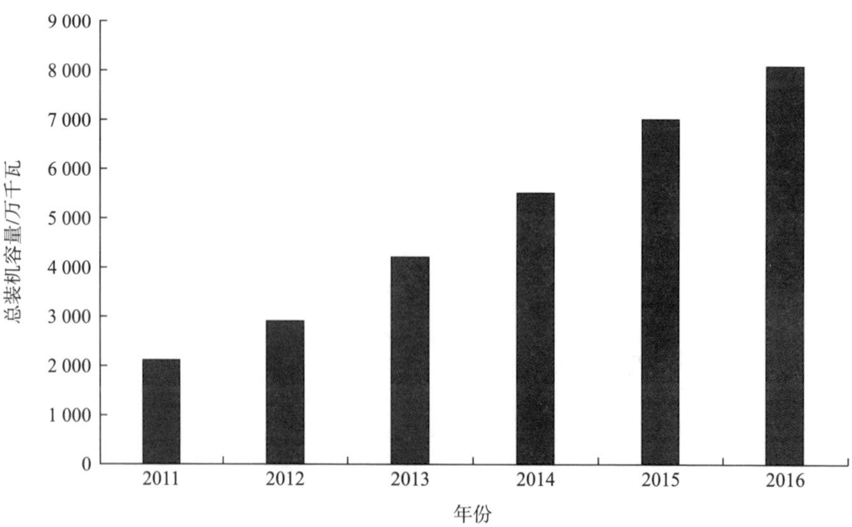

图 4.2.5 新疆电力装机增长情况

资料来源：中国电力企业联合会. 电力工业统计资料汇编（2011~2016）

“十二五”期间，新疆火电装机实现跨越式大发展，装机规模再创新高，见图 4.2.6。据中国电力企业联合会发布的资料，2016 年，新疆火电装机达到 4 775 万千瓦，其中，煤电装机 4 642 万千瓦，占新疆火电装机的 97%以上，因此可以将火电机组等同于煤电机组。

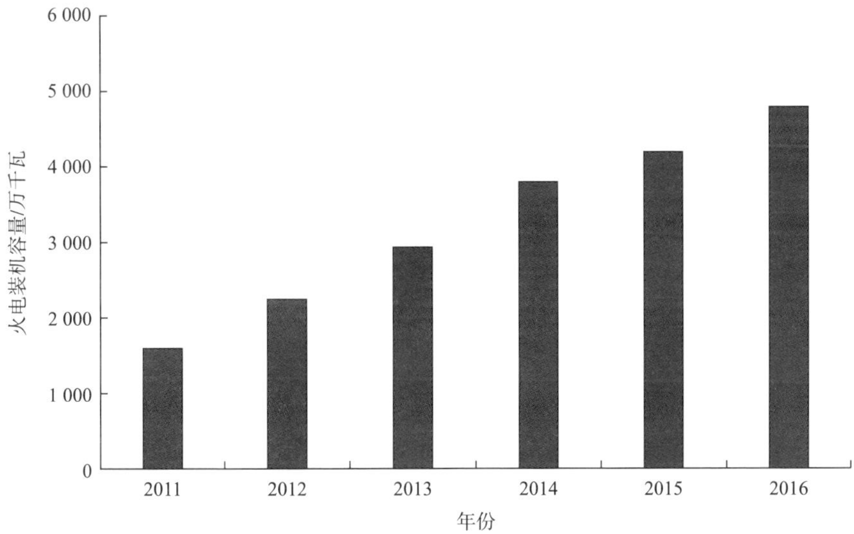

图 4.2.6　新疆火电装机增长情况

资料来源：中国电力企业联合会. 电力工业统计资料汇编（2011~2016）

新疆煤电主要集中在准东、哈密、塔北、伊犁等地区，这些区域煤矿密集，资源优质，十分适合发展煤电一体化产业。

2.2.2　煤电技术发展情况

据中国电力企业联合会发布的资料，截至 2016 年底，新疆百万千瓦煤电机组 2 台、装机容量 220 万千瓦，占煤电总装机容量的 4.7%；60~100 万千瓦煤电机组 9 台、装机容量 594 万千瓦，占煤电总装机容量的 12.8%；30~60 万千瓦煤电机组 60 台、装机容量 2 017 万千瓦，占煤电总装机容量的 43.5%；30 万千瓦及以下煤电机组容量 1 811 万千瓦，占煤电总装机容量的 39.0%。

新疆目前在建及拟建项目以超临界燃煤机组以及超超临界燃煤机组为主，其中，超临界燃煤机组约占 3/4，超超临界燃煤机组占比约为 1/4。

随着火电机组“上大压小”及先进煤电技术的应用，整体发电效率上，新疆火电平均供电煤耗持续下降。据中国电力企业联合会统计数据，截至 2016 年底，全疆 6 000 千瓦及以上燃煤发电机组平均供电煤耗已降至 320 克标准煤/千瓦时，见图 4.2.7。未来，哈密、准东煤电基地新建燃煤发电机组原则上采用 1 000 兆瓦超超临界空冷机组，机组供电煤耗不高于 299 克标准煤/千瓦时。燃煤机组逐步向国产化及大容量、高参数的超超临界煤电机组发展。

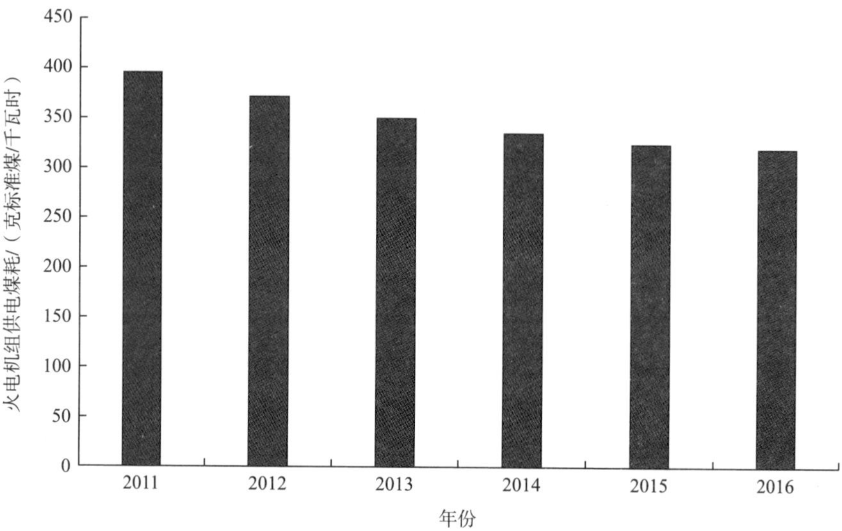

图 4.2.7　新疆火电机组供电煤耗

资料来源：中国电力企业联合会. 电力工业统计资料汇编（2011~2016）

结合疆内能源密集型产业发展需求，开发并建设大容量、高参数、节能、节水、环保、煤电一体化机组是新疆煤电技术未来发展方向。同时，实施煤电节能减排升级改造行动计划，逐步关停不符合产业政策、高污染、高耗能的小火电机组，进一步提升煤电发展水平。

2.2.3　煤电消费和外送情况

1. 发电量及发电小时数

“十二五”期间，新疆全社会用电量逐年增加，但是随着国家经济增速下降，下游产业对电力需求的增量逐年递减，因此新疆发电量增长的幅度也逐步收窄。2016 年，新疆发电量达到了 2 693 亿千瓦时，同比增长 8.6%。新疆火电发电量及增长情况如图 4.2.8 所示，新疆火电年发电小时数如图 4.2.9 所示。可以看出，2013 年后，新疆火电发电量的增幅逐年下降。2016 年，新疆火电发电量 2 195 亿千瓦时，同比增加 6.2%。另外，煤电装机逐年递增导致煤电产能严重过剩，这主要体现在年发电小时数在 2013 年达到高点，之后两年降低，并维持较低的水平。2016 年，新疆火电机组发电小时数为 4 768 小时，较 2015 年略有增加。

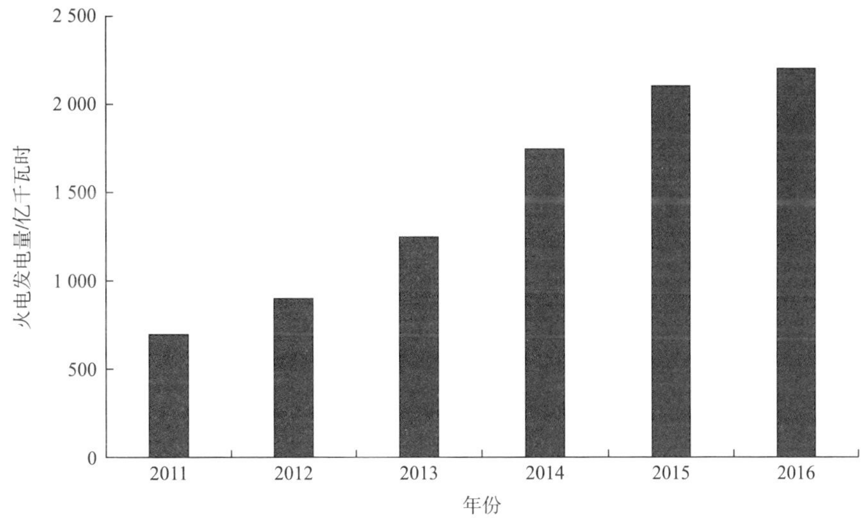

图 4.2.8　新疆火电发电量及增长情况

资料来源：中国电力企业联合会. 电力工业统计资料汇编（2011~2016）

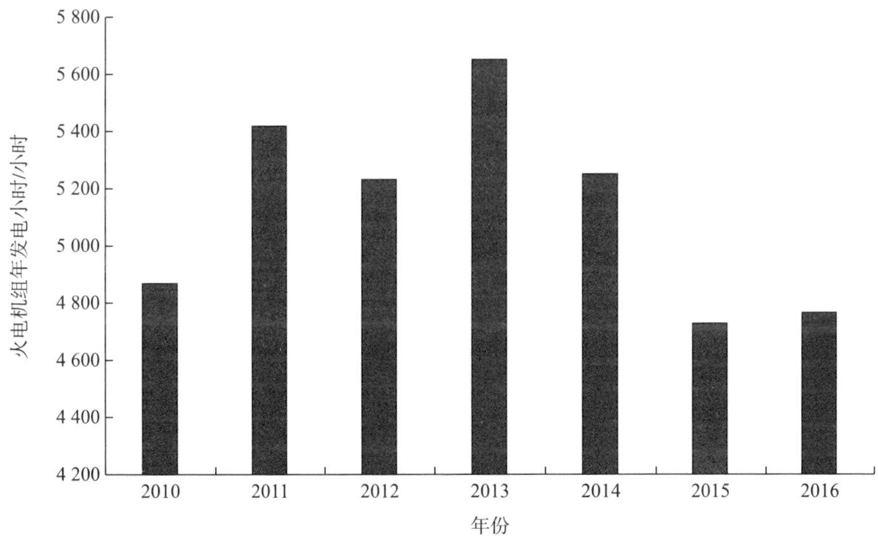

图 4.2.9　新疆火电年发电小时数

资料来源：中国电力企业联合会. 电力工业统计资料汇编（2011~2016）

2. 电力外送情况

2010 年，新疆与西北 750 千伏联网工程、甘肃千万千瓦级风电一期外送工程正式建成投运，标志着新疆电网结束了孤网运行的历史。2014 年，哈密南—郑州±800 千伏特高压直流输电工程投运，每年能将 370 亿千瓦时的电量输送至中原大地，标志着“疆电外送”战略实施迈出了关键一步。据中国电力联合会发布的数据，2016 年新疆已实现“疆电外送”电量 361 亿千瓦时，同比增加 25%，见图 4.2.10。其中，哈密南—郑州±800 千伏特高压直流输电工程外送电量达到 323 亿千瓦时，占总外送电量的 89.5%，新疆与西北 750 千伏联网工程外送电量 38 亿千瓦时，占总外送电量的 11%。此外，新疆还向蒙古国外送电量 650 万千瓦时。

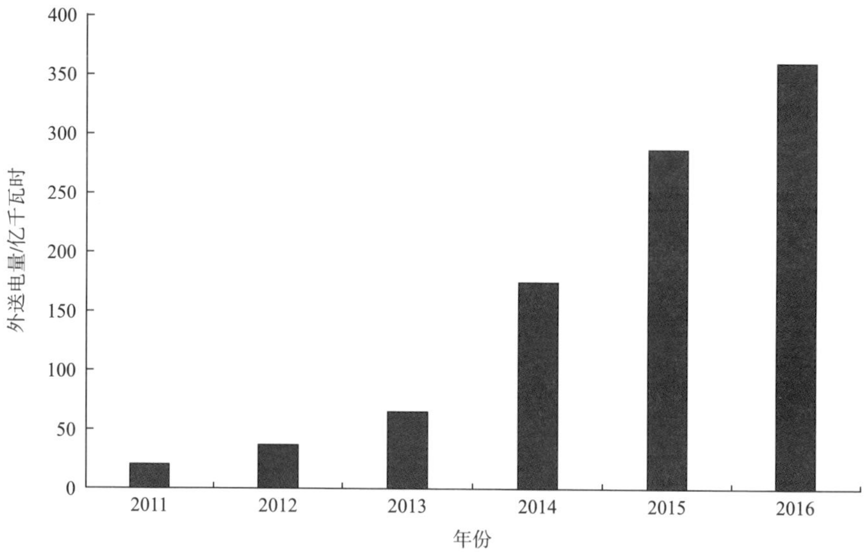

图 4.2.10 新疆电力外输情况

资料来源：中国电力企业联合会. 电力工业统计资料汇编（2011~2016）

另外一条特高压直流工程，准东—皖南±1 100 千伏特高压直流输电工程，2016 年开工建设，并在顺利建设中。2018 年 10 月 2 日，特高压古泉站极低端站系统调试所有启动试验项目已完成，标志着±1 100 千伏准东—皖南特高压直流工程具备了输送电力的条件。届时该线路每年可以向我国中东部送电约 660 亿千瓦时，相当于减少燃煤运输 3 024 万吨。

2.3 新疆煤化工产业发展状况

2.3.1 煤化工发展规模及布局

新疆依托本地优质煤炭资源，以伊犁、准东煤炭基地为重点，大力发展现代煤化工产业，升级传统煤化工产业，提高技术含量和深加工程度，初步建成了一定规模的现代煤化工产业集群。截至2016年底，新疆煤制天然气产能13.75亿米^3/年、煤制烯烃产能68万吨/年、煤制乙二醇产能30万吨/年、甲醇产能155万吨/年、焦炭产能4 000万吨/年、电石产能550万吨/年、烧碱产能300万吨/年。全区煤化工产业规模以上生产企业70余家。其中，焦炭企业56家（含兵团17家），煤制甲醇企业2家，合成氨企业4家，电石企业12家，煤制天然气企业1家，煤制烯烃企业1家。传统煤化工已形成焦化、电石、合成氨/尿素、甲醇四大产业链。现代煤化工产业占比则不断提升，已形成煤制天然气、煤制烯烃、煤制油、煤制二甲醚、煤制乙二醇，以及煤炭分级分质利用等特色的现代煤化工产业群。另外，准东、伊犁、库拜等煤化工基地建设有序推进。

目前，仍有多个煤制油、煤制天然气、煤制烯烃化工项目在建及规划建设。其中，包括伊泰伊犁100万吨/年煤制油示范项目、伊泰华电甘泉堡200万吨/年煤制油项目、新疆庆华能源集团60万吨/年煤焦油加氢项目、中衡骏化能源科技股份有限公司20万吨/年煤焦油加氢项目。

2.3.2　煤化工产品外运通道建设情况

“十二五”期间，新疆地区的油气管网不断完善，相继建成了中哈原油管道二期工程及西气东输一、二、三线等天然气管道。天然气干支线管道总里程达到7 446千米，管网一次管输能力770亿立方米。新疆天然气输送管道情况如表4.2.2所示。

表4.2.2　新疆天然气输送管道情况表

输送管道	设计输送/（亿米^3/年）	预计给煤制天然气预留量/（亿米^3/年）	现状	所有者
西气东输一线工程	120		已运营	中石油
西气东输二线工程	300		已运营	中石油
西气东输三线工程	300	50	在建	中石油
新粤浙管道工程	300	300	在建	中石化等
新鲁管线	300	300	拟建	中石化等

庆华一期煤制天然气工程已接入西气东输管道，规划的新粤浙管道也将接入准东基地的煤制天然气，总量将达到300亿米^3/年。

2.4 新疆煤炭开发利用对区域社会发展的贡献

2.4.1 经济效益分析

煤炭开发及利用项目投资大、煤炭转换能源产品附加值高、利税水平高，为区域经济发展做出了较大贡献，推动了包括新疆在内的我国西部少数民族地区的经济社会发展，为解决当地人口就业、调整当地的产业结构发挥了积极作用，是推动西部大开发战略、促进西部煤炭资源型地区转型升级的重要抓手。

第一，作为新一代的国家重点煤炭基地，煤炭开发势必会给区域内经济带来生机与活力。2016 年，新疆煤炭产量为 1.61 亿吨，按 160 元/吨平均价格计算，煤炭工业销售收入为 258 亿元，约占 2016 年新疆工业增加值（2 441 亿元）的 10.6%、新疆生产总值（9 617 亿元）的 2.7%。预计到 2020 年，新疆煤炭产量将达 2.0 亿吨，在国家煤炭去产能的大背景下，假设到“十三五”末期，按照 380 元/吨的煤炭平均价格计算，煤炭工业销售收入为 760 亿元，约占 2020 年新疆预测工业增加值（6 372 亿元）的 11.9%、新疆预测生产总值（14 348 亿元）的 5.3%。

第二，新疆煤炭近 6 成由火电及供热行业消纳，这也大力推动着区域内经济的快速发展。2016 年新疆火力发电量达到 2 195 亿千瓦时，按照新疆火电上网电价 0.262 0 元/千瓦时进行测算，新疆火电产业销售收入约为 575 亿元，约占 2016 年新疆工业增加值（2 441 亿元）的 23.6%、新疆生产总值（9 617 亿元）的 6.0%。未来，作为“一带一路”倡议中的向西桥头堡，新疆将成为重要电力送端，为中亚地区的发展提供电力支持，这也将给新疆经济发展提供巨大的支撑。

第三，现代煤化工产业是有效拉动区域经济发展的重要动力。现代煤化工产业附加值高、财政贡献大，百万吨级的煤制油项目每年可为社会创造税收 20 亿元左右，煤化工项目产品税收及增加值见表 4.2.3。现代煤化工项目投资强度大，可大幅提振固定资产投资，有效拉动建筑业、制造业及相关行业发展，促进社会进步。现代煤化工产业吸引大量高端人才到西部欠发达地区就业，对优化当地就业结构也起到积极作用。

表 4.2.3 煤化工项目产品税收及增加值

项目	单位产品税收	单位产品增加值	万元产值增加值/（元/万元）		
			煤化工	工业行业平均	石油化工行业
直接液化	2 000 元/吨	3 900 元/吨	4 500~5 000	2 200~2 500	2 600~2 900
间接液化	2 000 元/吨	3 600 元/吨	4 500~5 000		

续表

项目	单位产品税收	单位产品增加值	万元产值增加值/（元/万元）		
			煤化工	工业行业平均	石油化工行业
煤制烯烃	1 500 元/吨	4 300 元/吨	4 000~4 500	2 200~2 500	2 600~2 900
煤制天然气	400 元/千米^3	1 100 元/千米^3	4 000~4 500		

此外，现代煤化工产业的发展带动了关键技术装备制造、智能化和数字化及工业物联网等自主化技术水平的提高，初步估算，按照新疆现代煤化工项目规划，其装备投资将达到 4 000 亿元，加上材料投资共计 6 000 亿元，将有效提升西部地区装备制造业水平。

2.4.2　社会效益分析

第一，随着西部逐步承接东部，成为煤炭生产的主战场，新疆煤炭生产行业将进入蓬勃发展期。这势必将增加新疆区域内的就业机会。以煤炭采选业为例，目前在新疆地区从事煤炭采选业职工的平均收入达到 6 万~8 万元/年，明显高于当地平均水平（1.68 万元/年），随着煤炭开采规模的增加，将增加就业机会并极大提高当地职工生活水平。

第二，在保障能源安全上，哈密南—郑州±800 千伏特高压直流输电工程的建成，以及 2018 年建成的准东—皖南±1 100 千伏特高压直流输电工程将为三华地区的受端电网提供每年近 300 亿千瓦时的电力支撑，新疆将成为保障三华地区电网安全稳定的重要电源点。另外，近年来，随着三北地区大型风电基地的建设加快，我国以风电为代表的新能源发电装机容量迅速提升，三北地区电网消纳能力有限，不能满足风电大规模集中接入情况下的电力消纳需求，需要将风电远距离直接送至我国中东部负荷中心消纳，由此产生大规模风电远距离输送的新问题。相关研究表明，国内超临界火电机组分钟级出力调整速率为 3%~5%，而大型风电场群出力变化率在每分钟 1.5%以内的概率达 99%，将风电和火电打捆输送，可以对风电场功率进行调节以实现出力平滑，有利于直流系统稳定控制，并能提高输电通道的输电效率及经济性。我国石油资源相对缺乏，现代煤化工产业的发展，对于优化我国能源结构、保证我国能源安全具有重要作用。目前我国石油对外依存度逼近 60%，继续扩大进口规模，无疑会给我国能源安全带来更严峻的挑战。新能源和可再生能源作为石油替代品，其大规模产业化发展需要时间。以我国较为丰富的煤炭资源为突破口，特别是在新疆地区，发展现代煤化工产业成为最直接、最可能的重要保障途径，通过理念创新和技术突破，现代煤化工产业具备培育和发展成为战略性新兴产业的基础和条件，可提供重要的战略技术、装备制造技术和有效产能储备。在环境保护上，现代煤化工产业是实现煤炭资源高效清洁转化、促进煤炭行业和产煤大省转型升级的重要途径。现代煤化工产业可以实现煤炭从转化到终端利用全过程的最大限度清洁利用。煤化工产业生产出清洁油品、天然气或化学品的过程，其能源转换效率较高，且在转化的过程中，可以实现煤中硫、氮等相关污染元素的回收利用或无害化处理。通过现代煤化工产业发展，实现煤的高效、清洁利用，是推动能源生产和消费革命的重要手段，可推动煤炭利用技术升级，促进石化产品原料多样化发展，集中体现了现代煤化工产业发展的经济效益、社会效益和环境效益。

第 3 章　新疆煤炭开发利用面临的主要战略问题

3.1　水资源承载能力低

新疆地表水资源相对丰富，但时空分布很不均衡，多为季节性河流，具有春旱、夏洪、秋缺、冬枯的特性，季节性或区域性水资源短缺问题突出。水资源区域分布过于集中，新疆西北部占区域面积的 50%，水资源却占区域水资源总量的 93%。农业用水效率低，水资源浪费现象比较严重。

1. 新疆水资源利用已逾红线

2013 年 1 月，国务院办公厅印发了《实行最严格水资源管理制度考核办法》，明确了各省区水资源管理三条红线控制指标，并作为对各地区进行考核的依据。根据这一考核办法，2020 年、2030 年新疆水资源利用红线控制指标分别为 516 亿立方米和 526.7 亿立方米。然而，2016 年新疆总用水量 565 亿立方米，已经超出 2020 年红线约 50 亿立方米。2016 年，新疆人均用水量 2 376.6 立方米，是全国人均用水量的 5.6 倍。万元地区生产总值水耗 585.9 立方米，是宁夏、内蒙古、甘肃、陕西的 2~10 倍，用水效率较低。从用水结构上看，农业用水近乎占到了总用水量的 95%，而工业用水量不足总用水量的 3%。2016 年新疆地区供用水情况见表 4.3.1。

表 4.3.1　2016 年新疆地区供用水情况

供水量/亿立方米				万元地区生产总值水耗/立方米
地表	地下	其他	小计	
445.9	118.6	0.9	565.4	585.9
用水量/亿立方米				**人均用水量/立方米**
农业	工业	生活生态	小计	
533.3	11.7	20.4	565.4	2 376.6

资料来源：《中国统计年鉴 2017》

为了将用水量控制在用水红线指标以内，同时也为煤炭转化利用提供用水保障，需要采取农业节水和跨区调水措施。

在农业节水方面，新疆通过新增农业高效节水面积 3 000 万亩（1 亩≈666.67 平方米），可节水 47.3 亿立方米；实施退耕计划面积 1 408 亩，可腾出农业用水 82.8 亿立方米。以上两项合计可减少农业用水 130.1 亿立方米。考虑到伊犁河、额尔齐斯河流域水资源相对丰富，两河流域可适当增加灌溉面积 344 万亩，需新增农业用水 17 亿立方米，一增一减农业用水可减少 113.1 亿立方米。

新疆伊犁河年径流量 167 亿立方米，可利用水资源量达 80 亿~110 亿立方米。额尔齐斯河年出境水量 95 亿立方米，占 80%，规划调水 25 亿~30 亿立方米。北疆的新增供水水源主要是地表水的开发利用和跨流域调水工程。建设跨流域调水工程，包括引额跨流域调水与伊犁河跨流域调水。引额跨流域调水包括“引额济克”“引额济乌”“引额济哈”，2020 年引水量可达 17.39 亿立方米。伊犁河跨流域调水 2020 年引水量将为 1.27 亿立方米。

东疆地区地表水资源可供水量基本维持在 12 亿立方米左右，新增能源行业用水通过农业用水减调置换。根据相关规划，2020 年东疆水权置换水量最高可为 9.84 亿立方米。

2. 新疆主要产煤地区水资源供应紧张

新疆煤炭资源富集区除伊犁地区外，吐哈和准东等地区水资源较为短缺、水资源供应紧张。根据《新疆统计年鉴 2017》，昌吉州地表水资源量和地下水资源量分别为 40.29 亿立方米和 28.10 亿立方米，2016 年昌吉州地表水和地下水用量分别为 22.74 亿立方米和 21.56 亿立方米，地表水资源和地下水资源利用率分别为 56.4%和 76.7%，已接近或超过 60%的警戒线，2016 年新疆主要产煤地区供用水情况见表 4.3.2。吐鲁番地表水资源量和地下水资源量分别为 8.08 亿立方米和 9.42 亿立方米，2016 年吐鲁番地表水和地下水用量分别为 5.61 亿立方米和 7.59 亿立方米，地表水资源和地下水资源利用率分别为 69.4%和 80.6%，均已较大幅度超过了 60%的警戒线。从地下水资源使用情况看，昌吉和吐鲁番地区地下水已处于超采阶段。综合来看，新疆主要产煤地区的水资源极度紧张，如果不合理高效地采取节水、水权置换、调水等措施，未来煤电化工业的发展将极大受限。

表 4.3.2 2016 年新疆主要产煤地区供用水情况 单位：亿立方米

地区		供水				用水	
		总量	地表水	地下水	中水	总量	其中：生产
准东	乌鲁木齐	10.74	6.02	4.42	0.30	10.74	8.20
	昌吉	44.56	22.74	21.56	0.26	44.56	43.25

续表

地区		供水				用水	
		总量	地表水	地下水	中水	总量	其中：生产
吐哈	吐鲁番	13.22	5.61	7.59	0.02	13.22	12.69
	哈密	10.83	5.02	5.75	0.06	10.83	10.18
伊犁	伊犁州直	44.86	41.01	3.81	0.04	44.86	42.42
	塔城	43.13	26.52	16.60	0.01	43.13	42.23
库拜	阿克苏	108.48	101.33	7.15	0	108.48	107.62

资料来源：《新疆统计年鉴 2017》

3.2 生态环境制约

表 4.3.3 为 2016 年新疆及东南部发达地区废气污染物排放情况。通过对比可以发现，虽然新疆土地面积约占全国的 1/6，环境容量极大，但全国环境排放指标并未根据实际地区环境容量进行分配，新疆的环境排放指标有限。

表 4.3.3　2016 年新疆及东南部发达地区废气污染物排放情况　单位：万吨

项目	江苏	广东	山东	新疆
二氧化硫排放量	57.0	35.4	113.5	48.1
氮氧化物排放量	93.0	84.3	122.9	60.0
烟（粉）尘排放量	47.2	28.2	87.4	45.7

资料来源：《中国统计年鉴 2017》

工业行业二氧化硫、氮氧化物和烟（粉）尘排放情况分别如图 4.3.1、图 4.3.2、图 4.3.3 所示。排放量最大的行业均为电力、热力的生产和供应业。根据《新疆维吾尔自治区环境保护“十三五”规划》，新疆地区“十三五”期间主要污染物排放总量指标降低，二氧化硫排放量五年累计下降 14.8%，氮氧化物排放量五年累计下降 15.25%。经估算，至 2020 年，新疆地区二氧化硫排放总量需控制在 55.12 万吨/年以下，氮氧化物排放总量需控制在 43.01 万吨/年以下。“十三五”期间，新疆新建煤电装机容量达到 1 514 亿千瓦，总装机容量将达到 7 662 亿千瓦，如果“十三五”期间不进行发电厂脱硫脱硝的技术改造，到 2020 年，新疆煤电生产每年将排放 19 万吨的二氧化硫，以及 27 万吨的氮氧化物，分别占到了全区环境容量目标值的 34%及 62%，这将给实现新疆地区“十三五”期间环境保护目标带来巨大的挑战。因此，为煤电机组加装先进的脱硫脱硝装置，实现煤电清洁生产，是“十三五”期间新疆环境保护工作的重要目标之一。

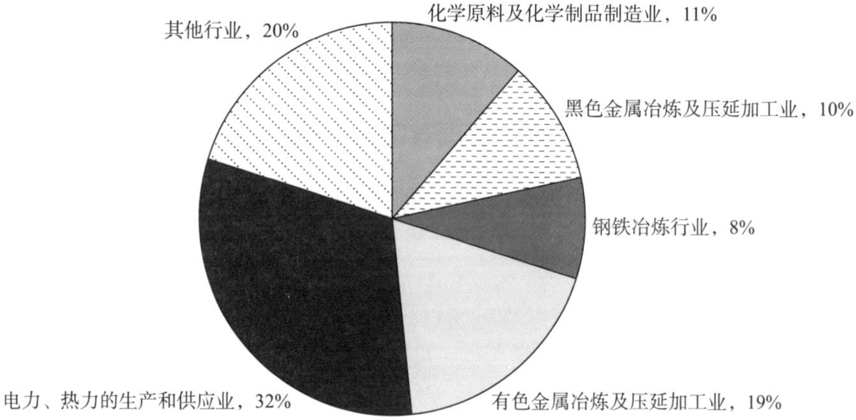

图 4.3.1 工业行业二氧化硫排放情况

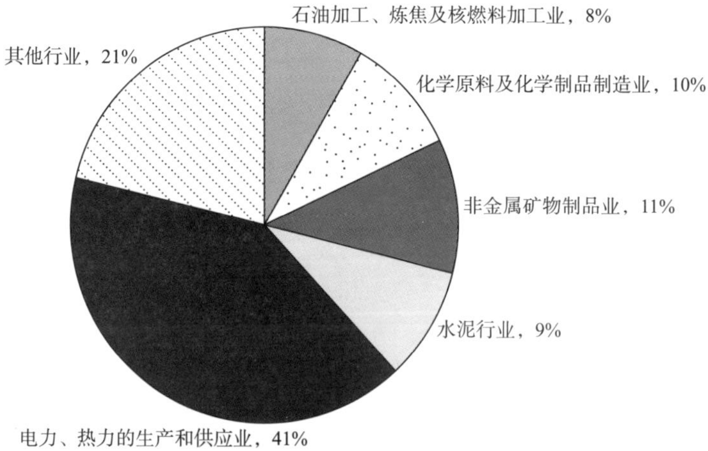

图 4.3.2 工业行业氮氧化物排放情况

“十三五”期间，新疆地区煤制油产能合计 380 万吨/年，参考已成功运行的伊犁 16 万吨/年煤间接液化示范项目（二氧化硫排放量 331 吨/年），煤制油项目所需二氧化硫排放指标约为 7 861 吨/年；新疆地区煤制天然气产能合计 405.5 亿米^3/年，参考已通过环境影响评价的伊犁新天煤化工有限责任公司 20 亿米^3/年煤制天然气项目（二氧化硫排放总量 1 852 吨/年），煤制天然气项目所需二氧化硫排放指标约为 37 503 吨/年；新疆地区煤制烯烃产能合计 188 万吨/年，参考已成功运行的神华包头 60 万吨/年煤制烯烃项目（吨烯烃二氧化硫排放量为 4.7 千克），煤制烯烃项目所需二氧化硫排放指标约为 8 836 吨/年。

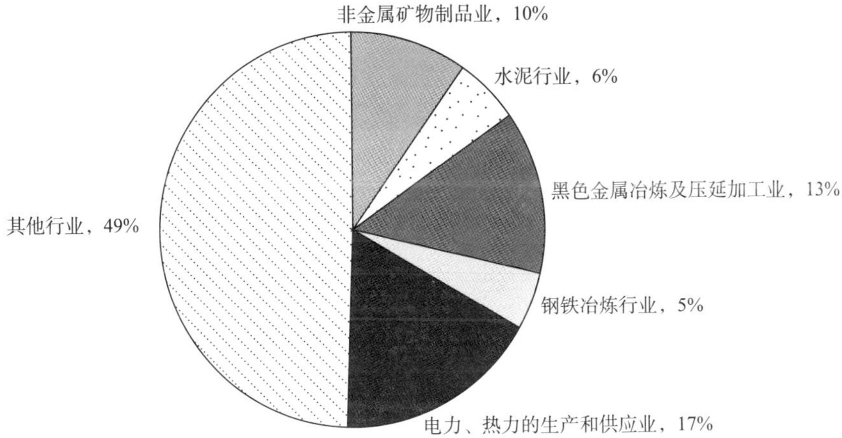

图 4.3.3　工业行业烟（粉）尘排放情况

若新疆地区的现代煤化工项目均按规划建成，煤制油、煤制天然气及煤制烯烃项目二氧化硫总排放量占区域二氧化硫理想环境容量的 10%，以目前新疆地区的大气环境容量来看，现代煤化工产业在新疆地区具有一定的发展空间。

3.3　煤电化产业产能过剩

目前，新疆煤炭生产能力已经达到 3.6 亿吨/年，可满足 2020 年前的市场煤炭需求。在现有产能中，已核准的产能仅约 1 亿吨，大部分已投产的产能中未批先建和批小建大的合计产能约 2.6 亿吨。此外，新疆存在着煤炭实际产能严重过剩，而合法先进产能不足的局面。随着一些大型煤化工项目进入前期开发阶段，配套的煤矿项目也会相继实施，这将进一步加剧新疆煤炭产能过剩问题。

此外，“十二五”期间新疆电力爆发式增长，新增电源规模远高于“‘十二五’规划”水平。其中，火电“十二五”期间超规划部分的装机达到了 1 286 万千瓦，加剧了火电产能过剩的情况。目前，新疆煤电的年发电小时数已经由 2013 年最高的 5 600 小时回落到 2016 年的 4 800 小时。与煤炭去产能相比，新疆煤电“去产能”的难度也相对较大。这主要是因为目前新疆在建煤电大多为优质产能，落后产能占比较小。

新疆传统煤化工产能也呈明显过剩趋势。2016 年，新疆焦炭产量为 1 574.4 万吨，为疆内焦炭消费量的 1 倍以上，产能严重过剩。

3.4　煤炭开发利用市场竞争压力大

与山西、陕西、内蒙古、宁夏煤炭基地相比，新疆煤炭煤电煤化工基地到我国东部能源消费中心的距离要远 1 500 千米左右，能源运输成本明显处于竞争劣势。以煤炭产品为例，虽然新疆的煤炭开采成本较能源“金三角”地区低约 100 元，但是输送成本较能源“金三角”地区高约 300 元，煤炭输送成本高的劣势十分明显，缺乏市场竞争力。

对于现代煤化工，煤制油和煤制烯烃等产品将面临国内和国外产品的同时竞争。在未来几年内，世界油气市场供应宽松，这意味着石油油气价格不会急剧上升。随着新疆煤炭原料成本和现代煤化工技术进步，只有当石油原油价格回升到 60 美元/桶、华东天然气到岸价提高到 2.5 元/米^{3}以上时，新疆的煤制油和煤制天然气等产品才能盈利。具体产品竞争力因素将在第 4 章进行详细的阐述。

3.5 产业高效协同发展程度不高

新疆地区煤炭开发利用产业发展总体缺乏宏观统筹，产业定位、功能不清，致使产业布局和资源配置不尽合理，产业发展不够高效，区内缺乏整体协调互动。主要体现在三方面：一是煤炭生产技术水平参差不齐。随着东部煤炭产业西移，新疆新建了一批生产技术先进、安全高效的绿色煤矿。这些煤矿开采的安全系数高，人均年煤炭产量位居国内先进水平之列。然而，新疆仍有部分矿井受瓦斯、火灾、水害威胁，特别是技术条件差、管理能力低的小矿，安全生产压力仍旧较大。因此，新疆煤炭产业发展应增质提效、淘汰落后产能、增加先进高效产能比重。二是产业体系不完善，各地多以资源开发和一次能源生产为主，下游或配套产业发展滞后。目前，国家正着力将新疆建设成为国家大型油气生产加工和储备基地、大型煤炭煤电煤化工基地、大型风电基地和国家能源资源陆上大通道，并将这些能源输送至我国能源消费中心，必须拥有完备的配套基础设施，如铁路、管道和输电通道等。然而，目前新疆煤电化能源项目的建设速度要远快于能源外送通道的建设速度，因此，预期在不远的未来，煤基能源输送通道建设的滞后将成为新疆煤基能源发展的主要制约因素。三是煤炭开发利用路线趋同，以煤炭开发为主，延伸煤电、煤化工产业链，是各煤炭富集区所在地（州、市）的共同特征，产业同质化将导致对水资源、运输通道等基础设施资源争夺激烈。

第4章　新疆煤炭、煤电、煤化工品成本竞争力分析

4.1　新疆煤炭外运成本竞争力分析

新疆煤炭资源十分丰富，资源保障程度高，截至2015年底，全区已编制完成或正在编制的矿区总体规划42个，共规划井（矿）田359个，规划总能力17.6亿吨/年。影响新疆煤炭开发利用规模的主要影响因素包括水资源和市场需求。其中疆外市场竞争力的高低，决定了疆煤外运的规模。

4.1.1　疆煤外运市场分析与竞争力比较

影响疆煤外运市场竞争力的主要因素是运输距离以及竞争对手的煤炭生产成本。本书以能源“金三角”地区为对比，研究兰州、西安市场疆煤的竞争力。

1. 煤炭运输距离

根据我国14大煤炭生产基地分布情况，服务华北电网和华东电网的煤炭基地最多，而且生产规模大，包括神东、陕北、晋北、晋中和晋东等7大煤炭生产基地。在运输距离方面，新疆东大门哈密到华北市场的运输距离比榆林和鄂尔多斯分别多1 800千米和2 070千米。新疆煤炭在2030年前无法与这些煤炭基地竞争，新疆煤炭很难进入华北市场。

对于华中市场，新疆煤炭主要面临山西、内蒙古西部和陕西煤炭的竞争，随着蒙华铁路建成投运，“三西地区”煤炭供应成本将进一步降低，而新疆煤炭因运输距离较远而缺乏竞争力。对于华中市场，榆林和鄂尔多斯比新疆煤炭拥有1 000千米以上的运输距离优势。

对于西南市场，云南和贵州煤炭市场主要由云贵煤炭基地供应，调入煤炭的地区主要是四川和重庆，哈密到重庆和成都的运输距离分别为2 300千米和2 100千米，而陕西煤炭主产区榆林离重庆和成都分别为1 400千米和1 250千米，比新

疆煤炭拥有约 900 千米的运输优势。而准东煤田所在的昌吉，其煤炭主产区距离哈密 400 千米，在运输距离方面更是处于劣势。

总体上看，在山西、陕西、内蒙古、宁夏地区煤炭产量没有明显下降之前，新疆煤炭很难进入华北、华东、华中和西南地区。疆煤外运目标市场将主要局限在甘肃、宁夏和青海，少量特殊煤种，如优质炼焦煤和富油煤，可以进入距离较远的市场，如华中和西南市场。

2. 煤炭生产成本

煤炭生产成本取决于煤炭资源赋存条件和煤炭开采方式。新疆煤炭资源赋存条件好，适合露天开采，煤炭开采成本较低。在吐哈和准东煤田，露天矿的平均开采成本为 80~100 元/吨，井工矿的开采成本平均为 120~140 元/吨。鉴于外运煤炭面临较大竞争压力，要求外运煤炭质量好且生产成本低，这里假定新疆外运煤炭的平均井口价为 90 元/吨（5 000 大卡/千克）（含税）。

从煤炭市场竞争的角度看，新疆外运煤炭的主要竞争对象为陕西榆林、内蒙古鄂尔多斯、宁夏宁东、甘肃陇东生产的动力煤，2015 年，以上地区动力煤的平均生产成本为 150~290 元/吨，具体见表 4.4.1。从原煤平均生产成本看，新疆煤炭生产成本低的优势比较明显。

表 4.4.1 主要相关动力煤主产区的原煤平均生产成本 单位：元/吨

主产地	原煤生产直接成本	三项费用	原煤平均生产成本
陕西榆林	173	23	196
内蒙古鄂尔多斯	130	21	151
宁夏宁东	195	25	220
甘肃陇东	260	30	290

注：三项费用指的是营业费用、管理费用及财务费用

3. 煤炭供应竞争力分析

煤炭供应竞争力主要由煤炭生产成本和销售距离决定。根据地理位置和目标市场，新疆煤炭的主要竞争对手为陕西榆林、内蒙古鄂尔多斯、宁夏宁东和甘肃陇东地区生产的煤炭。以新疆哈密生产的煤炭为例，分析新疆煤炭产品竞争力。在目标市场方面，选取兰州和西安为目标市场，进行分析，煤炭的运输成本按基价 1 的 18.6 元/吨和基价 2 的 0.155 1 元/（吨·千米）计算。

分析结果（表 4.4.2）表明，在兰州市场，新疆煤炭产品落地成本与陕西榆林相当，略高于鄂尔多斯和宁东，考虑到煤炭流向原则，哈密煤炭在兰州市场具有

一定的竞争力。在西安市场，哈密煤炭产品落地成本远高于竞争对手，这表明哈密煤炭在西安以东和以南市场上均无法与竞争对手抗衡。因此，在榆林、鄂尔多斯和宁东等主要竞争地区煤炭供应充分的前提下，新疆煤炭很难进入兰州以东和以南地区的煤炭市场。

表 4.4.2　新疆煤炭外运竞争力分析

主产地	原煤平均生产成本/（元/吨）	兰州市场		西安市场	
		距离/千米	落地成本/（元/吨）	距离/千米	落地成本/（元/吨）
陕西榆林	190	680	314	560	295
内蒙古鄂尔多斯	151	820	297	740	284
宁夏宁东	220	430	305	630	336
甘肃陇东	290	320	358	290	354
新疆哈密	90	1 320	313	1 900	403

4.1.2　疆煤经济销售半径测算

疆煤外运经济合理半径主要取决于目标市场煤炭价格和煤炭供应成本。新疆外运煤炭主要为动力煤，以动力煤为对象，分析新疆煤炭外运的经济合理半径。图 4.4.1 表明，从 2014 年开始，受煤炭产能严重过剩的影响，我国电煤价格呈持续下降趋势，2016 年 6 月以后，随着国家煤炭去产能政策的严格执行，电煤价格快速反弹，2016 年 12 月达到阶段性峰值。考虑到电煤价格的合理回归，选择 2016 年 10 月的电煤价格分析疆煤外运的经济合理半径。

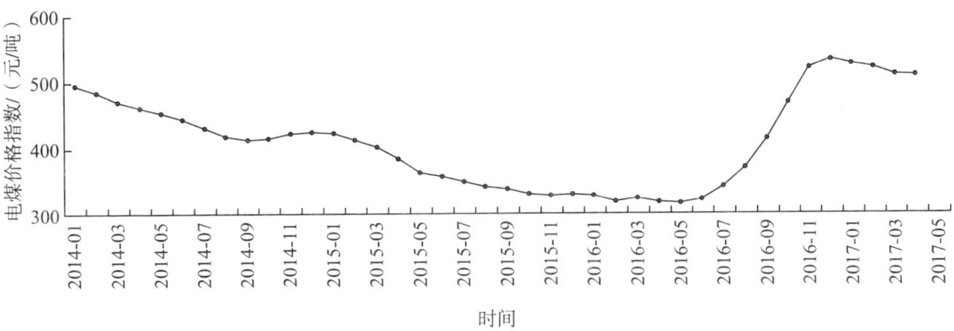

图 4.4.1　中国电煤价格指数变化

本期：510.12 元/吨。上期：511.29 元/吨。环比：−0.23%。发布日期：2017/5/15

所谓的经济合理判断依据是在该销售半径内，煤炭的销售利润率应不低于 10%。2016 年 9 月、10 月，我国重点地区电煤价格见表 4.4.3。

表 4.4.3 我国重点地区电煤价格

地区	2016 年 10 月 /（元/吨）	2016 年 9 月 /（元/吨）	环比	同比
全国	469.01	414.07	13.27%	42.07%
河北省	489.57	411.21	19.06%	74.57%
山西省	326.70	274.94	18.83%	55.05%
上海市	512.31	471.28	8.71%	25.23%
江苏省	532.67	479.60	11.07%	44.84%
浙江省	511.84	472.68	8.28%	21.20%
安徽省	562.27	505.38	11.26%	46.56%
江西省	596.84	528.30	12.97%	29.24%
河南省	565.60	452.42	25.02%	70.22%
湖北省	574.86	496.51	15.78%	51.00%
湖南省	576.72	500.29	15.28%	39.17%
重庆市	526.70	468.56	12.41%	25.39%
四川省	530.98	473.39	12.17%	45.76%
内蒙古自治区	287.36	246.09	16.77%	66.28%
陕西省	411.28	352.34	16.73%	47.62%
甘肃省	436.67	341.51	27.86%	55.86%
青海省	447.91	404.52	10.73%	11.00%
宁夏回族自治区	271.27	245.00	10.72%	16.49%
新疆维吾尔自治区	158.39	154.23	2.70%	−6.08%

资料来源：中国煤炭市场网

为了简化计算，在计算运输距离时，以中心城市为目标市场距离计算终点，运输距离起点为哈密。准东煤田煤炭外运的经济合理半径则可通过吐哈煤田煤炭外运的经济合理半径减 400 千米获得。煤炭运输价格按照基价 18.6 元/吨和运输基价 0.155 1 元/（吨·千米）计算，计算公式为：煤炭运费=18.6+0.155 1×运输距离，新疆煤炭井口价平均为 130 元/吨，疆煤外运经济合理半径计算表（哈密送出）见表 4.4.4。计算结果表明，按照 2016 年 10 月各地区电煤实际价格，新疆煤炭的最远销售半径可抵达河南，运输距离为 2 342 千米，新疆煤炭主要外输目的地首先为甘肃和青海，其次为河南和四川。然而在煤炭主产区宁夏、陕西、山西和内蒙古等地，新疆煤炭均为亏损状态。

表 4.4.4　疆煤外运经济合理半径计算表（哈密送出）

地区	煤炭价格平均值/（元/吨）	市场距离/千米	煤炭运费/（元/吨）	煤炭到目标市场成本/（元/吨）	煤炭销售利润率
河北省	489.57	2 275	371.45	501.45	−2.37%
山西省	326.70	2 080	341.21	471.21	−30.67%
上海市	512.31	3 224	518.64	648.64	−21.02%
江苏省	532.67	2 946	475.52	605.52	−12.03%
浙江省	511.84	3 175	511.04	641.04	−20.16%
安徽省	562.27	2 804	453.50	583.50	−3.64%
江西省	596.84	2 966	478.63	608.63	−1.94%
河南省	565.60	2 342	381.84	511.84	10.50%
湖北省	574.86	2 634	427.13	557.13	3.18%
湖南省	576.72	2 846	460.01	590.01	−2.25%
重庆市	526.70	2 284	372.85	502.85	4.74%
四川省	530.98	2 107	345.40	475.40	11.69%
陕西省	411.28	1 904	313.91	443.91	−7.35%
甘肃省	436.67	1 321	223.49	353.49	23.53%
青海省	447.91	1 157	198.05	328.05	36.54%
宁夏回族自治区	271.27	1 499	251.09	381.09	−28.82%

疆煤外运经济合理半径是动态的，煤炭运输距离相对固定，煤炭生产成本变化也不大，决定经济合理半径的主要因素是目标市场的煤炭价格，经济合理半径随着目标市场价格的增长而扩大。

4.2　新疆煤电外输成本竞争力分析

我国西部各煤炭基地的地理位置、送电需求、送电距离、送电路径等情况各不相同，可以选择不同的输电方式和输电电压等级进行煤电的外送。目前，常用的输电方式有交流输电和直流输电两种，它们具有截然不同的技术特点。交流输电具有网络功能，可以灵活地汇集、输送和分配电力，需要各电压等级协调配合，有着较为严格的安全输送距离；直流输电是一种点对点的高效送电方式，需要依据送电容量和距离合理地选择电压等级。

依据经济输电范围的计算模型，本节比较了新疆煤电及能源“金三角”地区煤电外送至三华地区的单位电力成本，就此分析疆电外送的竞争力。

4.2.1 竞争力分析模型

煤电竞争力核心是煤电落地成本的高低，其由两块成本构成，分别是煤电的发电成本以及煤电的输电成本。

1. 煤电的发电成本

煤电发电成本 C_{Σ} 由折旧成本 C_{d} 、燃料成本 C_{f} 及维护成本 C_{m} 三部分组成：

$$C_{\Sigma}=C_{\mathrm{d}}+C_{\mathrm{f}}+C_{\mathrm{m}}=\gamma\left[\frac{i_{\mathrm{SIC}}}{\tau t}+\frac{3.6C_{f1}}{\eta}\right]$$

其中，γ 为发电成本的运行维护系数，一般取值在 1.13~1.18，本书取 1.15；i_{SIC} 为电站净功率折算的动态投资费用，单位为元/千瓦，本书以 600 兆瓦超临界火电机组为参考，取 i_{SIC} 为 4 000 元/千瓦；τ 为机组的年利用小时数，以 2015 年全国火电年利用小时数为参考，取 4 364 小时；t 为电站的服役期，一般为 20~30 年，本书按 25 年计；C_{f1} 为煤炭开采成本，单位为元/兆焦；η 为机组每年的平均效率，参考 600 兆瓦的超临界火电机组平均热效率，本书按 40%计。依据上述计算条件，西部各地煤电发电成本如表 4.4.5 所示。

表 4.4.5 西部各地煤电发电成本

项目	新疆哈密	宁夏宁东	甘肃华亭	陕西榆林	内蒙古鄂尔多斯
煤炭生产成本费用/（元/吨）	80~100	210~230	210~230	160~180	150~160
煤炭发热量/大卡	5 000	4 800	5 400	5 500	5 500
煤炭发电成本/（元/千瓦时）	0.082~0.092	0.151~0.161	0.139~0.148	0.114~0.123	0.110~0.114

注：发电成本含税

2. 煤电的输电成本

目前，远距离输电的方式有直流输电和交流输电两种，采用的输电方式不同，将直接导致度电成本不同，本书采用现金流折现模型，分别对采用交流输电方式的煤电输电成本以及采用直流输电方式的煤电输电成本进行计算。

1）采用交流输电方式的煤电输电成本

交流输电系统经济参数及交流输电系统技术参数分别见表 4.4.6、表 4.4.7。

表 4.4.6　交流输电系统经济参数

参数名称	数值
年等效损耗时间/小时	4 364
运行费率	1.8%
生命周期/年	25
年利率	8%
土地年产出/（元/亩）	1 000
输电走廊土地贬值率	10%

表 4.4.7　交流输电系统技术参数

参数名称	数值		
电压等级/千伏	1 000	750	500
交流系统短路容量/千安	30	40	50
串补度	40%		
并补度	90%		
输送功率/兆瓦	250~15 000		

交流输电系统经济性模型如表 4.4.8 所示。由于交流输电有三个不同的电压等级，因此将得到三种不同电压等级的交流输电成本，在进行竞争力比较的时候，以三个输电成本中的最小值为准进行比较。

表 4.4.8　交流输电系统经济性模型

投资成本	变电站成本+线路成本+开关站成本+串补站成本+高抗成本
维护成本年值 A	投资成本×运行维护费率
损耗费用年值 A	（变电站损耗电量+线路损耗电量）×发电成本
输电走廊贬值费用年值 A	输电走廊面积×单位面积贬值费用
交流输电总成本 P	投资成本+维护成本现值+损耗费用现值+输电走廊贬值费用现值

注：A 表示年值，P 表示现值，下同

2）采用直流输电方式的煤电输电成本

直流输电方式用到的各经济参数及直流输电系统经济性模型分别如表 4.4.9 及表 4.4.10 所示。在模型中，分别采用了±1 100/±800/±660/±500 千伏四种电压等级进行计算，由于直流输电有四个不同的电压等级，因此将得到四种不同电压等级的直流输电成本，在进行竞争力比较的时候，以四个输电成本中的最小值为准进行比较。

表 4.4.9 各经济参数

参数名称	数值
年等效损耗时间/小时	4 364
运行费率	1.8%
生命周期/年	25
年利率	8%
电能成本/（元/千瓦时）	0.4
土地年产出/（元/亩）	1 000
输电走廊土地贬值率	10%

表 4.4.10 直流输电系统经济性模型

投资成本	换流站成本+线路成本
维护成本年值 A	投资成本×运行维护费率
损耗费用年值 A	（换流站损耗电量+线路损耗电量）×电能成本
输电走廊贬值费用年值 A	输电走廊面积×单位面积贬值费用
直流输电总成本 P	投资成本+维护成本现值+损耗费用现值+输电走廊贬值费用现值

4.2.2 输送至华北电网地区竞争力比较

华北电网主要由北京电网、天津电网、河北电网、山西电网及山东电网构成。其中，山西电网为送端电网，不予考虑。新疆及能源“金三角”地区距离华北电网各受端地区的输电线路计算千米数如表 4.4.11 所示。

表 4.4.11 电源点与华北电网各受端地区的输电线路计算千米数

单位：千米

送端	受端			
	北京	天津	石家庄	济南
新疆哈密	1 915	2 025	1 860	2 124
宁夏宁东	866	928	697	935
甘肃华亭	1 000	1 032	770	957
陕西榆林	600	647	417	664
内蒙古鄂尔多斯	439	518	345	612

由新疆哈密、宁夏宁东、甘肃华亭、陕西榆林及内蒙古鄂尔多斯通过交流和直流输送至华北各区电网的单位电力成本如表 4.4.12 所示。

表 4.4.12　电源点至华北各区电网的单位电力成本　单位：元/千瓦时

送端	受端							
	北京		天津		石家庄		济南	
	交流	直流	交流	直流	交流	直流	交流	直流
新疆哈密	0.20~0.21	0.16~0.17	0.21~0.22	0.16~0.17	0.20~0.21	0.16~0.17	0.22~0.23	0.16~0.17
宁夏宁东	0.19~0.20	0.21~0.22	0.20~0.21	0.21~0.22	0.19~0.20	0.21~0.22	0.20~0.21	0.21~0.22
甘肃华亭	0.19~0.20	0.20~0.21	0.19~0.20	0.20~0.21	0.18~0.19	0.20~0.21	0.19~0.20	0.20~0.21
陕西榆林	0.14~0.15	0.17~0.18	0.14~0.15	0.17~0.18	0.14~0.15	0.16~0.17	0.15~0.16	0.17~0.18
内蒙古鄂尔多斯	0.13~0.14	0.16~0.17	0.13~0.14	0.16~0.17	0.13~0.14	0.16~0.17	0.14~0.15	0.16~0.17

从单位电力成本比较看，如果西部煤电输送至华北电网的各个受端地区，在经济性上，最佳的输电方式是采用交流输电的方式。送端的选择上，首选为内蒙古鄂尔多斯，其次为陕西榆林。相较而言，新疆煤电交流输送不具备任何竞争优势。新疆直流输电的竞争力则与鄂尔多斯和榆林地区基本持平。

4.2.3　输送至华东电网地区竞争力比较

华东电网主要由上海电网、江苏电网、浙江电网、安徽电网及福建电网构成。其中，上海、江苏和浙江三个电网为受端电网。新疆以及能源"金三角"地区距离华东电网各受端地区的输电线路计算千米数如表 4.4.13 所示。

表 4.4.13　电源点与华东电网各受端地区的输电线路计算千米数

单位：千米

送端	受端		
	上海	南京	杭州
新疆哈密	2 776	2 524	2 735
宁夏宁东	1 568	1 306	1 524
甘肃华亭	1 444	1 176	1 376
陕西榆林	1 322	1 077	1 317
内蒙古鄂尔多斯	1 333	1 107	1 340

由新疆哈密、宁夏宁东、甘肃华亭、陕西榆林及内蒙古鄂尔多斯通过交流和

直流输送至华东各区电网的单位电力成本如表 4.4.14 所示。

表 4.4.14 电源点至华东各区电网的单位电力成本 单位：元/千瓦时

送端	受端					
	上海		南京		杭州	
	交流	直流	交流	直流	交流	直流
新疆哈密	0.31~0.32	0.17~0.18	0.27~0.28	0.17~0.18	0.30~0.31	0.17~0.18
宁夏宁东	0.24~0.26	0.22~0.24	0.22~0.23	0.22~0.23	0.24~0.25	0.22~0.23
甘肃华亭	0.22~0.23	0.21~0.22	0.20~0.21	0.20~0.21	0.22~0.23	0.21~0.22
陕西榆林	0.18~0.19	0.18~0.19	0.17~0.18	0.18~0.19	0.18~0.19	0.18~0.19
内蒙古鄂尔多斯	0.18~0.19	0.18~0.19	0.16~0.17	0.17~0.18	0.18~0.19	0.18~0.19

从单位电力成本的比较结果看，疆煤电在直流输电上有较好的竞争力，其单位电力成本与内蒙古鄂尔多斯地区的煤电成本近乎相同。

4.2.4 输送至华中电网地区竞争力比较

华中电网主要由湖北电网、河南电网、湖南电网、江西电网、四川电网和重庆电网构成。其中，湖北、河南电网是送端电网，不予考虑。新疆及能源“金三角”地区距离华中电网各受端地区的输电线路计算千米数如表 4.4.15 所示。

表 4.4.15 电源点与华中电网各受端地区的输电线路计算千米数

送端	受端			
	湘潭	吉安	成都	重庆
新疆哈密	2 411	2 608	1 653	1 875
宁夏宁东	1 287	1 458	864	954
甘肃华亭	1 016	1 197	561	625
陕西榆林	1 195	1 336	985	1 000
内蒙古鄂尔多斯	1 347	1 464	1 209	1 290

新疆哈密、宁夏宁东、甘肃华亭、陕西榆林及内蒙古鄂尔多斯地区的煤电，通过交流和直流输送至华中各区电网的单位电力成本如表 4.4.16 所示。

表 4.4.16 电源点至华中各区电网的单位电力成本 单位：元/千瓦时

送端	受端							
	湘潭		吉安		成都		重庆	
	交流	直流	交流	直流	交流	直流	交流	直流
新疆哈密	0.26~0.27	0.17~0.18	0.28~0.29	0.17~0.18	0.18~0.19	0.15~0.16	0.20~0.21	0.15~0.16
宁夏宁东	0.22~0.23	0.22~0.23	0.23~0.24	0.22~0.23	0.19~0.20	0.21~0.22	0.20~0.21	0.21~0.22
甘肃华亭	0.19~0.20	0.20~0.21	0.20~0.21	0.21~0.22	0.17~0.18	0.19~0.20	0.17~0.18	0.20~0.21
陕西榆林	0.17~0.18	0.18~0.19	0.19~0.20	0.18~0.19	0.16~0.17	0.18~0.19	0.16~0.17	0.18~0.19
内蒙古鄂尔多斯	0.18~0.19	0.18~0.19	0.19~0.20	0.18~0.19	0.17~0.18	0.17~0.18	0.18~0.19	0.18~0.19

从单位电力成本的比较结果看，将西部地区的煤电输送至上述华中电网，均适宜采用直流输电。其中，疆煤电外送在直流输电上拥有较为明显的竞争力。

4.2.5 小结

总结上述对比结果，可得到如表 4.4.17 所示的包含最佳经济输送地、输电方式以及经济单位电价的经济输送表，以及如表 4.4.18 所示的经济输送地排名。

表 4.4.17 经济输送表

受端电网	最佳经济输送地	输电方式	经济单位电价/（元/千瓦时）
北京	内蒙古鄂尔多斯	交流	0.13~0.14
天津	内蒙古鄂尔多斯	交流	0.13~0.14
石家庄	内蒙古鄂尔多斯	交流	0.13~0.14
济南	内蒙古鄂尔多斯	交流	0.14~0.15
上海	新疆哈密	直流	0.17~0.18
南京	内蒙古鄂尔多斯	交流	0.16~0.17
杭州	新疆哈密	直流	0.17~0.18
湘潭	新疆哈密	直流	0.17~0.18
	陕西榆林	交流	
吉安	新疆哈密	直流	0.17~0.18
成都	新疆哈密	直流	0.15~0.16
重庆	新疆哈密	直流	0.15~0.16

表 4.4.18 经济输送地排名

<table>
<tr><th rowspan="2">受端电网</th><th colspan="3">输送地</th></tr>
<tr><th>1</th><th>2</th><th>3</th></tr>
<tr><td rowspan="2">北京</td><td rowspan="2">鄂尔多斯（交流）</td><td rowspan="2">榆林（交流）</td><td>鄂尔多斯（直流）</td></tr>
<tr><td>哈密（直流）</td></tr>
<tr><td rowspan="2">天津</td><td rowspan="2">鄂尔多斯（交流）</td><td rowspan="2">榆林（交流）</td><td>鄂尔多斯（直流）</td></tr>
<tr><td>哈密（直流）</td></tr>
<tr><td rowspan="2">石家庄</td><td rowspan="2">鄂尔多斯（交流）</td><td rowspan="2">榆林（交流）</td><td>鄂尔多斯（直流）</td></tr>
<tr><td>哈密（直流）</td></tr>
<tr><td rowspan="2">济南</td><td rowspan="2">鄂尔多斯（交流）</td><td rowspan="2">榆林（交流）</td><td>鄂尔多斯（直流）</td></tr>
<tr><td>哈密（直流）</td></tr>
<tr><td rowspan="2">上海</td><td rowspan="2">哈密（直流）</td><td>榆林（不限）</td><td rowspan="2">华亭（直流）</td></tr>
<tr><td>鄂尔多斯（不限）</td></tr>
<tr><td rowspan="3">南京</td><td rowspan="3">鄂尔多斯（交流）</td><td>榆林（交流）</td><td rowspan="3">榆林（直流）</td></tr>
<tr><td>鄂尔多斯（直流）</td></tr>
<tr><td>哈密（直流）</td></tr>
<tr><td rowspan="2">杭州</td><td rowspan="2">哈密（直流）</td><td>榆林（不限）</td><td rowspan="2">华亭（直流）</td></tr>
<tr><td>鄂尔多斯（不限）</td></tr>
<tr><td rowspan="2">湘潭</td><td>哈密（直流）</td><td>鄂尔多斯（不限）</td><td rowspan="2">华亭（交流）</td></tr>
<tr><td>榆林（交流）</td><td>榆林（直流）</td></tr>
<tr><td rowspan="2">吉安</td><td rowspan="2">哈密（直流）</td><td>鄂尔多斯（直流）</td><td>鄂尔多斯（交流）</td></tr>
<tr><td>榆林（直流）</td><td>榆林（交流）</td></tr>
<tr><td rowspan="2">成都</td><td rowspan="2">哈密（直流）</td><td rowspan="2">榆林（交流）</td><td>鄂尔多斯（不限）</td></tr>
<tr><td>华亭（交流）</td></tr>
<tr><td rowspan="2">重庆</td><td>哈密（直流）</td><td rowspan="2">华亭（交流）</td><td>鄂尔多斯（不限）</td></tr>
<tr><td>榆林（交流）</td><td>榆林（直流）</td></tr>
</table>

从上述分析可以得到以下结论：

（1）整体而言，疆煤电通过直流输送的方式送出具有较好的竞争力，尤其疆煤电输送至华中及华东电网，其竞争力最优。

（2）疆煤电通过直流输送的竞争优势主要来源于低廉的露天矿开采成本。由表 4.4.5 可知，疆煤电的发电单位成本仅约为鄂尔多斯地区的 75%、宁东地区的

54%，这很好地弥补了在地理位置上，新疆距离负荷中心远的劣势。

（3）进一步地，由于新疆距负荷中心较远的天然劣势，疆煤电外送的电力成本对输电成本最为敏感。随着大规模直流输电设备及制造工艺的持续改进，直流输电的成本将进一步下降，因此未来疆煤电的竞争优势将更为明显。

4.3　新疆煤基能源化工产品外送成本竞争力分析

新疆位于我国西部地区的最西端，与其他西部地区（内蒙古、陕西等）相比，距离化工品需求量较大的华东市场较远，运输成本较高，但其煤炭成本低，具有一定的煤化工品成本优势，可在一定程度上弥补输送距离远的劣势。

本书基于煤炭生产成本、固定资产折旧和运输费用等主要因素，研究新疆与其他西部地区建设现代煤化工项目的成本竞争力，即新疆地区与其他地区煤炭生产成本和固定资产折旧的价差能否抵消运输费用的增加。基于此，以煤制天然气、煤制油和煤制烯烃为主要对象进行成本竞争力分析，测算依据如下。

（1）以成本煤价作为计算基准。新疆准东：80~100 元/吨，发热量 5 000 大卡/千克（收到基低位发热量，以下同）。宁夏宁东：210~230 元/吨，发热量 4 800 大卡/千克。甘肃华亭：210~230 元/吨，发热量 5 400 大卡/千克。陕西榆林：160~180 元/吨，发热量 5 500 大卡/千克。内蒙古鄂尔多斯：150~160 元/吨，发热量 5 500 大卡/千克。内蒙古包头：160~180 元/吨，发热量 5 500 大卡/千克。

（2）项目成本构成最主要的差异体现在原煤价差和固定资产折旧及摊销两个方面，而职工薪酬、维修费、水费、环保费用及其他费用假定相同。

（3）项目消耗的电力折算到燃料煤。

（4）不同地区原煤成本按照发热量与新疆地区进行统一折算。

（5）新疆地区建设项目的固定资产投资为其他地区的 1.2 倍。

（6）煤制天然气管道运输费用为 1.16×10^{-4} 元/（米^3·千米）；油品和化学品以铁路方式输送，油品运输费用为 0.20 元/（吨·千米），化学品运输费用为 0.17 元/（吨·千米）。

（7）不同工艺的技术指标按照表 4.4.19 进行计算。

表 4.4.19　不同工艺的技术指标

项目	煤直接液化	煤间接液化	煤制天然气	煤制烯烃
单位产品原料煤耗（吨标准煤/吨、吨标准煤/米^3）	3.23	3.52	1.85×10^{-3}	5.12
单位产品燃动能耗（吨标准煤/吨、吨标准煤/米^3）	0.86	0.75	4.0×10^{-4}	1.74

注：单位产品燃动能耗是指项目燃料、动力、电力的消耗量，不包括作为原料用煤量

4.3.1 煤制天然气成本竞争力分析

以规模为40亿米^3/年的煤制天然气项目为例，新疆准东与其他地区煤制天然气成本竞争力分析如表4.4.20所示。

表4.4.20 新疆准东与其他地区煤制天然气成本竞争力分析

项目	宁夏宁东	甘肃华亭	陕西榆林	内蒙古鄂尔多斯	内蒙古包头
单位成本差/（元/米^3）	0.210~0.302	0.155~0.242	0.045~0.131	0.025~0.090	0.045~0.131
运输距离差/千米	1 811~2 603	1 339~2 086	389~1 129	213~777	389~1 129

从表4.4.20可以看出，在假设条件下，新疆准东与宁夏宁东和甘肃华亭相比，煤制天然气具有一定的成本竞争力；当准东地区原煤成本为80元/吨，而榆林、包头原煤成本为180元/吨时，新疆煤制天然气具有一定的成本竞争力；当准东地区原煤成本为80元/吨，而鄂尔多斯原煤成本为160元/吨时，新疆煤制天然气仅可输送至兰州地区，成本竞争力较弱。当准东地区原煤成本为100元/吨，而榆林、包头、鄂尔多斯分别为160元/吨、160元/吨、150元/吨时，新疆准东地区煤制天然气没有成本竞争力。

4.3.2 煤制油成本竞争力分析

以规模为100万吨/年的间接液化项目为例，采用中石化原油60美元/桶价格体系，新疆准东与其他地区煤间接液化成本竞争力分析如表4.4.21所示。

表4.4.21 新疆准东与其他地区煤间接液化成本竞争力分析

项目	宁夏宁东	甘肃华亭	陕西榆林	内蒙古鄂尔多斯	内蒙古包头
单位成本差/（元/吨）	376~550	272~436	63~226	24~148	63~226
运输距离差/千米	1 879~2 750	1 360~2 182	314~1 129	120~741	314~1 129

从表4.4.21可以看出，在假设条件下，新疆准东与宁夏宁东和甘肃华亭相比煤间接液化具有一定的成本竞争力；当准东地区原煤成本为80元/吨，而榆林、包头原煤成本为180元/吨时，新疆煤间接液化输送至西安仍具有一定的成本竞争力；当准东地区原煤成本为80元/吨，而鄂尔多斯原煤成本为160元/吨时，新疆煤间接液化仅可输送至兰州地区才具有较弱的成本竞争力。当准东地区原煤成本为100元/吨，而榆林、包头、鄂尔多斯分别为160元/吨、160元/吨、150元/吨时，新疆准东地区煤间接液化没有成本竞争力，只能疆内消化。

4.3.3　煤制烯烃成本竞争力分析

以 68 万吨/年煤制烯烃项目为例，新疆准东与其他地区煤制烯烃成本竞争力分析如表 4.4.22 所示。

表 4.4.22　新疆准东与其他地区煤制烯烃成本竞争力分析

项目	宁夏宁东	甘肃华亭	陕西榆林	内蒙古鄂尔多斯	内蒙古包头
单位成本差/（元/吨）	572~852	405~670	69~331	7~207	69~331
运输距离差/千米	3 365~5 013	2 385~3 939	408~1 949	41~1 215	408~1 949

从表 4.4.22 可以看出，在假设条件下，新疆准东与宁夏宁东和甘肃华亭相比煤制烯烃具有一定的成本竞争力；当准东地区原煤成本为 80 元/吨，而榆林、包头原煤成本为 180 元/吨时，新疆煤制烯烃具有较为明显的成本竞争力；当准东地区原煤成本为 80 元/吨，而鄂尔多斯原煤成本为 160 元/吨时，新疆煤间接液化输送至西安地区仍具有成本竞争力。当准东地区原煤成本为 100 元/吨，而榆林、包头、鄂尔多斯分别为 160 元/吨、160 元/吨、150 元/吨时，新疆准东地区煤间接液化没有成本竞争力，只能疆内消化。

4.3.4　小结

在新疆建设煤制油、煤制气、煤化工品项目，尽管远离产品消费市场，但其煤炭成本低，具有一定的成本优势。

（1）与甘肃、宁夏等地区相比，新疆发展现代煤化工具有较为明显的成本竞争力。

（2）与陕西榆林、内蒙古鄂尔多斯和包头相比，在煤炭成本差距较大（≥100 元/吨）的情况下，新疆煤制烯烃成本竞争力相对明显，煤制天然气与煤间接液化竞争力一般。

（3）与陕西榆林、内蒙古鄂尔多斯和包头相比，在煤炭成本差距不大（<60 元/吨）的情况下，新疆现代煤化工项目与其他地区相比，不具有成本竞争力。

由此可见，在新疆发展煤制天然气、煤制油和煤制烯烃具有一定的成本竞争力，具备发展的基础，但是要拓展市场，仍需要政策的扶持，增强其竞争力。提出建议如下。

在竞争能力方面，除国家给予煤制油示范项目消费税免征五年的优惠政策外，在新疆地区还可探索减少煤炭资源税费等扶持政策和煤制天然气价格激励政策，多管齐下，增加新疆建设现代煤化工基地的竞争能力。

在发展方式方面，推进现代煤化工与石油化工、新能源等产业融合发展。一是与石油化工互补发展，包括发挥我国煤炭资源优势和特点，通过发展煤制燃料、煤制烯烃、煤制芳烃、煤制乙二醇等石油替代性产品，推动石化原料路线多元化，提升我国基础石油化工产品自给率和国际竞争力；依托西部煤炭资源优势，形成煤化工基地与石油化工错位布局；大力发展煤制氢、煤油共炼、费托合成等，为炼厂提供氢源和优质汽柴油组分，实现煤基油品与石油基油品的调和，快速提高成品油质量，推动煤化工与石化产业一体化发展，实现深度融合。二是探索煤化工与高耗能工业及新能源耦合发展，包括与PVC、冶铁、建材等高耗能工业耦合，逐步淘汰落后产能，与风电、太阳能等新能源工业耦合，探索优势互补新模式等。

在产业布局方面，进一步强化和推进煤化工项目园区化建设，产业向基地集中，项目向园区集中，遵循规划先行的原则，科学设置园区准入门槛，充分利用不同资源之间的元素互补，实现能源和资源梯级利用，减少废弃物排放。重点关注当地的环境容量和水资源量、煤种煤质是否适宜发展煤化工，科学安排现代煤化工项目，如伊犁地区，由于距离主消费区较远，成本竞争力难以得到发挥，可以利用其丰富的水资源优势建设现代煤化工项目，主要服务于新疆本地和国外市场，拓展下游产业链，提升其竞争能力。

第 5 章　新疆煤炭需求形势分析

展望到 2050 年，新疆煤炭开发利用的方向是煤炭的转化利用。由于新疆煤炭外运市场受到运输距离的限制，几乎没有竞争优势。而随着新疆煤电煤化工大基地的建设，未来新疆会逐步承接东部，成为西部重要的煤电煤化工基地。

5.1　电力工业煤炭需求预测

新疆是我国经济发展相对落后的地区，未来的发展速度将高于全国平均水平，新疆电力需求增长也将高于全国平均水平。根据电力专项规划，在满足区内国民经济发展用电需求的基础上，加上与西北主网双通道、哈密—郑州直流通道满负荷运行，以及准东—皖南等通道外送电容量，预计到 2020 年，需新增煤电装机约 1 514 万千瓦。其中，“十三五”区内用电新增 854 万千瓦，外送新增 660 万千瓦。综合考虑现有机组技术改造，新疆电力工业需新增用煤 0.33 亿吨。2021~2030 年，考虑新增输电能力 800 万千瓦，新增用煤 0.16 亿吨；“十六五”期间，由于可再生电力成本下降和碳排放约束的制约，新疆煤电装机规模保持不变；“十六五”以后，新疆煤电将稳中有降。

根据以上分析及对 2050 年的展望，到 2020 年、2035 年和 2050 年，基准情景下（B）新疆电煤需求分别为 1.11 亿吨、1.27 亿吨和 1.25 亿吨。考虑到新疆经济增长速度、特高压电力外输规模和新疆可再生电力装机等多因素影响，按高、中、低三种情景预测新疆电煤需求装机变化，新疆电煤预测结果见表 4.5.1。

表 4.5.1　新疆电煤预测结果　　单位：亿吨

年份	情景 A	情景 B	情景 C
2020	1.14	1.11	1.08
2035	1.47	1.27	1.13
2050	1.45	1.25	1.10

注：情景 A 为高情景，情景 B 为中（基准）情景，情景 C 为低情景，下同

5.2 煤化工工业煤炭需求预测

传统煤化工主要产品包括合成氨、电石、甲醇和焦炭。新疆不是农业主产区，化肥需求量有限，化肥用煤需求增长空间很小。电石产业是高能耗产业，“十二五”以来在新疆呈快速增长态势，但由于全国 PVC 产能严重过剩，电石产业发展受到限制，未来新疆的电石生产也会保持稳定。新疆地区甲醇市场较小，生产的甲醇以后主要转化为烯烃等深加工产品，单纯的煤制甲醇项目将很难生存，焦炉煤气和热解煤气今后将是甲醇生产的主要途径。对于焦炭生产，由于钢铁行业产能已达峰值，新疆的钢铁生产与我国沿海地区大型钢铁企业相比，无论从生产成本还是技术能力方面看均处于劣势，未来新疆钢铁行业将呈稳中有降态势，焦炭需求也将缓慢下降。总之，在今后 15~20 年内，新疆传统煤化工的煤炭消费将呈稳中有降趋势。

现代煤化工则是新疆煤炭需求增长最主要的领域之一。根据新疆现代煤化工项目发展现状及前期工作情况，预计到 2020 年，准东、伊犁等地煤制天然气项目投产 55 亿米^3/年，伊犁等地煤制油项目投产规模达 100 万吨/年，准东、吐鲁番等地煤制烯烃项目投产规模达 128 万吨/年，石河子等地煤制乙二醇项目投产规模达 85 万吨/年，还有哈密、昌吉、伊犁等地多个煤炭分级分质利用项目也将陆续投产。经测算，上述煤化工项目到 2020 年新增用煤 0.26 亿吨。

“十四五”期间，新疆将进一步发展煤炭深加工和煤炭分级分质利用，预计新增煤制天然气 195 亿米^3/年、煤制油 100 万吨/年，煤制烯烃（或芳烃）100 万吨/年、煤制乙二醇 100 万吨/年、煤炭分级分质利用 800 万吨/年，合计新增煤炭需求 0.67 亿吨/年。

“十五五”期间，为了从根本上解决东中部地区大气污染问题，到 2030 年，天然气占我国一次能源消费比重的 15%以上，我国天然气需求增长迅速，新疆煤制天然气可以发挥更大作用。同时，由于电动汽车的快速普及，“十五五”期间燃油市场受到抑制，新疆煤制油市场发展空间有限。假定“十五五”期间新疆新增煤制天然气 100 亿立方米/年、煤制烯烃（或芳烃）80 万吨/年、煤制乙二醇 65 万吨/年、煤炭分级分质利用 800 万吨/年，合计新增煤炭需求 0.41 亿吨/年。

“十六五”及以后，新疆现代煤化工产业发展进入相对稳定阶段，产业规模保持小幅增长态势。

考虑到“十三五”期间现代煤化工仍处于升级示范阶段，增长速度变化范围较小，这里按 10%上下波动变化；“十四五”、“十五五”和“十六五”期间现代煤化工技术均已成熟，油气价格也会上升，尤其是天然气需求将快速增长，新疆煤化工用煤预测结果见表 4.5.2。

表 4.5.2　新疆煤化工用煤预测结果　单位：亿吨

年份	情景 A	情景 B	情景 C
2020	0.40	0.36	0.32
2035	1.90	1.52	1.41
2050	2.40	1.90	1.70

根据以上分析及对 2050 年的展望，到 2020 年、2035 年和 2050 年，基准情景下（B）新疆煤化工用煤需求分别为 0.36 亿吨、1.52 亿吨和 1.90 亿吨。

5.3　煤炭外运需求预测

5.3.1　周边市场

受全国煤炭市场竞争格局变化的影响，新疆煤炭周边市场主要包括甘肃中、西部，以及宁夏西部和青海省。2014 年，甘肃、宁夏和青海煤炭消费总量分别为 6 716 万吨、8 857 万吨和 1 817 万吨，在今后较长时期内，以上三省煤炭消费量将呈较快速度增长，预计到 2020 年、2035 年和 2050 年，三省区煤炭消费总量分别达到 19 400 万吨、22 500 万吨和 23 000 万吨，具体见表 4.5.3。

表 4.5.3　哈密煤炭外运目标市场煤炭需求预测　单位：万吨

地区	2020 年	2035 年	2050 年
甘肃	7 000	8 000	8 000
宁夏	10 000	11 500	11 500
青海	2 400	3 000	3 500
合计	19 400	22 500	23 000

在这三个省区中，甘肃的酒泉地区风电大规模发展，风电装机规模已达到 1 000 万千瓦，但“弃风”问题比较严重。为保证风电“打捆外送”，需要配套建设大型煤电项目。哈密煤炭在当地具有较强的竞争优势，预计有每年 1 000 万吨的市场空间。甘肃陇东煤炭资源丰富，能满足甘肃东部地区的煤炭需求。兰州及以西地区可以就近使用哈密煤炭；宁夏宁东煤田生产能力达到 1 亿吨/年，能保持宁东地区煤炭供需基本平衡，新疆煤炭将通过北通道销往宁夏西部地区。此外，根据铁路建设规模，甘肃武威—宁夏中卫的运煤铁路预计在“十三五”期间建成，从而为新疆煤炭进入宁夏西部煤炭市场创造条件。青海煤炭需求也不断增长，其

煤炭将主要由准东煤田供应。

5.3.2 华中及西南地区市场

在华中及西南地区，哈密煤炭主要竞争对手包括鄂尔多斯、榆林、宁东和黄陇地区的煤炭。

鄂尔多斯中部和西部地区、榆林中南部地区（榆神矿区、榆横矿区）煤炭资源丰富，产能逐年扩张，煤炭生产成本相对较低，在煤炭运输方面比哈密煤炭拥有 180 元/吨左右的竞争优势。随着蒙华铁路建成投运，煤炭运输成本优势将进一步扩大，对哈密煤炭进入华中煤炭市场产生较大影响。蒙华铁路一期煤炭主要来自陕西、山西和内蒙古三个省区，总输出量 5 700 万~9 000 万吨/年，分别为山西王家岭 400 万~500 万吨/年，上海庙 1 300 万~1 800 万吨/年，纳林河 1 500 万~1 750 万吨/年，榆横矿区 2 000 万~2 500 万吨/年和黄陵矿区 500 万~1 300 万吨/年。

宁东煤炭基地目前煤炭外运规模为 2 000 万吨/年，随着大型煤化工项目（400 万吨/年煤制油、100 万吨/年煤制烯烃等）和宁东—浙江特高压输电项目配套电源（800 万千瓦煤电）的建设，宁东煤炭基地生产的煤炭主要用于当地转化与利用，煤炭外运规模将显著减少。黄陇地区的黄陵矿区和彬长矿区煤炭主要运往华东市场，只有少量运往华中销售；陇东矿区煤炭资源丰富，但开发条件差，生产成本高达 350 元/吨，没有明显的竞争优势。以上煤炭产区对新疆煤炭华中及西南市场没有直接影响。

西南地区拥有云贵煤炭基地，煤炭总生产能力达到 3 亿吨/年，云南省和贵州省煤炭产量均大于需求量。对于新疆煤炭而言，西南地区煤炭目标市场主要为川渝地区。到 2020 年、2035 年和 2050 年，四川煤炭供应缺口分别为 3 500 万吨、4 700 万吨和 5 500 万吨；重庆煤炭供应缺口分别为 3 500 万吨、4 300 万吨和 5 000 万吨。

新疆煤炭外运规模取决于酒泉风电基地煤电配套项目的建设规模和煤炭价格的变化，按照高、中、低情景分析，新疆煤炭外运规模预测结果见表 4.5.4。

表 4.5.4 新疆煤炭外运预测结果 单位：亿吨

年份	情景 A	情景 B	情景 C
2020	0.30	0.20	0.15
2035	0.50	0.30	0.20
2050	0.70	0.50	0.30

根据以上分析，预计到 2020 年、2035 年和 2050 年，情景 B 下新疆商品煤外

运规模分别为 0.20 亿吨、0.30 亿吨和 0.50 亿吨。

5.4　小结

根据以上分析，在基准情景下，到 2020 年、2035 年和 2050 年，新疆煤炭需求量分别为 2.04 亿吨、3.30 亿吨和 3.89 亿吨，煤化工是新疆煤炭需求增长的重点领域。新疆煤炭需求预测见表 4.5.5，考虑高、中、低三个情景的情况下，到 2020 年、2035 年和 2050 年，新疆煤炭需求分别为 1.92 亿~2.21 亿吨、2.95 亿~4.08 亿吨和 3.34 亿~4.79 亿吨。2015 年，新疆地区煤炭产能合计为 3.6 亿吨，完全可以满足 2035 年前的煤炭需求。“十三五”期间新疆煤炭产业以优化结构为重点，着力淘汰落后产能，优化煤炭生产结构，提高产业集中度，新增煤矿产能原则上与煤炭转化项目配套建设。

表 4.5.5　新疆煤炭需求预测　　单位：亿吨

分行业	情景	2020 年	2035 年	2050 年
电力工业	A	1.14	1.47	1.45
	B	1.11	1.27	1.25
	C	1.08	1.13	1.10
煤化工	A	0.40	1.90	2.40
	B	0.36	1.52	1.90
	C	0.32	1.41	1.70
其他行业		0.37	0.21	0.24
煤炭外运	A	0.30	0.50	0.70
	B	0.20	0.30	0.50
	C	0.15	0.20	0.30
煤炭需求合计	A	2.21	4.08	4.79
	B	2.04	3.30	3.89
	C	1.92	2.95	3.34

第 6 章　新疆煤炭资源清洁高效利用发展的战略思路、目标及途径

6.1　战略思路

坚持新疆煤炭开发利用与国家能源发展战略相统筹、坚持煤炭与上下游产业协同发展相统筹、坚持煤炭开发利用与生态环境协同发展相统筹、坚持疆内与疆外两个市场相统筹，依托科技进步，利用新疆资源优势、低成本优势、政策优势，建设吐哈商品煤外送基地、准东煤电煤化工基地和伊犁煤化工基地，实现新疆煤炭资源的清洁高效开发和利用。

6.2　战略目标

新疆煤电化产业的总体发展目标是，发挥后发优势、资源优势，通过 20 年的努力，在新疆建设一个清洁、绿色、高效、集约、安全的先进煤电化产业基地。

根据对新疆地区煤炭及煤炭转化利用产业和经济社会发展趋势的总体判断，综合考虑资源、环境、技术、经济等因素，新疆煤炭开发利用的战略目标见表 4.6.1。

表 4.6.1　新疆煤炭开发利用战略目标

目标	数量指标	2020 年	2035 年	2050 年
煤炭开发	煤炭产能/（亿吨/年）	3.6	3.6	4.0
煤炭转化利用	煤电装机容量/万千瓦	5 800	6 600	6 600
	煤制烯烃产能/（万吨/年）	128	300	380
	煤制乙二醇/（万吨/年）	85	250	320
	煤制天然气产能/（亿米^3/年）	55	350	450
	煤制油产能/（万吨/年）	100	200	300
能源外输	煤炭外输量/（亿吨/年）	0.20	0.30	0.50
	电力外输能力/万千瓦	1 260	2 060	2 060

到 2020 年，新疆地区以科学开发为目标的煤炭生产基地基本形成，煤炭先进产能成为新建煤矿的门槛并得到全面推广，燃煤发电基地和煤电东送通道建设有序开展，以煤炭清洁高效转化为目标的煤制天然气、煤制油、煤制烯烃、煤炭分级分质利用等现代煤化工产业粗具规模，区内环境污染问题得到全面控制，生态环境基本改善，以煤为基础的清洁、高效、可持续开发利用循环经济示范基地基本建成。区内煤炭开发规模控制在 3.6 亿吨/年以内，煤电装机容量 5 800 万千瓦，煤制天然气产能 55 亿米^3/年，煤制油产能 100 万吨/年，煤制烯烃产能 128 万吨/年，煤制乙二醇 85 万吨/年。

到 2035 年，新疆地区以科学开发为目标的煤炭生产基地全面建成，燃煤发电基地和煤电东送通道全面建成，以煤炭清洁高效转化为目标的煤制天然气、煤制烯烃、煤制甲烷等现代煤化工循环经济产业集群全面建成。区内煤炭开发能力控制在 3.6 亿吨/年以内，煤电装机容量 6 600 万千瓦，煤制天然气产能 350 亿米^3/年，煤制油产能 200 万吨/年，煤制烯烃产能 300 万吨/年，煤制乙二醇 250 万吨/年。

到 2050 年，新疆地区作为国家煤炭、煤电和煤化工基地的地位得到进一步巩固，成为我国西部重要的煤基能源及化工基地。区内煤炭开发能力控制在 4.0 亿吨/年以内，煤炭输出规模达到 0.5 亿吨，煤电装机容量 0.66 亿千瓦，煤制天然气产能 450 亿米^3/年，煤制油产能 300 万吨/年，煤制烯烃产能 380 万吨/年，煤制乙二醇 320 万吨/年。

6.3 战略途径

6.3.1 缓解水资源短缺和生态环境约束

新疆地区煤炭开发利用产业的发展主要受水资源和生态环境制约。在水资源方面，应采取“开源节流”策略，重点解决水资源短缺问题。一是通过水权置换和跨流域引水工程建设等措施增加能源产业可用水量；二是大力推广水资源循环利用等先进节水技术，以提升新疆地区水资源整体利用水平。对于有条件的矿区，应当积极实施以“堵截法”为特征的保水开采技术，或以“疏导法”为特征的矿井水储存利用技术，实现矿井水控制与水资源保护的一体化。对于煤电煤化工项目，要从全厂层次进行用水、排水的统一规划，采取有效措施降低各用水系统污水的产生量。根据各用水系统对水质水量的要求和特点，实现水梯级利用。在此基础上再采取恰当的处理方式回用各类污水，尽量减少末端废水量，最终实现全厂废水零排放。按照地区分别找到相应解决途径。

伊犁地区：新疆伊犁地区正在加大水资源开发力度，增加供水总量，可以满足“十三五”工业用水增加需求。

准东地区：准东地区发展工业所需水资源主要依靠“引额济乌”工程。“引额济乌”工程分三期建设。其中一期“引额济克”工程于2001年正式投入运行。它从“635”水利枢纽引额尔齐斯河，年引水量8.4亿立方米，主要解决克拉玛依油田和城市用水，同时兼顾发电、改善生态和库区的农牧业生产。第二期“引额济乌”工程建设两步走。二期一步工程由水源工程（“635”水利枢纽）、输水工程（已建134千米总干渠，新建420千米渠道）和尾部“500”调节水库三部分组成，已于2005年投入使用。引水量为每年5.6亿立方米，除解决济乌工程南干渠生态防护林用水及北疆彩南油田等用水外，还有每年4.2亿立方米水供乌鲁木齐经济区用，其中部分水由东延工程送至“500”水库到准东。目前这部分水还有一定余量，通过准东地区现有企业项目用水指标的配置调整，可基本满足准东地区“十三五”现代煤化工项目的用水需求。规划的二期二步工程将在“635”水利枢纽工程上游再建设喀腊塑克水利枢纽工程，扩大供水能力，建成后每年可向沿线及乌鲁木齐引水9.6亿立方米，部分工程已在建设。新疆自治区在“引额济乌”及东延工程2020年的供水量中已经为准东基地预留了供水量4亿立方米，可全部解决准东地区现代煤化工发展用水问题。三期工程将在额尔齐斯河下游支流布尔津河上修建布尔津山口水利枢纽，实现年引水量25亿立方米。新疆作为国家“十三五”能源基地和“一带一路”对接核心区，将得到快速发展，国家应尽快建成“引额济克”二期二步工程，以促进当地能源产业的发展。

吐哈及其他地区：新疆地区的农业节水潜力巨大。面对“十三五”期间用水需求的增加，还可通过采取高效节水改造等措施，大幅压减农业用水量，保障新增工业用水需求。

在生态环境治理方面，要加快清洁高效煤炭开发利用技术的推广应用，实现煤炭开发利用与环境的协调发展。新疆地区大部分地处荒漠、戈壁，要通过大型现代化工业园区、基地建设，带动当地生态恢复区建设和生态移民安置，并结合沙漠绿化、退耕退牧，促进生态环境的改善。并进一步通过市场和经济手段，加大生态环境保护和建设的投入力度，鼓励地表修复、塌陷区治理、地下水库、保水开采等技术的研发和应用，使新疆煤炭开发利用和经济发展全面朝着环境友好的方向改变。

6.3.2 统筹规划煤炭开发利用基地布局

在水资源和生态环境容量允许范围内，根据资源赋存条件、市场需求、区域发展条件和区位特点等进行合理布局，形成各具特色、分工明确的煤炭开发利用区域。

准东地区：以发展大型煤电、示范性现代煤化工为主，优化大型工业园区布局，参与“疆煤外运”。重点开发五彩湾、大井、西黑山、喀木斯特矿区，适度输出煤炭。建设大型煤电输出基地，面向华东、华中、西南地区输出煤电。重点发展煤制油、煤制天然气和煤制烯烃，建设大型现代化煤化工基地。

吐哈地区：由于距离外部市场较近，以“疆煤外运”为主，适度发展煤电参与“疆电外送”。重点开发三塘湖、淖毛湖、大南湖西区、克（布）尔碱、库姆塔格矿区。吐哈基地可定位为新疆的煤炭输出基地，近期面向甘肃中西部、青海和宁夏西部输出煤炭，远期可拓展华中和西南煤炭市场。充分利用吐哈基地淖毛湖、黑山富油煤资源发展煤炭分级分质利用，实现煤基多联产和煤炭高端化利用。建设哈密煤电基地，采用与风电、光伏打捆模式对外输电，电力外输主要面向华中地区。哈密基地是严重缺水地区，应严格控制现代煤化工发展。

伊犁地区：以发展现代煤化工示范项目为主，适度发展煤电，实施煤炭就地转化，重点开发伊宁矿区。和丰–克拉玛依基地以发展示范性现代煤化工项目为主，适度发展煤电，重点开发塔城白杨河、和什托洛盖矿区。伊犁地区水和煤炭资源比较丰富，煤制天然气应作为伊犁基地煤化工发展重点。

6.3.3　着力推进煤炭绿色智能开发

新疆水资源短缺、生态环境脆弱，传统粗放的煤炭开发方式严重影响了区域生态环境，应全面推行煤炭绿色智能开发，建立基于先进产能的煤炭开发标准体系，规范和约束煤炭生产与供应，严格控制煤炭开发总量。

建立先进产能的综合评价指标体系和评价标准，引导煤矿向智能、绿色、安全方向发展。新增产能严格按先进产能标准开工建设，加快淘汰落后产能。按照“以水定产”、“以环境承载力定产”和“以需定产”，科学控制煤炭开发总量。科学规划新疆地区三大煤炭基地建设速度，集中建设大型现代化矿井，合理安排各个基地年煤炭开发总量，确保煤炭资源可持续开发。

建立安全、智能、绿色的现代化煤炭开发体系，以煤炭先进产能和科学开采来支撑区域煤炭开发基地建设。加大安全、绿色和智能开发资金投入，持续加大水资源开发投入和生态环境治理力度，鼓励发展大型安全高效矿井，重点发展保水开采、充填开采、地表沉降区治理等绿色开采技术与装备，全面推广煤炭先进产能。

6.3.4　有序发展煤炭清洁高效利用产业

科学、合理规划煤电产业布局和现代煤化工产业布局，优化产品结构和产品规模，积极推动煤炭清洁高效转化产业大型化、规模化、集约化、基地化，推动新疆地区煤炭清洁高效转化产业有序发展。

根据新疆地区不同基地的煤种、煤质特征和目标市场，因地制宜地选择相应的煤炭清洁转化技术路线。以煤定化、以水定化、以需定化，适度有序发展现代新型煤化工和煤化工多联产；低灰、低硫的优质煤炭资源优先作为化工用煤使用，选择现代先进的煤气化技术、煤制油技术和先进合成技术，制取高品位汽柴油、烯烃等油品及化工产品。对哈密基地和准东基地含油率高的优质块煤资源优先采用热解干馏等工艺提取焦油，焦油加氢后进一步深加工制取柴油、重油、石脑油等产品。积极发展劣质煤发电、矸石发电，加大超超临界燃煤机组比重，配合疆电东送工程合理配置调峰机组，确保高参数发电机组高效运行。

2035 年前围绕疆电东送配套电源工程建设，建设大容量、高参数的先进燃煤发电机组，有序开展煤制天然气、煤炭液化、煤制烯烃、煤炭分级分质转化循环经济示范园区建设；2050 年建成国际领先的燃煤发电和现代先进煤转化产业集群，使新疆成为国际领先的煤炭清洁高效转化利用示范区。

6.3.5 优化能源外输通道建设

新疆地区要以服务全国、保障国内能源安全为目标，坚持输电输煤输气化并举，统筹区域煤炭、电力、天然气、油品、化学品调运布局，提高区域煤基产品外送能力。

有序建设运煤铁路。新疆地区煤炭外输要坚持“低质煤本地转化、优质煤外输”原则，保障西部、华中和西南煤炭的需求。规划到 2035 年、2050 年煤炭调出能力分别达 0.3 亿吨、0.5 亿吨。2035 年以前主要依托现有中线兰新铁路，2035 年以后，随着新疆煤炭外送规模的扩大，需要建设新疆南线通道，目标市场为西南的四川、重庆地区。

加快输电通道建设。随着新疆地区火电基地的建设，要加强区域电力外送输电工程的规划建设。

加快建设煤制天然气输送管道。近期煤制天然气主要通过现有的西气东输管道输送，随着新疆煤制天然气生产规模的持续增长，到 2035 年建成第二条新疆煤制天然气外输管道，煤制天然气总输送能力达到 350 亿米^3/年。

6.3.6 推进煤炭转化技术创新示范和集成

新疆地区是我国重要的煤电基地，也是煤炭清洁高效转化利用关键技术产业集成创新和示范基地。重点围绕燃煤发电、现代煤化工、煤基多联产等领域，通过国家重点实验室、大学、科研院所、企业和区外的相关单位协同创新，积极开展关键技术、关键设备和核心工程示范，为煤炭清洁高效转化技术产业化提供支撑。

在燃煤发电领域，新疆地区要重点发展高参数超超临界发电技术和先进节水发电技术。力争到 2035 年前完成超超临界煤粉炉发电技术和先进节水发电工程示范。

在现代煤化工领域，目前新疆地区已成功建设煤制天然气和煤制烯烃等技术的产业示范工程，并具备产业化条件。到 2035 年前，进一步做好现有示范工程的优化集成，建设煤炭转化产业链协同多联产创新示范工程，加强环境治理、废弃物资源化循环再利用技术的开发与示范，开展煤基气化多联产、煤炭热解多联产等示范工程，并具备产业化条件。

加快推进多能互补联产系统创新及示范。新疆地区煤、气、油和可再生能源等各种资源共存，要充分发挥多种资源优势，积极开展多种能源互补联产集成系统研发与示范，通过不同能源的协同发展，优化能源系统，提高能源利用效率和能源低碳化发展水平。重点推进煤–太阳能集成电站、风–光–煤–气互补发电和煤炭梯级利用等技术示范工程，并在 2035 年前实现大规模产业化。

第 7 章　提高新疆煤电化发展竞争力的政策建议

1. 积极申请国家煤炭资源清洁高效开发利用试点，建设国家级煤炭清洁高效开发利用示范基地

新疆煤炭资源清洁高效发展既是国家能源战略的重要组成部分，也是自治区经济社会发展的重要推动力量。未来一段时期，是我国全面建成小康社会的关键时期，也是全面推动能源生产和消费革命的起步期。新疆作为国家第 14 个大型煤炭基地和大型煤电基地，要积极发挥特殊区位优势、煤炭资源优势、政策支持优势和产业后发优势，积极申请国家煤炭资源清洁高效开发利用试点，争取国家科技创新、产业发展、经济激励等配套政策，建设国家级煤炭清洁高效开发利用示范基地。同时，要积极落实国务院对新疆经济发展的相关指示，争取国家发展和改革委员会、国家能源局等部委对新疆煤炭资源清洁高效发展的支持，尤其是差别化产业政策、节能减排指标分配、环保容量、土地利用等方面的政策支持。

2. 为准东、吐哈地区煤炭资源清洁高效开发利用提供水资源保障

水资源是准东、吐哈地区煤炭开发与转化利用的关键制约因素。首先，建议水资源保障相关部门结合未来经济及能源发展情况，对准东、哈密等重点地区水资源供需情况进行深入论证。其次，建议自治区政府以准东煤炭煤电煤化工基地为试点，加快开展农业节水、水权置换工作，优化区域内用水结构。最后，建议自治区政府实施“引额济乌”跨区域调水工程Ⅱ期项目，保障准东和哈密地区煤电煤化工用水需求。

3. 为煤炭开发利用产业提供优惠的税收政策

为贯彻落实国家西部大开发战略，实现煤炭产业重心西移，应当在政策上下功夫，提升新疆煤炭开发利用产业的产品竞争力，以调动市场投资的积极性，刺激新疆煤炭开发利用产业的蓬勃发展。由本书市场竞争力分析结果可知，目前，

煤基能源成本是决定新疆煤电化产业竞争力的主要因素。因此，建议对区域内的煤电化产业实行优惠的税收政策。优惠的税收结构可以有效削减企业营业成本，从而扩大新疆煤电化产品的销售半径，提升新疆煤电化产业发展的竞争力。

4. 统筹布局煤炭开发利用基地

新疆煤炭行业“未批先建”和“批大建小”的现象严重，这造成了新疆煤炭开发产业布局过于分散。截至 2016 年底，新疆年产 30 万吨以下小煤矿数量仍有 200 多处，占煤矿数量的 2/3 以上，产能却仅占 8.6%。虽然 2016 年新疆积极响应国家号召，关闭了 21 处低产能煤矿，去除了 274 万吨产能，但是仍旧无法彻底改变分散的产业布局。因此，建议政府一方面应当坚定不移地去除低效产能，调整新疆煤炭产业的结构；另一方面应当集中规划，统筹布局煤炭开发利用，实现基地化、园区化的高起点建设。集约化的产业布局一方面可以充分利用规模化的优势，降低煤炭的开采转换成本，另一方面也利于吸收优秀煤炭行业人才，从而增强煤炭开发利用产业的竞争力。

5. 建议建立重大项目审批绿色通道

在项目审批上，建议给新疆的重大项目建立绿色通道。建议对重大煤电化项目进行专题安排部署，进一步优化项目审批流程、缩短项目审批时限、减少项目审批环节，推动大项目、好项目更快更好落地，令其尽快发挥对区域经济发展的带动作用。

参 考 文 献

董继勇. 2016. 新疆煤化工的发展与现状[J]. 现代化工，36（2）：1-2.

国家发展和改革委员会. 2015-01-29. 国家发展改革委关于调整铁路货运价格进一步完善价格形成机制的通知[EB/OL]. http://www.ndrc.gov.cn/zcfb/zcfbtz/201501/t20150130_662877.html.

国家能源局. 2017-02-08. 煤炭深加工产业示范“十三五”规划[EB/OL]. http://www.ndrc.gov.cn/fzgggz/fzgh/ghwb/gjjgh/201708/W020170809596996271593.pdf.

韩茜. 2017. 新疆煤炭产能过剩原因及去产能对策[R]. 新疆维吾尔自治区发展和改革委员会经济研究院.

胡隽秋. 2012a. 当前新疆煤化工产业发展需要关注的问题及建议[J]. 中国煤炭，38（1）：23-27.

胡隽秋. 2012b. 新疆煤炭开发与煤化工发展应充分考虑生态和水资源条件[J]. 中国煤炭，38（10）：5-9.

李峰，李兴源. 2006. 特高压直流输电相关问题的综述[J]. 四川电力技术，29（6）：13-19.

李乐，田继军，王俊民，等. 2014. 新形势下新疆煤炭资源开发利用现状及对策建议[J]. 中国煤炭，40（9）：29-32.

刘建军. 2009. 新疆煤炭外运通道规划思路[J]. 综合运输，（10）：27-29.

刘艳丽，刘戈. 2016. 煤化工行业高水耗问题分析与探讨[J]. 煤炭科学技术，44（4）：189-195.

刘振亚，张启平. 2013. 国家电网发展模式研究[J]. 中国电机工程学报，33（7）：1-10.

吕任生，陈平，张晓亮，等. 2009. 新疆煤化工产业开发中的环保问题分析[J]. 新疆环境保护，31（3）：22-25.

吕涛. 2014. 基于经济输送半径的新疆煤炭外运流向研究[J]. 中国煤炭，（6）：13-17.

牛新祥. 2014. 对我国煤化工示范项目主要产品经济性分析[J]. 煤炭加工与综合利用，（2）：37-46.

裘品姬. 2015a. 丝绸之路经济带背景下新疆煤炭行业发展研究[J]. 煤炭经济研究，35（7）：16-21.

裘品姬. 2015b. 新疆煤炭行业“十三五”发展的思考与建议[J]. 煤炭经济研究，35（1）：14-21.

裘品姬. 2016. 新疆煤炭产业发展存在的主要问题及对策建议[R]. 新疆维吾尔自治区发展和改革委员会经济研究院.

宋明智. 2015. 新疆煤化工产业水资源承载力分析[J]. 环境工程，（S1）：686-691.

王宏丽. 2014. 新疆煤炭、煤电、煤化工产业发展研究[J]. 中共伊犁州委党校学报，（3）：25-29.

新疆维吾尔自治区经济和信息化委员会. 2017-12-22. 新疆维吾尔自治区煤化工产业“十三五”发展规划[EB/OL]. http://www.xjeic.gov.cn/2017/12/22/ghzt/56875.html.

杨西栋. 2015. 新疆伊犁煤炭产业在“一带一路”中的机遇与挑战[J]. 煤炭经济研究，（7）：85-86，91.

张莉，周晶，刘俊. 2013. 准东煤电煤化工开发建设中的生态环境问题探讨[J]. 新疆环境保护，

35（3）：47-50.
张伟. 2014. 新疆新型煤化工发展评述与展望[J]. 广东化工，41（13）：184-185.
张智慧. 2016. 新疆未来煤炭行业发展思路探究[J]. 中国市场，（11）：66-68.
张宗飞. 2014. 新疆地区煤制天然气项目分析与展望[J]. 化肥设计，52（6）：5-11.
赵彦璞，段海峰. 2013. 新疆煤炭资源开发存在的问题及解决对策[J]. 中国矿业，22（12）：29-32.
浙江大学电力系统自动化研究所. 2015. 交直流线路输电能力和经济输送距离研究[R]. 浙江大学科学研究报告.
中国电力企业联合会. 2016. 电力工业统计资料汇编（2011-2016）[R].
中国煤炭工业协会. 2016. 2014-2015 年度煤炭工业安全高效矿井（露天）名单[R].

第五篇　“一带一路”倡议下西部煤炭产业布局与竞争力提升战略研究

第 1 章　西部煤炭产业发展现状

1.1　煤炭资源状况

1.1.1　内蒙古

内蒙古煤炭资源十分丰富，截至 2016 年底，保有查明资源储量 4 173.6 亿吨，占全国的 26.1%，排第 1 位。已探明含煤面积 12 万平方千米，约占全区土地面积的 1/10。内蒙古煤炭资源主要集中于内蒙古西部的鄂尔多斯市和内蒙古东部的呼伦贝尔市、锡林郭勒盟、通辽市，分别占全区的 44.9%、29.1%、21.6%、1.8%，合计占全区的 97.4%。已经探明储量的煤田中，超过 10 亿吨的大中型煤田（矿区）64 处，超过 100 亿吨的煤田有东胜煤田（128 亿吨）、准格尔煤田（175 亿吨）、胜利煤田（180 亿吨）、霍林河煤田（120 亿吨）、伊敏煤田（190 亿吨）等，探明储量在 50 亿吨以上 100 亿吨以下的煤田有五一牧场煤田、乌尼特煤田、乌海煤田、白彦花煤田、白音乌拉煤田、哈日高毕煤田、巴彦宝力格煤田等。

不黏煤和长焰煤等动力煤主要集中在鄂尔多斯等中西部地区，整体具备低灰、低硫、特低磷、中高热值特征，是良好的民用及动力用煤，适用于火力发电、各种工业锅炉；褐煤主要集中在内蒙古东部地区，具备低–中灰、特低硫、低磷、中等发热量、高挥发分特征，适宜坑口发电；炼焦煤主要集中在乌海市、包头市，趋于枯竭；无烟煤主要分布在西部的阿拉善盟，数量很少。

煤炭资源具有大型整装、煤层厚度大、埋藏浅、赋存稳定、水文地质条件简单等特点，资源优势突出，适合建设大型、特大型煤矿，具有广阔开发前景。内蒙古西部东胜煤田的东胜、新街台格庙、呼吉尔特、纳林河等矿区成煤于侏罗纪时期，开采条件很好；准格尔煤田开采条件好，且部分资源适合露天开采，发热量稍低；桌子山煤田、阿拉善盟煤田等内蒙古西部其他煤田煤层赋存条件较差，自然灾害严重。内蒙古东部绝大部分资源为褐煤，其次是长焰煤，普遍适合露天开采，生产成本低。

1.1.2 陕西

陕西煤炭资源丰富，截至 2016 年底，保有查明资源储量 1 639.5 亿吨，占全国的 10.3%，排第 4 位。资源富集程度高，渭河以北的五大煤田总含煤面积约 5.49 万平方千米，总资源储量 4 096.9 亿吨，占全省总资源储量的 99.96%。

陕北侏罗纪煤田以长焰煤、不黏煤为主，具有特低灰、特低硫、特低磷、高发热量、高挥发分、高化学活性等特征，有“环保煤”的美誉，已被全国多个城市指定为城市环保专用煤，可作动力用煤、气化液化用煤、低温干馏生产半焦用煤。黄陇侏罗纪煤田以长焰煤、不黏煤和弱黏煤为主，主要特征是低灰、特低硫、低磷、高发热量、高挥发分、富油、有一定黏结性，可作动力用煤、气化液化用煤、炼焦配煤。陕北石炭–二叠纪煤田、陕北三叠纪煤田和渭北石炭–二叠纪煤田变质程度较高，主要是炼焦配煤、贫瘦煤、贫煤及少量无烟煤。

陕北侏罗纪煤田包括神府、榆神、榆横矿区，煤炭厚度大、埋藏浅（大部分位于 300 米以浅）、倾角小、地质构造简单、水文地质条件简单、瓦斯含量低，开采条件很好，适合建设大型、特大型矿井，综合来看，资源条件上乘。黄陇侏罗纪煤田的彬长、旬耀等矿区煤层埋藏深度 500~800 米，部分区域水文地质条件复杂、瓦斯含量比较高，开采条件稍逊于陕北。渭北石炭–二叠纪煤田韩城、澄合、蒲白、铜川等矿区所剩资源不多、开采条件差、地质灾害严重。陕北三叠纪煤田府谷矿区水文地质条件复杂，煤炭市场竞争力弱。

1.1.3 甘肃

甘肃煤炭资源比较丰富，截至 2016 年底，全省保有查明资源储量 299.8 亿吨，占全国的 1.9%，排第 11 位。煤炭资源地理分布很不平衡，保有查明煤炭资源储量的绝大部分都集中分布在陇东，庆阳、平凉两市占 83.6%，中部白银、兰州两市占 8.1%，河西酒泉、张掖、武威、金昌四市占 8.2%，其他区域只有零星分布。

庆阳、平凉煤田可采煤层 2~3 层，主要可采煤层最大厚度 15 米左右，平均厚度 6.56 米，煤种为长焰煤；靖远煤田可采煤层 2~4 层，煤种为不黏–弱黏煤；窑街煤田可采煤层 5 层，煤种为长焰煤。从整体上看，甘肃煤炭资源大多属于低灰、中硫、高热值的长焰煤，以及弱黏煤、不黏煤，是优质的动力用煤和化工用煤。

大部分煤矿构造简单，没有大的断裂构造，裂隙不发育，水文地质条件及地质构造简单，煤层瓦斯含量低，适合机械化开采，具有建设现代化大型矿井的开采技术条件。但与鄂尔多斯、榆林相比，甘肃煤炭资源埋藏普遍较深，华亭矿区煤层埋藏深度在 200~700 米，庆阳煤炭煤层埋藏深度在 700~1 000 米，开采成本偏高。

1.1.4 宁夏

宁夏煤炭资源比较丰富，截至 2016 年底，全区保有查明资源储量 329.4 亿吨，占全国的 2.1%，排第 7 位。宁夏煤炭资源主要分布在宁东、贺兰山、香山和宁南四大煤田中，宁东煤田 274.9 亿吨，占全区的 84.5%。

全区 70%的煤炭资源为不黏煤、长焰煤，主要分布在宁东煤田的灵武、鸳鸯湖、石沟驿、马家滩和积家井等矿区；25.9%为 1/3 焦煤、主焦煤和炼焦配煤，主要分布在贺兰山煤田的石嘴山、石炭井矿区；比重不高的无烟煤和贫煤主要分布在贺兰山煤田的汝箕沟、石炭井矿区。

宁东煤田含煤地层为侏罗系延安组，多以缓倾斜-倾斜的中厚、特厚煤层为主，大部分煤层稳定，总体地质构造简单，瓦斯含量较低，具备建设大型现代化矿井的条件。贺兰山煤田含煤地层为二叠系山西组和石炭系太原组，构造以断层和褶皱为主，开采条件属于中等偏下，部分区域存在煤与瓦斯突出的现象，且目前大部分矿区煤炭资源渐进枯竭，开采条件较差。香山、固原煤田多以倾斜-急倾斜的薄、中厚煤层为主，赋存条件一般，地质构造较为复杂，煤炭资源开采条件一般。总体上，宁东资源条件不如鄂尔多斯、榆林，但稍强于陇东，在全国处于中上水平。

1.1.5 新疆

新疆煤炭资源十分丰富，截至 2016 年底，保有查明资源储量 3 915.3 亿吨，占全国的 24.5%，仅次于内蒙古，排第 2 位，资源优势突出。与 2010 年相比，保有查明资源储量增加 1 313 亿吨，占全国增量的 66.8%。新疆煤炭资源呈北富南贫格局，92.7%的煤炭资源分布在北疆的准噶尔、吐哈和伊犁地区，南疆的阿克苏、喀什、克孜勒苏柯尔克孜自治州、和田四地州仅占 1.6%，且主要集中在阿克苏地区，其他三地州仅有零星的煤矿点分布。

新疆煤种比较齐全，主要以中低变质的长焰煤、不黏煤和弱黏煤为主，其次为中变质的气煤、肥煤和焦煤，占资源总量的 80.9%，总体上具有低灰、特低硫、特低磷、高中发热量特点，是优质动力煤和化工原料煤，有适合远距离输送的资源条件，分布在准噶尔、吐哈和伊犁地区的平原地带；炼焦用煤次之，占预测总储量的 19.0%，主要分布在天山北坡的准南煤田和南坡的库拜煤田；贫煤、无烟煤、褐煤很少，仅占 0.1%。

新疆煤炭资源具有煤层厚度大、煤层多、单位面积产能高、地质构造简单、瓦斯等有害气体含量低、地下水少等特点，基本不受关键自然灾害约束（如煤与瓦斯突出、严重水害、冲击地压等），适合建设大型、特大型现代化安全高效矿井（露天），资源优势突出，开采成本低。但新疆距离东部煤炭消费中心遥远，运输距离是其最大的短板，严重影响新疆煤炭竞争力。

1.1.6 小结

总体看，西部五省区煤炭资源丰富，具有广阔开发前景。截至 2016 年底，保有查明资源储量共计 10 357.5 亿吨，占全国的 64.8%；2005~2016 年全国新增保有查明资源储量 5 550.4 亿吨，其中西部五省区增加 4 963.6 亿吨，占全国的 89.4%，说明东北、东部和中部剩余资源十分有限，西部资源保障能力继续增强，在我国煤炭工业中的重要地位进一步凸显，截至 2016 年底全国及西部五省区煤炭资源量统计见表 5.1.1。煤炭资源赋存条件较好，大部分矿区适宜建设大型矿井，特别是新疆、内蒙古适合建设千万吨级特大型矿井，另外，国内适合露天开采的资源也基本集中在西部五省区。

表 5.1.1 截至 2016 年底全国及西部五省区煤炭资源量统计 单位：亿吨

地区	2005 年			2016 年		
	保有查明资源储量	资源量	基础储量	保有查明资源储量	资源量	基础储量
全国	10 429.6	7 103.2	3 326.4	15 980.0	13 487.8	2 492.3
内蒙古	2 329.7	1 571.8	757.9	4 173.6	3 663.3	510.3
陕西	1 657.9	1 373.8	284.1	1 639.5	1 476.5	162.9
甘肃	89.0	39.6	49.4	299.8	272.5	27.3
宁夏	309.2	240.7	68.5	329.4	291.9	37.5
新疆	1 008.2	885.8	122.4	3 915.3	3 753.0	162.3
西部五省区小计	5 394.0	4 111.7	1 282.3	10 357.5	9 457.2	900.3
比重	51.7%	57.9%	38.5%	64.8%	70.1%	36.1%

美国煤炭资源分布与我国类似，煤炭资源分布广泛，全美 38 个州有煤炭赋存，其中西部地区（主要是蒙大拿州和怀俄明州）约占 47%；西部煤田煤层厚、埋藏浅、储量大、开采成本低、矿建投资低，适宜建设特大型露天矿和发展高产高效长壁综采矿井。

1.2 煤炭产业状况

1.2.1 内蒙古

煤炭生产消费增长很快。2016 年煤炭产量 8.38 亿吨，与 2010 年 7.86 亿吨相比，增长 6.6%，入选率约 50%，较 2010 年提高 20 个百分点；区内煤炭消费量 3.67 亿吨，煤炭转化率达 43.8%，外运 4.79 亿吨，是我国煤炭第一大生产和调出区，为全国保障煤炭供给贡献突出。

煤矿技术水平与美国齐平。平均单井产能 200 万吨，较 2010 年的 140 万吨提升 43%，是美国平均水平的 2 倍，全区无小型煤矿。已建成投产千万吨级以上现代化煤矿 15 座，总生产能力 2.96 亿吨/年，占总产能的 37%。区内煤炭企业技术面貌发生了较大的变化，采煤机械化程度 100%，掘进机械化程度 90%，全员效率 20 吨/工，采区回采率 82%。国内最大放顶煤液压支架在布尔台煤矿投入使用，世界最大载重煤矿井下运输车在大柳塔煤矿投入运行，智能综采机械化得到应用，露天煤矿数字化矿山建设成就显著，煤矿技术装备水平、生产效率等与美国处于同一水平。

煤矿安全生产水平全国领先。煤矿全部安装了安全监控系统并实现区域联网，强化煤矿安全责任，严格责任追究。2010~2016 年全区煤矿百万吨死亡率均在 0.1 以下，安全生产处于全国领先水平。

大型煤炭基地建设成效显著。合理有序推进了内蒙古东部、神东两个国家大型煤炭基地建设。神东基地形成东胜、准格尔两个亿吨级矿区，以及万利 5 000 万吨级矿区和高头窑、乌海、桌子山、上海庙等千万吨级矿区；内蒙古东部基地形成霍林河、宝日希勒、胜利、白音华等 4 个 5 000 万吨级矿区，以及伊敏河、元宝山、扎赉诺尔等 3 个 1 000 万吨级矿区。

煤炭企业发展成效明显。经过煤炭资源整合、企业兼并重组，内蒙古煤炭企业进一步减少，企业最低生产规模 120 万吨。神华、中电投、国电等央企控股煤炭企业和自治区地方煤炭企业伊泰、伊东、蒙泰、汇能等集团发挥管理、技术、融资等优势，先后重组了区内的部分煤矿企业，实现了企业快速成长。2016 年原煤产量 1 000 万吨以上的大型煤炭企业 11 家，产量 3.42 亿吨，原煤产量 5 000 万吨以上的特大型煤炭企业 2 家。

1.2.2 陕西

煤炭生产消费增长较快。“十二五”期间，煤炭新增生产能力 2.54 亿吨/年，增长 89.1%。2016 年原煤产量 5.16 亿吨，同比增长 4.5%，占全国总产量的 15.1%左右，仅次于山西、内蒙古，继续居全国第 3 位，与 2010 年 3.61 亿吨相比，产量增长 42.9%，年均增长率 6.1%。2016 年省内消费煤炭约 2 亿吨，其中，火力发电消费 8 324 万吨，冶金行业消费 5 390 万吨，化工行业消费 1 942 万吨，建材行业消费 1 450 万吨，民用及其他行业消费 3 375 万吨。煤炭就地转化率 38.8%，净调出量 3.1 亿吨。

结构调整成效明显。积极推进落后产能淘汰，2010 年以来关闭矿井 163 处，淘汰落后产能 1 000 万吨，已建成红柳林、柠条塔等 16 个千万吨级特大型矿井。新建大型矿井单井平均产能达到 520 万吨/年，其中建成千万吨级特大型矿井 10 处。

产业集中度进一步提高。积极培育壮大陕煤化集团、延长集团等省属企业，组建了陕西能源集团、陕西榆林能源集团，形成了以神华、陕煤化 2 个亿吨级企业为龙头，陕能、榆能、延长等千万吨级企业加快做大做强的良好局面。神华、陕煤化、陕能、榆能总产量占到全省 50%以上，初步形成了以大型企业集团为主体的开发格局。

技术水平得到长足发展。一批制约煤炭安全高效生产和建设的技术难题得到破解，陕煤化集团神府矿区煤炭开采水资源动态及保水技术研究、韩城极薄煤层上保护层瓦斯抽采及安全高效开采技术研究、柠条塔浅埋深 1.6 米煤层日产万吨综采工作面成套装备技术研究、浅埋煤层风积砂似膏体机械化充填采煤技术及应用等 7 项科研成果达到国际领先水平，黄陵一号煤矿国产综采装备智能化无人开采技术研究与应用，填补了我国煤矿综采工作面智能化无人开采的空白。

安全生产形势持续向好。建立铜川和神南两个大型矿山应急救援基地。加强安全基础建设，强化安全生产责任落实，全面提升煤矿安全保障能力，继续保持了良好的安全生产形势。2016 年百万吨死亡率 0.083，只有全国平均水平的 50%。

1.2.3 甘肃

煤炭生产消费增长缓慢。2016 年全省煤炭产量 4 254 万吨，比 2010 年减少了 246 万吨。煤炭产量达到 1 000 万吨以上的市为平凉、白银，产量共 3 675 万吨，占全省的 80.4%。建成选煤厂 22 处，洗选能力达到 3 015 万吨/年，2016 年全年洗选率约 50%。

行业集中度较高。截至 2016 年底，华亭煤业集团有限责任公司、靖远煤业集团有限责任公司、窑街煤电集团有限公司等甘肃省三大煤业集团核定生产能力 4 380 万吨/年，占全省的 70%。

小煤矿数量多，煤矿技术装备水平提升缓慢。现有的 143 处生产煤矿中，小煤矿点多、面广、规模小；其中120万吨及以上大型煤矿19处，生产规模4 320万吨/年，占全省总能力的66.7%；30万吨以上120万吨以下中型煤矿13处，能力810万吨/年，占全省总能力的12.5%；30万吨及以下小型煤矿111处，煤矿数量占全省的77.6%，能力1 350万吨/年，占全省的20.8%。小煤矿采煤机械化程度与先进产煤省仍有较大差距，技术装备自动化、信息化、可靠性程度低，煤矿开采工艺落后、安全隐患多、资源浪费严重、生产稳定性差。

安全生产稍好于全国水平。通过加大安全投入，推进矿井技术改造、设备设施升级，安全生产管理体制机制和保障体系更加完善有效，安全生产状况逐年好转，煤矿百万吨死亡率由2010年的0.770下降到2016年的0.353。

1.2.4 宁夏

煤炭生产消费快速增长。2016年全区煤炭产量7 069万吨，比2010年增加869万吨。截至2016年底，累计建成选煤厂18个，洗选能力1.1亿吨/年，2016年原煤洗选率超过90%，高于全国平均水平21个百分点。2016年，全区消费煤炭8 665万吨，净调入1 600万吨，主要来自内蒙古西部。

产业集中度高。全区煤矿企业数量由2010年58家，减少到2016年底的54家，其中，宁煤集团一家的产量占到全区的84.4%，中铝、中电投、宝丰、中石化、庆华等大型企业集团发展也很快。

煤矿生产力水平较高。国有重点煤矿采煤机械化和掘进机械化程度分别达到98%和92%，处在全国先进水平之列。共建成安全高效矿井13个，建成羊场湾、梅花井、枣泉、红柳等矿井无人值守系统。2010年以来，全区累计关闭煤矿44个，目前已没有15万吨以下煤矿，宁夏是率先完成淘汰落后小煤矿任务的6个省区之一。

1.2.5 新疆

已成为煤炭生产消费大省。2016年全区煤炭产量1.6亿吨，煤炭消费量1.46亿吨，2011年新疆煤炭外运量首次突破2 000万吨，2013年突破3 000万吨，2016年区外煤炭市场疲软，新疆调出量下降到1 000万吨，主要调往甘肃嘉峪关、金昌、酒泉等兰州以西地区。

小煤矿数量多，生产结构有待优化。全区现有的349处生产煤矿中，120万吨及以上大型煤矿20处，能力3 410万吨/年，占全区核定生产能力的35.3%，比全国平均水平低29个百分点。30万吨及以上120万吨以下中型煤矿59处，能力3 571万吨/年。30万吨以下小型煤矿270处，煤矿数量占全区的77.4%，能力2 692

万吨/年，占全区的27.8%，高于全国平均水平10个百分点。

煤炭企业发展迅速。新疆大力实施优势资源转换和大企业大集团战略，全国煤炭百强企业、煤炭产量50强企业中，分别有30家和20家到新疆发展，已投入生产的企业17家，占全区煤炭总产量的59.7%。神华、潞安、新汶、徐矿、特变和广汇等大型企业集团发展迅速，已成为新疆煤炭开发建设的主导力量，对推动新疆煤炭工业快速、科学、安全发展具有积极意义。

建设项目储备充足。截至2016年底，全区共有在建煤矿29处，能力5 000万吨/年；有47个项目已获得“路条”，总规模2.2亿吨/年。目前全区已编制完成或正在编制的矿区总体规划42个，共规划井（矿）田368个，规划总能力17.9亿吨/年，储备了一大批百万吨级、千万吨级的大型、特大型煤矿项目。

煤矿安全生产形势较为严峻。2012年死亡59人，为历史最好成绩；2013年死亡60人，百万吨死亡率0.41，高出全国平均水平（0.29）41.4%；2016年死亡26人，百万吨死亡率0.162，略高于全国平均水平。不少煤矿专业管理能力弱、安全基础管理薄弱等问题严重。

1.2.6 与国内其他地区及其他先进产煤国的比较评价

1. 与国内其他地区比较

总体来看，相比国内其他地区，西部五省区煤炭产业呈现出“1快、2高”的特点，即生产消费增长快、技术水平高、安全生产水平高。

生产消费增长快。2005~2016年西部五省区煤炭产量年均增长11.2%，是全国年均增长率的3.3倍，产量占全国的比重由21.6%提高到47.9%。消费方面，西部五省区煤炭消费量年均增长9.8%，是全国年均增长率的2.3倍，消费量占全国比重由12.6%提高到22.3%，西部五省区煤炭产消量及占全国比重见表5.1.2。

表5.1.2 西部五省区煤炭产消量及占全国比重

指标	2005年	2010年	2011年	2012年	2013年	2014年	2015年	2016年
五省区原煤生产/亿吨	5.10	13.09	15.82	17.15	17.38	17.27	17.11	16.35
占全国煤炭生产比重	21.6%	38.2%	41.3%	43.5%	43.7%	44.6%	45.6%	47.9%
五省区煤炭消耗/亿吨	3.06	6.26	7.06	7.90	8.71	7.69	8.77	8.60
占全国煤炭消费比重	12.6%	17.9%	18.1%	19.2%	20.5%	18.7%	22.1%	22.3%

技术水平高。西部五省区通过加快煤炭产业结构调整和技术水平升级，特别是高新技术的迅速推广应用，煤炭开采整体技术水平有了长足进步。已建成神东

大柳塔、上湾、陕煤红柳林等一批千万吨级世界上最先进的矿井，其机械化程度、人员工效等指标远高于全国平均水平。整体上西部五省区矿井建设开始呈现高度集中化、机械化的特点，采掘机械装备向大功率、大能力、高度自动化、高可靠性方向发展，生产、辅助等各系统和环节更加简单、安全、高效、可靠，并高度自动化和智能化；可以说，西部五省区作为我国煤炭的主产区，是煤炭高产高效的先进代表。

安全生产水平高。2016年西部五省区百万吨死亡率为0.10，比全国平均水平0.15低33.3%。一方面，相对于东北地区煤炭开采时间长、老小矿井较多、开采水平深、技术条件差、自然灾害相对较多，中南地区的河南瓦斯灾害严重，以及两湖、广西、云贵、川渝、青藏地区煤层埋藏条件差、大都以小煤矿为主、技术水平低、自然灾害相对较多，整体上，西部五省区煤层埋藏条件好，大型矿井多，同时由于开发较晚，新建矿井多，且现代化程度高，这是安全生产水平较高的主要原因；另一方面，多数新建矿井的开发主体是中央煤炭企业及华东地区大型煤炭企业，其安全管理水平也相对较高，加上煤炭安全生产和劳动保护技术不断提高，煤矿生产的作业环境更为可靠、安全和舒适，这些都促使西部五省区煤矿安全生产水平稳步提升。

2. 与先进产煤国比较

西部五省区虽然拥有一批世界级先进煤矿，且产能比重高，但甘肃、新疆等地为数不少的中小煤矿影响了整体竞争力，与美国和澳大利亚等先进产煤国相比，西部五省区在生产效率、安全生产、出口竞争力等方面还存在一定差距，主要表现在以下几点。

矿井平均产量相当，但从业人员数量大，人均产量产值相对较小。2016年西部五省区共有生产矿井1 467座，产量16.35亿吨，从业人员约60万人，与美国958座煤矿、9.07亿吨产量、12万人左右的工人队伍相比，矿井平均产量均在100万吨左右，但从业人员人均产量仅为美国的36%。

机械化水平相当，但整体安全高效生产水平相对较低。由于美国和澳大利亚以露天开采为主，其煤矿机械化水平基本全部达到了100%，西部五省区经过近年来的产业升级，采掘机械化也已接近100%；但原煤生产效率方面，美国和澳大利亚均超过了40吨/工。美国不同井型的生产效率见表5.1.3，是我国目前平均水平的5倍；安全生产方面，2016年美国煤炭生产百万吨死亡率约0.018，仅为西部五省区的18%；整体上，西部五省区安全高效生产仍有提升空间。

表 5.1.3 美国不同井型的生产效率 单位：吨/（人·小时）

井型	露天矿	井工矿	平均生产效率
100 万吨以上	15.78	4.40	8.46
50 万~100 万吨	4.41	2.21	2.89
20 万~50 万吨	3.42	2.14	2.58
10 万~20 万吨	2.73	1.57	2.22
5 万~10 万吨	2.20	1.29	1.77
1 万~5 万吨	1.96	1.00	1.63
1 万吨以下	1.04	0.47	0.96
平均值	10.42	3.35	5.96

资料来源：美国能源信息署

我国西部煤炭物流成本高，出口竞争力不足。西部五省区资源以动力煤为主，炼焦煤数量极少。以 5 500 大卡优质动力煤为对象，其 2016 年价格显示，我国西部下水煤与澳大利亚下水煤相比较，吨煤平均成本高 18 元，我国某大型企业集团代表的低成本先进水平，比澳大利亚某低成本企业高 60 元，我国与澳大利亚动力煤成本比较见表 5.1.4。由于我国西南方向往国外没有陆上煤运通道，出口煤炭只能走海运，而我国主要煤炭下水港秦皇岛港与澳大利亚主要煤炭下水港纽卡斯尔港距离印度、巴基斯坦、孟加拉国等国的主要港口都在 6 000 海里左右，运输成本基本相当。因此，成本弱势决定了我国西部煤炭出口到印度、巴基斯坦、孟加拉国的可能性较小。

表 5.1.4 我国与澳大利亚动力煤成本比较

煤炭来源	离岸成本/（元/吨）	备注
我国下水煤	360	秦皇岛，我国平均水平
澳大利亚下水煤	342	纽卡斯尔港，澳大利亚平均水平
我国某低成本企业	310	秦皇岛，我国先进水平
澳大利亚某低成本企业	250	纽卡斯尔港，澳大利亚先进水平

1.3 煤炭开发利用对西部的贡献

西部五省区近年来已成为我国主要的煤炭生产、调出和转化区域，煤炭开发及利用相关产业的快速发展，为保障全国能源安全稳定供应和推动当地经济社会发展做出了巨大贡献，煤炭及相关产业在西部五省区国民经济建设与社会发展中具有十分重要的地位，其贡献体现在投入产出、产业关联、收入分配及示范带动等方面。

1.3.1　平均每年西部五省区煤炭采选业固定资产投资超过 1 000 亿元，是带动地方经济发展的引擎

2005~2016 年，西部五省区煤炭采选业固定资产投资总体逐年增长，累计完成 1.32 万亿元，由 2005 年的 208 亿元增加到最高 2013 年的 1 966 亿元，平均每年超过 1 000 亿元，年均增长 32.42%，尽管 2014 年、2015 年和 2016 年有所回落，但由于投资惯性仍分别达到 1 852 亿元、1 294 亿元和 936 亿元，固定资产投资的快速增加直接强力带动了区域经济社会的快速发展；投资比重占全国比重方面，西部五省区的累计投资占同期全国煤炭采选业固定资产总投资的 30%，也凸显出作为全国煤炭的投资热点，西部五省区在全国煤炭生产中的地位得到了进一步的巩固和加强。西部五省区煤炭采选业投资占全国煤炭投资比重见图 5.1.1。

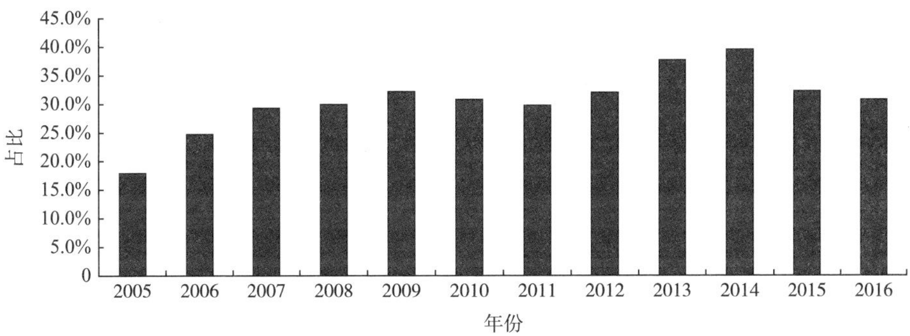

图 5.1.1　西部五省区煤炭采选业投资占全国煤炭投资比重

1.3.2　数万亿煤炭采选业产出强力拉动地区生产总值高速增长，煤炭采选业人均产值在大幅增加

近年来西部五省区经济高速发展，特别是内蒙古和陕西增速远高于全国，与煤炭资源开发有着直接联系。2005~2016 年西部五省区规模以上煤炭采选业工业总产值合计 5.11 万亿元，占同期五省区生产总值的 11.7%，对地区生产总值的最高贡献率出现在 2011 年，达到 25%。另外，从人均产值看，煤炭采选业用人少、产值高，人均产值在大幅增加，从 2013 年起均超过 100 万元，约是同期五省区全部就业人员平均产值的 14 倍，经历 2014 年、2015 年低潮期后，2016 年又回到了 2013 年水平。西部五省区煤炭采选业人均产值及占地区生产总值比重见图 5.1.2，西部五省区煤炭采选业对经济的影响见表 5.1.5。

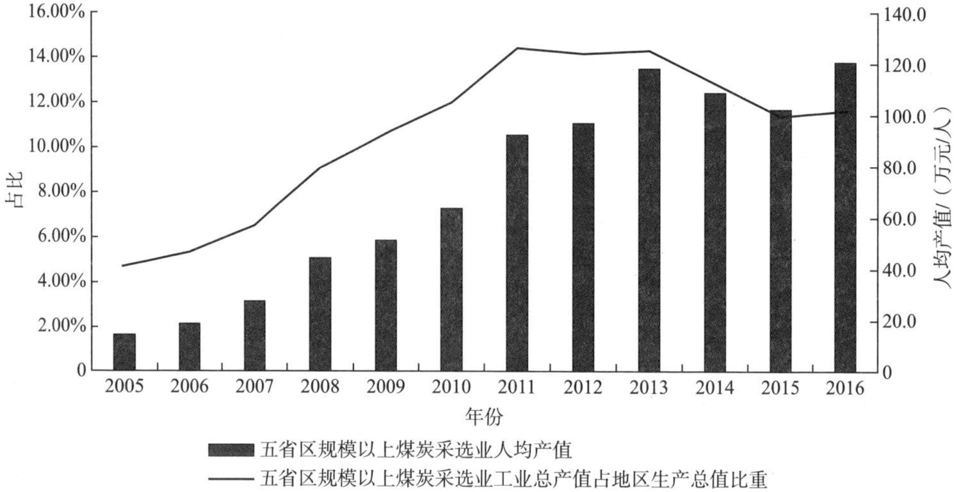

图 5.1.2 西部五省区煤炭采选业人均产值及占地区生产总值比重

表 5.1.5 西部五省区煤炭采选业对经济的影响

指标	2005 年	2006 年	2007 年	2008 年	2009 年	2010 年
煤炭采选业固定资产投资/亿元	208	361	530	720	986	1 167
全国煤炭采选业固定资产投资/亿元	1 163	1 459	1 805	2 399	3 057	3 785
西部五省区生产总值/亿元	12 989.5	15 736.4	19 326.7	24 364.7	27 018.5	33 058.5
从业总人口/万人	5 499.7	5 558.4	5 649.2	5 740.1	5 885.8	5 978.5
规模以上煤炭采选业工业总产值/亿元	607.1	830.2	1 251.2	2 208.9	2 864.5	3 961.3
煤炭采选业从业人员/万人	43.3	45.4	46.1	50.2	56.4	62.6
煤炭采选工业产值占地区生产总值比重	4.67%	5.28%	6.47%	9.07%	10.60%	11.98%
煤炭采选业人均产值/万元	14.0	18.3	27.1	44.0	50.8	63.3
煤炭采选工业产值增长率	—	36.74%	50.72%	76.54%	29.68%	38.29%
煤炭采选业对地区生产总值贡献率	—	8.12%	11.73%	19.01%	24.71%	18.16%
指标	2011 年	2012 年	2013 年	2014 年	2015 年	2016 年
煤炭采选业固定资产投资/亿元	1 463	1 722	1 966	1 852	1 294	936
全国煤炭采选业固定资产投资/亿元	4 907	5 370	5 213	4 684	4 007	3 038
西部五省区生产总值/亿元	40 605.7	45 879.5	50 487.5	54 353.1	54 909.9	58 032.3
从业总人口/万人	6 101.5	6 212.2	6 419.1	6 565.1	6 627.7	6 721.9
规模以上煤炭采选业工业总产值/亿元	5 837.7	6 485.0	7 220.9	6 895.4	6 235.4	6 728.05
煤炭采选业从业人员/万人	63.5	67.1	61.3	63.6	61.2	55.9

续表

指标	2011 年	2012 年	2013 年	2014 年	2015 年	2016 年
煤炭采选工业产值占地区生产总值比重	14.38%	14.13%	14.30%	12.69%	11.36%	11.59%
煤炭采选业人均产值/万元	92.0	96.6	117.9	108.4	102.0	120.3
煤炭采选工业产值增长率	47.37%	11.09%	11.35%	−4.51%	−9.57%	7.90%
煤炭采选业对地区生产总值贡献率	24.86%	12.27%	15.97%	−8.42%	−118.52%	15.77%

注：表中煤炭采选业对地区生产总值的贡献率指，煤炭产业增加值增量与地区生产总值增量之比

资料来源：国家统计局

1.3.3 煤炭采选业已成为西部名副其实的利税大户，为地方经济做出了重大贡献

财政收入主要通过征收增值税、资源税和所得税等获得，目前，企业增值税率和所得税率分别为 17%和 25%，考虑到煤炭采选业增值税抵扣，煤炭采选业增值税及其附加的实际综合税率约为 12%。2005~2016 年西部五省区规模以上煤炭采选企业累计缴税 5 752 亿元，其中，2016 年内蒙古煤炭税收占全部财政收入的比重最高达到 20.2%，是当地名副其实的利税大户，由于煤炭产量大，煤价回升后内蒙古、陕西的比重还在增加，具体见图 5.1.3。

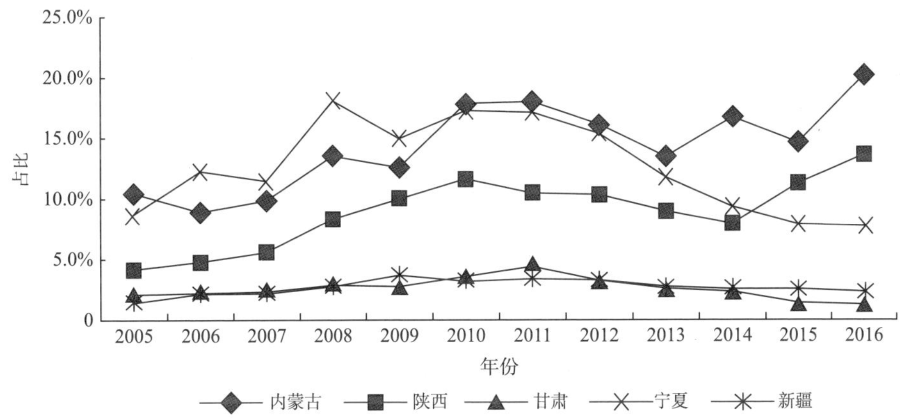

图 5.1.3 西部五省区规模以上煤炭采选企业纳税总额占财政收入比重

1.3.4 煤炭开发带动了发电、新型煤化工等下游转化产业快速发展

我国五大综合能源基地中有三个位于西部五省区，燃煤发电是二次能源的重

心，“西电东送”工程建设提速，特别是内蒙古、新疆大量投资建设燃煤电厂，截至2016年底，两区煤电装机规模已达11 744万千瓦，占全国煤电装机的12.5%。同时，近年来为有效促进煤炭由单一燃料向原料和燃料并重的转变，进一步保障国家能源安全，在国家及当地政府的政策支持下，现代煤化工产业在西部得到快速发展，一批煤制油、煤制烯烃、煤制天然气、煤制乙二醇示范项目已建成投运。据不完全统计，“十二五”期间煤化工总投资接近7 000亿元；根据国家能源总体布局，能源“金三角”宁夏宁东、内蒙古鄂尔多斯、陕西榆林是发展现代煤化工的发展重点区域，新疆、内蒙古东部等地区则可以适度发展煤化工，现代煤化工产业发展必将进一步促进西部五省区经济发展。

1.3.5 巨大的能源外调需求推动了西部铁路、输电通道等基础设施建设

西部五省区特别是内蒙古和陕西作为重要的煤炭调出省区，每年出省区煤炭总量已在10亿吨左右，为满足运输需求，相关的铁路、公路等建设随之加快，改变了西部偏远、落后的面貌。以“三西”为例，建设了向南通往华中的大通道和北部下海大通道，2016年初建成内蒙古到河北的新通道，正在建设内蒙古西部至华中煤运通道，实施了朔黄铁路扩能改造工程，建设了准格尔连接大秦铁路通道，形成四条主要煤炭外送通道，另外优化区内铁路通道，构建区内“七横七纵”铁路运输网络。此外，西部五省区电力设施建设也得到快速发展。以内蒙古西部电网为例，“十二五”期间，内蒙古西部电网全力加强主网、配网建设，累计完成固定资产投资549.6亿元，统调装机5 934.7万千瓦，变电容量突破1亿千伏安，形成“三横四纵”500千伏主干网架，向北开辟了蒙古国、向南开辟了陕西榆林地区的送电通道，有力支撑了内蒙古西部的电力产业发展；宁东—山东青岛、哈密—郑州、宁东—绍兴、准东—皖南等特高压项目都对促进西部能源基地开发、保障我国东部地区电力可靠供应具有十分重要的意义。

另外，依托煤炭和煤炭深加工重点企业，在矿区周边发展了高端装备制造、节能环保、新能源、新材料等战略性新兴产业和现代物流、服务业，实现传统能源产业与现代新兴产业相互促进、共同繁荣。

1.3.6 煤炭开发有力地促进了西部产业结构升级，推动了技术进步

煤炭生产方面，近年来随着一大批大型、特大型安全高产高效矿井的建成投

产，西部五省区的煤炭产业结构得到了有效改善；在煤炭转化利用方面，伴随煤炭生产规模的提升，大量百万、千万装机的清洁高效燃煤发电技术和一批具有世界先进水平的现代煤化工项目也进一步提升了西部五省区的工业竞争力。在产业结构优化升级背后，是高水平科技研发平台的建设、科技攻关项目的设立和大量科技创新资金的投入，随之而来的就是大量高新技术与装备的研发成功和应用，如特高压输电、煤直接液化和间接液化等技术已具有世界领先水平。以宁煤集团为例，自2002年成立以来先后建成国家级企业技术中心、博士后工作站和自治区级煤炭开采及煤化工院士工作站，完成科技攻关项目180余项，承担国家重大科技专项6项、国家部委科技项目3项、自治区科技专项21项，获省部级以上科技成果57项，其中4项获国家科技进步二等奖。可以说，西部五省区的煤炭开发利用产业已经逐渐成为技术、资金密集型产业，正在逐步实现对中东部地区的“弯道超车”。

1.3.7 煤炭开发创造了大量就业机会，职工收入、队伍素质也得以大幅提升

历史上西部五省区经济以农业为主，煤炭开发利用促进了工业发展，产生大量就业机会，并且随着产业的高端化，从业人员队伍整体素质与收入也在不断大幅提高。2016年西部五省区规模以上煤炭采选业从业人员55.91万人，比2005年增加了近15万人，其中陕西和内蒙古分别增加7.8万人、5.5万人；2009年，西部五省区煤炭从业人员占全国的比重就已超过10%，且稳中有升。以宁煤集团为例，自2002年成立以来，宁煤集团以煤炭及煤化工产业为重点，企业得到长足发展的同时，也带动了就业及职工收入的提升；十余年来宁煤集团累计新增就业3.56万人，最高时2005年就新增6 063人；职工收入也是逐年提升，由2003年的平均1.68万元，提高到2014年的9.09万元，年均增加16.6%，远高于全国平均水平。

1.3.8 煤炭开发带动西部区域经济社会全面发展

一直以来，西部五省区作为欠发达地区，经济基础相对薄弱、发展方式较为粗放、产业层次低、工业底子薄、大中型企业数量少，而以煤炭为龙头的能源开发利用产业，依托丰富的资源优势，紧抓国家高速经济发展对能源需求的机遇，自2000年以来得到了跨越式发展，在投入产出拉动区域经济发展的同时，也在产业结构升级、技术进步、促进就业、维护社会稳定等方面发挥了重要作用。

此外，随着我国能源战略西移，西部五省区中资源富集区紧抓机遇，发挥优势，大力发展煤炭开发利用产业，经济取得长足发展，形成了以鄂尔多斯等为代

表的新型具有煤炭资源优势的明星区域，成为西部大开发的亮点，起到强大的示范带动作用。因此，在西部五省区煤炭工业快速发展的十余年里，煤炭工业发挥了龙头带动作用，有力地提升了西部地区城市化水平，推动了经济社会的全面发展，缩小了与东部发达地区的差距。

1.4 存在的一些问题

1.4.1 煤炭资源勘查和绿色煤炭资源保障能力有待加强

整体上，西部五省区地质勘查工作相对较弱，资源精细勘查程度较低，影响了西部煤炭资源的可持续开发。西部五省区新增储量绝大部分在新疆，但新疆尚未利用资源的勘探和详查率仅分别为 20.6%和 11.1%。且经评价，目前西部绿色煤炭资源储量比重整体较低，绿色煤炭资源储量比重仅占全国储量的 16.9%，这与西部煤炭资源在全国资源量中所处的地位严重不符。因此，今后需要加大西部五省区煤炭地质勘查，并致力于提高绿色煤炭资源的储量保障能力。

1.4.2 远距离输煤输电是西部面临的巨大挑战

随着我国煤炭生产开发布局的不断西移，尤其是新疆煤炭基地的开发建设，我国煤炭生产重心偏离消费重心的矛盾将日益突出，一方面是煤炭调运距离将进一步增长，调运成本将不断增加；另一方面随着大容量、远距离输电技术的发展，西部煤炭资源通过输电方式输送的比例将逐步提高。因此，如何建立和完善西部远距离输煤输电通道，优化西部煤炭输配格局，是当前和今后面临的一大挑战。

1.4.3 西部煤炭资源开发面临严重的水资源短缺

西部煤炭资源开发利用主要受水资源制约，普遍面临找水难、水资源综合利用难、水权配置难等问题，煤炭资源开发利用与水资源供需之间的矛盾日益加剧。2016 年西部五省区保有煤炭资源量占全国的 64.8%，而水资源总量仅占全国总量 3.25 万亿立方米的 6.1%；特别是内蒙古和新疆，保有煤炭资源量分别占全国的 26.1%和 24.5%，而水资源分别仅占全国的 1.3%和 3.4%。

1.4.4 资源开发与生态环境保护治理矛盾加剧

在全国范围内，西部五省区煤炭资源开发强度较大，与之相矛盾的是生态环境最为恶劣。随着资源开发利用与生态环境协调发展要求的不断提高，煤炭项目建设与水资源紧缺、水土流失等生态环境矛盾加剧，煤炭开发利用对西部五省区生态环境构成较大影响，特别是陕西、宁夏不少老矿区环境治理设施滞后、环保欠账较多，环境恢复与保护长效机制仍有待进一步完善。虽然在部分地区，如神东矿区，通过科技创新以及加大矿区生态环境治理投入，治理后的生态环境远优于煤炭开发前，但这一成绩的取得主要基于大量资金投入，这一模式很难在全部矿区、矿井予以推广，特别是在煤炭行业仍将较长时间低位运行的背景下，煤炭企业将长期处于微利甚至亏损经营状态，第一位的生存问题得不到保障，可持续发展难上加难，高投入治理环境更是无从谈起。

第 2 章　西部地区煤炭经济发展典型案例

我国西部地区能源资源（如煤、石油、天然气等）丰富，但长期以来经济发展却比较滞后，出现了“富饶的贫困”现象。西部大开发战略的实施，尤其是“西煤东运”“西气东输”等能源工程项目的逐步推进，在加大西部能源开发的同时，也对西部地区的经济增长起到很大的拉动作用，由此催生了一批具有煤炭资源优势的明星区域，成为西部大开发的亮点，起到强大的示范带动作用。

2.1　“立足煤炭，资源驱动”的鄂尔多斯发展模式

鄂尔多斯自然资源储量丰富，目前已经发现的具有工业开采价值的重要矿产资源有 12 类 35 种，其中以煤炭为最。统计资料显示，全市总面积 8.7 万平方千米，其中含煤面积约占 70%，煤炭预测储量超万亿吨。多年的探索和发展，尤其是西部大开发政策的实施，使鄂尔多斯恰当而有选择地利用其优势自然资源，经济增长取得了巨大成效，人民生活水平得到大幅提高，由一个长期贫困落后的地区成为全国地域经济发展的排头兵。鄂尔多斯经济的快速增长，同时带动了生态改善和城市建设，在西部地区产生了广泛影响，成为被充分肯定并具示范意义的“鄂尔多斯模式”。

2.1.1　“立足煤炭”，抓住机遇，大投资带来大发展

丰富的煤炭资源赋存是发展的前提保障。鄂尔多斯市煤炭资源储量丰富，境内拥有准格尔、东胜和桌子山 3 大煤田，现探明煤炭储量 1 774 亿吨，约占全国总量的 1/6、内蒙古自治区的 1/2；煤种主要包括长焰煤、不黏煤、焦煤和肥煤等，大多数是工业用优质煤，具有高挥发分、高发热量、高灰熔点、低磷、低灰、低硫等特点，可以用于发电、化工、气化和动力等方向，这使鄂尔多斯成为国内外少有的环保动力煤产地，其包含的优质动力煤的储量占全国的 4/5。

抓住机遇，明确主导产业定位，煤炭产业实现跨越发展。1978 年以前，鄂尔多斯市工业经济发展缓慢，当地的经济主要以农牧业发展为主，经济水平与技术

水平十分落后，煤炭生产规模小，产业发展基本处于停滞状态。改革开放以后，国家改变了经济发展战略，将能源战略向西部转移，投资了东胜煤田、准格尔煤田、万利矿区和达拉特电厂等重点项目，开始实施“国家修路，群众办矿，大中小并举”的能源开放方针。受此推动，鄂尔多斯煤炭产业开始逐步进入扩张阶段。自 1993 年开始，在经济景气、市场需求较好的影响下，鄂尔多斯抓住机遇，充分发挥煤炭资源优势，大力发展煤炭工业，适时推进小型煤炭企业的兼并重组，进一步提高生产能力，煤炭产业得到了长足发展，经济水平、管理水平及专业技术水平都有了较大幅度的提高。凭借自身资源禀赋并依托国家发展对能源的强烈需求，鄂尔多斯在“十五”期间明确煤炭作为城市发展的主导产业，并成为国家规划建设的重要能源基地，煤炭工业作为主导产业推动鄂尔多斯迅速崛起。2004 年该市的煤炭总产量已突破 1 亿吨，这也是我国地市煤炭产量首次实现总量破亿。“十一五”期间，全市的煤炭产量又实现跨越式提升，到 2010 年煤炭产量达到 4.5 亿吨，较“十五”末的煤炭产量翻番。“十二五”期间，鄂尔多斯煤炭产业发展势头不减，2016 年产煤 5.7 亿吨，煤炭产量已连续 14 年蝉联全国产煤地级市之首，同时产业集中度、煤矿科技与安全生产水平也得到大幅提高，煤矿资源回采率由 2010 年的不足 50%提高到 2016 年的 80%，机械化生产水平已经超过 80%，百万吨伤亡率控制在 0.02 内，安全生产位居我国的先进水平。

“立足煤炭”成为“鄂尔多斯模式”的核心引擎。“立足煤炭”不仅是我国能源战略的基础，更是鄂尔多斯经济腾飞的核心。鄂尔多斯曾是内蒙古自治区最为贫穷落后的地区之一，全市 8 个旗区中 5 个为国家级贫困区。自“十五”以来，鄂尔多斯市通过利用自身煤炭资源富集的优势，有效实施资源转换战略，建设一大批煤炭资源开发利用重大项目，形成了以煤为主、多元发展的工业产业发展格局，由煤兴盛，使资源优势迅速向经济优势转化，全市经济水平得到跳跃式的突飞猛进，从 2000 年到 2016 年的十余年时间，经济总量翻了 5 番，2016 年实现地区生产总值 4 418 亿元，在全国地级地区中列第 34 位；产业结构实现了以农牧业主导向以工业为主导的转变，实现了由贫穷到小康的跨越，开创了一条中国西部贫穷地区利用资源富集优势迅速致富的发展道路。

鄂尔多斯的地区生产总值与煤炭产量变动曲线的趋同性，以煤为基础的工业增加值在国民经济总量中的比例，都说明煤炭产业是推动经济发展的主导产业和主导力量。鄂尔多斯市 2002~2016 年煤炭产量及地区生产总值见图 5.2.1。

2.1.2 破解“资源诅咒”，依托资源谋求转型发展

不可否认，没有资源的开发，就没有鄂尔多斯经济发展的今天，但是在高速发展的背后，也产生了许多制约经济发展的问题。鄂尔多斯总结借鉴辽宁阜新、

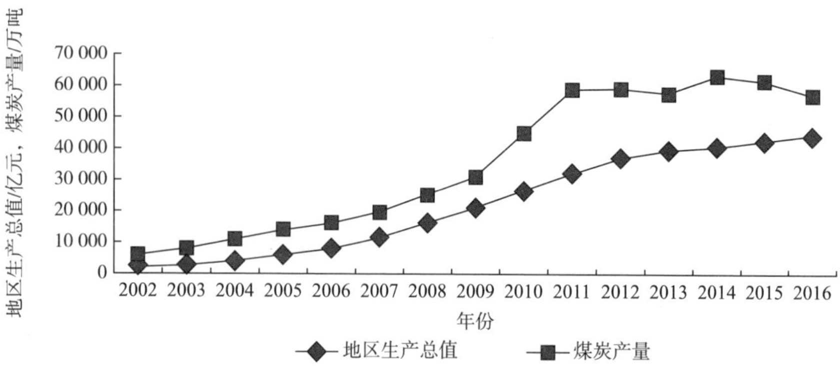

图 5.2.1 鄂尔多斯市 2002~2016 年煤炭产量及地区生产总值

德国鲁尔等因矿而生、因矿而兴、因矿而衰的资源型城市的经验教训，居安思危，未雨绸缪，及时推动产业转型，培育新的经济增长点，超越来自煤炭的黑色诱惑。为摆脱依赖资源经济的现状，破解“资源诅咒”，鄂尔多斯在转变经济发展方式上进行了积极探索和有益尝试，树立了“依靠资源但不依赖资源”的观念，提出了“结构转型、创新强市”的发展战略，通过深化产业链，增加产品附加值；实施资源换项目，发展非煤产业等措施，已初见成效。目前，全市工业经济整体素质和市场竞争力大大提升，对煤炭开采的依赖已有所减轻。

延伸产业链条，着力发展煤炭深加工，提高抗风险能力。燃煤发电是煤炭消费的最大用户。截至 2016 年底，内蒙古发电装机容量 10 036 万千瓦，其中燃煤发电装机占比达到 70%，2016 年发电量达到 3 950 亿千瓦时，外送电量 1 346 亿千瓦时，占全国跨省送电量 17%，电力装机、外送电量均居全国第一。鄂尔多斯作为内蒙古煤炭第一市，全市电力装机容量也已达到 1 600 万千瓦。此外，《内蒙古鄂尔多斯煤电基地开发规划》已通过水利部和原环境保护部的审查意见，该规划目标至 2020 年要建成神华布尔台低热值煤电厂等燃煤电厂 32 座，新增装机规模 3 858 万千瓦；这一规划的实施，将进一步提高鄂尔多斯煤炭就地转化率和煤炭产业的抗风险能力。此外，鄂尔多斯正紧紧围绕煤炭深加工，积极做大煤制甲醇、煤制油、煤制天然气、煤制烯烃、煤制二甲醚、煤制乙二醇、煤制芳烃等煤化工产业规模，延伸产业链条，大力发展了一批科技含量高、附加值高、带动作用大的项目，积极推进煤炭生产和利用方式变革，实现煤炭产品从燃料向原料与燃料并重转变。“十二五”时期，国家五大煤化工产业项目已经在鄂尔多斯全面落地，形成了产业集群发展势态，鄂尔多斯已经成为我国主要的煤化工产业基地。

摆脱一煤独大局面，以“资源换投资”，大力发展非煤产业。面对煤炭价格大起大落，因煤而兴的鄂尔多斯遭遇发展瓶颈。该市认识到不仅要靠延伸资源型产业链条，更要靠非煤产业的大发展。但是，非煤产业的发展，仍离不开资源的支撑。2009 年，《内蒙古自治区人民政府关于进一步完善煤炭资源管理的意见》发布，标志着内蒙古“资源换投资”政策的正式文件化。依靠“资源换投资”的政策，鄂尔多斯近年来成功引进了多家行业龙头企业，涉及新能源、汽车、机械、风电设备等多个领域，总投资额已超过 3 400 亿元。例如，奇瑞汽车股份有限公司在鄂尔多斯投资 200 亿元已“换得”16.6 亿吨的煤炭储量，华泰汽车集团在鄂尔多斯投资 100 亿元后获得两个煤矿的采矿权，以及总投资 220 亿元的京东方科技集团股份有限公司第 5.5 代显示器件生产线项目等。

2.1.3 鄂尔多斯模式的启示

抓住机遇，但不依赖机遇。要在抢抓机遇中谋求快速发展的制高点。鄂尔多斯紧紧抓住了国家能源战略西移和西部大开发的历史性机遇，积极争取和引进大量外来投资，引进实施了神府东胜煤田、达拉特火电等一大批国家级重点能源项目，奠定了经济快速腾飞的基础。作为欠发达地区要实现跨越发展，必须紧紧抓住当前发达地区产业梯度转移的机遇，以及新能源、新材料、生物科学等前沿产业发展的历史机遇，积极承接先进地区的产业转移，先人一步发展前沿科技产业，从而形成后发优势。

依靠资源，但不依赖资源。要在优势资源循环发展中形成产业经济新优势。鄂尔多斯发展是靠富集的煤炭等资源起步的，但是他们没有简单地依靠资源，而是从循环经济上破题，从资源整合深加工上入手，开创资源园区化集聚发展模式。早在 2001 年初，鄂尔多斯市就高瞻远瞩，开始实施资源转换和循环发展战略：构筑以“六高”，即“高起点、高科技、高效益、高产业链、高附加值、高度节能环保”为基础的“大煤炭、大煤电、大化工、大循环”四大重点产业，创造了一大批像内蒙古西部、棋盘井等循环经济的产业集群和工业园区。其他资源富集地区要实现跨越发展，也必须从产业长远发展的战略高度出发，将主导产业构筑在高科技、高效益、高产业链、高附加值、高度集约化的基础上，才能实现经济长周高速增长。

依靠投资，但不坐等投资。要在包装引进大项目中，吸引大投资支撑大发展。大项目是经济大发展的引擎。鄂尔多斯发展是依托资源优势，靠包装引进百亿元的大项目作为突破口来实现经济高速增长的，世界第一条煤炭直接液化生产线、国内第一条间接液化生产线等投资过百亿的大项目吸引着国内外巨额投资。在引进和实施项目上创造多个第一，成为鄂尔多斯经济迅猛发展的标志。大发展必然需要大投资。工业投入不足，大项目不多是制约欠发达地区工业总量迅速扩张的根本。欠发达地区实现爆发式发展，必须打破常规的发展方式，在包装引进大项目、好项目上立足高起点，多创造一些国际或国内领先的项目，才能在争取引进民间资金、银行融资上，取得大突破、吸引大投资，从而实现大投入促进大产出，大项目支撑大发展的目标。

2.2 “高起点建设，科技驱动”的宁东能源化工基地模式

宁东能源化工基地规划区总面积约 3 484 平方千米，依托煤、水等资源组合优势，重点发展煤炭、电力、煤化工和新材料四大主导产业，形成了相对集中、互为补充、协调发展的现代能源化工产业体系，已成为西部大开发建设中的一颗璀璨明珠。

2.2.1 借西部大开发东风，依托煤水资源优势，宁东能源化工基地起航

煤水资源耦合，成为基地开发建设的独有核心优势。宁东能源化工基地之所以能够成为国务院批准的国家重点开发区、国家重要的大型煤炭生产基地、“西电东送”火电基地、煤化工产业基地和循环经济示范区，离不开其作为宁夏煤、水等资源高度耦合集中核心地带的独特优势。从煤炭资源禀赋来看，作为国家重点发展的 14 个亿吨级煤炭基地之一的宁东煤田，煤炭预测储量 1 394 亿吨，探明储量 273 亿吨，全部分布在南北长 130 千米，东西宽 50 千米，含煤面积约 3 500 平方千米范围内；煤种为不黏煤、炼焦煤和无烟煤，是优质化工用煤和动力用煤；煤层埋藏条件好，储量分布集中，煤炭开采强度大；八大勘探区基本都能布置大型矿井，且矿区分布距离近，煤种煤质均适合进行煤化工和深加工转化利用；近距离就地转化，运距短，成本低，有利于规模化集中利用。另外，从水资源禀赋来看，宁东水资源相对丰富。宁东基地紧邻黄河，在能源“金三角”中具有较好的水资源供应保证。宁东能源化工基地工业用水不抽用地下水，不增加国家给宁夏分配的黄河取水量，全部通过采取农业节水措施，以黄河水权转换方式解决。其 2003 年底开工建设的宁东供水工程，总供水量为 15 970 万立方米，能为基地提供充足的水源保障。由此，依托宁东特大型整装煤田和相对丰富的水资源优势，实施煤炭就地转化和产业升级战略，高效开发煤炭资源，近距离就地进行转化和深加工利用，把资源优势转化为经济优势，搭建一个推动宁夏经济又好又快发展的起跳板，跟上全国进入小康社会的步伐，宁东能源化工基地在宁东煤田应运而生。

上升为国家战略，强有力的政策支持助力基地高起点发展。随着西部大开发

战略的深入推进，国家实施重点支持西部大开发的政策措施，以及宁夏回族自治区、银川市全面改善投资环境的重大举措，为宁东能源化工基地建设提供了强有力的政策支持。2003 年，宁夏回族自治区党委、政府做出开发建设宁东能源化工基地的重大战略决策，并将宁东能源化工基地建设确定为自治区的“一号工程”。2008 年 9 月，《国务院关于进一步促进宁夏经济社会发展的若干意见》将宁东列为国家重点开发区。该意见还提出将宁东建设成为国家重要的大型煤炭基地、煤化工产业基地、“西电东送”火电基地。2009 年 2 月，国家发展和改革委员会批复《宁东能源化工基地开发总体规划》。2010 年，国家将以宁夏宁东、内蒙古鄂尔多斯、陕西榆林为核心的我国能源化工“金三角”中的宁东能源化工基地开发建设上升为国家战略。为了在有效保护生态环境的前提下充分发挥宁东煤田煤炭资源开发的规模效应，从根本上回避分散、小规模开发的弊端，宁夏回族自治区政府通过煤炭资源整合，将宁东煤田 98.2%的煤炭资源 268 亿吨划拨宁煤集团有限责任公司，形成独家开采宁东煤炭的大格局；另外，宁夏回族自治区政府为宁东能源化工基地配套了鸭子荡水库等基础设施，搭建了足以支撑宁东能源化工基地发展的公共服务平台，举全区之力打造集煤炭高效开采、近距离深加工转化等一体化布局的宁东能源化工基地。

2.2.2 着力科技攻关，高起点、高标准建设，基地实现大发展

攻克复杂地质条件下千万吨级矿井群建设生产技术，煤炭实现高效开发。宁东煤田由宁煤集团独家开发，具备建设千万吨级矿井群的首要条件。但宁东煤田地层富含水、地质构造多、煤层易自燃且煤层埋藏条件复杂，此类条件下煤炭资源的可持续大规模高强度开发的复杂性、危险性较高，且千万吨级矿井群快速建设及安全高效运营的难度很大。为此，在宁东煤田开发过程中，着重加强科技攻关，重点解决了复杂埋藏条件下千万吨级矿井群快速建设技术和千万吨级工作面安全高效生产技术难题，包括软弱富含水地层高效凿井技术、大断面软岩井巷支护技术、大倾角大起伏大采高千万吨级工作面生产技术及成套装备国产系列化配套技术、高韧难冒特厚煤层综放开采技术、高效高可靠辅助运输系统构建技术、大流量涌水工作面综合防治技术、高地温极易自燃煤层防灭火技术等。通过自主研发、不断创新，破解建设过程中不断遇到的新问题，截至 2016 年，形成和在建矿井的生产能力已经达到 1 亿吨/年。千万吨矿井群已经粗具规模，基地的高产高效核心开采工艺、千万吨级工作面生产技术和系列装备配套技术、安全保障技术及安全高效的快速建井技术，已经在宁东能源化工基地建设和提高企业综合效益

方面发挥了重要的作用。

高起点实施煤电一体化，实现由地下采煤跃至空中输电的跨越。作为全国重要的煤电基地和“西电东送”重要的送端电源，宁东能源化工基地电力产业在建设之初就采取高标准模式。依托宁东煤田建设的大型坑口电厂，要求单机必须是90万千瓦以上的大容量、高参数机组，另外电厂建设必须同步采用烟气脱硫、空冷、无废水循环利用和烟气脱氮等技术，并积极推进智能电网建设。目前在宁东能源化工基地已建成世界首台100万千瓦超超临界空冷机组，建成世界首条±660千伏直流输电工程，至2016年已形成火电装机容量926万千瓦/年、新能源装机383万千瓦/年（其中外送电规模400万千瓦/年）。

立足煤、延伸煤，引入世界领先化工企业，重点打造煤化工产品产业链，实现“由黑到白”的蝶变。按照规模化、大型化、基地化发展模式，宁东能源化工基地本着重点推动煤化工中间体与石油化工产品链对接、集约发展传统煤化工产业及循序发展石油化工产业的发展战略，将资源优势逐渐转化为基地发展的核心竞争力，以推动建设化工巨头一体化生产为核心，辅以引入明星产品单体工厂和多家企业合作伙伴联盟，重点发展煤化工产业。在宁东能源化工基地已建成世界首套50万吨/年煤基烯烃项目，首次实现西门子公司技术气化装置工业化应用。特别是2016年12月28日，经过数万名建设者历时39个月的奋战，总投资550亿元、年转化煤炭2 036万吨的宁煤集团400万吨/年煤炭间接液化示范项目成功出油。该项目的启动对提升我国煤制油化工技术水平、装备制造水平及助推我国燃油产品品质升级具有重要意义，同时也标志着宁夏宁东建设国内一流能源化工基地迈出坚实步伐。

依托科技创新，布局煤基新材料，力争实现“由低到高、由白到细”的转型发展。为延长煤炭深加工产业链，提升煤炭的经济价值，实现煤炭资源的综合利用，宁煤集团以过去几十年开发煤基炭材料的经验和技术为基础，加大科技创新力度，充分挖掘无烟煤内在物理、化学特性和使用价值，破解无烟煤开发高性能活性炭、无烟煤替代石油焦冶炼绿质碳化硅、替代石油焦煅烧石墨化产品、替代高纯石墨制备富勒烯等关键设备研制及配套工艺开发技术难题，将煤基炭材料产业作为煤炭深加工产业链的重要组成部分，在宁东能源化工基地大力推进高端煤基炭材料的开发和生产。

2.2.3 工业基地与生态绿地两翼齐飞，基地实现绿色发展

经过10多年的开发建设，宁东能源化工基地产业发展已具规模，但在生态建设、环境整治方面与建设国内一流能源化工基地的目标定位还有不小的差距。为加快推进生态文明建设，全面促进宁东能源化工基地经济社会和生态环境协调发

展，2015 年 3 月，宁东能源化工基地制定了《宁东基地主干道生态环境提升改造行动计划》和《宁东基地生态整治实施方案》，以“拆迁整治、环境卫生、绿化美化”三大战役为载体，扎实开展绿化种植、土地整治、拆迁安置、垃圾土方清运、架空线路改造入地等重要工程。短短 3 个月，宁东能源化工基地对产业园区、宁东城区等重点区域和各主干道进行了拆迁整治和绿化，拆迁面积达 56 万平方米，微地形整治 1 200 多万平方米，完成绿化种植面积 550 万平方米。同时，结合产城一体化发展要求，从健全“就业增收”和“社区管理”长效机制入手，大力发展特色明显、方便群众的社会服务业，推进民生实事的落实，生态环境明显改善，宜居指数显著提升。“绿色、生态、环保”已成为宁东的新标签。如今，走进宁东镇，蓝天绿地、居民小区、医疗卫生、文体广场、生态公园一应俱全。一个环境效益与经济效益同步增长、环境竞争力与产业竞争力双向提升的新宁东正在崛起。

截至 2015 年，宁东能源化工基地累计完成固定资产投资超过 3 500 亿元，形成煤炭产能 8 875 万吨/年，电力装机容量达 1 309 万千瓦/年（其中外送电规模 400 万千瓦/年），煤化工产能达到 1 515 万吨/年；2015 年工业总产值是 2011 年的 2.3 倍，年均增长 23.2%，工业增加值是 2011 年的 1.75 倍，年均增长 15%，其中，煤化工行业工业增加值比重由 2011 年的 8%提高到 41%，一个现代化的能源化工基地已粗具规模。

2.2.4 宁东能源化工基地模式的启示

坚持科技创新驱动，掌握发展主动权。在宁东能源化工基地发展过程中，特别是落地的煤化工项目大多为世界级项目，引进了许多国际先进技术，具有很强的竞争优势。但宁东能源化工基地没有把引进当成依赖，没有持续走“引进—落后—再引进”之路，而是对一些具有重大应用前景的关键高新技术（如煤气化、煤变油、煤基烯烃等），不断加强研发与创新，形成了一批具有自主知识产权的核心技术、关键技术，逐步摆脱了战略产业发展技术受控的局面，掌握了发展主动权。宁东能源化工基地科技研发投入占销售收入比重达到 1.3%，累计完成科技攻关项目近 200 项，获得专利授权 395 项，获得部级以上科技成果奖励 61 项。目前已建成各类科技研发平台 13 个，院士工作站 2 个，博士工作站 4 个，走出了“以产业链吸引人才、以人才延伸产业链”的新型人才集纳路径，围绕 400 万吨煤制油、100 万吨煤基烯烃和 120 万吨对苯二甲酸等高端项目，在世界范围内引进了一批高层次技术团队和专家，在煤化工方面形成了万人专业梯队，“宁东版”煤化工人才高地初现端倪。

坚持高标准要求，严格准入，形成集聚效应。宁东能源化工基地的发展也得益于制定了严格的产业准入标准，优先发展技术领先、具有规模优势和比较优势的项目，促进了煤炭、煤电和煤化工优势企业聚集，形成优质产业群。其他类似的园区或基地建设也应坚持一体化、基地化、大型化、现代化，实施集约经营，以充分、高效、合理利用各种资源，提高资源配置效率和效益，形成集聚效应。

第 3 章　西部煤炭产业发展环境及空间分析

3.1　国际能源发展形势及影响

3.1.1　煤炭需求放缓显著影响西部煤炭产业

世界能源需求重心持续向新兴经济体转移。虽然近两年来中国、印度等一批新兴经济体的经济增长速度有所减缓，但其人均 GDP 的增长和中产阶层的形成对全球能源需求的东移形成刚性推动。国际能源署《世界能源展望 2016》认为，至 2040 年时全球能源需求将增加 30%，其大部分增量来自非经济合作与发展组织的亚洲国家，如印度、中国及东南亚国家。非常规油气勘探开发技术在北美取得突破，美国页岩油气、墨西哥湾深海油气、加拿大油砂、委内瑞拉重油，以及巴西的深海油气成为油气储量及产量新增长点，西半球的美洲国家正逐步成为全球油气勘探开发的新兴热点区域，世界油气生产“西移”趋势明显，已逐步形成中东、中亚、非洲、美洲多极供应格局。

另外，国际能源署、美国能源信息署、BP 公司等机构一致认为，未来数十年内，化石能源仍将是世界经济发展的主导能源，但全球能源体系将发生重大变化，其中可再生能源和天然气将成为满足能源需求的“主力军”，而对煤炭的需求急剧放缓，比重降低。例如，国际能源署《世界能源展望 2016》认为，虽然煤炭需求仍将继续增长，但未来的增长速度将大大放缓，预计将保持在每年 0.2%的平均值。《BP 世界能源展望（2017 版）》也认为，煤炭的增速将由过去 20 年间年均 2.7%急剧放缓至年均 0.2%，全球煤炭消费量将在 2025 年左右达到峰值。

3.1.2　能源结构调整倒逼西部煤炭产业向清洁开发和低碳利用转变

绿色低碳发展是全球应对气候变化，实现可持续发展目标的重要途径。当前，许多发达国家都已经开始向低碳发展方向转变，利用自身技术和资本优势，大力发展新能源、节能低碳装备等新兴产业，不断谋求新一轮国际竞争的制高点。当前及今后一段时期内以化石燃料为代表的传统能源虽仍将占主导地位，但包括可再生能源在内的清洁能源将会快速增长。为积极应对能源、环境和气候挑战，世界许多国家特别是发达国家都不同程度地加快了替代能源和可再生能源的发展步伐。国际能源署预计非化石能源在全球能源结构中占比将从 2016 年的 19%提高到 2040 年的 25%，而化石能源中仅天然气份额增加。

对我国西部煤炭产业而言，虽然煤炭作为我国主体能源的地位短期内不会改变，且西部煤炭作为我国煤炭的主产区、重要转化区、煤炭调出区的地位在短期内不会有根本性动摇，但随着全球气候政策的推动和可再生能源的替代发展，能源结构调整加速将以“清洁绿色”倒逼煤炭开发、利用、转化过程中的污染物全程近零排放，以“可持续性”倒逼环境友好、近零伤亡、低碳利用，否则煤炭的前景不容乐观。

3.1.3 西部煤炭产业发展挑战与机遇并存

种种迹象表明，当今世界正处于新一轮能源革命的起步期，能源技术创新高度活跃，新兴能源技术正以前所未有的速度加快迭代，对世界能源格局和经济发展将产生重大而深远的影响；绿色低碳是能源技术创新的主要方向，集中在传统化石能源清洁高效利用、新能源大规模开发利用、核能安全利用、能源互联网和大规模储能、先进能源装备及关键材料等重点领域；世界主要国家均把能源技术视为新一轮科技革命和产业革命的突破口，制定各种政策措施，抢占发展制高点，增强国家竞争力和保持领先地位。

对我国西部煤炭产业发展而言，新一轮的能源技术革命既是一次促进产业发展的重大机遇，也会给产业发展空间的拓展带来严峻挑战。一方面，传统化石能源清洁高效利用技术特别是新型煤化工技术的开发，如中国科学院大连化学物理研究所新型煤制烯烃解决了传统技术高耗能和高耗水问题，进一步促进了煤炭可持续发展之路；能源互联网和大规模储能技术的突破能够扩大二次能源的利用范围和利用总量，有利于发挥煤炭转化为电能的相对经济优势，在污染物和碳排放允许的情况下，可进一步扩大煤炭的利用空间。另一方面，可再生能源、非常规油气等技术开始规模化应用，分布式能源、第四代核电等技术进入市场导入期，新能源材料等技术有望取得重大突破，煤炭替代品的来源范围在扩大、供应能力在增强，煤炭的应用市场受到严峻挑战。

3.1.4 全球煤炭供大于求形势仍将持续较长一段时间

虽然全球煤炭整体需求迅速放缓，但主要煤炭生产国依旧支持煤炭开采业发展。澳大利亚政府鼓励煤炭产业发展，产能继续释放，出口可能持续增加；印度尼西亚同样产能充足，出口虽受本国出口政策影响，但仍有进一步增加的可能；俄罗斯、南非等国扶植煤炭开采业的发展，国内产量和出口量都可能进一步增加；印度鼓励煤炭产业发展，莫迪政府希望2020年国内煤炭产量达到15亿吨；美国作为世界第二大产煤国，特朗普上台后，否决了奥巴马政府的气候政策，退出巴黎气候协议，重振煤炭行业。在此背景下，预测在今后较长一段时间，全球煤炭供应充足、未来总产能呈上升趋势。主要产煤国煤炭产业政策见表5.3.1。

表5.3.1 主要产煤国煤炭产业政策

国别	当前主要煤炭产业政策及影响
澳大利亚	自世界煤炭市场进入低迷下行期，暂停碳税，并计划废止矿产资源租赁税，有利于减轻企业负担，促进煤炭产业发展
印度尼西亚	鼓励煤炭产业发展，计划提高国内煤炭利用比重；在当前低迷市场环境下，延期提高资源税，虽计划减少煤炭出口，但暂时推迟执行出口许可证、减轻企业负担
俄罗斯	鼓励煤炭产业发展，《2030年前俄罗斯能源战略》提出，进行国内煤炭产业结构调整和技术升级，提出增加煤炭产量、需求量和出口量计划
印度	鼓励煤炭产业的发展；计划增加煤炭消费和煤炭产量
南非	鼓励煤炭产业发展，强调煤炭在本国能源消费中的重要地位；鼓励通过先进技术减少环境影响
美国	美国在总统特朗普上台后，推翻了奥巴马政府制定的《清洁电力计划》，解除政府在能源领域不必要的监管措施，将重振煤炭行业

资料来源：神华科学技术研究院有限责任公司根据相关政策整理

3.2 国内能源发展形势及影响

3.2.1 西部煤炭生产增长空间受到挑战

经过40多年的高速发展，随着改革红利、人口红利和全球化红利逐步消退，我国经济进入结构性调整阶段，经济增速换挡，将进入中高速发展阶段，能源需求增长将进一步放缓，同时受产业结构调整的影响，第三产业在经济结构中的比例持续上升，经济增长对能源依赖程度降低，单位GDP能源消费强度不断下降，能源消费结构调整加速，清洁能源在能源消费结构中的比例不断增加。2016年我国经济增速由“十一五”期间的9%以上下降到6.7%，预计“十三五”期间经济增速保持在6.0%~6.5%，2020年前能源需求年均增长不足3%，2030年前进一步下降到 2%左右。同时煤炭、炼油、冶金和电石等传统能源生产及主要耗能行业产能过剩十分突出，决定了未来国家将进一步对这些行业采取控制总量、优化结构的调控措施，加上核能和可再生能源的快速发展对煤炭的替代和挤压效应越来越明显，我国煤炭产业的发展空间受到严峻挑战，预计到 2020 年煤炭消费占能源消费的比重将降低到 58%以下，到 2030 年下降到 50%左右，而作为我国煤炭生产的主产区，西部煤炭产业发展空间受抑。

3.2.2 能源生产和消费革命对西部煤炭提出更高要求

对西部煤炭产业而言，作为我国煤炭发展的先进代表，煤炭革命不是革西部煤炭的命，而是以科学产能和科学开采的要求倒逼西部煤炭革命，具体来说，就是以“清洁绿色”倒逼煤炭开发、利用、转化过程中的污染物全程近零排放，以“高效智能”倒逼煤炭开发、利用、转化过程中的装备信息化、智能化、无人化，以“可持续性”倒逼环境友好、近零伤亡、低碳利用。要让西部的煤炭成为绿色、洁净、高效的能源，让西部煤炭工业成为现代化、智能化、受人尊重的新型工业体系，让西部煤炭产业实现高碳能源低碳发展，促进国家能源结构进一步优化，进一步支撑和保障国家能源安全。

3.3 国内煤炭发展形势及影响

3.3.1 西部煤炭主产区地位进一步增强

我国东部地区总体上资源趋于枯竭，河北、山东、黑龙江等省现有矿区深部和外围还有一些零星资源，但埋藏深度大都超过 1 000 米，自然灾害严重，2030 年前东部有超过 1/4 的煤矿将报废，由于后期无新矿可供建设，东部煤炭供给缺口扩大。中部地区开发时间长、强度大，目前面临严峻的生态环境问题，我国煤炭开发布局势必西移。2014 年出台的《国家能源局关于调控煤炭总量优化产业布局的指导意见》，明确提出东部地区原则上不再新建煤矿项目；中部地区（含东北）保持合理开发强度，按照“退一建一”模式，适度建设资源枯竭煤矿接续项目；西部地区加大资源开发与生态环境统筹协调力度，重点围绕以电力外送为主的千万级大型煤电基地和现代煤化工项目用煤需要，在充分利用现在煤矿生产能力的前提下，新建配套煤矿项目。从西部五省区看，虽然陕西、内蒙古作为现有煤炭供应的主要力量，但是由于开发时间长、强度大，且也面临较为严峻的生态环境问题，以及更长时间的资源保障问题，其生产规模不宜无限制扩大；但新疆作为重要的后备力量，具有很强的开发潜力，2014 年 3 月《国家发展改革委关于新疆大型煤炭基地建设规划的批复》(发改能源〔2014〕387号)明确了“新疆大型煤炭基地是国家第十四个大型煤炭基地”的战略地位，新疆迎来了加快开发的有利时机。整体上，随着我国煤炭布局的西移，西部五省区煤炭主产区的地位将进一步增强。

3.3.2 科技创新有力助推煤炭产业转型升级

近年来，煤炭行业科技创新的步伐明显加快，在煤田地质勘探、煤炭资源高效开采和清洁加工利用、煤矿重大灾害防治、矿区节能减排、环境保护和循环经济建设等方面涌现出一批具有先进水平的科技创新成果。露天采矿新技术、新工艺、新设备不断出现，75 立方米电铲、363 吨电动轮自卸车、1 000 万吨/年级半固定破碎站、6 000 米^3/小时移动式破碎机、6 600 米^3/小时轮斗挖掘机均已实现国产化；间断工艺、半连续工艺、连续工艺、综合工艺在我国均得到成熟应用；矿井开采技术世界领先，自主研制的年产 800 万吨综采成套设备已成功应用，年产 1 000 万吨综采成套设备进入工业化试验阶段，7 米液压支架、大功率采煤机、刮板输送机在多个矿井成功运用。晋东南—南阳—荆门特高压交流试验示范工程投运以来，实现了双向、全电压、大容量输电，经受了各种恶劣天气考验，之后建成了向家坝—上海、锦屏—苏南、哈密南—郑州 3 条特高压直流工程，我国的特高压输电技术已经领跑世界。神华鄂尔多斯煤直接液化、包头煤制烯烃、伊泰和潞安煤间接液化等项目商业化运行多年，现代煤化工技术日趋成熟。大唐克旗、新疆伊犁庆华煤制气项目投运，规模化商业煤制气技术取得重大进展。这些技术进步几乎全部是在西部五省区得到突破和应用，极大地带动了煤炭开发和转化，有效支撑了西部煤炭产业的转型升级。

3.3.3 西部煤炭需要主动变革破局解困

2012 年以来，随着我国经济增速放缓，煤炭供求关系发生明显转变，“买方市场”特征显现，在产能持续释放、进口增长加快、可再生能源快速发展等因素影响下，煤炭产业面临巨大下行压力。2014 年煤炭消费量出现了首次下滑，2015 年消费量继续下滑 3.7%。2013 年的 42.44 亿吨很可能成为我国煤炭消费峰值。煤炭消费出现转折，更加凸显产能过剩问题。全国煤矿产能过剩问题严重，2016 年初国务院出台《国务院关于煤炭行业化解过剩产能实现脱困发展的意见》，多项举措力图推动供给侧改革，化解产能过剩，目前虽已取得一定成效，但长期看，清洁能源和可再生能源逐步替代煤炭的趋势不可逆转，且短期内去产能、降成本、补短板攻坚难度较大，煤炭行业脱困和可持续发展依然困难重重。对西部煤炭产业发展而言，虽然整体安全绿色高效开发水平较高，且落后产能比重较小，但甘肃、新疆等省区小煤矿数量依然较多，化解过剩产能矛盾的难度仍然较大，需要主动提高标准，推动供给侧改革，同时增强竞争力，才能真正破局解困、脱颖而出。

3.3.4 西部煤炭产业竞争力提升面临多种挑战

近几年进口煤价格优势长期保持在 50 元左右，我国煤炭价格大幅度下跌和煤炭质量管理办法实施后，进口煤优势出现下降，但未来一段时间环保成本、物流成本、人工成本刚性上升和煤炭质量管理办法政策消退期出现后，进口煤价格优势将长期存在，我国每年净进口煤不会低于 2 亿吨。西部五省区作为煤炭主产区，因与东南沿海等主要煤炭消费地之间运输距离长、中间环节多，其流通成本在价格中占比较高，与澳大利亚、印度尼西亚等国海运至我国东南港口相比，价格竞争力相对较弱，因此，在未来较长时间内进口煤仍会对西部煤炭形成较大压力。

大规模发展现代煤化工面临多种风险，一是市场风险，国际原油价格对煤制油、美国页岩气对煤制烯烃等现代煤化工项目经济效益影响很大。二是税负风险，混合芳烃、煤制油若按石油炼化征收消费税，整个产业将陷入困境。三是环保风险，2014 年修订的《中华人民共和国环境保护法》要求更加严格，二氧化硫、氮氧化物排放标准提高和污废水零排放将大幅提高煤化工生产成本，国家拟新增环境税和碳税也是影响煤化工产业发展的潜在因素。现代煤化工是西部五省区煤炭转化的重要下游环节，现代煤化工发展规模和速度直接影响到西部煤炭产业整体竞争力的提升。

3.3.5 宏观调控政策对煤炭市场的影响显著

市场经济条件下，煤炭作为一种大宗商品，其价格变化主要由供需关系决定。煤炭产业是国民经济的重要支柱之一，当煤炭市场严重失灵、煤炭全行业亏损、危害到国家能源安全时，政府不得不运用有形之手调节和干预市场，从价格看，调控成效是显著的。为扭转煤炭供求关系严重失衡，根据 2016 年 2 月国务院出台《国务院关于煤炭行业化解过剩产能实现脱困发展的意见》（国发〔2016〕7 号），引导企业不超过 276 个工作日的减量化生产。煤矿生产时间由 330 天降低到 276 天，相当于产能打 8.4 折，瞬间改变了煤炭产能过剩局面，加上部分资源条件差、成本较高的已停产或减产煤矿恢复生产需要较长时间，必定造成煤矿供不应求，煤价从 2016 年初开始快速上涨，CCTD（中国煤炭市场网）秦皇岛 5 500 大卡动力煤价格指数见图 5.3.1。

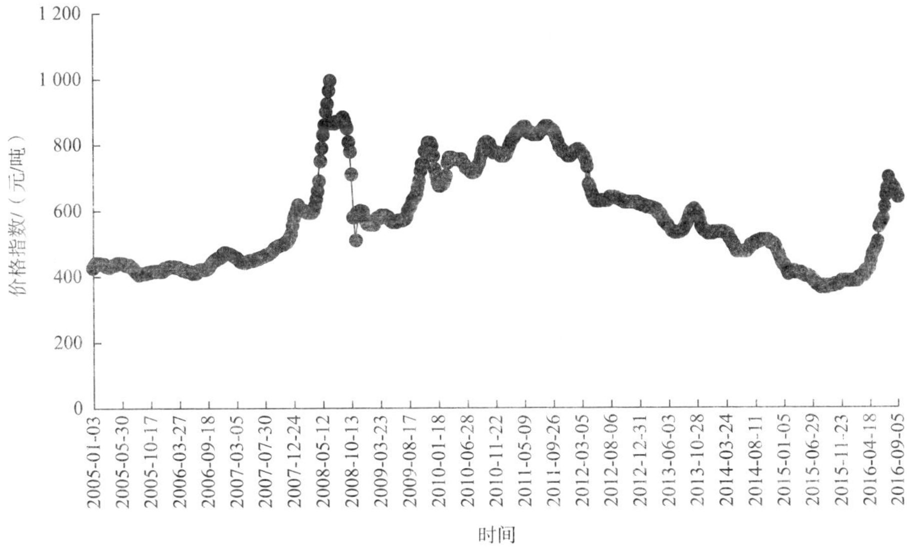

图 5.3.1 CCTD（中国煤炭市场网）秦皇岛 5 500 大卡动力煤价格指数

为缓解煤价过快上涨势头，2016 年 8 月，国家发展和改革委员会制定《关于稳定煤炭供应、抑制煤价过快上涨工作预案（讨论稿）》，该预案分为三、二、一级响应机制，环渤海动力煤价格上涨到 460 元/吨以上且连续两周上涨、上涨到 480 元/吨、上涨到 500 元/吨分别启动三、二、一级响应，将日均增产 20 万吨、30 万吨、50 万吨。预案实施仍然没有对上升的煤价起到有效遏制作用。

2016 年 12 月 29 日，国家发展和改革委员会、中国煤炭工业协会、中国电力企业联合会、中国钢铁工业协会四部门联合签署《关于平抑煤炭市场价格异常波动的备忘录》，就推进重点供煤和用煤企业共同参与平抑煤炭市场价格异常波动工作达成一致，重点煤电企业动力煤中长期基础合同价为 535 元/吨，绿色区域为 500~570 元/吨。

从较长时期看，一般情况下，国家不会轻易干预市场，政策调控作用会减弱，但实践证明非常有效的 276 天生产政策应保留，以备不时之需。从国际经验看，长期协议是主流，煤炭生产和消费大户签订长期合同并严格执行，用长期协议左右市场价格，能够确保煤电双方均有盈利，我国也在积极推广这一模式。我国煤炭体量巨大、点多面广，继续提高产业集中度，达到市场有序竞争时，自然不再需要政策调控，但实现这一目标需要时间。

3.4 “一带一路”倡议实施对我国西部煤炭产业影响

3.4.1 “一带一路”倡议对西部煤炭产生积极影响

首先，“一带一路”倡议实施有利于我国煤炭生产要素“走出去”拓展发展空间。我国煤炭开发建设的高峰期已过，煤炭产能严重过剩，一方面煤炭生产要素总量富裕，另一方面煤炭生产要素能力显著提高，急需找到新的市场，“走出去”愿望比较强烈；而“一带一路”沿线有不少国家煤炭资源丰富，同时这些国家煤炭产业不同程度地存在资金短缺、技术装备落后、煤炭基础设施条件差、技术力量不足等问题，有潜在的提升需求，因此，我国煤炭产业“走出去”积极参与“一带一路”经济带建设，不仅是我国煤炭产业的需求，也是沿线国家经济发展的需要。对我国西部煤炭产业而言，一是资金要素“走出去”开发国外煤炭资源。西部五省区煤炭资源总量较为丰富，但已探明的采储量不高，且部分煤种相对短缺，实施“一带一路”倡议，有利于加强国际煤炭资源配置，丰富能源供应渠道，这对于保障我国能源安全具有现实和长远意义。二是技术装备、人才等要素“走出去”拓展生存空间。21世纪以来我国在煤炭生产技术转让、设备出口、工程承包与劳务输出等方面已取得一定成果，通过“一带一路”倡议，可进一步带动先进煤炭开采技术和装备出口，扩大海外煤矿的承包建设、生产、经营业务，特别是西部五省区在煤炭开采及转化利用方面的先进技术及装备，如交直流特高压输电，以及目前仅在西部有示范工程或运营项目的煤制气、煤制油等，都可借助“一带一路”实现“走出去”对外合作，对于实现国际布局具有重要意义。

其次，“一带一路”倡议实施有利于西部煤炭产业开拓国际煤炭市场、促进煤炭国际贸易。“一带一路”沿线除个别处于政局动乱中的国家外，发展本国经济是这些国家经济社会发展的首要任务，而经济的发展不仅需要大量的资金投入，更需要大量的能源作为支撑。“一带一路”沿线国家中拥有广阔的煤炭市场需求，欧盟地区、南亚（印度）及东南亚地区每年都需要进口大量煤炭，而且还有不断上升的趋势。“一带一路”倡议的实施，有利于发挥国内、国际两个市场的作用，推动国内企业积极参与国际竞争，开拓国际煤炭市场。

最后，“一带一路”倡议实施有利于间接拉动我国煤炭消费、缓解我国煤炭产能过剩的压力。“一带一路”将是贯穿未来若干年的超级投资主题，我国工程建设能力及基础设施建设所需钢铁、有色金属、建材等产品均具有较强竞争力，与沿线国家大规模的基础设施建设合作将拉动钢铁等高耗能产品的需求，继而拉动对煤炭的需求，这有利于缓解国内煤炭产能过剩的压力，对西部煤炭产业而言，这是最直接的利好。

3.4.2 “一带一路”油气合作对西部煤炭形成冲击

“一带一路”倡议对缓解当前我国煤炭产业过剩矛盾有短期利好的可能，但是从经济发展的规律和长期趋势看，煤炭产业面临的挑战更加严峻，特别是对西部煤炭产业而言，“一带一路”倡议实施要求西部煤炭产业加快转型升级步伐，要求进一步提高竞争力。

首先，油气合作是“一带一路”能源合作的重要内容。“一带一路”沿线国家大多自然资源与能源充裕，目前我国绝大部分的进口原油和几乎全部的进口天然气都来自“一带一路”沿线国家。近年来，我国与俄罗斯、哈萨克斯坦、乌克兰、土库曼斯坦等国家的能源合作迅速升温，通过能源采购、修筑管道、参股、并购等形式，成功获取了大量外部油气资源。对我国而言，“一带一路”倡议实施有利于我国进一步拓展与四大油气能源通道沿线国家之间的合作互利空间，争取这部分相对廉价的油气资源为我国所用，有利于确保进口油气的稳定和持续，从而保障国家的油气安全。“一带一路”油气合作虽然不会根本性颠覆煤炭作为我国主体能源的地位，但在世界经济复苏进程缓慢、油气需求疲软、国际油价持续低迷背景下，相对安全、充足的油气供应特别是天然气供应，一方面对煤炭有最直接的减量替代，另一方面又影响新型煤化工产业的快速发展，进而拖延煤炭行业整体转型升级步伐。“一带一路”油气合作会与应对气候变化一起倒逼煤炭行业向清洁、高效方向转型，冲击我国煤炭行业发展。

其次，从国际经济合作角度看，无论是推进基础设施互联互通，还是促进产能合作，最终均应转化为贸易转移与贸易创造效应，通过优势互补，扩大贸易规模，带动并促进双方以至区域整体经济发展。无疑，贸易畅通是“一带一路”倡议的基点。2017 年 5 月国家发展和改革委员会、国家能源局发布《推动丝绸之路经济带和 21 世纪海上丝绸之路能源合作愿景与行动》，提倡“积极推动传统能源资源贸易便利化，降低交易成本，实现能源资源更大范围内的优化配置”。我国已与澳大利亚、巴基斯坦等国签订自由贸易协定，正积极同“一带一路”沿线国家和地区商建自由贸易区。开展自由贸易，我国煤炭行业将全面接受其他主要产煤国的挑战，如澳大利亚煤炭于 2017 年开始享受零关税待遇，澳大利亚的焦煤和动力煤以更低的成本进一步冲击国内煤炭市场。另外，“一带一路”沿线国家煤炭开发，一定程度上会增加煤炭供应能力，印度尼西亚、俄罗斯、蒙古国是我国煤炭主要进口国，随着其煤炭规模的扩大、交通运输等基础设施的改善，煤炭竞争力有进一步提高趋势，存在向我国扩大出口的可能性，也会冲击我国煤炭市场，影响我国煤炭产量及分布。例如，蒙古国优质炼焦煤可能会增加进口，影响内蒙古西部、宁夏等地区炼焦煤产量。西部五省区已成为我国煤炭的主产区，进口煤冲击我国煤炭市场，受影响最大的就是西部五省区。

3.5 西部煤炭产业发展空间分析

尽管全国煤炭消费整体呈下降趋势，但西部显著的优势决定西部仍然有一定发展空间，未来一段时间煤炭开发布局西移趋势更加明显，西部是中国煤炭工业升级发展的主战场，是中国煤炭工业的未来。

3.5.1 西部煤炭发展环境分析

1. 西部煤炭资源丰富

截至2016年底，西部五省区保有查明资源储量10 357.6亿吨，占全国的64.8%。除山西外，全国储量超过600亿吨的全部在西部，其中，内蒙古4 173.6亿吨，位于全国之首，紧随其后的依次是新疆3 915.3亿吨、陕西1 639.5亿吨，宁夏和甘肃在全国也算得上资源大省区，储量分别是329.4亿吨、299.8亿吨。2010~2016年，全国新增保有查明资源储量的89.4%在西部五省区，现有资源和新增资源均在西部，说明西部是中国煤炭工业的未来。

2. 西部开采成本低

陕西、内蒙古、新疆等西部省区煤炭资源具备煤层厚度大、埋藏浅、水文地质条件简单等特征，大部分适合建设大型、特大型煤矿进行规模化开采，煤炭生产成本低于其他省区，比较优势突出，这在很大程度上能够弥补西部距离能源消费中心远的劣势。例如，新疆低煤价、低电价吸引和接纳一批内地高载能项目，近几年山东、河南等地一批电解铝企业不断向新疆转移，可顺势而为，逐步把新疆建成我国重要的产业接续区。

3. 西部煤炭质量好

相对于其他地区，我国西部煤炭以低灰、低硫、高发热量著称，是我国优质动力煤集中区。为贯彻落实国务院《大气污染防治行动计划》,《商品煤质量管理暂行办法》提出京津冀及周边地区、长三角、珠三角限制销售和使用灰分（A_d）≥16%、硫分（$S_{t,d}$）≥1%的散煤。未来几十年，提高煤炭质量、提高优质煤炭使用比重是大势所趋，优质煤炭使用范围将逐步扩大，从西部调出更多优质环保煤炭对改善全国大气污染意义重大，因此西部煤炭市场前景广阔。

4. 西部煤炭外运条件便捷

西部煤炭、电力、煤化工产品等外运主要包括“三西”外运和新疆能源出疆。

2016 年，“三西”铁路外运煤炭 8.5 亿吨，公路外运 1.6 亿吨。“十三五”期间，朔黄、丰沙大、集通、邯长、侯月、陇海、宁西、西康等线路将扩能改造完成，内蒙古到河北、山西中南部等通道将建成，2020 年“三西”铁路外运能力达到 18 亿吨以上，运力增长远大于煤炭外运需求增量，“三西”煤炭外运能力将过剩。新疆正在建设北、中、南三大通道，外运条件越来越好。

5. 国家支持西部煤炭开发

国家一直很重视西部，为了充分利用西部丰富的电力资源，1986 年国家提出西电东送，对发展西部经济和保障东部电力供应发挥了重要作用。《煤炭工业发展“十二五”规划》提出全国煤炭开发总体布局是控制东部、稳定中部、发展西部。2014 年国家提出建设鄂尔多斯、锡林郭勒盟、晋北、晋中、晋东、陕北、宁东、哈密、准东等 9 个以电力外送为主的千万千瓦级现代化大型煤电基地，其中鄂尔多斯、锡林郭勒盟、陕北、宁东、哈密、准东 6 个基地位于西部。“十三五”我国煤炭开发总体思路是压缩东部、控制中部和东北、优化西部开发，重点还是西部。

3.5.2 西部煤炭发展规模预测

根据 2017 年 4 月谢克昌等著的《推动能源生产和消费革命战略研究》（综合卷），2020 年、2035 年、2050 年全国煤炭产量目标分别是 38.4 亿吨、34.1 亿吨、29.3 亿吨，取整作为全国煤炭产量预期目标。

由于剩余资源比较有限、新建煤矿空间小，预测相对容易，考虑政府干预压减落后产能、煤炭资源枯竭产能递减、市场竞争等因素，课题组对西部五省区以外其他区域煤炭生产进行了研究。预计除山西外其他区域煤炭产量呈快速下降趋势，由 2016 年 17.8 亿吨下降到 2035 年 12.5 亿吨，2050 年进一步下降到 8.9 亿吨，下降量很大，约为 2016 年的 50%。全国煤炭产量减去其他区域产量即为西部五省区产量空间。

中国煤炭消费峰值已经过去，以后不会回到 2013 年 42.44 亿吨的水平，但以煤为主的能源资源结构和长期处于社会主义初级阶段的经济特征决定，煤炭仍是我国主体能源，全国煤炭生产总量缓慢下降，其他区域下降加快，减少的煤炭由西部五省区补充，2020 年产量空间 20.2 亿吨，2035 年 21.5 亿吨，西部总量还将增加，占全国的比重从 2016 年 47.9%上升到 2035 年 63.2%，2050 年将达到 69.3%，比重在不断提高，但总量长期维持在 20 亿吨左右，以稳定发展为主。全国及西部五省区煤炭产量及预测见表 5.3.2，西部五省区产量及占全国比重见图 5.3.2。

表 5.3.2 全国及西部五省区煤炭产量及预测

项目	2016 年	2020 年	2035 年	2050 年
全国产量/亿吨	34.10	38.0	34.0	29.0
除西部五省区外其他省区/亿吨	17.75	17.8	12.5	8.9
西部五省区产量/亿吨	16.35	20.2	21.5	20.1
西部五省区比重	47.9%	53.2%	63.2%	69.3%

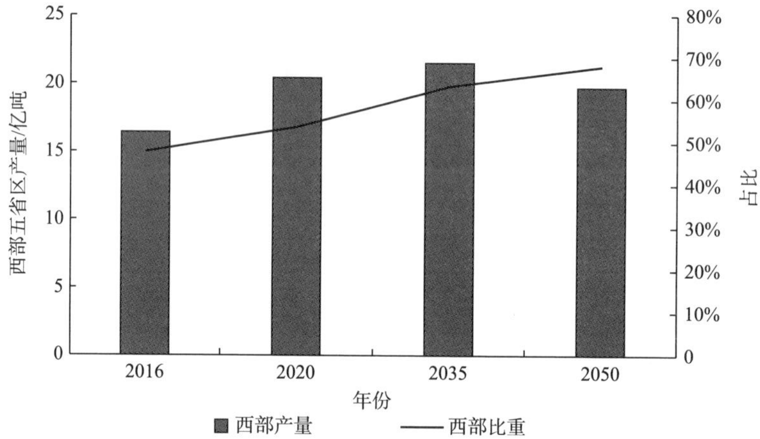

图 5.3.2 西部五省区产量及占全国比重

第 4 章　西部煤炭产业布局战略

4.1　战略定位和目标

4.1.1　定位

丰富的煤炭资源优势、优越的开采条件、良好的发展基础、便捷的能源外运通道决定了西部在我国能源格局中的不可替代性，未来较长一段时间内，西部作为我国最重要能源化工基地的战略地位将更加巩固，是保障我国能源持续、稳定、安全、经济性供应的基石。具体定位如下。

（1）我国最重要的清洁煤炭供应基地。西部是我国煤炭资源富集区，以厚煤层为主，开采条件好，十分有利于综合机械化规模化开采，煤炭产品具备中高发热量、低灰、低硫特征，适合打造为我国最重要的清洁煤炭供应基地。

（2）世界一流的现代煤化工基地。西部聚集了神华、中煤、兖矿、伊泰、特变电等一大批资金实力雄厚、技术力量突出的大型能源企业进驻，全国成功实现商业化稳定运行的新型煤化工项目主要集中在该区域，如神华上湾 108 万吨煤直接液化、神华宁煤 50 万吨煤制烯烃、神华宁煤 50 万吨甲醇制烯烃、伊泰准格尔 16 万吨煤间接液化、汇能 4 亿立方米煤制气等，技术指标先进，引领了煤化工产业发展方向，能源“金三角”已经具备了建设世界一流现代煤化工基地的各种条件。

（3）中国煤炭工业升级发展的主战场。“十五”以来，西部煤炭工业发展速度快，在全国的份额显著提高。西部煤炭产量占全国的比重从 2000 年 14.7%上升到 2005 年 23.1%，2010 年首次超过 38.4%，2016 年达到 47.9%，接近一半。未来一段时间，东部资源接近枯竭、中部生态环境压力大，决定了煤炭开发布局加速西移。在经济进入新常态以来，煤价大幅度下跌，中东部由于煤层埋藏深、自然灾害严重，加上开采所需时间长、人员多导致煤炭成本高，很难与西部质优价廉的煤炭同台竞争，在全国煤炭产能长期过剩、煤炭需求缓慢下降的条件下，中东部煤炭将加速衰退，西部的重要性更加突出。西部资源条件好，适合建设大型、特大型安全高效绿色煤矿，通过建设西部，一方面西部煤炭必将打压中东部，以市场手段加速中东部落后产能退出，另一方面西部比重提高，将全面提升我国煤炭工业生产力水平，更加有利于提高煤炭在我国能源中的地位，因此西部是我国煤炭工业的未来。

4.1.2 目标

通过煤炭安全绿色开采和清洁高效利用，把西部建设成为我国清洁煤炭生产基地、转化基地、调出基地，形成能源化工产业核心区、重要的能源供应增长极和承接能源密集型产业战略转移的聚集区，进一步增强国家能源安全保障能力，打造升级版煤炭工业，促进区域经济社会又好又快发展。具体目标如下。

（1）煤炭生产，2020 年西部煤炭产量 20.2 亿吨，占全国的 53.2%，比 2016 年提高 5.3 个百分点，增长约 4 亿吨；2035 年西部煤炭产量 21.5 亿吨，占全国的 63.2%；2050 年 20.1 亿吨，占全国的 69.3%。比重继续提高，反映出生产布局西移。

（2）煤炭消费，2020 年西部煤炭消费量 10 亿吨，占全国的 26.0%；2035 年消费 12 亿吨，占全国的 33.6%；2050 年消费 13 亿吨，占全国的 42.2%。总量增加不多，但比重上升快，说明消费布局加速西移。

（3）煤炭外运，2020 年上升到 10 亿吨以后外运量总体比较稳定；2035 年前长期维持在 10 亿吨左右，之后缓慢下降。

4.2 煤炭产业布局战略

4.2.1 煤炭需求

根据全国市场空间，充分考虑煤炭进出口和各省区煤炭生产、消费、外运现状和发展趋势，对西部煤炭生产进行布局。相对于“十二五”“十三五”西部煤炭产量快速增长，“十四五”及之后将进入稳定发展阶段，受资源约束，宁夏增长空间不大，受市场约束，甘肃增长有限，新疆、内蒙古、陕西是增长主力。2020 年超过 20 亿吨后，西部产量进入平台期，以稳定发展为主。西部煤炭产量及预测见表 5.4.1。

表 5.4.1 西部煤炭产量及预测 单位：万吨

地区	2016 年	2020 年	2035 年	2050 年
西部合计	163 521	202 000	215 000	201 000
内蒙古	84 559	107 000	107 000	100 000
陕西	51 566	60 000	60 000	50 000
甘肃	4 254	6 000	7 000	7 000

续表

地区	2016 年	2020 年	2035 年	2050 年
宁夏	7 069	9 000	8 000	5 000
新疆	16 073	20 000	33 000	39 000

4.2.2　淘汰落后产能

2016 年 2 月，《国务院关于煤炭行业化解过剩产能实现脱困发展的意见》（国发〔2016〕7 号）提出，从 2016 年开始，用 3 至 5 年的时间，再退出产能 5 亿吨左右、减量重组 5 亿吨左右，较大幅度压缩煤炭产能，适度减少煤矿数量，煤炭行业过剩产能得到有效化解，市场供需基本平衡，产业结构得到优化，转型升级取得实质性进展。根据《煤炭工业发展“十三五”规划》，“十三五”期间淘汰落后产能 8.4 亿吨/年，西部五省区的目标是 1.5 亿吨/年，占 17.9%，远低于西部煤炭产量占全国的比重，说明中东部是淘汰重点区域。

从淘汰落后产能目标与现有小煤矿能力数据上看，除新疆外，其他四省区“十三五”化解过剩产能远超过小煤矿范围，部分煤质差、成本高、安全生产压力大的大中型煤矿也将被淘汰。新疆地域广阔，特别是南疆大部分地区资源条件差，为满足当地用煤需求，全部关闭小煤矿还需要一定时间。

2021~2035 年迎来报废高峰期，西部五省区共淘汰 3.4 亿吨。内蒙古现有 110 处 300 万吨以下小型露天矿、能力 0.8 亿吨，开采的是浅部资源，服务年限短，加上其他报废煤矿，共淘汰报废 1.2 亿吨/年；陕西韩城、澄合、蒲白、铜川 4 大老矿区 90 万吨以下煤矿共计 4 000 万吨/年，由于资源条件复杂、成本高企，预计将全部淘汰，加上其他地区，估算淘汰报废 0.5 亿吨。甘肃、宁夏、新疆煤矿基数较小，预计分别淘汰报废 1 600 万吨/年、1 900 万吨/年、3 500 万吨/年，西部小煤矿及淘汰目标见表 5.4.2。

表 5.4.2　西部小煤矿及淘汰目标　　单位：万吨/年

西部五省区	现有小煤矿能力	“十三五”化解过剩产能目标	2021~2035 年报废	累计淘汰报废
合计	10 200	14 700	19 400	34 100

4.2.3　煤矿建设

根据国家能源局资料，截至 2016 年底，西部五省区现有生产煤矿 13.6 亿吨/年，加上试运转煤矿、在建煤矿，总产能 20.6 亿吨/年，再加上部分未批先建煤矿，能够满足西部 2020 年煤炭需求；考虑未批先建煤矿全部投产，减去淘汰的 3.4 亿吨/年，在不考虑新建煤矿的条件下，总量22.4亿吨/年，能够满足西部2035年产量需求。

煤炭“黄金十年”高回报率刺激各行各业将巨额资金投入煤炭开发，西部未批先建煤矿高达5.2亿吨/年，这些煤矿地处资源条件好、开采成本低的西部，竞争力强，国家宜根据淘汰落后产能需要，适当把握核准节奏，有序转正这批煤矿。因此，总体上看，2035年前西部不需要再安排新建煤矿，从违规煤矿中适当补充即可，新建空间只能是产能置换；若新疆煤炭消费和外运量能够到达预计的规模，理论上存在5 000万吨建设空间，但存在较大不确定性。西部煤矿构成见表5.4.3。

表5.4.3 西部煤矿构成表 单位：万吨/年

西部五省区	生产煤矿	建设煤矿			小计	累计淘汰报废	2035年预测
		试运转	在建	未批先建			
合计	136 147	21 773	48 526	51 840	258 286	34 100	224 186

4.2.4 煤炭消费

2016年，西部五省区煤炭消费量8.6亿吨，其中内蒙古消费3.7亿吨，排第一，其次是陕西和新疆，宁夏、甘肃消费量较低。2020年消费量主要根据在建煤电、煤化工项目投产情况进行预测，内蒙古、陕西、新疆消费增长很快，西部五省区增长1.4亿吨，约等于全国消费增量，说明煤炭消费在快速向西部转移。2050年西部消费量还有一定增长，增速明显放缓。西部煤炭生产消费及预测见表5.4.4。

表5.4.4 西部煤炭生产消费及预测 单位：万吨

地区	2016年			2020年			2035年			2050年		
	生产	消费	调出	生产	消费	调出	生产	消费	调出	生产	消费	调出
内蒙古	84 559	36 675	47 884	107 000	41 000	66 000	107 000	47 000	60 000	100 000	49 000	51 000
陕西	51 566	19 671	31 895	60 000	24 000	36 000	60 000	24 000	36 000	50 000	28 000	22 000
甘肃	4 254	6 378	−2 123	6 000	7 000	−1 000	7 000	8 000	−1 000	7 000	8 000	−1 000
宁夏	7 069	8 665	−1 596	9 000	10 000	−1 000	8 000	11 500	−3 500	5 000	11 500	−6 500
新疆	16 073	14 600	1 473	20 000	18 000	2 000	33 000	30 000	3 000	39 000	34 000	5 000
合计	163 521	85 989	77 533	202 000	100 000	102 000	215 000	120 500	94 500	201 000	130 500	70 500

4.2.5 煤炭外运

2016 年西部调出煤炭 7.8 亿吨，主要调往华中、华东、华南和东北，西部是保障全国煤炭供应的中坚力量。面对产能过剩状况，应加大特别是西南、华中和东北等落后产能集中地区的落后产能淘汰力度，西部以外其他区域煤炭产量快速下降，虽然消费量也在下降，但下降速度低于产量下降速度，需要调入的煤炭还要增加。2020 年西部调出煤炭将增加到 10 亿吨，2035 年前这一较长时间段稳定在 10 亿吨左右，2050 年将下降到 7 亿吨左右。

第 5 章　西部煤炭产业竞争力提升战略建议与保障措施

5.1　抓住"一带一路"机遇，加快煤炭"走出去"

经历了"黄金十年"快速发展，我国煤炭供给能力增强，与之配套的地质勘查、设计咨询、煤矿建设、运维管理、煤炭洗选、煤炭发电、煤炭深加工、矿区环境恢复治理等一系列技术、人才和装备优势已经形成，在国内相关需求暂时趋于饱和的情况下，急需"走出去"。"一带一路"以欠发达、发展中国家为主，现代化过程中需要大量使用能源，煤炭作为廉价、可靠、稳定的能源，必定大有用武之地，为我国煤炭技术装备走向"一带一路"提供了广阔市场。因此，我国煤炭是能够"走出去"的，通过加大"走出去"广度和深度，带动"一带一路"沿线国家煤炭生产力水平大发展，是扩大中国影响力、建设全球煤炭清洁高效利用共同体的重要举措，也有利于我国由煤炭大国向煤炭强国转变。

5.1.1　积极获取海外优质资源

我国是钢铁生产和消费大国，炼焦煤作为必需产品已成为重要的战略资源，我国缺乏优质炼焦煤，每年从澳大利亚、蒙古国、加拿大等国进口炼焦煤 5 000 万吨。需放眼世界，立足两种资源、两个市场，积极争取国外优质资源，包括优质炼焦煤和优质动力煤。

全球经济持续低迷，炼焦煤价格处于低位，国际煤炭巨头深陷经营困局，是获取该类资源的良好时机。澳大利亚在全球炼焦煤市场位居一家独大的地位，占全球炼焦煤供应来源的约 60%，占我国炼焦煤进口的 55%。蒙古国优质炼焦煤也很丰富，主要分布在与我国毗邻的南戈壁省，运输条件便捷。应重点在澳大利亚、蒙古国等国争取优质炼焦煤资源，提高炼焦煤资源保障能力。

我国是煤炭进口大国，每年进口动力煤超过 1 亿吨，主要来自印度尼西亚和澳大利亚。由于良好的开采条件、低廉的海运价格，决定了印度尼西亚、澳大利亚动力煤有强劲的竞争力，我们需要到澳大利亚、印度尼西亚等国争取优质动力煤资源，通过自建煤矿代替部分进口。

国外资源获取方式上，可通过直接投资、收购并购、政府与社会资本合作模式等多种方式控制煤炭资源，加强澳大利亚、印度尼西亚等国家煤炭开发力度，以国际煤炭巨头在经营困局中进行资产重新配置为契机，积极获取之前煤炭价格高企时难以获得的优质煤炭资源。

5.1.2 输出先进采掘装备

相对于德国、美国的同类产品，我国煤矿装备具有性价比优势，竞争力强，市场前景广阔。我国能够制造世界最高的 8 米支架，制造并装备 1 000 万吨工作面，成套综采设备已出口到俄罗斯，已向美国、印度、土耳其、印度尼西亚、越南等国出口多款单机产品。

宜瞄准印度、巴基斯坦、越南、印度尼西亚、哈萨克斯坦等煤炭需求大、煤炭产业正在转型升级、煤电等下游产业快速发展的国家。通过工程总承包、政府与社会资本合作等模式，进行大型数字化千万吨级露天矿、深部井工矿（立井、斜井、平硐）的煤矿开发建设，为上述国家的煤炭、煤电产业发展提供装备。基于工程总承包等工程服务形成的产业管控优势，推动我国煤炭产业生产装备和安全监控装备、调度通信装备、办公自动化装备等设施的输出，逐步形成品牌优势，提升中国煤炭装备在全球市场上的占有率。

5.1.3 输出先进工程技术

经过十几年高速发展，我国已经成为世界上最大的煤炭生产和消费国，形成了一支数量庞大、技术先进的煤炭产业队伍，涵盖地质勘探、煤矿咨询设计、煤矿建设、煤炭生产管理、煤炭加工转化全流程，人才和技术优势十分明显。我国综采放顶煤技术达到世界领先水平，兖矿综采放顶煤支架专利已转让德国 DBT 公司。露天开采朝巨型化方向不断发展，如北方重工集团有限公司的大型露天矿开采成套装备（连续、半连续开采工艺）和神华集团的大型露天煤矿抛掷爆破及拉斗铲倒堆剥离关键技术。加工转化方面，60 万千瓦、100 万千瓦级火电机组超低排放燃煤发电技术，度电煤耗低于美国，排放优于燃气发电，煤直接液化和间接液化的产业化、规模化发展世界领先。

印度、巴基斯坦、越南、印度尼西亚、哈萨克斯坦等新兴经济体煤炭产业处于快速上升期，应借助“一带一路”大势抢抓机遇，利用我国煤矿设计生产管理技术优势，输出先进的工程服务，带动我国煤炭上下游产业向外向型经济转型，实现从产品的输出到人力和技术的输出，逐步形成工程服务与技术的品牌优势。

5.1.4 提升全球煤炭市场份额

2012 年以来，国内煤炭供给出现过剩，根据供给需求研究，产能过剩趋势长期不会改变，需要逐步扩大世界煤炭市场份额，力争在亚太煤炭市场中逐步建立主导权，并在亚太煤炭价格体系中不断增强话语权。一是用好我国东南沿海的煤炭进口市场，在印度尼西亚、澳大利亚开发优质煤炭，部分替代外国企业进口。二是日本、韩国有需求，未来 10 年日本计划新建 41 座燃煤发电厂，韩国计划再启动 8 700 万千瓦的煤炭发电设施，若它们的计划全部得以实施，每年将新增煤炭需求 2.7 亿吨，日本和韩国市场曾经是我国煤炭产业的主要出口目标市场，2003 年前后超过 6 000 万吨，其距离我国主要下水港很近，有一定的基础，可以逐步恢复。三是企业以机械化、信息化改造生产工艺，降低成本的同时，控制提高煤炭品质，国家努力减轻煤炭企业税费负担，增强国际竞争力。四是通过加强进口煤炭质量管控、加强煤炭进口企业管理等方式，降低劣质煤进口。

“一带一路”重要和优先实施的领域是基础设施互联互通，对布局全球煤炭贸易有积极意义。中国与接壤的蒙古国、越南都有跨国铁路，可以为国际煤炭贸易提供运输通道。随着欧亚、东亚跨国铁路建设的进一步开发，中国有望与更多国家实行跨国铁路联运。围绕这些海运和铁路通道，通过参与煤炭贸易物流，逐步主导构建亚太煤炭贸易走廊。

5.1.5 加速资本走出去

中国在 2010 年第二季度超越日本成为仅次于美国的世界第二大经济体和第一外汇储备大国，截至 2016 年底，我国外汇储备规模超过 3 万亿美元，为推动中国成为资本输出大国提供了有利条件。除俄罗斯外，其他“一带一路”沿线国家大都处于发展阶段，基础设施比较落后，资金短缺，中国可以资本输出带动产业输出，帮助它们在煤炭勘查、开发和转化方面有所作为，促进我国大量的人力、煤矿装备走出去。

资本运营是实现世界煤炭资源优化配置的高级形式，日本和韩国等国的主要电厂和钢铁用户，利用资本运营积极入股主要煤炭企业及煤炭生产基地，确保了自身经营的持续增长和竞争优势。依托亚洲基础设施投资银行、丝路基金等专业金融机构，以印度、蒙古国、印度尼西亚、越南和俄罗斯等国家为投资目标国，开展契约式合营或股份制合营，或形成战略联盟。也可采用资产转让、兼并、重组、大额贷款等形式，逐步介入银行、保险、信托业务、证券、基金、期货等金融市场，通过投融资和股权买卖进行资本运营。

5.1.6 以产业链提高“走出去”水平

开采煤炭后通过发电转化能够创造 3 倍以上产值并增加就业，深得国内外产煤地区欢迎。通过延长产业链，我国在国外建成一批煤电一体化项目，取得不错的效益。例如，中国电力建设集团有限公司承建的巴基斯坦卡拉奇卡西姆港 132 万千瓦燃煤发电项目，上海电气集团股份有限公司承建的塔尔煤田 1 块区煤电综合项目，中电国际与巴基斯坦 Hubco 能源公司合作的 132 万千瓦燃煤发电项目，以及神华集团在印度尼西亚建成 200 万吨煤矿和 60 万千瓦煤电一体化项目。

重点关注印度尼西亚、印度、越南、巴基斯坦等资源勘探开发程度低、煤炭开发需求大的国家，这些国家煤矿装备与技术水平较低、相关基础设施比较落后，以煤电等下游产业为切入点，通过在当地发展煤—电、煤—焦炭—钢铁、煤—合成氨等煤炭加工利用产业，做到以下游产业带动上游煤炭开发，增加发电、输配电装备出口。

5.2 政府积极主动作为，助力行业健康发展

5.2.1 规范生产开发秩序，促进公平竞争

强化规划龙头引领作用，按照煤炭工业发展规划、矿区总体规划，合理配置煤炭资源。加强煤矿基本建设管理，严格执行产业政策和项目基本建设程序，进一步完善项目审批条件，对有未批先建、批小建大等违法违规行为的企业做出限制性规定，严格制止违规建设，营造公平市场环境。严格执行国家煤矿生产制度，打击违规生产和超能力生产行为，调控煤炭生产总量。

考虑西部在建煤矿、违规开工煤矿总规模及煤矿衰老报废和淘汰落后产能，研究期内西部不需要安排新的煤矿建设，需要将 2016 年起三年内原则上停止审批新建煤矿项目、新增产能的技术改造项目和产能核增项目的政策延长，因新上煤电、煤化工项目需要配套煤矿的，以及在充分利用现有产能的情况下确需新建煤矿的，一律实行减量置换。

5.2.2 降税减负，增强企业发展后劲

2012 年以来的长期困难致使煤炭企业十分羸弱，截至 2016 年底，山西 7 大煤企总资产合计 15 252.46 亿元，总负债合计 12 601.88 亿元，总资产负债率 82.62%，

远高于70%的警戒线，亟须降税减负，休养生息。自2014年12月1日起，资源税实行从价计征，西部五省区中，甘肃税率2.5%，其他税率都在6%以上，内蒙古高达9%，企业负担加重。以宁煤集团为例，宁夏执行6.5%的税率，根据2016年资源税缴纳情况，税率大约升高4%，从价计征增加税负5.7亿元。由于煤炭生产过程中大量投入不能取得扣税发票，煤炭增值税抵扣非常少，行业平均增值税税负12.73%，远高于全国平均水平（3.59%），建议将煤炭生产增值税由17%恢复为13%。

建议取消铁路建设基金、港口建设基金等行政性和社会性收费，合并水土保持费、河道工程修建维护费、水利建设基金等性质和用途基本相同的收费。建议国家利用行业重大调整时机，支持企业剥离低效、无效资产，将“企业办社会”分离到位。西部大部分地区还比较落后，特别是一些少数民族聚居地区还没有脱贫，国家应采取差异性财税政策（如合理税收分成、转移支付、降低税率等）支持西部煤炭产业发展。

5.2.3 简政放权，为行业和企业提供高质量服务

2013年新一届政府成立，就把加快转变职能、简政放权作为开门第一件大事。2016年5月9日国务院召开全国推进简政放权放管结合优化服务改革电视电话会议，李克强总理发表重要讲话，指出简政放权“存在放权不到位、监管缺失疏漏等问题，公共服务还有不少薄弱环节，转变职能、提高效能有很多空间”①。“放管服”作为宏观调控的关键性工具，是应对当前经济下行压力、保持经济平稳运行的迫切需要，是降低制度性交易成本、促进经济提质增效升级的迫切需要，是推动大众创业、万众创新、培育发展新动能的迫切需要。

国家能源局委托我们开展了“放管服”（简政放权、放管结合、优化服务）改革下煤矿建设项目监管体系研究，通过研究，我们认为国家层面重点管战略、管规划、管核准、管安全、管环保、管退出，其他的如企业自己的事、通过市场能够解决的事全部下放给企业，也要减少核准权限下放带来的不利影响，国家要加强煤炭生产消费等领域的信息发布和预警，引导行业发展预期，促进产业有序科学发展。

5.2.4 加快淘汰落后产能，促进供需基本平衡

将以供给侧结构性改革为切入点，推动资源整合兼并重组，严格控制增量，

① 国务院召开全国推进简政放权放管结合优化服务改革电视电话会议 李克强发表重要讲话. http://cpc.people.com.cn/n1/2016/0510/c64094-28337016.html，2016-05-10。

淘汰落后产能，消化过剩产能。退出重点是煤与瓦斯突出、水文地质条件极其复杂、具有强冲击地压等灾害隐患严重，且在现有技术条件下难以有效防治的煤矿；山西、内蒙古、陕西、宁夏等 4 个地区产能小于 60 万吨/年，甘肃、新疆产能小于 30 万吨/年的煤矿；开采技术和装备列入《煤炭生产技术与装备政策导向（2014 年版）》限制目录且无法实施技术改造的煤矿；与大型煤矿井田平面投影重叠的煤矿；长期亏损、资不抵债的煤矿；长期停产、停建的煤矿；资源枯竭、资源赋存条件差的煤矿。加快市场出清，把市场留给安全生产水平高、煤炭质量好、对当地生态环境影响小的先进煤矿。通过控制新增和淘汰落后产能，煤炭行业过剩产能得到有效化解，市场供需基本平衡，产业结构得到优化。

5.3 发挥科技推动作用，全面提升煤矿生产力水平

5.3.1 实施创新驱动，强化科技支撑

加大科技创新投入，在煤矿无人化开采、煤炭清洁利用、煤炭洗选、绿色开采、资源综合利用等重点高技术领域新建若干国家科学中心、国家（重点）实验室，构建国家科技基础创新平台。加强企业技术中心建设，支持面向企业的技术开发平台和技术创新服务平台建设。加快煤炭工业信息化与工业化的深度融合，加强数字化矿山建设，推进物联网、云技术、移动互联网技术等新型信息技术在煤炭工业信息化中的应用，不断提高煤炭工业信息化水平。

围绕煤炭安全高效开采与清洁高效利用关键技术进行攻关，重点推广煤矿充填开采、保水开采、煤矿热能转换系统等绿色开采技术装备，优化升级机械化设备；创新煤炭利用方式，大力发展洁净煤技术，实现煤炭分级分质利用、提高煤炭综合利用率和附加值，高效开发煤炭中其他伴生资源；革新煤化工技术装备，向着节水、节煤、节能的方向发展；升级现有循环经济模式，开拓新思路，开发新技术，使其更高效、更经济，通过科技创新，我国的煤炭工业实现黑色煤炭绿色开采，高碳产业低碳发展。

5.3.2 推进安全绿色开采，提升办矿水平

坚持依法治安、科技强安、基础保安同推进，坚持源头管控、过程严控、事故防控相统筹，坚持企业主体、政府监管、全社会共治相协调，着力推进煤矿安全法治化建设、煤矿生产结构调整、煤矿安全基础建设及煤矿重大灾害和隐患治理，有效遏制煤矿重特大事故，提升职业健康水平，与全面建成小康社会同步，实现煤矿安全生产形势根本好转。2035 年，煤矿死亡人数下降 50%以上，煤矿重

特大事故得到有效遏制，煤矿职业危害得到有效控制。2050 年，煤矿安全生产状况达到世界先进水平。

制定严格的洁净煤政策，限制高灰、高硫煤的生产和使用，2020 年原煤入选率达到 80%以上，实现应选尽选。根据地质采矿条件和生态环境承载能力，合理选用充填开采、保水开采、部分开采、协调开采等特殊开采方法，控制地表和岩层移动变形，保护生态环境和水资源。鼓励露天矿采用剥离与土地复垦一体化作业方法，做到边生产边恢复。遵循生态环境内在规律，结合区域自然地理特征，科学制定矿区生态环境治理与恢复规划，按照“宜水则水、宜林则林、宜地则地、宜草则草”的思路实施矿区生态环境治理与恢复工程。煤矿塌陷土地治理率达到 80%以上，排矸场和露天矿排土场复垦率达到 90%以上；按照“减量化、再利用、资源化”原则，综合开发利用与煤共、伴生资源，提高资源综合利用率；矿井水或露天矿矿坑水必须进行净化处理和综合利用，在水资源短缺矿区、一般水资源矿区、水资源丰富矿区矿井水或露天矿矿坑水利用率分别不低于 95%、80%、75%；高瓦斯矿井应先抽后采、以用促抽，提高瓦斯利用率。煤矸石应进行综合利用，煤矸石综合利用率不低于 75%。

新建煤矿做到安全、绿色、高效、智能、大型化开采，加快现有煤矿的技术改造，推广大采高综采、综放和薄煤层综采等先进采煤技术，鼓励露天矿采用连续、半连续采煤工艺，提高煤矿装备现代化、系统自动化、管理信息化水平，提高工效、减少排放、节约能源资源，打造我国煤炭工业升级版。鼓励应用先进的瓦斯、顶板与冲击地压、水害等灾害防治新技术与新装备，完善矿井灾害防治系统，提高矿井防灾抗灾能力。2020 年，露天矿采煤、剥离机械化程度应全部达到 100%；矿井采煤机械化程度达到 85%以上，综掘机械化程度达到 35%以上。

5.4 企业主动适应市场，降本增效找出路

5.4.1 推进企业兼并重组，规范煤炭市场

由于开发主体过多，我国煤炭企业还处于分散、规模过小、质量与效率低下、核心竞争力不足的状况。在煤炭市场疲软的形势下，企业之间的竞争十分激烈，煤炭企业应抓住有利时机加快推进兼并重组，尤其是大中型煤炭企业要利用资本优势，商业运作进行兼并重组、做大做强，实现跨越式发展。

通过兼并重组，继续减少煤炭企业数量，优化煤炭行业内部结构，深化重组企业之间的融合，提高煤炭生产的集约化、安全和科技水平，是有序进行煤炭产业升级的主要途径之一。产业集中度提高有利于避免企业恶性竞争问题，煤炭企

业的壮大可以提高其竞争力和议价能力，产业集中度的提高便于行业管理，维持煤炭市场秩序，提高整个煤炭行业的抗风险能力。

5.4.2 培育新业态，创造新的经济增长点

在企业的发展战略上，以煤炭开发为基础，按循环经济的理念，结合企业自身特点和优势，以煤炭的绿色开发和清洁利用为主线纵深发展，使煤炭从能源资源向工业原料转变，煤炭企业由生产初级产品向生产高附加值的煤炭商品转变，煤炭产业链从上游煤炭开采业向下游发电、煤化工延伸，不断提高产品附加值。

在企业商业模式上，具有人才、管理和技术优势的煤炭企业可以由输出煤炭向输出技术转变，向非煤涉矿企业提供地质勘探、矿井设计建设、采掘装备和煤矿运营的配套服务；由卖产品转为卖服务，与下游耗煤行业合作，根据客户对煤炭的要求，提供差异化产品和服务，拓展煤炭市场和盈利空间；资金实力雄厚的煤炭企业还可以由单一发展实业向产融结合方向转变，搭建金融产业平台，开办企业银行或入股地方银行，既可在对外金融业务中获得收益，也能提高资金周转率，降低企业资金成本。

5.4.3 加快推进债权转股权，降低企业经营成本

煤矿建设项目资本金不低于35%，剩下的65%主要靠融资，煤炭形势不好、价格低迷时期，高昂的财务成本成为企业的巨大负担。

《国务院关于印发降低实体经济企业成本工作方案的通知》中明确提出，支持有发展潜力的实体经济企业之间债权转股权。煤炭行业应充分利用好这个政策，按照“扶优压劣”的原则，对资源条件好、生产成本低、技术装备先进、煤炭质量好的有后续发展潜力的企业加大债权转股权支持力度，降低优势企业经营成本，使之轻装上阵，进一步提高竞争优势。

第 6 章 结论和建议

6.1 结论

6.1.1 煤炭产业是西部经济社会发展和提供就业的重要支柱

2006~2016 年，西部五省区煤炭采选业固定资产投资平均每年 1 100 亿元，2013 年高达 1 966 亿元，2006~2013 年年均增长 27.4%，数万亿元的煤炭采选产出强力支撑了地区生产总值的高速增长。煤炭采选业是地方财政的利税大户，内蒙古、宁夏两省区 2011 年煤炭税收占全部财政收入的 18%，煤炭生产与发电、新型煤化工等协同发展，推动交通等相关基础设施建设，巨大的产业关联促进区域经济进一步提升。西部五省区经济以传统农牧业为主，煤炭开发利用促进了工业发展，增加了大量就业机会。2016 年西部五省区规模以上煤炭采选业从业人员 56.8 万人，比 2005 年增加近 15 万人，其中陕西和内蒙古分别增加 7.8 万人、5.5 万人。宁煤集团 2002 年成立以来，累计新增就业岗位 3.56 万个。

6.1.2 “一带一路”倡议为西部煤炭发展带来新机遇

“一带一路”倡议，是实行全方位开放的一大创新，也是未来国际合作的重头戏。经过几十年快速发展，我国不仅煤炭产能过剩，与煤矿相关的地质勘探、煤矿设计施工、煤矿装备、产业工人都存在严重过剩，煤炭行业有“走出去”的内在需求；与国际著名能源企业相比，我国煤炭企业在国际化运营和海外投资的广度和深度上有很大上升空间，需要国际化；澳大利亚、印度尼西亚有优质资源，去开发煤矿可代替部分进口；煤矿装备和技术服务性价比高，可出口到越南、印度尼西亚、印度、巴基斯坦、孟加拉国等煤炭快速发展国家。

6.1.3 煤炭开发布局西移加快，西部煤炭的重要性更加突出，西部是我国煤炭工业的未来

在加快推进煤炭安全绿色开采和清洁高效利用的时代背景下，优越的资源条件决定了具备把西部建设成为我国清洁煤炭生产基地、转化基地、调出基地的条件。西部煤炭产量的比重不断提高，从 2016 年的 47.9%上升到 2020 年的 53.7%，预计 2035 年提高到 63.2%，2050 年提高到 67.9%，比重继续提高，反映出生产布局西移；特高压输电、煤制油、煤化工技术日趋成熟，西部煤炭消费量也会继续加大；西部煤炭调出量还有增加，2020 年由 2016 年调出 7.8 亿吨上升至 10 亿吨左右，这一规模能够持续到 2035 年。通过建设西部，将形成能源化工产业核心区、重要的能源供应增长极和承接能源密集型产业战略转移的聚集区，进一步增强国家能源安全保障能力，打造煤炭工业升级版，促进区域经济社会又好又快发展。

6.1.4 短期看西部煤矿发展还有增长空间，中长期看以稳定发展为主

在全球控制温室气体排放、大力发展低碳能源背景下，为治理大气污染，我国深入推进能源结构优化调整和控制煤炭消费总量，全国煤炭生产总量呈缓慢下降趋势，但以煤为主的能源资源结构和长期处于社会主义初级阶段的经济特征决定，煤炭仍是我国主体能源。尽管其他区域下降加快，西部五省区近期还有一定增量，但上升到 20 亿吨后就进入了平台期，尽管比重还要不断提高，但总量长期维持在 20 亿吨左右，以稳定发展为主。

6.1.5 未批先建问题突出，2035 年前西部总体上不需要新开工煤矿

根据产能分析，西部五省区现有生产煤矿、试运转煤矿、在建煤矿能够满足 2020 年西部煤炭生产需要，加上未批先建煤矿，减去淘汰煤矿，在不考虑新建煤矿的条件下，现有全部产能能够满足西部 2035 年产量需求。因此，总体上看，2035 年前西部不需要再安排新建煤矿，从违规煤矿中适当补充即可，新建空间只能是产能置换；若新疆煤炭消费和外运量能够达到预计的规模，则存在 5 000 万吨建设空间，但有较大不确定性。

6.2 建议

6.2.1 进一步压缩东部，控制中部，加快煤炭布局西移

东部剩余经济可采资源少，剩下的主要分布在现有矿区深部和外围，东部煤炭生产与优质耕地占用、村庄搬迁的矛盾越来越大，需要压缩。安徽、河南与东部类似，辽宁、吉林、江西、湖北、湖南资源趋于枯竭，黑龙江资源条件差、自然灾害严重，只有山西从资源角度看还有一定发展潜力，但已形成的产能偏大，且面临严峻的生态环境问题，故应控制中部。西部煤炭资源丰富、开采条件好、生产成本低，2005~2016 年全国新增保有查明资源储量的 90.6%在西部，有很大的发展空间，理应加快西部煤炭开发，弥补东部产量下降空间。

6.2.2 加快淘汰落后产能，提高产业集中度实现集约化、规模化发展

西部的内蒙古、陕西、甘肃、新疆还有不少落后产能。煤炭产业政策提出内蒙古、陕西等省区新建、改扩建矿井规模不低于 120 万吨/年，国家提出供给侧改革，使要素实现最优配置，提升经济增长的质量和数量。煤炭供给侧改革的核心是去产能，还包括具备条件的进行整合改造和适度建设配套煤矿，西部资源优势比较明显，应提高淘汰标准、加大淘汰力度，形成以大型、特大型煤矿为主的煤炭生产格局。将水和资源作为约束性指标，淘汰落后产能，去掉安全无保障、煤质差、长期亏损等落后产能，为先进产能留出发展空间，使布局更加合理，生产结构更加优化，生态环境保护和安全生产水平进一步提高，达到产业升级的目的。

坚持市场主导、企业主体和政府支持相结合，坚持发展先进生产力、淘汰落后产能、化解过剩产能相结合，深入推进煤炭企业兼并重组，使煤炭企业平均规模明显扩大、中低水平煤矿数量明显减少、上下游产业融合度显著提高、经济活力得到增强、产业格局得到优化，煤炭生产进一步向大型企业集团集中，实现集约化、规模化发展。

6.2.3 降低煤炭物流成本，增强煤炭作为基础能源的竞争力

美国的煤炭资源开发由东向西演变，不仅仅是资源导向的结果，也受美国政府多方位政策的引导。政府针对铁路行业的振兴颁布了一系列法案，使铁路获得更大市场化和价格弹性，促使铁路运费下降，并进一步在以下三个方面影响了煤

炭行业：一是美国铁路运输业的集约化、市场化，让煤电用户在降低成本和改进服务方面受益的同时，也增加了对西部煤炭的选择；二是西部煤炭产量的增长，同时伴随着长距离煤炭输运直达列车的发展以及西部巨型露天煤矿带来的大规模经济开发；三是铁路公司之间的竞争导致其与煤炭供应商之间签订长期合同以减少运输成本，也为铁路运输业提供了长期稳定的货源。从运煤成本角度看，美国交通政策的实施，使得西部煤炭随着运输距离的增加，平均合同煤炭铁路运输价格反而降低，这大大提升了美国西部煤炭的竞争力。

我国煤炭铁路运输单价 2010 年以来上涨了近 50%，“三西”煤炭经铁路、水路运输至华东、华南煤炭消费地，运费超过煤价，物流成本过高。西部五省区作为煤炭主产区，因距东南沿海等主要煤炭消费地运输距离长、中间环节多，其流通成本在价格中占比较高，与澳大利亚、印度尼西亚等国海运至我国东南港口相比，价格竞争力相对较弱，因此，在未来较长时间内进口煤仍会对西部煤炭形成较大压力。为增强我国煤炭竞争力，建议借鉴美国的煤炭开发西移过程中发挥重要作用的经验，降低我国煤炭物流成本，以有效抵御进口煤和增加向日韩等国出口。

6.2.4 降低煤炭税费，减轻企业负担

2009 年 1 月 1 日起，煤炭行业生产型增值税改为消费型增值税，税率由 13%调整到 17%，煤炭销售成本增加 4%，很大一部分由煤炭企业内部消化。一方面，由于煤炭生产过程中大量投入不能取得扣税发票，使企业多交增值税，存在技术型重复征税。另一方面，取得的扣税发票中很多不能纳入抵扣范围，存在类型差异性重复征税，使煤炭生产增值税抵扣非常少，增值税税负在 10%左右，远高于全国平均水平（3.59%），建议率先在西部实施增值税下调试点，以减轻企业负担。

自 2014 年 12 月 1 日起，资源税实行从价计征，西部五省区中，甘肃税率为 2.5%，其他省区税率都在 6%以上，内蒙古高达 9%，企业负担加重，建议根据煤炭市场运行情况和煤炭企业财务状况，以不增加企业负担为原则，适时对资源税税率进行调整。

6.2.5 建设煤炭清洁高效利用示范基地，提高西部煤炭低碳集约化利用水平

2035 年前西部煤炭产量还要增加，东部单位面积煤炭消费量过大，需要提高西部煤炭就地转化率，向东部、中部输出电力、煤化工产品等二次能源。西部煤炭是保证我国能源安全稳定供应的基石，做好煤炭这篇文章的关键在于西部。党

的十九大报告把能源放在生态文明篇章中，提出推进能源生产和消费革命，构建清洁低碳、安全高效的能源体系，这对西部煤炭提出了更高要求，建议在新疆（准东、哈密、伊犁）、内蒙古鄂尔多斯、陕西榆林、宁夏宁东、甘肃庆阳等地建设一批煤炭清洁高效利用示范基地，争取国家科技创新、产业发展、经济激励、税费优惠等配套政策，在安全绿色智能化开采、清洁高效低碳集约化利用等方面取得新突破，推动西部煤炭从数量增长向质量提升转变，打造煤炭工业升级版。

参 考 文 献

甘肃发展年鉴编委会. 2005-2017 年甘肃发展年鉴[M]. 北京：中国统计出版社.

国家统计局能源司. 2015 年、2016 年、2017 年中国能源统计年鉴[M]. 北京：中国统计出版社.

贺勇. 2013-05-04. 鄂尔多斯发展非煤产业　资源换项目能否引领转型[N]. 人民日报.

贺佑国，朱吉茂，等. 2015. 全国煤炭生产开发战略研究[M]. 北京：煤炭工业出版社.

胡健，焦兵. 2007. 油气资源开发对中国西部区域经济的拉动效应分析——以陕西省为例[J]. 资源科学，29（1）：2-7.

内蒙古自治区统计局. 2005-2017 年内蒙古统计年鉴[M]. 北京：中国统计出版社.

宁夏回族自治区统计局，国家统计局宁夏调查总队. 2005-2017 年宁夏统计年鉴[M]. 北京：中国统计出版社.

彭苏萍，张博，等. 2015. 煤炭可持续发展战略研究[M]. 北京：煤炭工业出版社.

陕西统计局，国家统计局陕西调查总队. 2005-2017 年陕西统计年鉴[M]. 北京：中国统计出版社.

苏立功. 2008. 我国煤炭开采业现行税费制度分析[J]. 煤炭经济研究，（1）：7-13.

新疆维吾尔自治区统计局. 2005-2017 年新疆统计年鉴[M]. 北京：中国统计出版社.

许凌，拓兆兵. 2017-01-15. 宁夏宁东：能源化工基地告别“粗放”[N]. 经济日报.

第六篇　西部煤炭资源清洁高效利用的人才与制度保障战略研究

第 1 章　西部煤炭产业从业人员现状及需求分析

1.1　西部煤炭产业发展水平概述

西部煤炭储量丰富，是我国未来煤炭开发的重点区域。我国西部地区煤炭资源占全国煤炭资源总量的 80%，十余年来新增查明资源储量几乎全在西部主要产煤省区。除西南地区外，西部大部分区域资源赋存条件较好、发展潜力大，是未来煤炭生产开发和外运的重点。“十三五”期间，西部地区结合煤电和煤炭深加工项目用煤需要，配套建设一体化煤矿，新开工规模约占全国的 87%。内蒙古、陕西、新疆为重点建设省区，新开工规模约占全国的 80%。表 6.1.1 是西部五省区保有查明煤炭资源量及产量。由表 6.1.1 可知，我国西部五省区按煤炭产量排名依次为内蒙古、陕西、新疆、宁夏、甘肃。因青海省境内三江源地区是国家生态保护综合试验区，且煤炭储量和产量规模较西部其他各省区均较小，西部煤炭开发的重点亦不在青海省，故本书不对青海做专门研究。

表 6.1.1　西部五省区保有查明煤炭资源量及产量

省区	保有查明资源量/亿吨	煤炭产量/万吨		
		2014 年	2015 年	2016 年
内蒙古	4 174	90 808.00	90 060.00	84 559
陕西	1 639	51 090.56	50 235.86	51 566
新疆	3 915	14 100.00	14 000.00	16 073
宁夏	329	8 566.92	7 975.80	7 069
甘肃	300	4 700.00	4 399.61	4 254
总计	10 357	169 265.48	166 671.27	163 521

西部地区水资源不足，且分布不均。表 6.1.2 为西部五省区水资源分布状况统

计。由表 6.1.1 和表 6.1.2 可以看出，我国西部地区呈现“煤多水少”的格局，其中甘肃、宁夏的水资源总量均低于 200 亿立方米。煤炭开采选煤用水、洗煤用水、发电用水、煤化工用水，以及煤炭开发和深加工需耗费大量的水资源，水资源不足严重制约着西部煤炭产业的持续发展。

表 6.1.2 西部五省区水资源分布状况统计

项目	全国	甘肃	陕西	新疆	内蒙古	宁夏
水资源总量/亿立方米	27 267.02	198.38	351.64	726.93	537.79	10.07
地表水资源量/亿立方米	26 263.97	190.49	325.85	686.55	397.61	8.16
地下水资源量/亿立方米	7 745.03	112.63	124.12	443.93	236.26	21.32
地表水与地下水资源重复量/亿立方米	6 741.99	104.74	98.33	403.55	96.08	19.41
人均水资源量/立方米	1 975.87	766.99	932.84	3 186.91	2 149.89	152.98

资料来源：国家统计局（2016 年）《中国各省市区水资源总量人均分布》

采煤机械化程度高。近年来，我国通过自主研发并先后引进国外煤炭开采先进技术，生产方式不断升级，生产能力迅速提高，机械化开采比重快速上升，煤矿采煤机械化程度达到 75% 以上。工作面最高单产由不足 100 万吨提高到 1 000 万吨以上，建成了神东大柳塔、上湾及陕煤红柳林等一批世界上较为先进的现代化矿井。西部地区在水资源保护性开采、地下水库等方面处于国际领先水平。神东矿区建设了 30 多座煤矿地下水库，年供水 6 000 多万吨，提供了矿区 95%以上的用水量，为神东矿区建成世界唯一的 2 亿吨级矿区提供了水资源保障，奠定了我国在此项技术领域的国际领先地位。

陕西、内蒙古地区大型矿井机械化程度在 90%以上；神华、陕煤等大型企业集团生产调度、工作面自动化控制系统、井下安全监测设备与人员、井下通信系统、人员定位系统等配套完善；工作面少人、无人化技术加速推广应用。

1.1.1 内蒙古

煤炭资源储量居全国之首。截至 2016 年，内蒙古累计查明煤炭资源存储量逾 8 000 亿吨，居全国之首。内蒙古的煤炭资源相对集中，主要分布在东部和西部两大区域内。

内蒙古煤炭以变质程度低的煤种居多。无烟煤主要分布在阿拉善盟，烟煤储量以鄂尔多斯为最，炼焦用煤成为乌海市的优势，呼伦贝尔则以褐煤为主。

2016 年，内蒙古原煤产量 84 559 万吨，与 2015 年的 90 060 万吨相比，减产 5 501 万吨，减少 6.1%。鄂尔多斯市、锡林郭勒盟和呼伦贝尔市为内蒙古煤炭主产地。

煤炭资源开发地水资源严重不足。内蒙古水资源总量仅为全国水资源总量的1.97%，且其水资源分布呈现区域性特征。在煤炭资源开发集中的胜利煤田、霍林河、呼和浩特、鄂尔多斯和包头等地，由于水资源严重缺乏，无法满足建设能源化工基地等耗水量大的产业规划，对内蒙古煤化工产业及相关产业的发展造成了严重影响。

产业集中度较高。据统计，内蒙古的国有重点煤矿原煤产量占全区煤炭产量的89.95%。

内蒙古重点煤炭生产企业产量由高到低依次为：神东集团在内蒙古煤炭企业，中国国电集团公司控股的内蒙古平庄煤业（集团）有限责任公司，内蒙古霍林河露天煤业股份有限公司，内蒙古伊泰集团有限公司及内蒙古蒙泰煤电集团有限公司。

重点煤炭企业为大型能源集团公司所有。内蒙古现有重点煤炭生产企业37家。除内蒙古伊东煤炭集团有限责任公司、内蒙古伊泰集团有限公司、内蒙古霍林河煤业集团有限责任公司等本地煤炭生产企业外，其他企业均为神华集团、兖矿集团、河南能化集团、鲁能集团、中国国电集团、华能集团、大唐集团等国内大型能源集团公司以参股或控股方式进行煤炭资源的开发。

目前内蒙古地区的煤炭采掘机械化水平普遍较高。伊泰集团直属及控股的营运中的机械化煤矿共12座，年生产能力为5 000万吨，全部采用进口或国产的综采设备，煤矿采区回采率平均达到80%，采掘机械化程度达到95%。神华集团旗下神东公司，是全国特级安全高效矿井。安全、生产、技术、经济等主要指标均达到国内领先、世界一流水平。

1.1.2　陕西

煤炭资源储量丰富。陕西全省含煤面积5.7万平方千米，约占全省土地面积的27.7%，主要分布在榆林、延安、铜川、咸阳、渭南、宝鸡等6市。全省预测煤炭资源量3 800亿吨，居全国第4位；累计探明储量1 700亿吨，居全国第3位。

2016年全年陕西省累计生产原煤51 566万吨，比2015年增加1 330万吨，增幅2.6%。

水资源与煤炭资源逆向分布的矛盾突出。据表6.1.2，陕西省水资源总量占全国水资源总量的1.3%，人均占有水资源量占全国人均水资源量的47.2%。陕西水资源分布的主要特征为：关中不足，陕南富裕，陕北贫水。陕北已成为陕西煤炭资源开发的重点地区，水资源短缺严重影响着该地区煤炭深加工利用产业的发展。

产业集中度属于中高水平。在陕西省开发煤炭的企业主要有陕西煤业化工集团有限责任公司、神东煤炭集团公司、陕西煤业股份有限公司、陕西有色榆林煤业有限公司等，上述三家企业煤炭产量总和约占陕西省煤炭产量的70%。陕西省煤炭产业集中度处于较高水平。

陕西省煤矿采煤机械化程度达到90%以上，平均单井规模超过100万吨。自动化排水、集控运煤系统等新技术在一批大中煤矿中广泛应用，其中陕西煤业化工集团有限责任公司的黄陵矿业公司智能无人化开采技术填补了我国煤矿综采工作面智能化无人开采的空白，开创了国产装备智能化开采的先河，达到了国际先进水平。

1.1.3　新疆

新疆煤炭预测储量居全国之首。新疆煤炭资源储量丰富，预测储量2.19万亿吨，占全国预测资源总量的39%，位居全国之首，是我国十分重要的能源接续区和战略性能源储备区，新疆煤炭资源储量见表6.1.3。新疆煤炭成矿条件优越，煤层厚，适合建设大型煤矿，开采技术条件好，煤质多适合煤气化和间接液化，是优质动力煤和煤化工、煤制油用煤。新疆规划建成4大煤炭基地，并将哈密煤炭基地确定为能源开发的重点和新疆“西煤东运”的战略能源基地。

表6.1.3　新疆煤炭资源储量表　　单位：亿吨

<table>
<tr><th>含煤区</th><th>独立煤田</th><th>预测储量</th><th>探明储量</th></tr>
<tr><td rowspan="4">准格尔地区</td><td>准东煤田</td><td>3 359</td><td>1 646.07</td></tr>
<tr><td>准南煤田</td><td>2 110</td><td>279.06</td></tr>
<tr><td>和什托洛盖煤田</td><td>1 082</td><td>63.05</td></tr>
<tr><td>准西北煤田</td><td>777</td><td></td></tr>
<tr><td rowspan="2">哈土-巴里坤地区</td><td>吐哈煤田</td><td>5 748</td><td>442.67</td></tr>
<tr><td>三塘湖煤田</td><td>1 359</td><td></td></tr>
<tr><td rowspan="4">西天山地区（伊犁凹陷）</td><td>伊犁盆地</td><td>4 798</td><td>25.74</td></tr>
<tr><td>尤鲁都斯煤田</td><td>967</td><td>0.13</td></tr>
<tr><td>焉耆煤田</td><td>138</td><td>8.46</td></tr>
<tr><td>库米什煤田</td><td>264</td><td>0.06</td></tr>
<tr><td rowspan="2">塔里木北缘地区</td><td>库拜煤田</td><td>335</td><td>20.09</td></tr>
<tr><td>孔雀河煤田</td><td>1 037</td><td></td></tr>
<tr><td colspan="2">合计</td><td>21 974</td><td></td></tr>
</table>

资料来源：根据中国产业信息网整理

除博尔塔拉蒙古自治州外，新疆其他地、州、市均不同程度地赋存有煤炭资源。新疆煤炭资源分布集中，主要分布于北疆的准噶尔、吐哈（主要分布在哈密地区）、伊犁（含库拜）三大区域。

新疆煤化工产业正在快速发展，新型煤化工产业正在逐步替代落后的传统煤化工产业，但新型煤化工产业配套技术不够完善，仍处于积累经验阶段，虽然受到国家政策的大力支持，进展较快，但全区水资源稀缺且分布不均衡，对煤化工的发展产生了严重的制约。

水资源不足，且与煤炭资源呈逆向分布特点。新疆水资源分布不均衡，呈现出“北多南少、西多东少”的分布格局，局部地区缺水严重。全疆水资源总量 726.93 亿立方米，仅占全国水资源总量的 2.67%，为严重缺水地区。从用水结构看，工业用水量仅占总用水量的 2%左右，大部分为农业用水。煤炭资源开发及转化、矿区经济社会发展，将加剧水资源短缺的矛盾，煤炭下游产业发展也需要充足的水资源支撑。

煤炭产业集中度较高。新疆多数矿井还处于待生产或未完全开采状态，2011~2014 年，新疆累计淘汰 300 多万吨的落后产能（杨小朋和温新兰，2016）。“十三五”期间，新疆化解过剩产能目标 2 500 万吨，至 2035 年前，累计淘汰落后产能 3 500 万吨。目前，新疆 344 处煤炭生产矿井中 30 万吨以上煤矿占到了 26.25%，承担着全疆 79.84%的原煤生产任务，产业集中度较高。

新疆煤炭行业生产技术已经有了跨越式发展。潞安新疆煤炭化工（集团）有限公司（以下简称潞安新疆公司）三道岭露天煤矿东区采用单斗—汽车—破碎机—胶带运输机采煤工艺，矿井生产能力突破 300 万吨/年。潞安新疆公司鄯善沙尔湖露天一矿已经形成 9 个水平台阶、6 个剥离台阶、2 个采煤台阶，年产量突破 100 万吨。吐鲁番地区托克逊县库米什露天煤矿采用液压挖掘机和装载机配合进行水平分层开采，大幅提高了开采效率。伊犁庆华能源开发有限公司伊宁县庆华露天煤矿使用 2200SM 露天采煤机，改变了传统煤矿开采穿孔、爆破、破碎的历史。新疆伊犁犁能煤炭有限公司皮里青露天煤矿 90 万吨改扩建工程采用单斗—卡车间断开采工艺，回采率达到 94%以上（新疆地情资料库，2016）。

煤炭资源形成了由本地企业和国内大型能源企业共同开发的局面。新疆现有煤炭生产矿井 300 余家，30 万吨以上的矿井累计生产煤炭占全疆煤炭产量的 79.84%。煤炭生产企业主要分布在乌鲁木齐市、哈密地区、伊犁哈萨克自治州、克拉玛依、昌吉回族自治州、吐鲁番地区、塔城地区等北疆地区，及巴音郭楞蒙古自治州、喀什地区、阿克苏地区、和田地区等南疆地区。主要有徐矿、新汶、神华、兖矿、开滦、重煤等大企业大集团在新疆进行煤炭勘探开发和煤电、煤化工基地建设。

1.1.4 宁夏

煤炭资源储量丰富且煤质优良。煤炭是宁夏的优势矿产资源。全区 21 个县市中的 10 个县分布有煤炭资源，划分为贺兰山、宁东、宁甫和香山 4 个含煤区。前 3 个含煤区具有厚度大、层位稳定、煤质优良且储量丰富的特点，是宁夏煤炭资源的主要分布区，香山含煤区则稍次之。宁夏煤炭预测储量 2 027 亿吨，居全国第 5 位，已探明储量 330.33 亿吨（不含预测储量）。

水资源严重短缺制约着宁夏煤炭及其相关产业的发展。宁夏位于西部内陆地区，地跨黄土高原和内蒙古高原，三面沙漠包围，3/4 的面积处于干旱地带，降水稀少，蒸发强烈，属典型的大陆性气候。水资源总量为 10.07 亿立方米，占全国水资源总量的 0.04%；人均水资源量为 152.98 立方米，仅为全国人均水资源量的 7.74%，属于西部最缺水地区，水资源短缺严重制约着宁夏煤炭及相关产业的发展。

煤炭产业集中度属于寡头垄断型。自神华集团整合宁煤集团以来，神华宁煤集团的煤炭产量一直占该省当年煤炭产量的 88%左右。

神华宁煤集团有限公司生产矿井 14 对，在建矿井 6 对，洗煤厂 3 个，运销、物资、煤化工、能源工程、建井、安装、信息技术、物业服务等单位 23 个，员工 5.6 万人。集团公司经营范围涉及煤炭开采洗选、煤化工、煤炭深加工及综合利用、发电、房地产、机械制造与维修等，主营业务为煤炭开采洗选和煤化工。2013 年原煤产量 7 815 万吨，煤炭生产及建设总规模突破 1 亿吨/年，资产总额超过 800 亿元，一批大型、特大型煤矿及煤化工等重点项目相继开工建设并投产。

1.1.5 甘肃

煤炭资源分布广，储量较丰富。截至 2013 年，甘肃省累计探明煤炭资源量达 319.91 亿吨，位居全国第 7。甘肃省煤炭资源分布较广，西起玉门关，东至陇东高原。陇东南地区储量丰富，后发优势明显，产量上升很快；中部地区虽有窑街和靖远两个煤电基地，但消费量大，现有储量不足以维持长期发展和需求；河西地区煤炭资源匮乏，是甘肃省煤炭主要调入区。

降水量少，水资源缺乏。甘肃省位于我国西北部，地处青藏、蒙新和黄土高原交汇地带，跨我国东部季风区、西北干旱区、青藏高寒区三大自然区，属温带大陆性季风气候，平均年降水量仅为 276 毫米。2014 年，甘肃的水资源总量为 198.38 亿立方米，占全国水资源总量的 0.73%，人均占有水资源量为 766.99 立方米，为全国人均水资源量的 38.82%。

产业集中度较高。甘肃三大煤炭企业——华亭煤业公司、靖远煤业集团有限责任公司和窑街煤电集团有限公司，煤炭产量约占甘肃省煤炭总产量的 80%。

采煤机械化水平较高。甘肃省煤炭生产企业主要有上述的华亭煤业、靖远煤业集团有限责任公司和窑街煤电集团有限公司，采煤机械化水平较高。其中，华亭煤业公司下属控股子公司包括甘肃华亭煤电股份有限公司（辖砚北煤矿、华亭煤矿、陈家沟煤矿、东峡煤矿）和华亭煤业大柳煤矿有限公司及马蹄沟煤矿、新窑煤矿公司等 16 个二级单位，拥有 10 矿 10 井，年生产能力 2 000 万吨。企业资产总额 62 亿元，职工总数 1.8 万人，是目前西北资源丰富，开采条件好，机械化程度高，集煤、电、化及橡胶制品加工制造和机械制造维修、铁路运输等为一体的大型煤炭企业。

1.2　西部煤炭从业人员现状

1. 西部煤炭从业人员人数及学历水平分析

表 6.1.4 为西部煤炭开采和洗选业从业人员人数及学历情况，表 6.1.5 为西部煤炭开采和洗选业从业人员男女比例及学历占比情况。可以看出，煤炭开采和洗选业的从业人员主要由男性构成，在全国范围占 85.00%，女性大多从事辅助生产、机关和后勤保障等岗位的工作。受教育程度方面，陕西、内蒙古地区低文化水平的员工比其他地区少，初中以下文化程度的员工占比在 12%~22%。初高中文化程度在总人数中比例最高，其中，内蒙古约为 60%，陕西约为 65%，而其他地区普遍在 50%~60%。高学历的员工，陕西占比最大，大学专科及以上文化程度约达到 23%，内蒙古次之（约 19%），甘肃、青海地区比例最小。这不仅与本省区煤炭产业发展程度相关，也受当地教育文化、政策指导等因素的影响。

表 6.1.4　西部煤炭开采和洗选业从业人员人数及学历情况　　单位：个

地区	未上过学	小学	初中	高中	大学专科	大学本科	研究生	总数
全国	74 630	754 591	1 936 231	713 130	385 588	257 059	22 804	4 144 032
内蒙古	2 884	35 691	77 330	31 004	20 910	11 717	757	180 293
陕西	2 499	19 064	80 044	35 416	24 492	15 031	1 981	178 529
甘肃	4 430	19 973	31 009	11 113	6 450	4 508	202	77 685
宁夏	5 091	15 298	25 708	7 312	5 155	4 076	107	62 747
新疆	580	14 467	25 889	7 836	6 291	2 751	215	58 030
西部地区总数	15 484	104 493	239 980	92 681	63 298	38 083	3 262	557 284

资料来源：《中国劳动统计年鉴 2015》

表 6.1.5　西部煤炭开采和洗选业从业人员男女比例及学历占比情况

地区	男性占比	女性占比	未上过学人员占比	小学人员占比	初中人员占比	高中人员占比	大学专科人员占比	大学本科人员占比	研究生人员占比
全国	85.00%	15.00%	1.80%	18.21%	46.72%	17.21%	9.30%	6.20%	0.55%
内蒙古	84.00%	16.00%	1.60%	19.80%	42.89%	17.20%	11.60%	6.50%	0.42%
陕西	89.00%	11.00%	1.40%	10.68%	44.84%	19.84%	13.72%	8.42%	1.11%
甘肃	81.00%	19.00%	5.70%	25.71%	39.92%	14.31%	8.30%	5.80%	0.26%
宁夏	83.00%	17.00%	8.11%	24.38%	40.97%	11.65%	8.22%	6.50%	0.17%
新疆	83.00%	17.00%	1.00%	24.93%	44.61%	13.50%	10.84%	4.74%	0.37%
西部地区	84.50%	15.50%	4.18%	22.47%	41.75%	14.72%	10.14%	6.29%	0.46%

2. 西部煤炭从业人员职称情况分析

表 6.1.6 为西部地区煤炭行业从业人员职称情况。分析可知，在西部各省区中，内蒙古煤炭资源开发较晚，在先进技术的支持下，产业发展起点高。内蒙古虽然从业总人数较少，但人才质量高，具有高级技术职称和中级技术职称的人员占比都超过西部其他各省区。与山西等具有几十年开采历史的煤炭企业相比，无论是开采方式还是管理模式，内蒙古的企业都更为先进有效，其煤炭开采模式和管理方式代表着未来煤炭行业的发展趋势。

表 6.1.6　西部地区煤炭行业从业人员职称情况

地区	高级技术职称人员占比	中级技术职称人员占比	初级技术职称人员占比	具有职称人员占比
内蒙古	1.76%	5.05%	5.87%	12.68%
陕西	1.03%	2.31%	3.74%	7.08%
甘肃	1.35%	4.34%	7.32%	13.01%
宁夏	1.40%	3.79%	6.30%	11.49%
新疆	0.90%	4.00%	5.40%	10.30%

另外，甘肃地区产业集中度较高，具有职称的人员达 13.01%，是西部各省区中最高的。新疆属于资源后备区，虽然国内各大能源企业已纷纷入驻新疆，但受整体经济形势和能源结构改革，以及地理位置、生态环境、水资源等因素的影响，新疆煤炭开发进程缓慢，专业技术人员的数量和占比均较低。

表 6.1.7 为西部地区煤炭行业技能型员工占比情况。西部各省区技能型员工占比与上述职称分布情况存在明显不同。技能型员工中，占比较大的是宁夏和新疆，分别为 18.09%和 15.49%，且新疆的高级技师和技师的比例远远超出西部其他各省

区。陕西技能型员工占比和具有职称人员占比均处于最低水平，甘肃技能型员工占比也较低，内蒙古处于中等水平。

表 6.1.7　西部地区煤炭行业技能型员工占比情况

地区	高级技师占比	技师占比	高级工占比	中级工占比	具有技术等级员工占比
内蒙古	0.60%	2.17%	5.05%	5.57%	13.39%
陕西	0.15%	0.40%	2.11%	3.74%	6.40%
甘肃	0.06%	0.31%	2.74%	5.56%	8.67%
宁夏	0.06%	0.75%	3.77%	13.52%	18.10%
新疆	1.82%	2.68%	4.62%	6.37%	15.49%

1.3　西部煤炭清洁高效利用发展的趋势分析

1.3.1　充分发掘现代煤化工潜力

我国经济发展进入新常态，西部煤炭行业也要转型提升以适应发展要求。按照“控制东部，稳定中部，发展西部”的总体要求，西部地区加大资源开发与生态环境保护统筹协调力度，重点发展以电力外送为主的大型煤电基地和现代煤化工基地。西部地区在发展煤化工过程中具有比较优势，以甲醇为例，目前，国内产能在 100 万吨/年以上的 14 家甲醇企业，有 11 家位于西部地区，产能超过 180 万吨/年的前 5 家企业全部位于西部，西部甲醇产能占我国甲醇总产能的 41%，其中，内蒙古 16%，陕西 7%，宁夏 5%，新疆 4%。但是由于甲醇、二甲醚市场严重过剩，所以煤制油、煤制天然气更具有战略意义。“十二五”期间获批的煤制油项目，有神华集团宁夏 400 万吨煤间接液化制油项目、内蒙古伊泰集团 200 万吨间接煤制油项目。神华包头煤制烯烃项目已商业运行，年均负荷率达到 90%以上。伊泰 16 万吨/年煤间接液化项目已商业运行，装置负荷一直保持在 90%~110%水平。大唐克旗、新疆庆华等煤制气项目连续运行时间和生产负荷也不断提高。在国际油价深度下跌的新形势下，现代煤化工示范项目正在从技术、管理、装备等多方面入手，积极探索与石油化工竞争的新优势，努力提升现代煤化工的盈利水平。

从新疆的产业政策以及煤炭转换项目的能耗、节能减排、产品运输等方面比较，煤制天然气具有能量转换效率最高、耗水量最低、二氧化碳排放量最少、环境污染相对偏低、运输方式便捷、技术成熟的特点，是新疆地区比较理想的煤炭洁净综合利用项目，在新疆地区建设煤制天然气项目具有独特的管网优势。疆内已建成投入使用的输气管线有西气东输一线（西一线）、西气东输二线（西二线）。西三线与西二线并行，设计年输送能力 300 亿立方米。目前国内首条煤制气专用管线——中石油西三线伊宁-霍尔果斯煤制气支线已开工建设，该支线首站设在伊犁地区首府伊宁，末站为霍尔果斯西三线首站，全长约 70 千米，主要作用是将伊犁地区煤制气注入西三线。另外，准东地区煤制天然气则通过自治区规划的新粤浙煤制天然气出疆管线解决该地的煤制气外输问题，该管线设计输量为 300 亿米^3/年。

综上，西部地区发展煤化工产业，应通盘考虑当地煤炭资源、水资源及环境的协调发展。如何提高工业用水的利用率、降低水耗是西部地区现代煤化工产业发展亟待解决的问题。

1.3.2 煤炭清洁高效利用的技术分析

煤炭是我国重要的工业原料，西部煤炭资源丰富，技术的不断创新是高效利用煤炭资源的重中之重。

（1）煤炭提质加工技术，这项技术可回收高附加值的焦油产品，实现褐煤资源利用价值最大化。1995~2015 年，我国年原煤入选量从 2 亿吨提高到 26 亿吨，入选比例从 15.6%增长到 65.9%，选煤厂处理能力由 70~1 000 吨/小时（0.30 百万~4.00 百万吨/年）发展到 300~4 500 吨/小时（1.50 百万~25.00 百万吨/年），进入世界先进水平行列。2009 年，大唐华银电力股份有限公司应用低阶煤净化提质技术在内蒙古东乌珠穆沁旗建设 30 万吨/年的示范装置，目前 1 000 吨/天的工业示范装置运行成功，装置放大工艺技术设计正在进行。

（2）燃煤工业锅炉技术中自主研发的高效工业煤粉锅炉热效率达 90%以上，污染物排放接近天然气锅炉排放标准。作为最主要的煤炭终端直接燃烧设备，燃煤工业锅炉全国保有量在 40 万台左右，普遍存在单炉容量低、装备总体水平差、运行效率低（平均热效率仅为 60%~65%）、环保设施不全等问题，这也是造成我国燃煤利用效率低下和环境污染的主要原因之一。目前，高效煤粉型工业锅炉燃料的燃烬率达到 98%，接近天然气锅炉水平，比普通燃煤工业锅炉提高 28 个百分点，系统热效率达到 89%左右，比普通燃煤工业锅炉提高 20 多个百分点。

（3）燃煤发电技术已拥有自主知识产权的 60 万千瓦、100 千瓦超（超）临界机组，已具备制造 100 万千瓦、25 兆帕、600℃ 等级发电机组的技术和能力，达到国际先进水平，是世界百万千瓦超超临界机组最多的国家。神华集团将按照“前瞻性、差异化、有竞争力”的原则开展高效发电技术研究，组织开展超超临界二次再热清洁高效发电技术的创新与应用攻关，并加快“超高参数、超低排放、超低能耗”CFB示范机组的研发、建设和推广，如神华集团煤电超低排放技术的创新实践为煤电节能减排提供了成功的案例。神华集团四大电厂煤电超低排放参数如表6.1.8所示。

表 6.1.8 神华集团四大电厂煤电超低排放参数 单位：毫克/米^3

目标及电厂	烟尘排放浓度	二氧化硫排放浓度	氮氧化物排放浓度
中国超低排放目标	10	35	50
舟山电厂	2.46	2.76	19.8
三河电厂	0.23	<35	<50
绥中电厂	<10	<35	<50
河曲电厂	8~10	<35	<50

（4）煤炭深加工技术中，煤制天然气、煤制油、煤制烯烃等煤炭深加工技术快速发展，全球首个百万吨煤直接液化装置建成，并在神华集团内蒙古鄂尔多斯分公司运行。截至2014年7月，我国已建成了7套煤制烯烃装置（产能408万吨/年），其中，陕西延长中煤榆林能源化工有限公司产能60万吨/年；建成9套煤制乙二醇装置（195万吨/年），于2009年12月投产了国内首个自主研发的20万吨/年煤制乙二醇项目。完全实现了对固体废弃物的“吃干榨净”，将最大限度地综合利用固体废弃物粉煤灰，对于发展循环经济具有重要意义。

1.3.3 构建产业共生耦合的发展模式

聚焦区域内产业层面的衔接与融合，通过优化资源配置促进焦化、煤化工与冶金、建材等产业衔接融合，实现工业炉窑清洁燃料供给。在条件适宜的地区或工业园区，推进焦化、煤化工与区域集中供热一体化模式，替代分散中小燃煤工业锅炉。

以德国鲁尔区为例，鲁尔区位于德国西北部，鲁尔区的辉煌开始于19世纪50年代，成千上万的人涌入该区，成为煤矿或者工厂的工人。鲁尔区发展初期，缺乏对土地利用、城镇布局、环境保护等方面的全面规划，导致煤矸石成山，污水遍地，塌陷坑随处可见，居民点布局凌乱分散，铁路杂乱无章，地区环境质量不断恶化，区域发展受到严重的影响。鲁尔区的成功转型是从关注产业间的协调发展开始的，随后着力发展文化及其他产业。图6.1.1为鲁尔区某工厂改造前后对比图。该工厂于1992年关闭，5年之后，园艺展在工厂遗址上举行，柔美的花草和坚硬的钢铁在强烈的对比中寻求着和谐的相处之道，文化产业得到大力发展，人们不禁感叹：世界上再难相容的事物，也能找到共存共荣的方式。随着煤炭综合利用技术的不断突破，鲁尔区相继发展了炼焦、电力、煤化学等工业，进而促进了钢铁、化学工业的发展，并以此为基础，兴起了机械制造业，特别是重型机械制造、氮肥工业、建材工业等，同时为大量产业工人服务的轻工业，如服装、纺织、啤酒工业等也得到了快速发展。

（a）改造前

（b）改造后

图 6.1.1　鲁尔区某工厂改造前后对比图

统筹规划，合理布局，构建区域内能源梯度利用、优势互补、产业共生耦合的发展模式，是提升区域煤炭清洁高效利用整体水平的发展趋势。

1.4　西部煤炭清洁高效利用的人才需求缺口分析

由以上分析可知煤炭提质加工、燃煤工业锅炉、煤炭发电、煤炭深加工技术在国内其他地区已有成功应用的案例，作为未来煤炭主产区，西部地区煤炭清洁高效利用发展，离不开煤炭清洁高效利用的相关技术，这些技术的应用需要大量具有专业技能的复合型人才和技能型员工。根据未来 20 年西部地区煤炭产业发展规划和煤炭清洁高效利用技术产业化应用的可行性，得出西部煤炭相关产业从业人员的需求趋势。表 6.1.9 是 2035 年西部煤炭清洁高效利用的人才需求缺口分析。

表 6.1.9　2035 年西部煤炭清洁高效利用的人才需求缺口分析

西部地区需求		学历	技术职称			技能型员工职称			
		大专以上	高级技术职称	中级技术职称	初级技术职称	高级技师	技师	高级工	中级工
内蒙古	需求	27%	16%	60%	23%	5%	17%	39%	38%
	现状	7%	14%	40%	46%	4%	16%	37%	41%
	缺口	20%	2%	20%	−23%	1%	1%	2%	−3%

续表

西部地区需求		学历	技术职称			技能型员工职称			
		大专以上	高级技术职称	中级技术职称	初级技术职称	高级技师	技师	高级工	中级工
陕西	需求	25%	16%	53%	31%	3%	7%	40%	50%
	现状	8%	15%	33%	52%	2%	6%	33%	58%
	缺口	17%	1%	20%	−21%	1%	1%	7%	−8%
新疆	需求	27%	15%	56%	28%	13%	21%	35%	30%
	现状	6%	9%	39%	52%	12%	17%	30%	41%
	缺口	21%	6%	17%	−24%	1%	4%	5%	−11%
宁夏	需求	27%	16%	45%	34%	3%	5%	30%	63%
	现状	7%	12%	33%	54%	1%	4%	21%	75%
	缺口	20%	4%	12%	−20%	2%	1%	9%	−12%
甘肃	需求	20%	12%	45%	42%	3%	4%	33%	60%
	现状	6%	10%	33%	56%	1%	3%	32%	64%
	缺口	14%	2%	12%	−14%	2%	1%	1%	−4%

由表 6.1.9 可以看出，西部五省区煤炭从业人员文化水平缺口较大，大专以上占比仅为 7%左右；技术职称方面，初级技术职称人员占比普遍较高，高级职称人员占比缺口不大，中级职称人员严重不足，未来西部煤炭清洁高效利用发展亟须提高中级职称人员占比和数量。技能型员工中，中级工占比基本满足要求，高级技师、技师、高级工的缺口基本在 10%以下。

第 2 章 国内外典型煤矿人力资源对比分析

2.1 美国煤矿及人力资源分析

2.1.1 美国矿井产量规模

截至 2016 年，美国约有 836 个生产煤矿，包括井工矿和露天矿，选取其中产量前 10 位的主要矿井进行研究，美国井工矿产量规模见图 6.2.1。所选井工矿中，年产量最大为 1 118.1 万吨，最小的为 604.1 万吨。大多数井工矿的年生产能力在千万吨以下，其中 600 万~800 万吨的居多（李杨等，2018）。

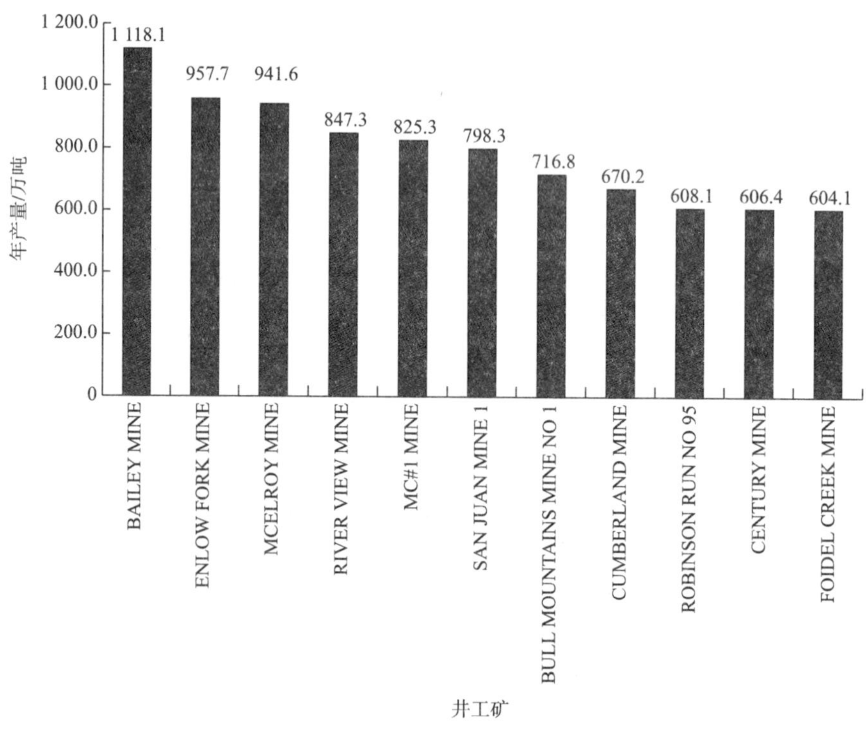

图 6.2.1 美国井工矿产量规模

在美国，露天矿依然占有很大的比例，是美国采矿的重要组成部分，且大多数是安全系数更高、更容易开采的露天矿。露天矿煤炭产量占煤炭总产量的 70%。其中产量前 10 位的露天矿产量规模见图 6.2.2。由图 6.2.2 可知，露天矿的年生产能力远远超过了井工矿。所选矿井中年生产能力最大的已经达到了 10 701.7 万吨，最小的也有 1 309.3 万吨。

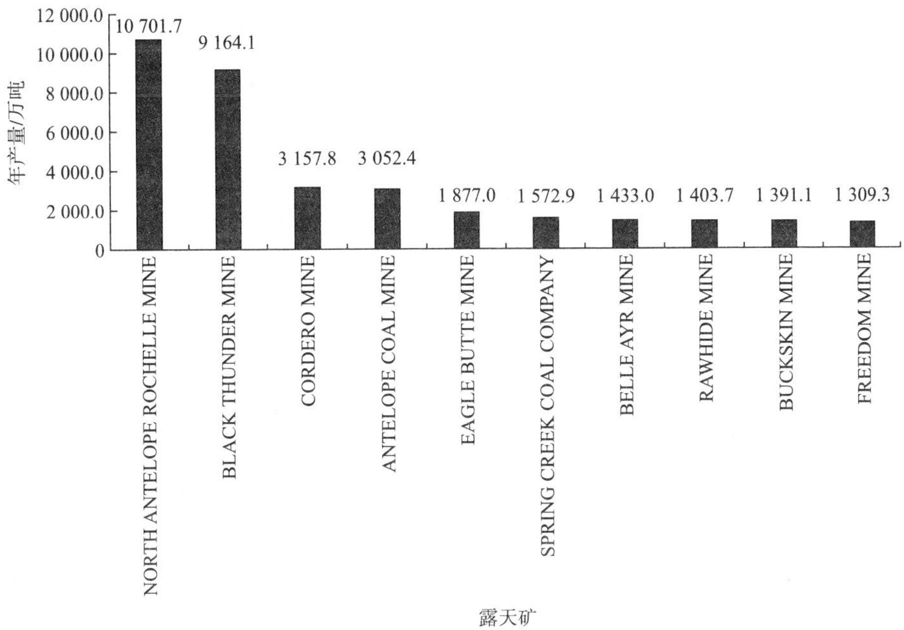

图 6.2.2 美国产量前 10 位的露天矿产量规模

2.1.2 美国矿井机械化水平

美国井工矿采煤方法主要有传统房柱式、连续采煤机房柱式和综合机械化长壁式。美国传统房柱式采煤法是沿煤层掘多条平行巷道，间隔一定距离在巷道间开联络横贯，在前面开掘煤房的同时，后面回采残留的煤柱。20 世纪前，这种采煤方法基本是手工掏槽，电钻或风钻打眼放炮落煤，人工装煤。1916 年出现了电动截煤机；1936 年，采用井下运煤的电动梭车使传统房柱式采煤法逐渐实现了机械化；1948 年，连续采煤机的出现实现了房柱式采煤法的全面机械化。房柱式连续采煤机机械化程度高、高效安全，迅速在美国得到推广。20 世纪 60 年代，美国从西欧引进长壁综采技术，解决了厚砂岩坚硬顶板控制的难题，70 年代开始逐步推广应用，长壁综采技术在地下井工矿开采量中所占比重逐渐增高，现所有煤矿已全部实现机械化开采。

2.1.3 美国矿井时效及员工构成

在美国煤炭行业，煤矿开采机械化水平较高，煤矿从业人员相对较少，因此，美国煤矿人均年煤炭采出量和采煤效率相对比较高。全员时效计算公式如下：

全员时效=矿井年产量/员工总数（吨/工）

美国井工矿产量规模及人员结构和美国露天矿产量规模及人员结构分别如表 6.2.1 和表 6.2.2 所示。

表 6.2.1 美国井工矿产量规模及人员结构

矿井名称	地点	产量规模/（万吨/年）	办公室人员/个	井下人员/个	选煤厂人员/个	员工总数/个
BAILEY MINE	宾夕法尼亚州	1 118.1	9	740	58	807
ENLOW FORK MINE	宾夕法尼亚州	957.7	4	680	0	684
MCELROY MINE	西弗吉尼亚州	941.6	17	885	75	977
RIVER VIEW MINE	肯塔基州	847.3	20	549	0	569
MC#1 MINE	伊利诺伊州	825.3	11	294	33	338
SAN JUAN MINE 1	新墨西哥州	798.3	70	292	15	377
BULL MOUNTAINS MINE NO 1	蒙大拿州	716.8	10	198	101	309
CUMBERLAND MINE	宾夕法尼亚州	670.2	20	509	98	627
ROBINSON RUN NO 95	西弗吉尼亚州	608.1	8	481	63	552
CENTURY MINE	北达科他州	606.4	8	512	60	580
FOIDEL CREEK MINE	科罗拉多州	604.1	13	292	30	335

表 6.2.2 美国露天矿产量规模及人员结构

矿井名称	地点	产量规模/（万吨/年）	办公室人员/个	露天工作人员/个	选煤厂人员/个	员工总数/个
NORTH ANTELOPE ROCHELLE MINE	怀俄明州	10 701.7	10	1 302	12	1 324
BLACK THUNDER MINE	怀俄明州	9 164.1	15	1 577	12	1 604
CORDERO MINE	怀俄明州	3 157.8	7	614	0	621
ANTELOPE COAL MINE	怀俄明州	3 052.4	7	562	0	569
EAGLE BUTTE MINE	怀俄明州	1 877.0	3	279	4	286
SPRING CREEK COAL COMPANY	怀俄明州	1 572.9	6	273	0	279
BELLE AYR MINE	怀俄明州	1 433.0	3	256	4	263
RAWHIDE MINE	怀俄明州	1 403.7	3	212	4	219

续表

矿井名称	地点	产量规模/（万吨/年）	办公室人员/个	露天工作人员/个	选煤厂人员/个	员工总数/个
BUCKSKIN MINE	怀俄明州	1 391.1	13	266	21	300
FREEDOM MINE	北达科他州	1 309.3	0	482	0	482

美国主要井工矿工人时效和美国井工矿时效结构分布分别如图 6.2.3 和图 6.2.4 所示。由图 6.2.3 和图 6.2.4 可知，时效最好的能达到 24 417.84 吨/工，最低的为 9 637.27 吨/工。其中，10 000 吨/工以下的矿井仅占 9.1%，10 000~20 000 吨/工的矿井占 63.6%， 20 000 吨/工以上的矿井占 27.3%。

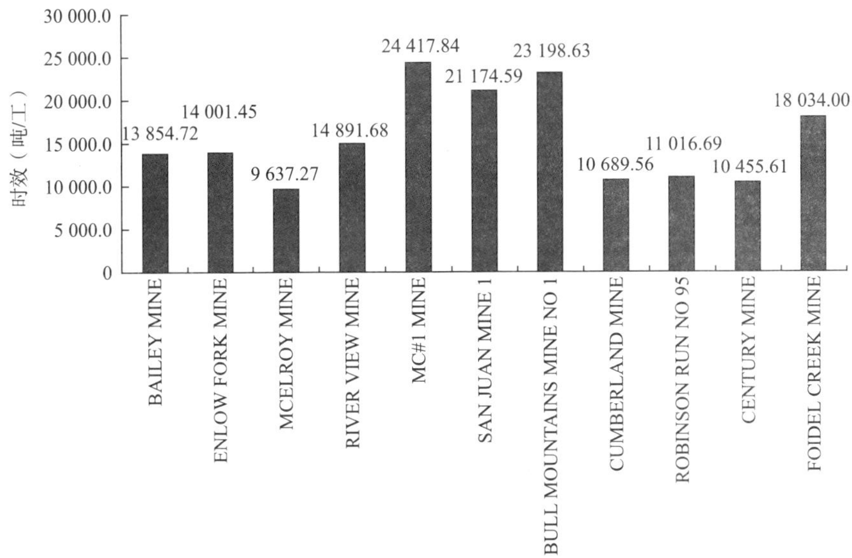

图 6.2.3　美国主要井工矿工人时效

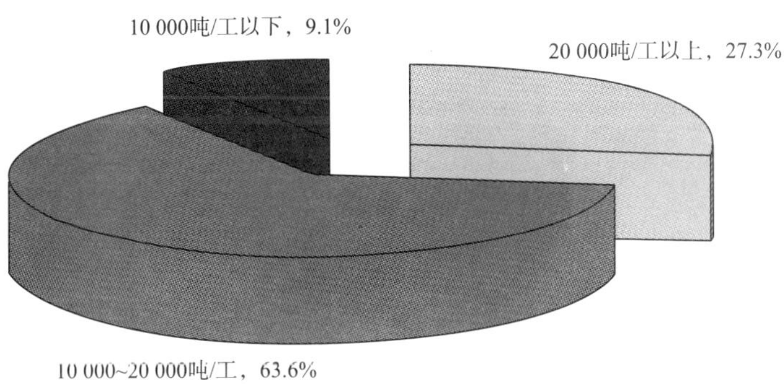

图 6.2.4　美国井工矿时效结构分布

美国主要露天矿人员结构见表 6.2.2，美国主要露天矿工人时效和美国露天矿时效结构分布分别如图 6.2.5 和图 6.2.6 所示。由图 6.2.5 和图 6.2.6 可知，露天矿的时效远高于井工矿。最高已经达到 80 828.18 吨/工，最低为 27 163.47 吨/工。其中，40 000 吨/工以下的矿井仅占 10.0%，40 000~60 000 吨/工的矿井占 60.0%，60 000 吨/工以上的矿井占 30.0%。

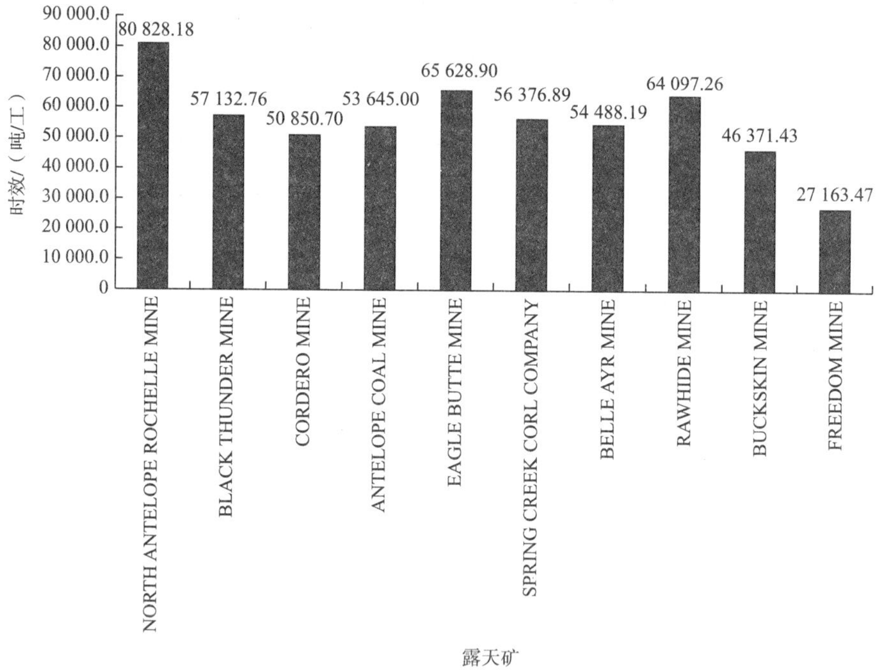

图 6.2.5 美国主要露天矿工人时效

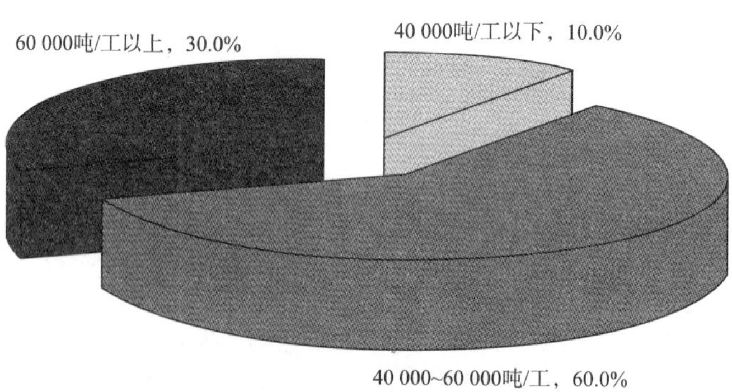

图 6.2.6 美国露天矿时效结构分布

对所选煤矿进行人员统计，得出美国煤矿人员结构如图 6.2.7 所示。由图 6.2.7（a）可知，对于井工矿，井下工作人员占总体的 88.3%，而管理人员仅占 3.1%。而对于露天矿，如图 6.2.7（b）所示，现场工作人员占 97.9%，而管理人员和选煤厂人员比例进一步减小，分别占 1.1%和 1.0%。

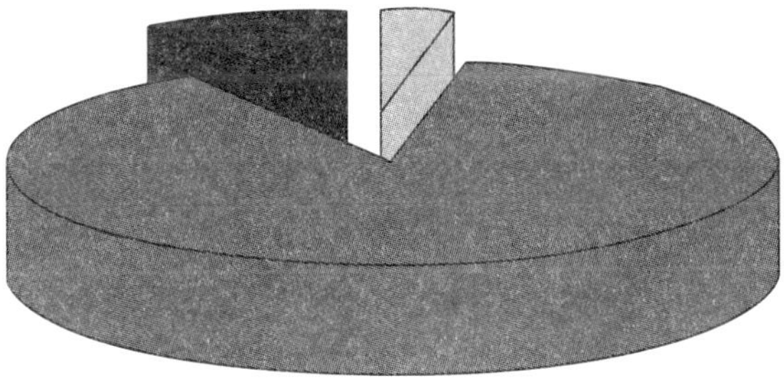

（a）井工矿

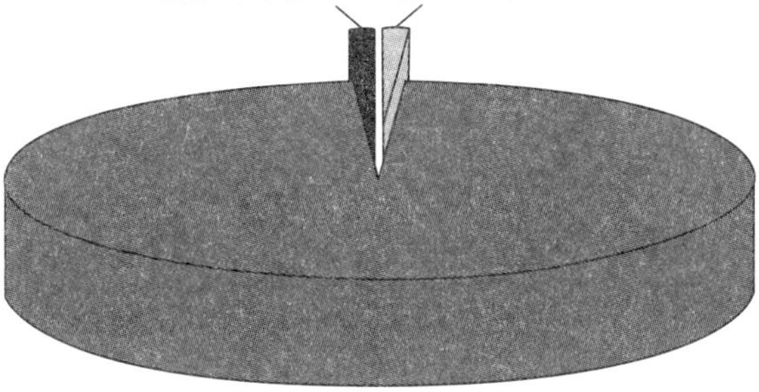

（b）露天矿

图 6.2.7　美国煤矿人员结构

煤炭开采科学技术性强，工程技术人员是煤矿科学安全开采、技术设备创新的重要力量。工程技术人员的数量占比在一定程度上反映了该矿的科技创新能力。美国煤矿工程技术人员占比较大，为 40%~60%。图 6.2.8 和图 6.2.9 分别表示井工矿和露天矿工程技术人员占比。对于井工矿，最高占比为 60%，最低为 42%；而对于露天矿，最高占比为 61%，最低为 43%。

2.1.4　员工技能培训制度

在美国，进入煤矿工作要经过如下法定培训程序：①职业证书培训，美国煤矿的从业人员，要求具备中专学校及以上毕业证书。有意进入煤矿行业工作的人员，要先自费参加工种培训。这种培训由社会承办，学习 3 个月，参加国家统一考试（自

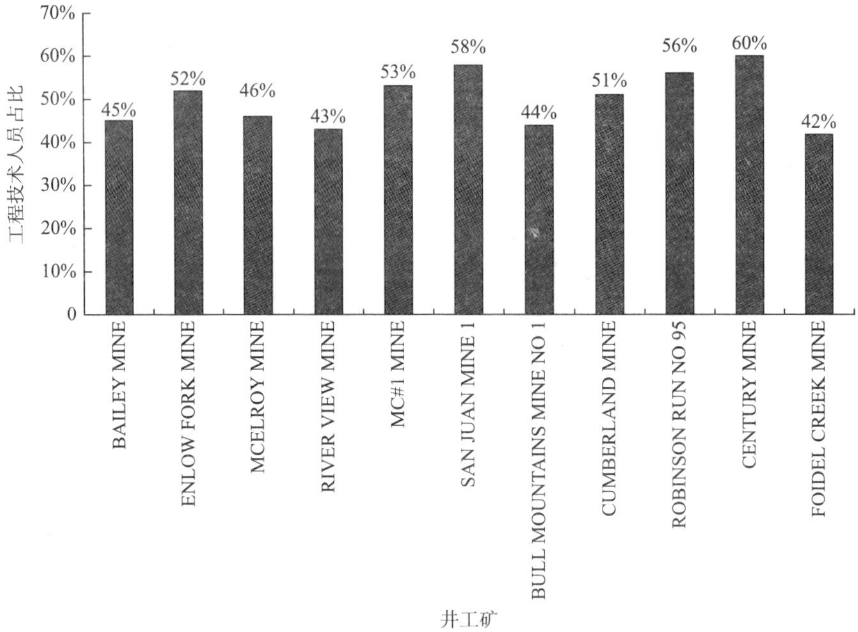

图 6.2.8　美国井工矿工程技术人员占比

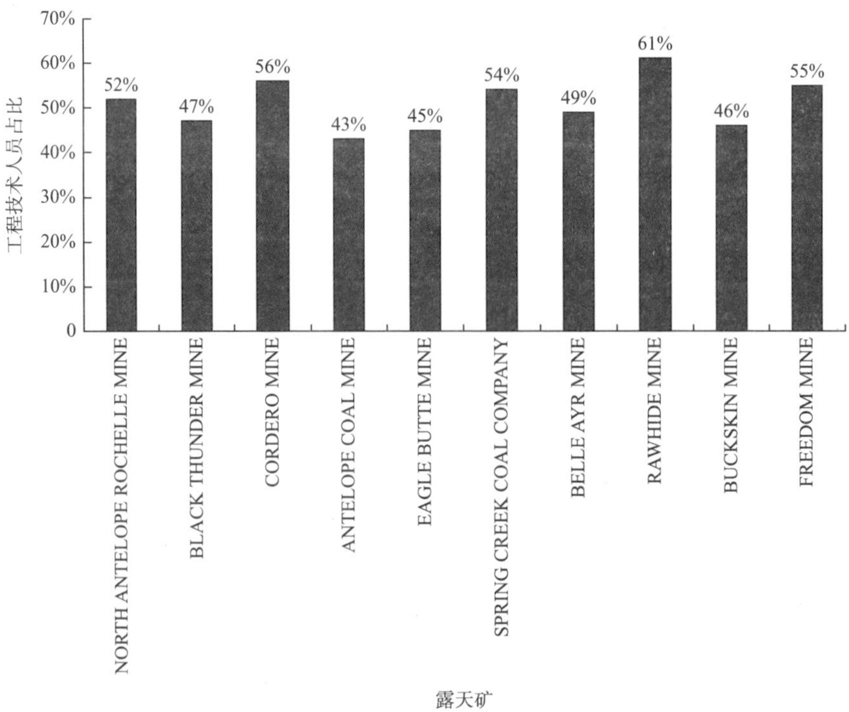

图 6.2.9　美国露天矿工程技术人员占比

己填写 1 000 题空）取得工种资格。②继续教育培训，每年由业主组织，培训 3~5 天。③国家培训，在西弗吉尼亚州设有“MSHA（Mine Safety and Health Administration，美国联邦矿业安全与健康监督局）培训中心”，矿长、工长每 2 年培训一次，为时一周，主要是事故案例教育。④高技能白领培训，技术人员均有学士、硕士、博士学位，自报培训计划，带薪去大学培训某一专业知识。

2.2　国内典型煤矿人力资源分析

2.2.1　神华宁煤梅花井煤矿

梅花井煤矿是宁煤集团的主力矿井，也是宁夏单井设计生产能力最大的矿井，面积 78.96 平方千米。井田内含煤共 25 层，可采煤层 21 层，主采 6 个煤组，属瓦斯矿井。矿井工业储量 24.22 亿吨，可采储量 15.15 亿吨，核定生产能力 1 200 万吨/年，服务年限为 77 年，总投资概算 34.25 亿元。矿井于 2006 年 6 月 9 日正式开工建设，2009 年 4 月首采工作面投入生产。

由表 6.2.3 和表 6.2.4 可知，该矿有员工 2 551 人，其中，原煤生产工人 1 966 人，占总员工人数的 77.1%。年龄结构方面，40 岁以下的员工占比为 74.5%，高出全行业 40 岁以下从业人员（53.2%）约 20 个百分点；45 岁以下的员工占比达 88.9%，梅花井煤矿员工队伍处于年轻化层次。

表 6.2.3　梅花井煤矿从业人员年龄结构　　单位：个

合计	学历结构							
	>25 岁	26~30 岁	31~35 岁	36~40 岁	41~45 岁	46~50 岁	51~55 岁	56~60 岁
2 551	346	639	471	444	367	210	71	3

表 6.2.4　梅花井煤矿原煤生产人员期末人数　　单位：个

合计	原煤生产工人				
	井下工人				地面工人
	小计	回采	掘进	井下辅助	
1 966	1 890	359	720	811	76

如表 6.2.5 所示，员工队伍学历和薪酬方面，具有大专及以上学历的员工占比 24%，高中及以上学历的员工占比为 71%，初中及其以下学历水平的员工仅占 29%。该矿约有 60%的员工年平均工资超过 10 万元，而 2016 年宁夏城镇非私营单位就业人员年平均工资仅为 6.038 万元。

表 6.2.5　梅花井煤矿从业人员学历和薪酬结构　　单位：个

合计	学历结构						薪酬结构		
	初中及其以下	高中	大专	本科	硕士	博士	<5 万	5 万~10 万	>10 万
2 551	734	1 206	370	231	10	0	76	949	1 526

进一步分析表 6.2.6 可知，管理岗人员共计 289 人，占比 11.3%，其中，具有职称人员占比 80.6%，中高级职称人员占比 26.0%。技能型员工 2 262 人，占全矿总人数的 88.7%，其中，拥有高级工及以上技能等级的员工占比 12.7%，无等级员工占比 44.6%，部分原因是煤矿企业某些岗位未设等级。

表 6.2.6　梅花井煤矿从业人员专业技术职称资格和技能等级表　单位：个

合计	管理岗人员职称分布				技能型员工技能等级					
	高级	中级	初级	无职称	高级技师	技师	高级工	中级工	初级工	无等级
2 551	11	64	158	56	2	27	258	709	258	1 008

2.2.2　兖矿集团 JN 三号煤矿

JN 三号煤矿是兖矿集团下属煤矿。煤种为气煤，开拓方式为立井，矿井可采储量 13 255.8 万吨，投产日期为 2000 年 12 月，设计生产能力为 500 万吨，核定生产能力为 660 万吨，当年实际产量 527 万吨。2016 年，原煤产量 511 万吨，生产成本 191.55 元/吨，原煤生产人员效率 24.757 吨/工，回采工效率 100.71 吨/工，工作面效率 143.48 吨/工。

分析表 6.2.7 和表 6.2.8 可知，JN 三号矿员工 5 488 人，其中，原煤生产员工 1 652 人，占总员工人数的 30.1%。员工的年龄结构方面，40 岁及以下的员工占比为 62.6%，高出全行业 40 岁及以下从业人员（53.2%）约 10 个百分点；45 岁及以下的员工占比达 77.2%，该矿员工年龄结构较合理。

表 6.2.7　JN 三号煤矿从业人员年龄结构　　单位：个

合计	年龄结构							
	<25 岁	26~30 岁	31~35 岁	36~40 岁	41~45 岁	46~50 岁	51~55 岁	56~60 岁
5 488	148	868	1 284	1 136	802	703	460	87

表 6.2.8　JN 三号煤矿原煤生产人员期末人数　　单位：个

小计	原煤生产工人				
	井下工人				地面工人
	小计	回采	掘进	井下辅助	
1 652	1 538	480	507	551	114

分析表 6.2.9 可知，JN 三号煤矿中，管理岗人员共计 683 人，占比 12.4%，其中，具有职称人员占比 54.8%，中高级职称人员占比 30.2%。技能型员工占全矿总人数的 87.6%，其中，拥有高级工及以上技能等级的员工占比 15.8%。无等级员工较多的部分原因是煤矿企业某些岗位未设等级。

表 6.2.9　JN 三号煤矿从业人员专业技术资格和技能等级表　单位：个

合计	管理岗人员职称分布				技能型员工技能等级					
	高级	中级	初级	无职称	高级技师	技师	高级工	中级工	初级工	无等级
5 488	35	171	168	309	25	96	636	477	207	3 364

2.2.3　神华神东大柳塔煤矿

大柳塔煤矿是神东煤炭集团所属的年产两千万吨的特大型现代化高产高效矿井，是神东煤炭集团最早建成的井工矿，位于陕西省神木县境内，由大柳塔井和活鸡兔井组成，井田面积共计 189.90 平方千米，煤炭地质储量 23.20 亿吨，可采储量 15.33 亿吨。煤层具有低灰、低硫、低磷和中高发热量的特点，属高挥发分的长焰煤和不黏煤，是优质动力煤、化工和冶金用煤。

大柳塔井始建于 1987 年 10 月，1996 年正式投产，原计划生产能力一期 360 万吨/年，二期 600 万吨/年，2006 年重新核定生产能力 1 040 万吨/年。活鸡兔井于 1994 年 10 月开工建设，2000 年投产，原计划生产能力 500 万吨/年，2006 年重新核定生产能力 1 130 万吨/年。2015 年完成原煤生产 1 686 万吨。

矿井采用平硐-斜井综合开拓布置方式，连续采煤机掘进，工作面沿大巷两侧条带式布置，全套引进国际先进水平的装备，并率先进行了自动化改造，在国内首先实现了主要运输系统皮带化、辅助运输无轨胶轮化、井巷支护锚喷化、生产系统远程自动化控制和安全监测监控系统自动化。煤炭采掘机械化率达到 100%，资源回采率达到 80%以上。

大柳塔煤矿十分重视人才的培养，定期选派高中及以上文化程度的采掘队人员到大专院校进行一年综采、连采技术培训，结业后到全国先进矿井进行为期一年的实践锻炼，成绩优异者分配至综采队、连采队等核心团队；着力培养“复合型”人才，实行复合工种制，要求员工一职多能。综采、连采、机运队等主要岗位须持五证上岗。经过多层次、多渠道培训和实践锻炼，大柳塔煤矿已经形成了一支具有较高的操作技能和丰富生产经验的员工队伍。

大柳塔煤矿已形成了采掘一线定员、生产辅助定员与机关及生产指挥中心定员的 4∶3∶1 人员配置。大柳塔煤矿现有员工 2 237 人，其中，原煤生产员工 1 195 人，占员工总数的 53.4%。表 6.2.10~表 6.2.13 分别为大柳塔煤矿原煤生产人员期末人数、年龄结构、学历结构、专业技术资格和技能等级情况。由表 6.2.11 得出，员工的年龄结构方面，40 岁及以下的员工占比为 69.5%，高出全行业 40 岁及以下从业人员（53.2%）约 16 个百分点；45 岁及以下的员工占比达 83.0%，该矿原煤生产人员年龄结构较合理。

表 6.2.10　大柳塔煤矿原煤生产人员期末人数　　单位：个

合计	原煤生产工人				
	井下工人				地面工人
	小计	回采	掘进	井下辅助	
1 195	965	245	306	414	230

表 6.2.11　大柳塔煤矿原煤生产人员年龄结构　　单位：个

合计	年龄结构							
	<25 岁	26~30 岁	31~35 岁	36~40 岁	41~45 岁	46~50 岁	51~55 岁	56~60 岁
1 195	89	410	135	196	162	112	78	13

表 6.2.12　大柳塔煤矿原煤生产人员学历结构　　单位：个

合计	学历结构						薪酬结构		
	初中及以下	高中	大专	本科	硕士	博士	<5 万	5 万~10 万	>10 万
1 195	99	520	266	292	17	1	10	26	1 159

表 6.2.13　大柳塔煤矿原煤生产人员专业技术资格和技能等级表　单位：个

合计	专业技术资格					技能等级					
	教高	高级	中级	初级	无职称	高级技师	技师	高级工	中级工	初级工	无等级
1 195	1	8	57	240	54	5	38	87	96	98	511

如表 6.2.12 所示，学历方面，原煤生产人员整体学历较高，初中及以下学历人员仅占 8.3%，本科及以上学历人员占比 26.0%，超过 60%的员工拥有高中和大专学历。从原煤生产的岗位要求分析，专业技术人员应占主流。大柳塔煤矿原煤生产人员学历结构合理。

如表 6.2.13 所示，专业技术资格和技能等级方面，高级技师、技师和高级工在技能等级中的占比 15.6%，因某些生产岗未设岗位等级，表 6.2.13 中的 511 位无等级员工也是技能型员工，有力保证了煤炭企业生产一线安全、高效的岗位要求。

大柳塔煤矿是神东千万吨级矿井的践行者、先行者，正是因为岗位分工明确、员工结构合理，凭借其“生产规模化，技术现代化，队伍专业化，管理信息化”

优势，为神东逐步形成建设现代化煤炭基地的模式发挥了重要作用。该矿原煤生产人员 70%以上薪酬超过 15 万元，居同行业其他企业之首，大柳塔煤矿原煤生产人员薪酬结构见表 6.2.14。

表 6.2.14　大柳塔煤矿原煤生产人员薪酬结构　　单位：个

合计	薪酬结构						
	<5 万元	5 万~10 万元	10 万~15 万元	15 万~20 万元	20 万~25 万元	25 万~30 万元	>30 万元
1 195	10	26	304	530	219	77	29

2.2.4　国内典型煤矿人力资源的对比

本小节从原煤生产人员占比、吨煤利润、原煤生产人员工效等几个指标比较分析上述三个国内煤矿。JN 三号煤矿、梅花井煤矿与大柳塔煤矿指标对比见表 6.2.15。

表 6.2.15　JN 三号煤矿、梅花井煤矿与大柳塔煤矿指标对比

煤矿	投产日期	可采储量/亿吨	核定生产能力/万吨	原煤生产人员数量/个	原煤生产人员占比	利润/万元	人均年收入超过 10 万元的员工占比
JN 三号煤矿	2000 年	15.30	660	1 652	30.1%	471.09（2014 年）	
梅花井煤矿	2009 年	15.15	1 200	1 966	77.1%	25 500（2015 年）	59.8%
大柳塔煤矿	1996 年	15.33	1 040	1 195	53.4%	394 700（2015 年）	60%

首先，在原煤生产人员占比方面，JN 三号煤矿原煤生产人员占比 32.1%，神东大柳塔煤矿原煤生产人员占比 53.4%（大柳塔煤矿的采掘一线定员、生产辅助定员与机关及生产指挥中心定员按 4∶3∶1 的人员配置，即 50%以上的员工都在采掘一线），神宁集团梅花井煤矿原煤生产人员占比 77.1%，JN 三号煤矿非原煤生产一线人员冗余问题比较突出。其次，原煤生产人员工效从高到低依次为大柳塔煤矿、梅花井煤矿、JN 三号煤矿，JN 三号煤矿因原煤生产人员占比较低，造成工效较低的问题。再次，吨煤利润比较，2015 年，JN 三号煤矿、梅花井煤矿、大柳塔煤矿的吨煤利润分别为 0.92 元、26.8 元、234.1 元。最后，员工薪酬分析，大柳塔煤矿有 60% 的员工人均年收入超过 10 万元，梅花井煤矿 59.8%的员工人均年收入超过 10 万元，JN 三号煤矿人均工资 3.5 万元/年。

JN 三号煤矿反映了我国多数煤炭企业的生存现状，即人员富余、结构欠合理、生产效率低、企业微利或亏损等问题普遍存在。在有序退出煤炭过剩产能的过程中，提高员工队伍素质，合理配置岗位，做好职工安置，是政府和企业今后一个时期的重要工作。

神东大柳塔煤矿是我国现代化煤炭生产企业的代表，代表着“智能化、少人化”的行业发展趋势。先进采掘设备和技术在该矿的广泛应用，大大减少了人工成本，全员工效得到极大提升，企业安全生产能力达到国际先进水平，员工收入位居全行业前列，与金融行业员工收入水平持平。

2.3 中美煤炭企业员工结构异同

2.3.1 企业规模的差异

美国能源信息署数据显示，2015 年，美国煤炭产量为 8.14 亿吨，比 2014 年下降 10.3%，创下了 1986 年以来的最低年生产水平。2016 年美国煤炭产量约为 6.74 亿吨，较 2015 年下降 17%，跌至自 1978 年以来最低。美国目前约有 836 个煤矿，其中，露天矿煤炭产量占煤炭总产量的 70%。美国矿井数量及产量规模如表 6.2.16 所示。

表 6.2.16 美国矿井数量及产量规模 单位：个

矿井	产量规模		
	500 万吨以上	100 万~500 万吨	100 万吨以下
井工矿	19	51	246
露天矿	20	42	458

据国家统计局相关数据分析，2016 年我国煤炭产量 34.1 亿吨，同比减少 9.1%；全国煤矿数量 1.08 万处，其中，年产 120 万吨以上的大型煤矿 1 050 处，比 2010 年增加 400 处，产量比重由 58%提高到 68%；年产 30 万吨以下的小型煤矿 7 000 多处，比 2010 年减少了 4 000 多处，产量比重由 21.6%下降到 10%左右。大型现代化煤矿比重不断提高，全国煤炭供应保障能力显著增强。

2.3.2 企业人员及工效的差异

随着采煤机械化的普及，美国从事煤炭开采的人数呈现下降趋势，人员的减少减少了安全培训和安全管理方面的投入，有效保证每名参与生产的矿工得到足够的安全培训、配备充足的安全保护设备。1931~2011 年，美国煤矿职工人数基本保持下降趋势，从 1931 年的 60 万人下降至 2011 年的 9 万人。2015 年美国煤矿员工平均人数比 2014 年下降 12%，至 65 971 人，是自 1978 年以来的最低纪录。2015

年井工矿工效达到 7 907 吨/工。美国产量前 40 位的井工矿工效表如表 6.2.17 所示。

表 6.2.17 美国产量前 40 位的井工矿工效表

效率排名	矿名	产量排名	原煤产量/万吨	原煤生产人数/个	工效/（吨/工）
1	MACH #1 MINE	15	588.1	145	40 600
2	DEER RUN MINE	19	504.8	139	36 300
3	BULL MOUNTAINS MINE NO 1	7	716.8	223	32 145
4	MC#1 MINE	5	825.3	323	25 552
5	WEST ELK MINE	16	561.8	305	18 400
6	FOIDEL CREEK MINE	11	604.1	337	17 927
7	SAN JUAN MINE 1	6	798.3	473	16 877
8	SUFCO	14	593.2	357	16 600
9	NEW FUTURE MINE	17	521.1	323	16 100
10	BAILEY MINE	1	1 118.1	761	14 692
11	RIVER VIEW MINE	4	847.3	580	14 609
12	ENLOW FORK MINE	2	957.7	692	13 840
13	PRAIRIEEAGLE-UNDERGROUND	33	288.1	211	13 700
14	SKYLINE MINE #3	26	378.3	297	12 700
15	CUMBERLAND MINE	8	670.2	556	12 055
16	ROBINSON RUN NO 95	9	608.1	515	11 808
17	LIVELY GROVE MINE	24	413.4	361	11 500
18	CENTURY MINE	10	606.4	538	11 272
19	TUNNEL RIDGE MINE	18	510.5	460	11 100
20	OAKTOWN FUELS MINE NO 1	32	303.1	291	10 400
21	DOTIKI MINE	29	355.1	353	10 100
22	MCELROY MINE	3	941.6	933	10 092
23	THE AMERICAN COAL COMPANY NEW	20	499.8	501	10 000
24	LOVERIDGE #22	13	595.8	609	9 800
25	BRIDGER UNDERGROUND COAL MINE	31	305.7	315	9 700
26	GIBSON MINE	30	341.9	358	9 600
27	SHOEMAKER MINE	12	597.4	629	9 500

续表

效率排名	矿名	产量排名	原煤产量/万吨	原煤生产人数/个	工效/（吨/工）
28	FRANCISCO UNDERGROUND PIT	35	276.7	298	9 300
29	CARDINAL	25	408.6	461	8 900
29	BUCHANAN MINE #1	27	366.7	414	8 900
31	CARLISLE MINE	36	276.6	316	8 800
32	BLACKSVILLE NO 2	23	415.5	478	8 700
33	EMERALD MINE NO 1	28	358.5	445	8 100
34	ELK CREEK MINE	37	271.5	357	7 600
35	HARVEY MINE	34	287.6	383	7 500
36	POWHATAN NO. 6 MINE	22	426.0	579	7 400
37	FEDERAL NO 2	38	260.1	445	5 800
38	NO 7 MINE	21	474.1	898	5 300
39	AMERICAN EAGLE MINE	40	247.9	486	5 100
40	PINNACLE MINE	39	249.2	508	4 900

2015 年 12 月末，我国煤炭开采和洗选业从业人员 442.40 万人，该人数较 2011 年底高峰时期的 531.14 万人减少了 88.74 人（降幅 16.71%），2015 年西部五省区煤炭产量为 16.67 亿吨，露天矿产量近 4 亿吨。由表 6.2.18 可知，2015 年我国西部五省区煤炭行业从业人员 56.69 万人，从事原煤生产的人员为 27.94 万人，工效为 4 535 吨/工，若单独计算井下工人工效为 6 000 吨/工，与美国井工矿工效 7 907 吨/工接近。其中，JN 三号煤矿、梅花井煤矿与大柳塔煤矿工效对比见表 6.2.19。

表 6.2.18　2015 年我国西部五省区与美国煤炭从业人员情况对比

地区	产量/亿吨	从业总人数（采&选）/万人	原煤生产人员占比	工效/（吨/工）
美国	8.14	6.60	88.3%	7 907
我国西部五省区	16.67	56.69	49.0%	4 535

表 6.2.19　JN 三号煤矿、梅花井煤矿与大柳塔煤矿工效对比

煤矿	原煤产量/万吨	原煤生产人员/个	原煤生产人员占比	工效/（吨/工）	工效排名（与美国相比）
JN 三号煤矿	511	1 652	30.1%	3 093	230
梅花井煤矿	1 200	1 966	77.1%	6 104	37
大柳塔煤矿	1 686	1 195	50%	14 109	12

JN 三号煤矿产量规模相对较小，效率为 2 903 吨/工，与美国相比工效排名 234，由于 JN 三号煤矿人员较多，该效率相对较低；梅花井煤矿效率为 6 104 吨/工，与美国相比工效排名 37，处于较高水平；大柳塔煤矿是我国西部大型现代化矿井，效率为 14 109 吨/工，与美国相比工效排第 12 名，处于国际领先水平。

2.3.3　企业员工年龄结构及文化水平差异

美国目前矿工平均年龄为 39 岁，平均工龄 11 年。77%的矿工受过中等及以上教育。煤矿管理和技术人员均为大学本科毕业，具有丰富的实践经验。由于均受过岗前培训和再深造，煤矿工人均具有较高的技术水平，他们很多人都是能操作各种设备的多面手，在有人缺勤时均能替补而不会影响生产，也便于同心协力搞好安全生产。每个工人都按工程责任制和操作规程尽职尽责地工作，很少有违规现象。

表 6.2.20 是我国西部五省区与美国煤炭从业人员文化程度（同等学力）对比，可知，美国煤炭原煤生产工人来自社区职校培养（高中同等学力）的接近 90%，大专以上学历员工仅占 12.78%。而我国西部五省区煤炭从业人员中，初中及以下学历占比接近 70%，职校培养（高中同等学力）仅约占 15%，以上数据反映了我国煤炭行业准入门槛低，生产一线的大部分员工专业技能处于较低层次。

表 6.2.20　我国西部五省区与美国煤炭从业人员文化程度（同等学力）对比

地区	初中及以下占比	高中占比	大专及以上占比
美国	0	87.22%	12.78%
我国西部五省区	68.39%	14.72%	16.89%

2.3.4　不同岗位人员配比的差异

美国单个矿井工作人员一般不超过千人，井下生产员工占 90%左右，井上办公室管理岗位仅占 1%~3%。对于美国煤炭行业从业人员，分为年薪制与时薪制，行业内通常把年薪制的人员归为管理人员，大部分美国煤矿工程技术人员均为年薪制，约占总员工的 40%~60%。

在我国，一个千万吨级的矿井员工数量超过千人，在井下从事原煤生产的占 30%~50%；管理岗位约占总人数的 12%左右，工程技术人员数量远远多于美国。在西部，随着先进开采技术装备的投入使用，复杂工序进一步实现机械化，各矿井人才结构及人员配备逐步趋于合理高效。

2.3.5 中美煤炭行业从业人员培训差异

通过对中美地下开采煤矿工人的上岗培训对比（表6.2.21），得出以下结论：①我国煤炭企业准入门槛较低，美国有学历要求及高额培训费用；②我国煤炭行业岗前及在岗培训要求全员参加，时间均高于美国，由于人员规模较大，缺乏监督反馈和效果评估；③我国培训机构管理薄弱，师资力量及水平有待评估；④我国地方的相关职业院校对煤炭职工进行技能培训，缺乏相关的考核、评估制度及奖惩政策等；⑤我国煤炭企业人员学历培训规模较大，且有一定效果，企业分层次进行选送学习，按时提升学历，但资金耗费大、持续时间长，受行业经济形势影响较大。

表 6.2.21 中美地下开采煤矿工人的上岗培训对比

项目	中国	美国
岗前培训	无学历要求； 72 学时安全培训及上岗工种培训； 实习满 4 个月后，方可独立上岗作业	具有社区职校及以上毕业证书； 40 小时美国矿山安全与监察局认证的培训机构的培训； 通过州特定测试/获得临时矿工卡； 得到 8 小时的矿井现场培训； 在矿山工作 45 天/最后得到永久卡
在岗培训	24 小时年度安全复训（应急管理部）； 72 小时技能培训、工程技术人员培训、管理人员培训（煤炭教育培训中心）； 企业自主培训中心	有经验的矿工每年必须接受 16 小时的年度复训； 如果在两年内没有进行复训的矿工，就要重新进行 40 小时的培训课程，再通过州测试
继续教育培训	校企合作； 学历继续教育/远程教育（国家开放大学煤炭学院等）； 对技术人员无学历要求	每年由煤矿企业组织，培训 3~5 天； 技术人员均要具有学士、硕士、博士学位，自报培训计划，带薪去大学培训某一专业知识

综合以上分析，目前我国煤炭行业人力资源结构还不能适应行业向技术密集型转化的进程。在我国煤炭行业产能调控政策执行中，一是同步推进行业人才队伍结构向着专业化、年轻化的方向发展；二是优化煤矿不同岗位员工配比，增加一线员工占比，减少地面等辅助岗位员工比例；三是提高员工技能等级和专业技术职称人员占比。

2.4 煤矿员工合理规模结构体系的构建

结合西部煤炭产业发展规划，以及我国对煤炭清洁高效利用的发展要求，本书提出 2035 年及 2050 年西部地区煤矿员工合理规模体系，分别如表 6.2.22 和

表 6.2.23 所示。

表 6.2.22 2035 年西部地区煤矿员工合理规模体系

<table>
<tr><td colspan="14">（一）从业人员年龄结构</td></tr>
<tr><td colspan="6"><40 岁</td><td colspan="8">40~60 岁</td></tr>
<tr><td colspan="6">72%</td><td colspan="8">28%</td></tr>
<tr><td colspan="14">（二）从业人员学历和薪酬结构目标</td></tr>
<tr><td colspan="6">学历结构（同等学力）</td><td colspan="8">薪酬结构</td></tr>
<tr><td>初中及以下</td><td>高中</td><td>大专</td><td>本科</td><td colspan="2">研究生（硕士及以上）</td><td><5 万</td><td colspan="3">5 万~10 万</td><td colspan="2">10 万~20 万</td><td colspan="2">>20 万</td></tr>
<tr><td>5%</td><td>35%</td><td>21%</td><td>36%</td><td colspan="2">3%</td><td>3%</td><td colspan="3">28%</td><td colspan="2">58%</td><td colspan="2">11%</td></tr>
<tr><td colspan="14">（三）煤矿原煤生产人员结构</td></tr>
<tr><td>原煤生产员工占比</td><td rowspan="2">其中：</td><td colspan="5">井下工人</td><td colspan="7">地面工人</td></tr>
<tr><td></td><td>小计</td><td>回采</td><td>掘进</td><td colspan="3">井下辅助</td><td colspan="7"></td></tr>
<tr><td>80%</td><td></td><td>95%</td><td>17%</td><td>34%</td><td colspan="3">44%</td><td colspan="7">5%</td></tr>
<tr><td colspan="14">（四）煤矿专业技术职称和技能等级目标</td></tr>
<tr><td colspan="5">专业技术资格</td><td colspan="9">技能等级</td></tr>
<tr><td>管理层</td><td>高级</td><td>中级</td><td>初级</td><td>无职称</td><td>技能层</td><td>高级技师</td><td>技师</td><td colspan="3">高级工</td><td>中级工</td><td>初级工</td><td>无等级</td></tr>
<tr><td>10%</td><td>5%</td><td>2%</td><td>2%</td><td>1%</td><td>90%</td><td>6%</td><td>2%</td><td colspan="3">19%</td><td>30%</td><td>10%</td><td>23%</td></tr>
</table>

表 6.2.23 2050 年西部地区煤矿员工合理规模体系

<table>
<tr><td colspan="10">（一）从业人员年龄结构</td></tr>
<tr><td colspan="5"><40 岁</td><td colspan="5">40~60 岁</td></tr>
<tr><td colspan="5">82%</td><td colspan="5">18%</td></tr>
<tr><td colspan="10">（二）从业人员学历和薪酬结构目标</td></tr>
<tr><td colspan="5">学历结构（同等学力）</td><td colspan="5">薪酬结构</td></tr>
<tr><td>初中及以下</td><td>高中</td><td>大专</td><td>本科</td><td>研究生（硕士及以上）</td><td><5 万</td><td>5 万~10 万</td><td>10 万~20 万</td><td colspan="2">>20 万</td></tr>
<tr><td>0</td><td>35%</td><td>24%</td><td>38%</td><td>3%</td><td>1%</td><td>19%</td><td>65%</td><td colspan="2">15%</td></tr>
<tr><td colspan="10">（三）煤矿原煤生产人员结构</td></tr>
<tr><td>原煤生产员工占比</td><td rowspan="3">其中：</td><td colspan="4">井下工人</td><td colspan="4" rowspan="2">地面工人</td></tr>
<tr><td></td><td>小计</td><td>回采</td><td>掘进</td><td>井下辅助</td></tr>
<tr><td>90%</td><td>97%</td><td>18%</td><td>35%</td><td>44%</td><td colspan="4">3%</td></tr>
</table>

续表

（四）煤矿专业技术职称和技能等级目标											
专业技术资格					技能等级						
管理层	高级	中级	初级	无职称	技能层	高级技师	技师	高级工	中级工	初级工	无等级
5%	2%	2%	1%	0	95%	7%	3%	20%	32%	10%	23%

第3章　西部煤炭加工利用人力资源现状及需求分析

3.1　西部煤炭转化利用发展现状及问题分析

目前，我国现代煤炭转化利用项目已在西部建成并大规模投产，主要包括煤制油、煤制烯烃等项目。此类项目具有装置规模大、技术集成度高、资源利用优于传统煤化工的特点。经过十余年的建设，这一新兴产业已经逐步进入科学、有序、健康的发展轨道。西部地区发展煤化工具有比较优势。以甲醇为例，目前，国内产能在100万吨/年以上的14家甲醇企业，有11家位于西部，产能超过180万吨/年的前5家企业全部位于西部，西部甲醇产能占我国甲醇总产能的41%。

然而，西部煤化工在发展过程中也暴露出一些不容忽视的问题，如煤化工耗水量大，而我国西部大多是缺水地区，以及煤化工产品生产过程中的环境污染、现代煤化工人才缺乏等问题。

3.2　西部煤炭转化利用的趋势分析

现代煤化工成为我国煤炭利用重点方向，“十一五”以来，我国煤制油、煤制天然气、煤制乙二醇、煤制烯烃等新型煤化工的技术开发和产业化快速推进，技术趋于成熟。西部煤炭资源丰富，是目前我国煤炭化工发展的主要地区。其发展趋势主要有以下几个方面。

1. 以煤气化为突破口，大力发展煤化工多联产能源系统

煤气化技术是制约煤化工产业发展的关键。近10年来，我国煤气化技术发展较快，先后研究开发出一批具有自主知识产权的煤气化技术，如水煤浆气化、干粉煤气化、碎煤加压固定床气化、沸腾床等。在此基础上，将进一步紧密结合我国西部地区煤种、煤质特点，加大研发力度，充分利用、整合、集成现有先进技

术，形成优势互补，切实降低投资，减少污染，从而创建以煤气化为核心，多单元优化组合，多产品产业链集成，经济技术优化的煤化工能源产业系统。

2. 发展循环经济，实现煤炭转化的最佳综合效益

政府联合企业制定产业园区、项目实行循环经济的制度与标准，从园区、项目规划、立项、审批，到全生命周期运营过程，推行循环经济标准，不达标不批准。在园区规划设计阶段，引入洁净生产机制，形成能量集成、水资源集成、三废治理集成、综合利用集成、信息和基础设施共享机制，达到减排、再用、循环的目标。

3. 加快研发二氧化碳综合利用及处置技术，解决碳排放问题

目前，碳排放问题仍制约着现代煤化工的发展，不少国家都在加快研究碳排放利用及处置技术，其中二氧化碳储存、转化及固化、循环利用技术等已取得了实质性突破，有些技术已经转化为商业运营。碳排放处置是一项涉及学科领域多、技术难度大、投资风险高的课题，是西部煤化工未来发展急需解决的重要问题。

4. 开发下游产品，实现效益最大化

乙烯、丙烯是宝贵的化工原料，应充分利用乙烯、丙烯，生产高附加值的精细化工产品，利用乙烯生产 1-丁烯、丁二烯、丁醇、辛醇、环氧乙烷、聚醚、乙醛、三聚乙醛、乙二醛、丙酸、苯乙烯、聚苯乙烯橡胶、ABS 树脂、氯丁橡胶等精细化工产品，做好长远的产业结构规划，随着产业技术升级加速，新型煤化工产品将会具有更大的发展空间。

3.3 西部煤化工企业人力资源问题分析

随着西部大开发战略的实施以及“十二五”期间对西部煤炭开发利用的大量投入，西部煤化工行业发展迅速。目前，西部现代煤化工缺乏稳定的人才队伍，尚未建立合理高效的现代煤化工企业人力资源管理模式，结合西部现代煤化工的具体特点，其人力资源主要面临以下问题。

1. 西部煤化工人才供不应求，人才引进困难

客观上，西部地区煤化工项目多在环境十分艰苦的地方，对人才的吸引力相对较弱。由于专门从事煤化工方面的人员本身就较少，再加上近几年国内煤化工的项目频频上马，极大地加重了煤化工企业人才需求的难度指数。大型现代煤化

工项目在招商、洽谈、规划、建设和生产、经营、管理等方面的专业人才都严重缺乏。煤化工人才“留不住、用不上、招不来”的现象普遍存在。

煤化工人才的奇缺，从高校煤化工专业人员的就业率也可见一斑。例如，既地处煤化工大省，又在煤化工人才培养方面处于领先水平的内蒙古化工职业学院，其煤化工专业毕业生就业率接近 100%，有些与企业共建的订单班，学员已经被预订到了 3 年之后。据中国化工教育协会统计，目前高职院校煤化工专业在校生不到 1 万人。也就是说，奔向万亿元产值的煤化工产业，其后备人才却不足万人，人才培养规模明显偏小。

2. 人才数量相对不足，人员素质达不到需求

目前，新型煤化工项目所采用的工艺技术和装备是世界上最先进的，有些还是世界上首次工业化的项目，因此对企业人员的素质要求很高，煤化工企业的员工主要来源于国内化工、电力、煤炭生产单位的人员以及大专院校学生，总体来说，他们的知识结构、工作经验都具有一定的局限性，与新型煤化工企业对人员素质的要求差距比较大。

3. 煤化工专业管理人才短缺

一个煤化工项目通常需要投资数百亿元，建设期间往往需要一起集合十几个施工队伍，高峰期施工现场人员达到数万人，从立项到建成投产周期一般为 3~5 年。如此规模的大项目，怎样实现从无到有、按期完工、高效管理，不仅需要懂技术、有经验、有职称的煤化工专业技术人才，还需要经验丰富的煤化工项目管理者。

4. 煤化工过程的复杂性导致专业人才培养周期长

煤化工装置的大型化、自动化、信息化程度不断提高，集中控制型的生产管理组织形式已成为煤化工企业的主流，对于专业人才的素质也提出了更高的要求。另外，化工企业尤其是现代煤化工企业，其复杂的工艺过程及产品特点决定了大部分装置是在高温、高压、易燃、易爆的环境下进行生产，没有过硬的专业技术和操作技能的人员不能够满足企业的需求。通常一位合格化工专业人才的培养需要 5~8 年的时间。现代煤化工行业的特点对煤化工人才配置提出了巨大的挑战。

5. 体制机制不完善，人资管理缺乏科学性

新建的现代煤化工企业大多由煤电企业投资建设，在煤、电等领域有着丰富的管理经验，对初涉的现代煤化工行业管理经验不足，体制机制建设不完善，人

力资源管理较为随意，主要表现为三点：一是人才结构不合理，结构性冗员和结构性缺员现象并存，存在技术人员紧缺与员工总量规模较大的矛盾。企业急需的关键技术人才不能及时到位，相关的管辅人员相对较多。二是岗位管理体系未能健全。部分企业未能依据企业运营实际合理确定企业组织结构，未能根据工作需要定岗定编。三是选人育人机制不完善，人力资源招聘随意性较强，缺乏依据和目标导引，未能严格按照岗位说明书要求选对人、选好人；不同类别专业人才的职业路径未能进行有效规划。

3.4 西部煤化工企业人力资源需求及应对措施

3.4.1 人力资源需求

1. 西部煤化工需要更多创新型科研人才

尽管我国现代煤化工在技术研发和工程化方面都取得了长足发展，但部分关键技术仍是制约产业发展的重要瓶颈。相关人才的缺失与不足导致技术研发的滞后，进而导致许多关键工艺技术尚未突破，碳排放问题、水耗问题都十分突出，产业链短，产品品种少、下游产品发展不足，急需大量创新型科研人才进行技术研发与创新，缩小与国际先进水平之间的差距。

2. 西部煤化工需要更多的高技能人才

煤化工企业由于技术复杂，工艺、设备等岗位均要求上岗人员具有相应的岗位操作经验，而且相关的技术人员缺口较大，人才招聘难度增大，制约着企业的进一步发展。技术人员是企业基层员工的领头羊，能够全面带动企业的技术普及和效率提升，进而创造更好的效益。目前，企业所需的大多数岗位技术人才需要自我培养，培养周期较长，不能满足未来西部煤化工的技术人才需求。

3. 西部煤化工需要更加优秀的管理人才

目前，西部部分煤化工企业存在人员结构不合理等现象，员工的主动性、积极性和创造性不能被充分激发出来，这与管理层的管理水平密不可分。现代煤化工企业呈现出技术密集、学科交叉、科技含量高等特点，如何调整人员结构，实现人尽其才，提高企业核心竞争力，是对管理人才的更高要求。同时，西部煤化工企业面临人才严重流失的问题，需要管理层制定合理的激励和奖励政策，留住相关人才。因而企业应引进更加优秀的管理人才，加速企业合理运转，推动整体快速发展。

3.4.2 应对措施

1. 明确的招聘计划

人才需求计划的制订应该是一个自下而上、自上而下的双向沟通过程。坚持高端人才引进为主、培养为辅，中低端人才职业教育培养为主的原则，结合企业战略和当期实际确定，原则上既要保证企业对人力资源的基本需求，又要防止组织机构的自我扩张，同时也要做好适度的人才储备，以备企业不时之需。

2. 扩展人才招聘渠道

结合地方人才市场的情况，确定招聘市场，按照条件公开、职位公开、目标公开、待遇公开的要求，根据招聘岗位的实际情况，通过校园定向招聘、企业内部招聘、社会公平招聘、知名招聘网站招聘、企业网站在线招聘、猎头招聘及媒体招聘等不同途径择优录用人才。应将员工推荐作为吸引人才的一个途径，鼓励企业员工推荐自己知根知底的具有相应从业背景的人才来企业工作，有利于降低企业人才引进成本。为确保招聘人才的质量，具体参与招聘的人力资源专员应对现代煤化工项目工艺技术路线、化工装置设备等有一定的了解，并基本熟悉行业内相关企业的人力资源配置情况。

3. 科学制定并实施培训目标

内部培训是满足新型煤化工企业人力资源需求的重要方式，煤化工企业易燃、易爆、高温、高压的特点，决定了培训工作尤为重要。在新型煤化工企业的人才培养上，要健全内部培训制度，指定专人，制订专项培训计划，提高企业自身关于人才的造血功能，缩短培养周期。

第 4 章　西部煤炭人才战略的发展思路、目标与实施路径

4.1　发展思路

人才队伍是提高行业核心竞争力、实现可持续发展的战略方针和长远大计。随着煤炭清洁高效利用技术的不断突破和推广应用，煤炭行业正呈现出“资金技术密集型”的特点，燃煤机组超低排放技术、新型煤制烯烃技术等煤炭清洁利用技术将广泛应用于西部能源基地的建设中，同时对西部行业人才队伍也提出了新的要求。大力实施人才强煤战略，建设一支包括经营管理人员、工程技术人员、实际操作人员在内的结构合理、高素质的煤炭人才队伍，为西部能源基地建设提供智力支撑和人才保障。

4.2　西部煤炭人才战略的目标

西部煤炭人才战略的总体目标是：构建以科学理论为指导，以市场需要为导向，以政府宏观政策来调控的煤炭人才队伍；紧紧围绕“一带一路”倡议和“西部煤炭清洁高效利用”发展战略，打造支撑煤炭企业发展，具备自主创新能力、可持续发展能力和国际竞争力的煤炭行业人才队伍；培养和引进总量适当、结构合理、专业配套、素质优良的相关人才。实现人才结构由劳动密集型向管理技术密集型的转变。根据西部煤炭企业人才队伍的现状，从人才队伍的年龄结构、学历结构、薪酬结构、原煤生产人员结构及专业技术职称和技能等级五个方面入手，全面优化和调整人才队伍结构，推动西部煤炭企业快速发展。人才队伍建设目标结构图见图 6.4.1。

优化人才队伍年龄结构。人才队伍的年龄结构对企业整体的创新能力、科研能力及劳动效率都有较大影响。构建合理的人才队伍年龄结构，有助于西部煤炭企业提升技术研发能力、提高劳动效率、降低劳动成本。进一步推动煤炭行业由劳动密集型向技术密集型过渡，为西部煤炭清洁高效利用提供技术保障。到 2020

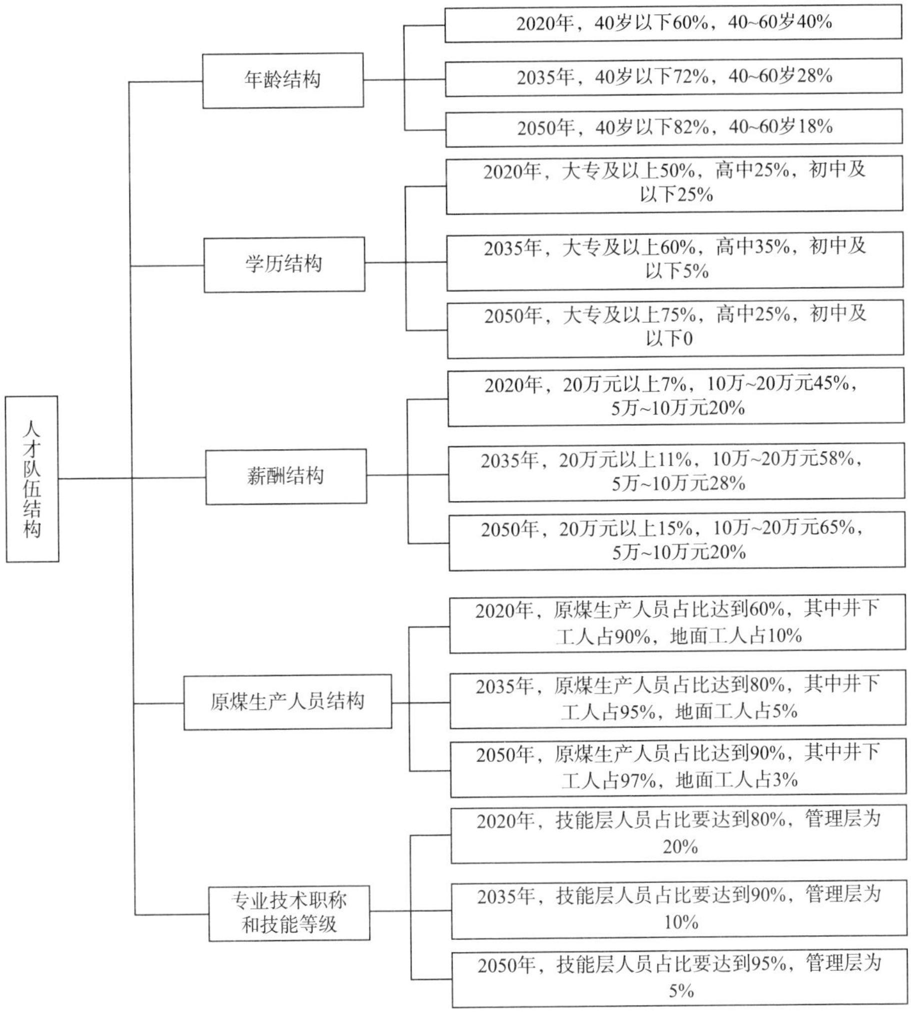

图 6.4.1　人才队伍建设目标结构图

年，从业人员当中 40 岁以下的占比要达到 60%，40~60 岁的占比为 40%，人才队伍年龄结构基本成型；到 2035 年，从业人员当中 40 岁以下的占比要进一步达到 72%，40~60 岁占 28%；到 2050 年，从业人员当中 40 岁以下的占比要进一步达到 82%，40~60 岁占 18%，年龄结构更加合理化。

改善人才队伍学历结构。人才队伍的学历结构在一定程度上决定着企业的科学技术含量。西部煤炭清洁高效利用需要研发大量的新技术、新工艺，需要具有专业知识的人才提供智力基础。到 2020 年，从业人员大专及以上文化水平占比达到 50%，高中文化水平占比为 25%，初中及以下文化水平占比为 25%；到 2035 年，大专及以上文化水平占比达到 60%，高中文化水平占比为 35%，初中及以下文化水平占比控制在5%；到2050年，大专及以上文化水平占比达到75%，高中文化水平占比为25%，初中及以下文化水平占比为0，提高煤炭行业准入门槛，凸显西部煤炭企业的科技含量。

健全人才队伍的薪酬结构。薪酬分配与人才的切身利益密切相关，是保留西部人才，减缓人才流失的重要手段。建立以业绩为导向的分配政策，实现一流人才以一流业绩赢得一流报酬，充分调动人才的积极性和创造性，防止人才流失，推动西部煤炭清洁高效利用的快速可持续发展。到2020年，从业人员年收入20万元以上的要达到7%，10万~20万元的占比要达到45%，5万~10万元的占比要达到20%；到2035年，从业人员年收入20万元以上的要达到11%，10万~20万元的占比要达到58%，5万~10万元的占比要达到28%，5万元以下要控制在3%左右；到2050年，从业人员年收入20万元以上的要达到15%，10万~20万元的占比要达到65%，5万~10万元的占比要达到20%，全面提升人才薪酬待遇。

调整原煤生产人员结构。原煤生产人员结构是否合理，决定着企业能否实现最大效益，要实现西部煤炭清洁高效利用，需要进一步增加原煤生产人员的占比。到2020年，原煤生产人员占比达到60%，其中，井下工人占90%，地面工人占10%；到2035年，原煤生产人员占比进一步增加，达到80%，其中，井下工人占95%，地面工人仅占5%；到2050年，原煤生产人员占比进一步增加，达到90%，其中，井下工人占97%，地面工人仅占3%，人力资源进一步向煤炭生产一线倾斜。

加强专业技术技能培训。对从业人员进行有针对性的专业技术技能培训，能有效改善企业管理状况，同时也有助于技术人员更好地处理现场问题，提高生产效率。到2020年，技能层人员占比要达到80%，管理层为20%；到2035年，技能层人员占比进一步达到90%，管理层占10%；到2050年，技能层人员进一步达到95%，管理层占5%。

4.3 实施路径

4.3.1 院校培养

1. 增加西部省区对口单招比例

一是增加西部各专科院校对西部各省区的对口单招比例，本着“就近接收”的原则，吸引应届高中毕业生，对其进行技能型的专科教育，培养技能型人才。

二是制定增加西部省区煤炭行业人才对口单招比例的政策。根据西部地区不同省区煤炭人才的需求特点（表6.1.9），分析人才应具备的专业技能，鼓励具备该专业优势的高校培养相应区域的学生，也是遵循就近原则。例如，西安科技大学的采矿工程专业、安全工程专业、资源勘查工程专业等可以按需求优先录取西部省区的应届高中毕业生。

2. 校企合作开展订单式培养

通过企业与院校展开合作，充分调配企业与高校的资源，实现资源的优化配置。主要途径有以下两种。

一是高校教师定期赴企业现场授课，对员工进行培训。也可以分批派出员工去高校深造，通过培训和深造可以在短时间内提升员工素质和工作能力，对员工职业生涯规划至关重要。

二是在校学生去对口企业实习，毕业后被企业录用为员工。高校学生可以找到实践平台，将理论知识与实际操作相结合，提高自身实践能力和创新能力。通过企业的实践实习，及时发现自身存在的不足。同时，通过在校的系统学习，更好地为企业实践提供理论支撑，让企业实践更具有操作性。

校企合作是一种注重培养质量，注重在校学习与企业实践，注重学校与企业资源、信息共享的“双赢”模式。通过校企合作，所培养的人才可以应社会所需、与市场接轨，同时也为企业人才储备缩短了周期，节约了大量成本。校企合作不是指学校与企业间简单的纵向、横向项目合作，而是指双方都要完全参与包括市场调研、人才需求分析、课程实用性论证、师资（含导师）团队建设、培养方案制订与实施、实习实践基地建设、毕业论文指导等人才培养的全过程。

3. 制订和实施西部专项的人才培养和培训计划

落实毕业生赴西部工作，形成“招生、培养、毕业、发展”的闭环模式，打通人才培养与人才配置环节。在招生环节，根据“一带一路”倡议和西部大开发战略的规划及对人才需求情况，制订和实施专项的人才培养和培训计划，如加强面向西部的工程硕士教育、工商管理硕士等专业学位教育的招生。这些项目培养的学生来自西部也更愿意回西部工作。在培养环节，探索适应西部需求的人才培养的新理念、新机制、新平台，关注定向新疆计划、少数民族学生的学业发展，为他们提供更好的实践和学习机会；通过先进典型、先进事迹发挥“榜样效应”，增强学生对西部地区的认同感，促进学生将个人职业发展规划与国家需要密切结合。在毕业环节，注重向在校大学生，尤其是西部急需专业的毕业生加强政策的系统宣传，介绍西部地区的现状和广阔的发展前景，消除信息障碍，增强大学生西部就业的信心。在发展环节，加强学校党政、就业指导中心、校友会、董事会单位、各学院等的联合，借助多方力量对毕业生赴西部工作给予持续帮助，进一步拓宽管理服务途径。

4. 建立东西部高校联合办学机制

目前西部地区煤炭相关专业高等教育的发展仍相对落后，师资力量匮乏是主要影响因素之一。建立东西部高校联合办学机制，合理利用师资力量，根据西部煤炭清洁高效利用和“一带一路”倡议发展的需要，加快调整学科专业结构，设立当前急需的、实用性强的学科和专业。扩大招生规模，培养符合国家战略需要的、人才市场紧缺的合格人才，保证培养和使用紧密衔接，避免教育资源和人才的浪费。

5. 建立西部煤炭类高校“一带一路”复合型人才培养的专业体系

随着“一带一路”倡议的全面实施，我国西部煤炭行业发展对铁路、公路、水运、管道运输、国际法、非通用语种外语翻译等专业人才的需求越来越大。西部煤炭类高校“一带一路”复合型人才的专业体系分实用技术型专业和支持服务型专业两类。

实用技术型专业，如采矿工程、力学与建筑工程等专业，为西部煤炭企业参与“一带一路”提供紧缺人才。只有拥有所需且合格的技术型专业人才，我国西部企业才可能真正从“一带一路”倡议中实现利益最大化。

西部煤炭企业要在“一带一路”倡议中取得主动权，不仅依托实用技术型人才，也同样离不开支持服务型人才。随着我国对外开放的实施，支持服务型人才的作用愈加凸显。特别是国际法和非通用语种人才的培养，企业开拓海外市场，或多或少都出现了“水土不服”。我国煤炭企业在海外投资、国际合作和跨国经营中，常常遇到诸如合同、资本运营、知识产权等各类法律风险，如不及时预防和管控，很容易在境外面临相关诉讼或仲裁纠纷，遭受巨额损失，并有被永远逐出全球市场的可能。要真正维护自身权利，我们必须培养既精通外语、又深谙国际法的复合型人才，变被动为主动。因此在“西部煤炭类高校‘一带一路’复合型人才的课程体系”中，必须开设国际法专业，订单式培养高级法律人才，为企业“走出去”保驾护航。

“一带一路”倡议主要涉及中国、俄罗斯、哈萨克斯坦、白俄罗斯、波兰、德国、荷兰等国家。外语作为不可或缺的沟通工具，在专业设置时，必须重视非通用语种人才的培养。教育主管部门应鼓励和支持具备条件的西部煤炭类高校，尽早申报相关非通用语种专业。

“一带一路”倡议实施中的紧缺人才，不是简单的“外语 + 专业”人才，外语能力作为“一带一路”国际化人才的基本素养，贯穿整个人才培养体系的始终。为此，西部高校“一带一路”复合型人才专业体系中，必须为所有学生开设至少一至两门外语必修课，需参加结业考试或国际考试，并达到签证和工作岗位的语言要求。

6. 加强国际合作交流，积极引进国外优质课程和资源

为保证人才培养质量，让学习者能够更快融入国际市场，可以尝试引进相关国家高校或行业组织的专家、学者，每学年至少开设二至三门专业课程，既可以帮助学生尽快突破语言关，也可以让学生及时学习和了解该行业在全球的前沿知识和最新动态。

7. 人才西部输送与服务国家战略紧密结合

将人才输出目标提升实现战略化，拓宽西部就业创业市场。建立西部开发办公室等专门机构，统筹对口支援、人才培养、西部支教等各项目，建立起三个“资源库”进行长期培育。

一是建立西部地区重点煤炭行业用人单位的资源库，将西部重点高校、科研院所、大型国有企业等纳入其中，加强和这些用人单位的战略合作，如签订合作协议，或联合举行招聘会，或开展人才定向培养和联合培养，或在日常工作中推动院系教师和优秀学生赴有关单位进行实地参观与走访等。二是建立赴西部工作毕业生数据库，着重收集西部尤其是基层工作的先进典型，一方面通过关注他们的发展状况，形成良好的跟踪关注机制，促使其更快成才，并通过他们建立起高校在当地发展的平台；另一方面通过他们的经验交流和资源介绍，引导和帮助在校学生今后赴西部工作。三是设立面向西部的重点人才培养资源库，学校主动引导和支持一批精英学生赴西部重点单位就业，在培养过程中加强学生对西部、基层和重点单位的了解，以开门办学实现就业指导的社会化。

4.3.2　企业技能培训

是否定期开展员工的职业技能培训，可以体现出一个企业综合素质的高低。西部煤炭企业的员工综合素质相对偏低，在煤炭的实际生产过程中，如果工人的技能不合格，可能会造成安全事故乃至影响到企业的经营绩效和竞争力。

西部煤炭企业要结合自身发展计划和重点建设项目的需要，建立一批具有一定规模、功能齐全、师资水平高、培训设施和手段先进的职业技术教育培训综合基地，并以此为龙头，逐步形成高、中、初三级职业技能培训网络，培养大量训练有素的职业人才和高素质的劳动者，以满足西部煤炭清洁高效利用的发展需求。

4.3.3 人才引进

西部煤炭行业发展急需具有专业技能和实践经验的员工，设立煤炭紧缺人才定向奖励基金，充分给予西部煤炭企业人才引进政策上的优惠，不断吸引和留住东北和中南部地区亏损煤炭企业中的专业人才，提升西部人才队伍素质。

1. 加大人才投入，提高高层次人才引进工作保障力度

加大煤炭清洁利用相关人才的引进力度。将人才工作纳入区域经济社会发展的总体规划、人才管理改革建设指标，列入综合目标考核予以推进。加大人才投入力度，将每年的财政收入按照一定比例列为人才开发基金、科技扶持基金、创新基金，制定各项基金管理使用办法，确保高层次人才引进工作起步实、后劲足、基础牢。强化政策引导，围绕产业发展导向，借鉴先进地区经验，制定出台相关从高端人才到实用人才的政策体系，完善知识产权、鼓励科技创新、吸引博士后进站、鼓励海外归国留学人员创业发展的一系列配套政策，有力地提升高层次人才引进工作的质量水平。

2. 实施重点工程，着力构建高层次人才集聚高地

围绕煤炭开发与清洁利用相关产业发展，计划利用五年时间引进杰出的工程技术和经营管理专家、中青年专家、博士后、海外留学归国创业人员、实用紧缺高技术和高技能人才，为引进人才提供科研经费、安家补贴、工作场所、月生活补助，以及个人所得税相关优惠，提供贷款贴息和资金担保等。实施人才引进工程，通过公开招聘、挂职锻炼和异地交流等形式吸纳博士与硕士到西部煤炭相关企业工作。

同时，要坚持国内高校和科研院所围绕西部煤炭资源清洁高效利用重点领域选择研发课题，开展经济技术合作，参与重大项目科技攻关招标，引导优秀人才直接进入行业一线。

3. 完善煤炭企业服务体系，不断优化高层次人才的发展环境

提升高层次人才服务水平。实施“人才安家工程”，建立“一对一”服务机制，解决引进人才在安家落户、子女就学、配偶安置等方面的问题。加大宣传工作力度，通过参加国内具有影响力的相关会议推介，在主要媒体设立专栏，制作人才政策指南、人才服务手册、引进人才风采录和宣传片等方式，大力宣传人才优惠政策。

第 5 章　保障措施与政策建议

5.1　保障措施

5.1.1　优化院校培养模式

根据当前西部人才发展需求，规范院校专业设置标准，重点突出某些核心专业课程的培养；构建煤炭主体专业课程地图，使学生充分认识到所学课程的作用以及各门课程之间的内在联系；更新教材或讲义，将国内、国际上的一些先进技术和方法等写入教材；实行“小班教学”，实现“因材施教”；致力于改变单一学科，推进交叉学科培养的模式，培养知识广博、思维活跃、眼界开阔的人才；增加管理经济等其他类课程，开阔知识面，培养复合型人才；加快实验室建设，与企业合作建立实训基地，提高学生的实践能力。

院校要将推动毕业生赴西部工作落到实处，形成“招生、培养、毕业、发展”的全周期管理系统建设，打通人才培养与人才配置两大环节，确立各级各单位就业工作的目标责任和协同推进工作机制。

院校应充分运用技术平台，开发多元化教育形式，包括远程教育、电视教育、网络教育等。教育的目的首先要扩大外延式的人力资本存量，致力于提高煤炭从业人员的整体素质，提高相关人才接收信息、应用知识和技术的能力，这也是继续扩大人力资本的基础。其次要真正提高内涵式人力资本并努力改善其质量。西部地区在继续扩大高等教育规模和受教育人口数量的同时，更重要的是注重受教育者综合素质和创新能力的培养。

5.1.2　加强企业人力资源培养

1. 完善选人用人机制

完善以公平竞争为导向的选人用人机制。以推进煤炭企业经营管理者市场化、职业化为重点，坚持市场配置、组织选拔和依法管理相结合。按照企业发展战略和市场取向，拓宽选人视野，吸引国际国内一流人才到企业任职。大力扶持能够整合生产要素、利用社会资源和聚集各类人才积极创业的经营管理人才。推行聘用制和岗位管理制度，促进由固定用人向合同用人、由身份管理向岗位管理的转变。研究制定事业单位人事管理条例，规范按需设岗、竞聘上岗、以岗定酬、合同管理等管理环节，逐步做到人员能进能出、职务能上能下、待遇能高能低。

建立科学的人才评价机制。人才评价是选人用人的基础。应建立以能力和业绩为导向、科学的、社会化的人才评价机制。完善人才评价标准，根据德才兼备的要求，从规范职位分类与职业标准入手，建立以业绩为依据，由品德、知识、能力等要素构成的各类人才评价指标体系。人才评价指标是人才标准的具体内容，是按照现代定性与定量相结合的方法制定的人才评价标准。为此，要针对煤炭行业不同的职位和要求，制定出分类分层的人才评价序列；逐步完善不同岗位的人才评价标准、规范职业人才评价指标体系，形成系统完整的人才评价标准框架。同时，建立科学的人才评价方法。大胆引进国外人力资源评价的先进理念和技术，实行定性评价逐步向定量评价转变，突出单位评价的主体作用，引进社会评价机制，积极探索适合不同层次人才的评价方法。对煤炭企业党政人才要注重“群众公认”；对经营管理人才要注重“市场评价”；对专业技术人才要注重“业内公认”。

2. 完善员工定期职业技能培训制度

企业培训是一项长期性的工作，员工每隔一定的周期就应该进行培训。西部煤炭企业要根据企业发展战略制订相应的人力资源开发计划，在此基础上制订出企业培训的年度计划、季度计划、月度计划。根据培训计划，明确计划实施责任人，并定期对计划实施情况进行考核，及时解决在实施过程中出现的问题。

理顺煤炭企业培训管理体制，进行专业化管理；创新管理方式和运行机制，着力抓好培训资源建设，进行培训能力建设；完善培训计划管理、培训实施过程管理，实施培训现代化管理；提高培训实施、培训管理体系运行的质量，实现培训管理信息化。员工培训在一定的时期内能较好地提高员工绩效，但从长期来看，员工绩效仍呈下降趋势，因此一段时期之后企业就要考虑再次进行培训，以进一步提高员工绩效。因此，西部煤炭企业要根据企业的实际情况，制定员工培训周期表，在不同时期内组织不同的培训内容。

3. 规范人才奖励制度

建立规范有效的人才奖励制度。对煤炭企业高层次、紧缺型专业人才发放津贴，对有突出贡献的人才进行一次性奖励，让人才获得与贡献相匹配的荣誉、地位和实惠。逐步建立职责、职务与职级相结合的奖金奖励制度，建立以岗位绩效工资为主体的薪酬奖励制度，建立与国际化企业接轨的企业分配奖励制度。为高校毕业生提供扶助政策鼓励其积极投身基层。

注重奖励与约束相结合，实行优胜劣汰，倡行竞争上岗，践行能进能出、能上能下的人才制度，促进人才的合理有序流动。注重物质奖励和精神奖励相结合，营造平等竞争的工作环境、沟通良好的工作风气，增强人才实现自身价值的自豪感、得到社会认可和尊重的成就感。注重长期奖励和短期奖励相结合，充分调动人才工作的主动性和创造性，使他们树立与事业荣辱与共的意识并增强决心。

4. 建立西部煤炭企业技能大师工作室

西部省区的煤炭行业高技能人才总量短缺，结构不合理，领军人才极其匮乏，严重制约着西部煤炭的发展。企业可以通过建立技能大师工作室，一是立足生产进行科技创新和技术攻关，解决生产难题；二是发挥辐射作用，传承技艺，培养更多能工巧匠；三是树立标杆，引领职工岗位成才。技能大师工作室应明确专人牵头负责，有一名或几名在技术、业务、服务方面有专长，并有一定的理论水平、工作经验和创新能力的技能大师作为核心，明确技能大师工作室的主要任务是结合生产实践，以实施技术改进、承担技术改造服务、负责技术难题攻关、落实职工合理化建议、审查技术方案、培养后备技术力量，引导和带领广大职工围绕企业生产技术上的重点难点进行攻关。

5.1.3　加快推进薪酬体制改革

西部地区实施人才战略就是要通过有效的手段来吸引人才、留住人才、用好人才、激励人才，让人才创造出更高的价值，从而推动经济社会的快速发展，这是促进西部地区跨越式发展的有效手段。而薪酬恰恰是人才战略中重要的影响因子，薪酬的公平与否直接关系人才战略目标的实现。因此，薪酬公平是实施人才战略的基本前提和基本保证，对西部欠发达地区人才战略的成败具有至关重要的影响。

目前，我国煤炭企业的薪酬体系包括三部分——基本工资、计时工资和福利，主要是计时工资制。基本工资在员工工资中占据的比例较大，是员工的主要收入来源，所起的激励作用不大；计时工资是按照员工出勤的天数发工资，简单易行，但是难以激发员工的积极性；通常企业为了达到控制成本的目的，为员工配备的福利数额相对比较少，形式单一。因此，现行的员工薪酬体系并没有在企业中发挥最大价值。

薪酬体系的要点在于“对内具有公平性，对外具有竞争力”。合理的薪酬体系一定是公平的，基于此，煤炭企业必须实行以市场为导向的薪酬变革，要树立人力资源的投资理念，基于人力资源会计视角设计员工薪酬体系。将人力资源会计中的价值计量引入，辅助以成本补偿，可以有效指导企业制定公平合理的薪酬体系，充分反映员工的人力资源价值，是企业逐步引入人力资源会计和对薪酬体系进行有力改革的切实可行的有效方式。设计出的薪酬体系将建立在员工为企业创造的价值基础之上，按照价值分配的原则，利用人力资源价值、人力资源成本与薪酬构成之间的密切关系，以员工为企业创造的价值为依据，进行薪酬体系设计与员工薪酬的分配，这种薪酬体系兼顾了公平与效益。

5.2 政策建议

5.2.1 强化政府管理机制

我国市场经济还不完善，短时期内尚不具备由市场来调配和优化西部煤炭行业人力资源的能力，因此仍需要国家支持和政府干预。国家应尽快理顺西部煤炭行业人才管理体制，加大力度解决管事与管人相脱节的矛盾。

西部煤炭行业管理部门应负责煤炭行业人才的规划、培养与使用等工作。依法建立不受行业管理体制影响的、保障西部煤炭行业紧缺人才培养与输送的基本制度。例如，制定各专科院校增加对西部省区应届毕业生的对口单招比例的政策；设立专项资金支持，对于自愿前往西部煤炭企业就职的人员给予资金上的激励，从组织、制度和机制上保障煤炭乃至能源工业人才培养与输送渠道的畅通无阻。

政府应协助西部煤炭企业建好三个平台：①企业形象宣传平台。社会环境因素是人才/资本流动考虑的重要宏观因素。要针对煤炭企业的发展前景和政府的人才政策，塑造和宣传地方引才、引智形象，拿出系统性方案，进行系统性宣传展示。②引智推广平台。根据煤炭企业的用人需求，分专业、分领域开展人才引进，不断完善引智平台建设，对引智效果进行有效性分析。③企业、人才线上交流平台。整合人才需求信息，与对西部煤炭企业感兴趣的人才进行线上交流，系统地介绍政府和企业对人才的优惠政策、薪酬待遇及发展前景。并将有意向到西部发展的人才与企业对接。

政府应针对性地建立人才关怀机制，留住煤炭行业紧缺人才：建立各级领导联系关心人才的制度，落实联络服务部门，协调解决实际问题，营造舒适的科研工作环境；各级党委、政府落实人才优先发展的理念，扎实为人才办实事、办好事，解决人才后顾之忧，为优秀人才安居乐业创造条件；领导切实加强与各类人才的思想联系、工作联系和感情联系，提供人文关怀，激励和调动人才的工作热情，助力西部煤炭清洁高效利用的发展。

5.2.2　建立西部煤炭人才专用资金

西部相对偏远地区，如新疆、宁夏等地，可由中央政府和地方政府共同出资，建立西部煤炭人才专用资金，对到西部工作的煤炭人才给予较高的财政补贴，使其年收入多于或至少不少于东部同类同档次人才的经济收入。

我国东部沿海地区能够吸引众多的人才，极为优厚的经济待遇是重要的原因之一。因此，采用优厚的政策吸引中部与东部的煤炭人才到西部去是关键。另外，西部各省区也可以结合本地实际，在人才住房、医疗、社会保险、子女教育条件、家属随迁、出国进修等方面出台一系列优惠政策，为人才向西部流动解决后顾之忧。

5.2.3　建立煤炭行业多元化人才开发机制

建立多元化的人才开发投入机制。政府要用好现有人才开发存量资金，着力调整财政支出结构，逐步提高科技人才教育培养、本地区实用人才开发和劳务输出培训、人才激励和科技研发项目资助等经费投入的水平，并对具有核心竞争力的研发项目给予重点支持，努力提高投入效益。要围绕煤炭产业发展需要，根据各类人才需求预测，制定有针对性的人才培养规划；要创新人才培养模式，继续开展挂职锻炼、专家讲座、党校培训、与知名大学合作培训等，探索培训的有效途径和方法，提高培训的有效途径和方法。

5.2.4　改革高校人才培养机制

高等教育管理部门要促进高校调整学科专业结构，优化人才培养模式，培养具有创新精神的人才和西部煤炭企业发展急需的人才。为适应西部煤炭发展，必须抓紧调整、优化学科专业结构，拓宽专业口径，加强基础，加强学科之间交叉渗透，强调整体优化。学科建设要以更高的角度、更宽的视野来考虑“优势、特色、创新、重点”。开发多元化教育模式，建立煤炭企业用人单位数据库，消除信息障碍，将毕业生赴西部工作落到实处，利用多种途径为人才提供便捷。

参 考 文 献

董泽芳. 2012. 高校人才培养模式的概念界定与要素分析[J]. 大学教育科学，(3)：30.

福勒 F J. 2010. 调查问卷的设计与评估[M]. 蒋逸民等译. 重庆：重庆大学出版社.

巩建闽，萧蓓蕾. 2014. 台湾高校课程地图对大陆课程地图发展的启示[J]. 中国高教研究，(5)：105-109.

郭士清，庄宇，颜兵兵. 2016. 基于成果导向与课程地图理念的高校课程规划探究[J]. 高教论坛，(1)：60-63.

黄艳丽. 2016. 探究成果导向教育在高等工程教育中的实践[J]. 理论观察，(2)：153-154.

李杨，齐北获，杨思宇，等. 2018. 国内外煤炭行业从业人员及人才培养现状研究[J]. 煤炭经济研究，38（1）：47-51.

李志义，朱泓，刘志军，等. 2014. 用成果导向教育理念引导高等工程教育教学改革[J]. 高等工程教育研究，(2)：29-34.

刘丽珍，王函石，宋巍，等. 2013. 结合课程地图与课程群建设，强化智能专业本科生核心能力培养[J]. 计算机教育，(19)：23-24

彭苏萍. 2016. 中国煤炭领域创新型工程科技人才培养模式研究[J]. 高等工程教育研究，(5)：64-65.

宋梅，塔拉，彭苏萍. 2016. 澳大利亚煤炭行业工程科技人才培养及其对我国的启示[J]. 人力资源管理，(5)：12-13.

新疆地情资料库. 2016. 新疆煤炭工业发展概况. http://www.xjtonglan.com/szxj/5019.shtml.

杨小朋，温新兰. 2016. 神华新疆能源公司发展现状及脱困对策分析[J]. 煤炭经济研究，36(1)：35-39.

Spady W G. 1994. Choosing Outcomes of Significance[J]. Educational Leadership，51（6）：18-22.